06

 07

 08

01 | 在非洲布吉納法索巴格雷墾區（Bagre），
每當前往 Bagre 考察時，總有成千上百的
居民與我握手，充分顯現臺布兩國技術
合作之成果，該計畫於 2002 年約翰尼斯
堡地球高峰會被評為永續發展的最佳典
範。

02 | 目前世界保留最大的馬雅文化遺址-瓜地
馬拉提卡爾（Tikal），展露充滿文化律動
的拉丁美洲。

03 | 2019 年 5 月 18 日在瑞士日內瓦 WHA
場內周邊會議與聖文森衛生部長 Luke
Brown 合影。

04 | 與泰國皇家計畫基金會合作關係自 1970
年至今已有 50 年，其中主席畢沙迪親王
（右）與作者關係情同父子。

05 | 2004 年與當今最具民主素養的達賴喇嘛
有一面之緣，討論民主、肺結核、人道
援助及有機農業等話題，令人永生難忘。

06 | 2020 年索馬利蘭副總統 Abdirahman.
Ismailalias（中）歡迎李副秘書長柏淏
（左）所率領的評估團，確認兩國之合作
計畫包含農業、公衛醫療及 ICT 等三項，
（右）為駐索國羅大使震華。

07 | 2019 年 7 月出席聯合國高階政治論壇
（HLPF）平行會議，HLPF 是追蹤聯合
國永續發展目標是否落實執行的重要場
域，最重要的是能與國際充分接軌。

08 | 2001 年與國合會第一屆替代役男合影，
役男各個精神抖擻、活力十足，連加
恩、羅一鈞、歐文凱及蘇信彰等人都來
自這一群。

09

10

11

09 | 1993 年 8 月，海外會副執行秘書李伯芬
（左四）筆者（左二）及外交部經貿司朱
科長玉鳳（右三）視察駐印尼中爪哇及日
惹農技團，由團長吳旭初（右二）負責接
待。

10 | 2003 年 5 月出席在歐銀總部之歐銀年
會，並舉行雙邊會談。左一：歐銀總裁
Lamire，中：駐英代表：田弘茂，右一：
李副秘書長。

11 | 2019 年 10 月接受亞銀之邀請出席由亞銀
主辦的鄉村發展暨糧食安全研討會，這是
國內首次受邀參與亞銀之研討會或論壇。

12 | 2017 年 11 月尼泊爾糧食安全與生計人道
援助災後重建計畫結案任務，災後建議
農民改種高價園藝作物較災前種植稻作
收入增加 60%。

13 | 1993 年陪同海外會主任委員林享能（左
一）視察駐中非農技團業務執行成效，與
中非共和國總統巴達賽會面時，渠連講了
23 次「我要養蝦」盼我國能提供協助。

14 | 2002 年 10 月赴泰國參加泰國國合會年
會，左為泰國國合之友會會長安南，右
為李副秘書長。

15 | 1998 年 7 月前往甘比亞進行 5 星級旅館
及國際會議廳蓋建之可行性評估，與甘
國總統賈梅（Yanya Jammeh）合影。

16 | 2001 年元月美國華府與美洲開發銀行總
裁 Ingeles（右二）簽署多明尼加國會現
代化共同融資計畫，左三國合會秘書長
羅平章，左二駐美代表程建人，左一李
副秘書長。

12

13

14

15

16

17

18

19

20

21

17 │ 2010 年 9 月赴泰國曼谷亞洲理工學院
（AIT）出席全球園藝下之亞洲果實蠅生
物防治計畫啟動研討會，由 AIT 主任（左
六）及李副秘書長（右六）主持。

18 │ 2015 年 10 月率團前往尼泊爾因震災所
提供人道援助-糧食安全生計計畫評估任
務，與當地農民進行面對面之溝通。

19 | 1999 年 2 月赴馬其頓評估規劃團啟動，由羅秘書長平章（中）領隊，成員包括李助理秘書長（右一）、史立軍副處長（左一）及龔琪惠副處長（左二）。

20 | 2019 年 6 月出席波蘭 INGO 國際博覽會併辦理周邊論壇，講者包括哥倫比亞大學副教授 Dr.Ozge Karadag Caman（左三）對抗飢餓組織（ACF）公衛專家 Sara Mahjoub（左二）及李副秘書長（右一）。

21 | 2013 年 10 月出席臺泰 40 周年慶，泰國皇家計畫基金會主席畢沙迪親王（中），並有來自退輔會、國立中興大學、國立屏東科技大學及國合會等單位代表與會。

22 | 歡迎光臨-2017 年 12 月會同駐緬甸代表處張參事均宇（左一），出席緬甸實皆省高臨鎮鄉村微集中式太陽能供電系統先鋒計畫移交典禮，當地居民對於日後有電可用感到雀躍不已。

23 | 2018 年 9 月 1 日筆者在哥倫比亞國暨熱帶農業研究所（CIAT）與公關處處長 Dr.Maya 簽署合作備忘錄，展開後續一系列與 CIAT 之合作計畫。

24 | 1996 年 11 月前往西非幾內亞比索，達拉墾區當地農民熱烈歡迎本團，場面令人動容。

25 | 2015 年 3 月率團前往韓國釜山出席 IDB 年會。

26 | 2017 年 9 月率團出席歐銀在以色列所召開的 Donors meeting 以及視察國合會在約旦阿茲拉克難民區執行之廢棄物處理計畫。

27 | 2017 年 11 月率團前往尼泊爾進行「糧食安全與生計計畫結案任務」，經指導農民改種高價園藝作物，平均每位農民的收入較之前多出 60%。

28 | 2018 年 5 月 19 日至 27 日出席 WHA 並舉辦周邊會議。

29 | 2018 年 8 月 26 日與中美洲泛美農業大學（Samorono University）校長（中）洽談兩國於 2019 年合作辦理馬鈴薯專業研習班。

30 | 2019 年 7 月率團前往印尼中蘇拉威西 Sigi 縣 Lolu 村因地震與海嘯災後重建評估任務，與西吉縣長（左五）及農民組織主席（左七）合影。

31 | 2019 年 6 月接受中東基金會（Middle East Foundation）邀請，前往土耳其參加由該基金會主辦的「敘利亞重整的機會與展望」並擔任講者。

32 | 在駐土耳其代表鄭泰祥（中）之陪同下拜會土耳其援外機構（Turkish Cooperation and Coordination Agency, Tika），由該機構副秘書長（左一）親自接待。

28

29

30

31   32

33

35

34

33 | 2007 年率團前往布吉納法索深度評估技術團巴格雷墾區及陸稻執行情形。

34 | 2017 年 10 月 26 日出席泰國九世皇蒲美蓬葬禮，九世皇深受泰國人民之愛戴。

35 | 2015 年 2 月在菲律賓馬尼拉國際稻米研究中心（IRRI）總部簽署行政院農業委員會、IRRI 及國合會三邊技術合作協議，沙副主委志一（左二），李副秘書長栢淬（左三）、林大使松煥（右三）IRRI 主任 Dr. Robert S.Zeigler（右一）。

36 | 2007 年率團前往布吉納法索視察駐布醫療團隊在古都古（Koudugou）醫院之運作情形。

37 | 2017 年 3 月率團赴沙烏地阿拉伯及巴林技術團提升為顧問性質之可行性評估，其中參訪沙烏地阿拉伯吉達養殖中心與中心主任（左二）合影，水產養殖乙項在海灣 6 國深具發展潛力。

38 | 2016 年 4 月出席中美洲經濟整合銀行期間參觀巴拿馬運河運作情形，該運河對縮短美洲東西岸之間距離貢獻甚大。

39 | 2019 年 11 月赴孟加拉出席亞太工商總會（CACCI）第 33 屆國際研討會：Asia at the Center of a New World Order 並擔任講者。

40 | 2002 年 5 月陪同央行總裁彭淮南出席由歐洲復興開發銀行在羅馬尼亞召開的年會。

36

37

38

39

40

41 | 2007 年 5 月參與由外交部黃志芳部長組
團前往貝里斯出席中美洲經濟整合銀行
年會及中華民國與中美洲經濟發展基金
會議。

42 | 2008 年 4 月底與國際貿易資訊暨合作
機 構（Agency for International Trade
Information and Cooperation, AITIC）共同
合作貿易援助暨貿易推廣研討會，主要
來賓有 AITIC 執行長 Dr.Duran（中）及我
駐瓜地馬拉大使歐鴻鍊（左二）。

43 | 2008 年 4 月率團前往瓜地馬拉主持第二
屆拉丁美洲及加勒比海地區國合之友會
會長會議。

44 | 2011 年 11 月在臺南崑山科技大學舉行一
年一度 TICA Cup 總計有 370 名 ICDF 受獎
生參與本項盛事。

45 | 2013 年 6 月率團前往瓜地馬拉評估農企
業合作計畫，與當地農民合作社成員合
影。

46 | 2008 年 2 月率團前往聖多美普林西比視
察技術團、醫療團及瘧疾防治計畫執行
情形，參訪當地醫院對瘧疾患者之照護
情形。

47 | 2010 年 4 月參加美洲開發銀行（IDB）在
墨西哥坎肯（Cancnun）舉行之年會。

48 | 2011 年 2 月率研考室同仁前往吐瓦魯進
行「電子化政府」及「廢棄物減量計畫」
事後評核任務，並順道視察技術團示範
農場。

49 | 2008 年 5 月率團前往美國紐約出席聯
合 國 永 續 發 展 會 議（United Nations
Sustainable Development Conference）。

在世界看見臺灣的力量

超越三十載國際援助路 李栢浡親證回憶錄

李栢浡——著

永不停止精益求精

　　李副秘書長投入臺灣國際發展援助工作，至今已有 34 年的歷史。一般人對於臺灣對外發展援助工作比較有印象的是早年我國派駐在非洲的農耕隊，的確那是 1960 年代我國在聯合國席位保衛戰所採用的一種外交策略。1971 年我國退出聯合國後，國際現勢對我非常不利，在國際場域處處受到中國的打壓，因此，為積極突破困境，以非官方且非營利組織——國際合作發展基金會來持續推動對外發展援助工作。國合會是運用國際開發援助機構慣用的投資融資、技術合作、人道援助及國際教育訓練等方式，協助非洲、拉丁美洲與加勒比海、亞太、中東歐與中亞等開發中國家改善經濟及提高人民福祉。國合會國際發展援助工作也隨著世界潮流趨勢及合作國家的發展與時俱進。例如在農業方面，國合會早期提供協助的合作項目係以傳統農業生產與推廣為主，隨著時代的演變而逐漸提升為農企業，乃至智慧農業、精準農業及數位農業；在醫療與公衛方面，過去以派遣醫療團的方式也轉型為符合世界潮流趨勢的公衛醫療專案計畫；在資通訊運用方面，過去執行縮減數位落差計畫則轉型為以地理資訊系統進行城市防災及森林病蟲害防治、醫療資訊系統及智慧公車管理及監控系統建置等；在教育方面，除了過去以辦

理短期訓練班為主的執行模式，亦加入提供獎學金方式推動高等教育與專業華語教師之派遣等；在協助中小型企業的發展方面，將過去以中小企顧問諮詢及轉融資貸款計畫調整為企業的深度輔導、提供中小企業微額貸款及農企業之貸款等；在環境議題方面，將過去僅著重廢棄物處理與堆肥製作，近年來為因應氣候改變，合作計畫已轉型為符合巴黎氣候協定的因應氣候變異調適及天災應變等能力提升、城市韌性防災、氣候高影響力及綠色能源計畫等。國合會這些年的國際發展援助工作，都是聯合國永續發展目標（SDGs）的最佳具體實踐，而李副秘書長在國合會多年來計畫的轉型過程及工作推展，一路上皆有踏實的足跡以及認真的付出與貢獻，藉著本書的出版，李副秘書長願將 30 多年來所累積的援外經驗與有志在這個領域發展的年輕人分享，並盼能拋磚引玉持續藉由創新尋求最佳解決方案，除了有助我國國際發展援助工作精益求精，進而在國際社會更彰顯我國的價值與貢獻，最後感謝李副秘書長在國際發展援助領域的貢獻，並以一則非洲的諺語：「If you want to go far, go together. 獨行者速，眾行者遠」與大家共勉。

國際合作發展基金會秘書長　項恬發

傳承不輟的國際發展合作事務

　　國立中興大學與國際合作發展基金會（國合會）之合作關係，早在國合會的前身「海外會」時期即已開始，例如 1990 年間中興大學接受海外會委託辦理「園藝作物栽培與繁殖」及「花卉及觀賞植物」等研習班。自國合會成立後，在農業專業研習班方面，國合會委託中興大學於 2006、2007 年分別辦理「農業政策與農村發展」與「農業政策展與管理」等兩項專業研習班，在受訓學員的正面回饋意見中，見證該等研習班辦理得相當的成功；在與泰國皇家計畫基金會之農業合作方面，國合會與皇家計畫基金會於 2004～2010 年間曾中斷 6 年，此期間幸有敝校楊耀祥教授的協助，在泰北清邁與清萊地區執行「溫帶果樹計畫」，使得泰北金三角地帶以「溫帶果樹取代罌粟花」的理想不至於中斷，並使國合會能在 2011 年重新接手「臺泰農業合作計畫」，迄今泰國皇家計畫基金會主席畢沙迪親王對於中興大學與國合會在維繫臺泰雙方之友誼表達萬分的感謝。

　　在「國際高等人力碩博士及學士獎學金計畫」方面，中興大學自 2012 年 3 月加入國合會「臺灣國際合作策略聯盟（Taiwan International Cooperation Alliance, TICA），執行「國際農學碩士學位學程」及「國際農企業學士學位學程」兩項學程，受獎學生在學期

間的課業優秀表現外，他們畢業後的出路也都相當良好，充分顯示
該計畫執行的成功。綜合上述各項合作計畫的順利執行，均得歸功
於李副秘書長居中扮演著重要的推手，使計畫得以成功推動。此
外，李副秘書長於 2014 年及 2019 年，兩度參與國立中興大學農業
暨自然資源學院「國際農學碩士學位學程」及「國際農企業學士學
位學程」兩學程自我評鑑之評鑑委員，對學程的現況及未來發展提
出寶貴的建言，明確指引兩學程的重要發展方向。

　　今年中興大學將敦聘李副秘書長擔任學程的客座教授，講授
「農業發展與國際合作」及「國際農業合作」兩門課程，期盼李副
秘書長能將多年來累積的經驗與學生分享，造福國內外青年學子。
今欣聞李副秘書長撰寫回憶錄以供社會大眾參考運用，更屬彌足珍
貴，相信藉由本書之出版將有助於臺灣國際發展合作事務之持續傳
承。

國立中興大學副校長　黃振文 教授

2021.7.30

經驗是智慧，如明燈般指引前路

　　國際合作發展基金會與國立政治大學之合作關係可追溯自 2000 年，當時周前校長行一到國合會拜會李栢浡副秘書長，盼「國際經營管理碩士學程（International MBA, IMBA）」全英文授課的學程，能加入國合會「國際高等人力培訓外籍生獎學金計畫」。由於 IMBA 學程的課程規劃與行政支援均符合國合會的外籍生獎學金計畫作業原則，於是雙方簽署合作備忘錄。IMBA 於 2001 年開始招生，首批 5 名受獎生於 8 月抵達台灣，正式啟動本項獎學金計畫，截至目前為止，已超過 130 位 ICDF 受獎生參與此一學程。

　　政大 IMBA 學生表現極為優秀，例如：宏都拉斯籍畢業生 Juan Diego Prudot 在臺就讀期間與另三位同學組成之創業競賽團隊「IMPCT」，獲得 2015 年全球社會企業諾貝爾獎「霍特獎」（HULT PRIZE）首獎。之後所創立「IMPCT Coffee」品牌，部分銷售收入協助開發中國家偏鄉地區打造高品質的玩安幼兒園（PLAYCARE）。消費者喝咖啡不只是品味，更給了貧童一個未來的夢。目前 IMPCT 團隊已在薩爾瓦多、瓜地馬拉、南非及臺灣等地建立 4 所「玩安幼兒園」，運用社會企業的資源來改善偏鄉學齡前的幼兒教育。

感謝長久以來國合會與李副秘書長對政大外籍學生的鼓勵與支持。政大商學院 2003 年 9 月開設「企業管理學系學士全英語學程」、國際事務學院 2012 年 8 月開設「國際研究英語碩士學位學程（IMPIS）」，這兩個學程學生的表現也很好。李副秘書長在 IMPIS 開設兩門課程，講授「國際合作專題——農業、經濟與貿易議題」與「國際合作專題研究——國際非政府組織與發展」，授課內容與方式深受學生歡迎，李副秘書長將多年來累積的經驗與學生分享，學生受益良多，實屬學生之福。

　　本人曾任國合會兩任監事，目前擔任國合會董事，感謝國合會在國際間為臺灣做了很多事，也感佩李副秘書長對國合會的貢獻。今欣聞李副秘書長以撰寫回憶錄方式，將長期以來寶貴的援外經驗傳承給年輕後輩，更是彌足珍貴。本書之出版有助於援外經驗的傳承，有助於國際合作事務之擴展與提升。經驗是一種智慧，是一盞明燈，帶著我們努力勇敢的往前走，感謝李副秘書長將他的經驗與智慧無私的與大家分享。

　　我與國合會結緣，認識李副秘書長將近十年，十年緣深，在此獻上最誠摯的祝福！

國立政治大學副校長　林美麗

擴大國際思維與視野

栢淳副秘書長踏遍世界 109 個國家地區，為國際發展合作無私奉獻長達 34 年之久。渠在該領域的技術合作、人道援助、投資融資及國際教育訓練等各項計畫專業領域鑽研甚深，且縝密執行；對世界上的亞太、拉丁美洲、加勒比海、亞西及非洲地區派遣臺灣團隊進行各類技術合作，皆能在最優先時效內嘉惠受援對象、鞏固邦誼並彰顯計畫成效的傑出貢獻，確實令人讚嘆與激賞。

本人與栢淳副秘書長相識超過 15 年，係因崑山科技大學自 2006 年開始參與財團法人國際合作發展基金會「國際高等人力培訓外籍生獎學金」計畫合作而得以結緣。本校目前推動的學程包括「國際機械工程學士學程」及「國際機電自動化工程及管理碩士學程」等兩項。國際機械工程學士學程經過 15 年來的細心運作已相當穩定，學生主要來自我國友邦與新南向國家，受獎生在本校的表現均相當優秀。例如：有臺灣機械界諾貝爾獎稱號的「上銀機械碩士論文獎」，於 2019 年由本校受獎生貝里斯籍摩根（Wani Jamaal Morgan）獲獎。這是該獎項設立以來首次由科技大學榮獲最高殊榮的金質獎；同時，本校也安排國合會受獎生們前往位於南部地區的台積電、鴻海、國巨、群創、南茂及富強鑫等世界知名企業進行產

學合作。藉由產業專業豐富之資源，讓學生透過業界實習，提升相關的專業知識及實務經驗，達到真正的學以致用，更為友邦培養優質人才。

隨著 AI 應用的普及，產業鏈中的最大價值會逐漸由硬體轉向軟體及數據管理，崑山科大也在栢淬副秘書長的協助下開設「機電自動化工程與管理碩士學程」，也將於 2022 年起招收國合會受獎生。設立該學程的目的是，將傳統的機械工程升級為機器人結合 AI 人工智慧、5G、雲端通訊等科技，讓學生可以接觸精密尖端科技協助工廠數位轉型，可見渠對友邦國家在 AI 科技人力資源培育的前瞻規劃與遠見。

此外，崑山科大已正式禮聘李副秘書長為本校講座教授，期借助渠在國際發展之實務經驗，持續指導本校在高等人力獎學金計畫之發展及推動學生雙語化學習計畫。相信有李副秘書長加入本校行列，必能產生正面的加乘效果。

今欣聞李副秘書長願將 34 年來所累積的經驗，梳理國際援助的發展脈絡及我國如何推動國際發展援助工作，以回憶錄《在世界看見臺灣的力量》一書呈現。相信您在品味栢淬副秘書長豐富而真實的國際經驗傳承後，定能擴大您的國際思維，與對國際發展合作的視野。

崑山科技大學校長　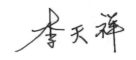

與友邦同行共榮

　　我與國合會結緣在民國 102 年，剛好碰到國合會從「醫療服務類型」逐漸轉型為「公衛醫療專案」為主，很榮幸獲李副秘書長邀請為他的書寫序，讓我有機會回顧過去擔任諮詢委員及現任董事的身分，共同參與的點點滴滴；身為公衛人的我，對於國合會的轉型，特別有感。也很高興有機會一起見證這些走過的歲月、經歷過的經驗習得，以及國合會與友邦同行共榮的重要成就。

　　李副秘書長人生最精華的歲月都奉獻在國合會，在和他的互動中可以發現他對援外工作的熱愛，以及對國合會工作的忠誠與認同。他最後一章「終點又回到起點」的第二節「起點」讓我特別有感，他從政策後 2030（Post-2030）國際發展的新走向、在沒有邦交國下，國際發展合作（國合會）當如何自處、技術（將現行部分技術合作計畫轉型長期性的投資計畫、鼓勵私部門及私人企業參與國際發展事務）、人才（創新創意的人才培育工作，落實聯合國永續發展）及資金（逐年增列 ODA 經費，使國合會基金規模擴大），勾勒全球發展合作的新方向與執行藍圖，充分展現他融合畢生經驗所提出的具體建議，相信可做為我政府及國合會未來在推動業務時很重要的參考。

欣見李副秘書長退而不休，持續參與研究與人才培育的行列。孟子云人生三大樂事，第三樂是「得天下英才而教育之」，師友之樂是一種傳承，更是一種使命，擔任教職多年的我，每當看到自己教的各國學生，表現青出於藍而勝於藍，內心的欣慰與驕傲，筆墨難以形容。這些未來的棟梁都是他們國家進步的動力，也是維繫臺灣與友邦的重要人脈。此外，李副秘書長在國合會工作所累積的國際視野與經驗，將能轉化成帶領國內學研團隊發展出研究的亮點，讓臺灣能對國際社會作出更多的貢獻，恭喜李副秘書長邁入人生下一個篇章，祝願李教授在他另一個舞臺，發光發亮，怡然自得。

群體健康科學研究所特聘研究員兼所長

邱弘毅

推動臺灣與世界鏈結的力量之手

　　二十餘年前，時任國合會副秘書長謝順景教授及助理秘書長李栢浡博士為強化我國與友邦農業技術交流，與本校前劉顯達校長商榷推動國際農業人才培訓計畫，於 1998 年成立全國第一所全英語授課，招收國際學生、援外農業技術團團員進修及本國生的「熱帶農業研究所」，24 年來培育近 800 名農業科技人才，有 271 名獲國合會獎學金完成學業，其中不乏畢業返國擔任政府官員者，充分發揮軟實力外交，李博士功不可沒。

　　李栢浡博士是我國高等教育國際化的先驅，在他的支持下，國合會與屏科大聯手成功培育了為數不少的國際人才，許多畢業生學成歸國後，不論在母國或國際團體中都發揮了不可忽視的影響力，直接或間接強化我國外交於國際上之關係。李博士投入臺灣國際發展援助工作 34 年的職業生涯中，走訪了 109 個國家，為臺灣在國際舞臺創造無數利基。這本回憶錄的重要價值，在於回顧了李栢浡博士積極鏈接臺灣與世界超過半甲子，所累積的寶貴經驗與剖析國合會對我國外交政策所作出的偉大貢獻。

　　身為第一線的推手，李栢浡博士書中分享臺灣如何在國際舞臺逐步發光發熱，受到多國認同與重視，展現我國有足夠能力援助其

他弱勢地區。透過國合會這個國際平臺，李栢淳博士啟動了富有意義又深具挑戰性的跨國任務，從非洲起步，繼而擴展到拉丁美洲。李栢淳博士的影響力還促成了最近與我國建立外交關係的索馬利蘭共和國。在李博士的運籌帷幄下，臺灣外交觸角顯然藉由國合會的加入發揮了更多元的影響力，從國與國之間的官方關係進而深觸到平民百姓的生計，國際合作與人才培育計畫從早期的農業開始，已擴展至公衛醫療、人力資源、通訊科技等領域。

　　我國的外交工作是一項艱難的任務，三十餘年來，李博士在困境中持續傾注海外援助與發展工作，不斷向開發中國家提供各種實際援助，拓展臺灣的國際生存空間，讓我國與邦交國的友誼能走得更長更遠。

　　李博士透過本書無私地分享國際合作經驗與透過實際案例剖析全球發展脈絡，深入淺出的引導國人更加瞭解國際發展合作的核心與理念，也藉此拋磚引玉帶動更多民間力量投入各項國際發展合作事務。《在世界看見臺灣的力量》回憶錄出版在即，李博士不棄本人學淺，特囑撰寫序言，為表達對其推動國際合作成就的最高崇敬之意，故不揣淺陋而為之序。

國立屏東科技大學校長　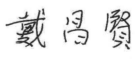

2021.8

臺灣國際援助的知識庫

　　在國際援助的歷史上，臺灣是少數從受援的一方轉型為援助提供者的成功案例。李副秘書長透過個人 30 多年的親身經歷，見證了臺灣在國際援助與合作的發展歷程。透過本書，將多年來所累積的專業經驗，以及所見所聞記錄下來，為國際援助的專業保留了重要的知識內涵。

　　本書從描繪國際援助歷程與趨勢開始，敘述臺灣如何藉由早期國際的協助快速的進步，並逐漸有能力運用本身的優勢，例如，農業技術、公衛醫療、教育資訊、微小中型企業、環境與人道等，協助國際社會中有需要的國家，透過合作、輔導、與訓練，改善當地社會的發展與人民的生活。在這個過程中，國合會也透過各項計畫的推展，為臺灣培育了許多國際事務的人才。

　　其次，本書帶領讀者走入世界，從非洲、拉丁美洲、加勒比海、東南亞、南亞、太平洋島嶼，到中東、中亞、中東歐、巴爾幹半島等地區，描繪各地特殊的社經情況與文化，並且穿插第一手的見聞與故事，有派外人員的危急事件、特殊的經歷、以及有驚無險的趣聞等。許多故事在事後聽來都令人莞爾一笑，但是，在事件發生的當時，卻需要當事人在高度壓力下運用臨機應變的能力，化解在第一

線所遭遇的各種實際狀況。這些豐富的內容呈現了真實的在地經歷，也記錄了臺灣在推動國際事務過程中，許多專業人員不為人知的付出與努力。

在國際援助合作上，有些歐美國家以金援的方式，將經費提供給當地的政府，並不直接參與實際的工作。然而，臺灣的方式有所不同，在許多地方都是直接派人瞭解當地的需求，除了與大型的機構合作，也與在地的小農或微小型創業者一起胼手胝足。我在 2019 年有機會到中美洲去瞭解臺灣在當地的援助計畫。一路上，許多當地的農民與微小型創業者，帶著家人以及他們所種的水果、咖啡、或手做的糕點，向我們一行人表達對國合會、以及對臺灣懇切的感謝，而這些都是國際援助工作團隊與國內外同仁長期以來所累積的成果。

國際援助與合作並非在遙遠的地方，透過各國政府及民間的互動，可以看見它與臺灣社會密切的關連。例如，此次 COVID-19 期間，臺灣贈送口罩給許多國家並分享公衛專業，另一方面也在疫苗上獲得其他國家的支援，而這樣的互動與合作也會持續下去。如同李副祕書長在書的最後一章所言，終點又回到了起點。這本書的出版充實了臺灣國際援助的知識庫，為下一個階段的合作與發展提供了鑑往知來的重要基礎。

國立臺灣師範大學教授
兼國際合作發展基金會董事　　張婉雯

援外歷史的百科全書

　　現在還有人敢出近 500 頁的巨著，此人必定不同凡響，也確實是見識廣博樂於分享的高人。他走遍全世界、到過非洲、拉丁美洲、加勒比海地區、東南亞、南亞、太平洋島嶼、中亞、中東歐及巴爾幹半島等數不清的國家。他不是去觀光旅遊，他是代表國家去對外援助拓展友誼，因此，深入當地風土民俗，又肩負助人的使命，自然相交滿天下。他有 34 年的國際合作發展基金會（以下簡稱國合會）工作經驗，因此他不寫書則已，一寫就一鳴驚人的完成如此大篇幅巨著，也才可以用「在世界看見臺灣的力量」，這樣自信宏偉的書名。

　　栢涬兄和我是老友，他在銘傳大學國際事務與外交學程講學十餘年，用全英語教授國際合作發展專題課程，學生遍布全球，畢業生都進入了自己國家的公部門或非政府部門服務，成為臺灣推展國際合作的推力，因為臺灣所有大學這幾年都在推動國際教育，都需要國合會的資源與協助。他的風格正如他在書中描述的熟悉農業、醫療、教育、通訊、環境、企業發展、人才培育、人道援助等各個領域，而且他談的不僅是理論，都是真實發生的故事。我因為在美國留學，後來在美國跨國公司服務，再擔任大學校長，國際經驗多不

勝數，但是他深入各國基層，用解決問題的心態出發，這對於我多年研究的經營管理，的確有相得益彰的幫助。

個人認為閱讀本書並不需要從第一個字讀到書末，也不必照順序一章一章讀下去。這本書是一本百科全書，對於中華民國援外的歷史過程敘述的非常詳實，要作這方面的研究，可以省掉很多蒐集資料的時間。對於臺灣援外的項目，對哪一個項目有興趣，就可以選擇哪個主題去研讀。我因為熱衷推動國際教育，自然就會先選擇第五章，一邊看一邊就想起栢淳兄過去和我在這方面合作的往事。銘傳大學能成為全臺灣招收國際學生最多的大學，華語文教育也從小規模到全國名列前茅，其中當然有栢淳兄的睿智與建言。如果你喜歡世界地理、國際關係與全球觀光，本書一定會比親自出遊還要深入而有臨場感，能讓你了解觀光客絕不會知道的當地生活與發展問題。因為本書是大部頭，不方便躺著看（這樣看書也不健康），我建議大家先看第一章了解臺灣從開始國際援助到現階段的援外重點，同時也可以掌握當前國際援助的大趨勢，再選擇自己關心或喜愛的項目精細閱讀，不僅容易入門，而且讀來貼近自己的興趣。

總之，栢淳兄 34 載親身驗證的國際援助之路，讀來不僅增廣見聞、遊覽世界，而且會有身為臺灣人幫助全世界的驕傲感，有幸在成書之前看完大樣，深感此書開卷有益，是以敢為推薦。並不揣淺陋，應命作序，聊以介紹本書價值所在，如果要得到作者真傳，當然還是要用心讀完本書。

銘傳大學校長　

2021.08.18

　　筆者自 1987 年投入國際發展合作事務，至今已有 34 年歷史，在此期間共計走過 109 個國家，足跡踏遍沙哈拉沙漠非洲、北美洲、拉丁美洲與加勒比海、東亞與東南亞、南亞、中亞、北非與中東、西歐、南歐與東南歐，中東歐與巴爾幹半島等。依據文獻的相關紀載，1960 年代，為爭取新興獨立國家支持我國在聯合國的代表權，我在非洲地區的邦交國曾達到 29 個，自 1971 年我國退出聯合國後，各國陸續與我國終止外交關係，迨至 1987 年我國在非洲之邦交國僅剩南非、馬拉威及史瓦濟蘭等三國，嗣後於 1989 年中國 64 天安門事件後，世界各國均唾棄中國違反民主的鎮壓行動，非洲地區自 1989 年後再度有賴比瑞亞、幾內亞比索、中非共和國、尼日、布吉納法索、塞內加爾、甘比亞、查德及聖多美普林西比等 9 國與我國恢復邦交。然而，中國自 2008 年崛起後，國際情勢倒向中國，截至 2021 年我國在非洲邦交國僅剩餘史瓦帝尼及索馬利蘭等兩國，期間有關我國與非洲地區之國際合作，例如在幾內亞比索的達拉稻作墾區、布吉納法索的巴格雷墾區、塞內加爾河流域的稻作深水直播法以及甘比亞的潮汐灌溉均讓人印象深刻，未來我國在非洲地區的國際合作策略，應加強能力建構的軟實力來維持與非洲國家的關係。

在拉丁美洲及加勒比海地區至今仍屬於我國的外交重鎮，本地區之合作模式應依現地不同的環境與駐在國的需要而作適當之調整，例如瓜地馬拉北碇木瓜輸美計畫、宏都拉斯吳郭魚箱網養殖與臺灣芭樂計畫等，均讓人津津樂道，由於該等計畫能符合農業價值鏈的每一個步驟，更有潛力轉型為長期投資計畫，此外，本地區常受颱風或火山爆發的影響，進行因應氣候變遷調適及韌性建立，即是以 GIS 等科技進行防災確屬重要，應持續加強辦理。

　　在亞太地區，臺泰農業合作讓金三角地區以蘋果、梨及水蜜桃等溫帶果樹取代罌粟花的種植，維繫臺泰兩國 40 年堅定不移的友誼；在太平洋島嶼地區帛琉、馬紹爾群島、諾魯及吐瓦魯等國，除加強糧食安全及營養，以舒緩本地區人民因營養不均衡所造成之肥胖問題外，本地區因受氣候變遷而有海平面上升的問題，因此以防災科技建立早期預警措施來降低災害之發生實屬當務之急。在亞西地區，海水魚箱網養殖在巴林及沙烏地阿拉伯甚具發展之潛力，可擴大及加強辦理以提供海灣地區卡達、科威特、阿曼、葉門、巴林及沙烏地阿拉伯等 6 國所需之海產品需求。在中東歐及巴爾幹地區，我國藉助歐銀平臺推動「歐銀特別投資基金小企業帳戶」、「歐銀綠色能源特別基金」、「歐銀特別基金農企業帳戶」、「歐銀特別基金——永續農企業價值鏈」、及「歐銀氣候高影響力特別基

金」等計畫，允宜持續加強辦理，對提升我國在本地區的能見度應有甚大的助益。

惟自 2019 年底全球遭受 COVID-19 肆虐以來，至今已約 2 億人確診，死亡人數超過 420 萬人，使得國際間總生產力下降、失業率上升、經濟成長率下降，極端貧窮人口增加 1.5 億人，極端貧窮人口總數再度回到 2000 年的情景約 9.2 億人，亦即人類過去 20 年的努力完全泡湯，SDGs 之執行已明顯落後，因此在後疫情時代 SDGs 未來 10 年的追蹤與檢視應加速並急起直追，選定糧食安全、社會福祉、兩性平等、經濟發展、氣候變遷、生物多樣化及全球夥伴關係等重要議題進行結構性轉型，俾使 SDGs 在 2030 年前得以順利執行。

作者 李栢淳 謹識

目次 CONTENTS

推薦序　永不停止精益求精／項恬毅　　02

推薦序　傳承不輟的國際發展合作事務／黃振文　　04

推薦序　經驗是智慧，如明燈般指引前路／朱美麗　　06

推薦序　擴大國際思維與視野／李天祥　　08

推薦序　與友邦同行共榮／邱弘毅　　10

推薦序　推動臺灣與世界鏈結的力量之手／戴昌賢　　12

推薦序　臺灣國際援助的知識庫／張婉雯　　14

推薦序　援外歷史的百科全書／李銓　　16

作者序　　18

第 *1* 章　國際援助發展的歷程與潮流趨勢　　25

第 *2* 章　從受援到援助　　47

第 *3* 章　臺灣之國際農業合作　　67

第 *4* 章　臺灣之公衛醫療援外　　89

第 *5* 章 ‖ 國際教育援助與人力資源發展　　109

第 *6* 章 ‖ 臺灣資通訊科技援外　　135

第 *7* 章 ‖ 微小中型企業發展　　161

第 *8* 章 ‖ 環境議題切合國際潮流趨勢　　187

第 *9* 章 ‖ 國際人道援助　　227

第 *10* 章 ‖ 青年人才培育——
外交替代役、志工及大專青年海外實習　　247

第 *11* 章 ‖ 臺灣援外的起點——非洲　　267

第 *12* 章 ‖ 最具文化律動的拉丁美洲　　293

第 *13* 章 ‖ 世界最美麗動人的加勒比　　319

第 *14* 章 ‖ 自由開放的印度－太平洋──
東南亞及南亞地區   343

第 *15* 章 ‖ 帶有原始風味的太平洋島嶼國家   371

第 *16* 章 ‖ 中東、北非、中亞、中東歐及巴爾幹半島   401

第 *17* 章 ‖ 終點又回到起點   431

第 *1* 章

國際援助發展的歷程
與潮流趨勢

一、國際發展援助的歷程

人類之對外援助應可溯至 17 世紀，此期間係屬殖民國家（colonial powers）與受殖民國家（colonial countries）之關係，即所謂殖民遺產（colonial legacy）。迨至二次大戰結束，1947 年美國經國會同意通過 130 美元規劃「馬歇爾計畫」（The Marshall Plan），又稱為歐洲復興計畫（European Recovery Program），是二戰後美國對被戰爭破壞的西歐資本主義各國進行經濟援助、協助重建的計畫（Arkes, 1972）。對歐洲國家的發展和世界政治格局產生了深遠的影響，總計有包括英國、法國、德國、義大利等 17 個歐洲國家（附表 1.1）接受馬歇爾計畫之援助（Wallich, 1955），該計畫可謂是國際間對外援助的濫觴。經過 4 個會計年度的投入，該計畫於 1951 年順利執行結束。嗣後經美國國會之同意編列 220 億美元，轉而協助亞洲、拉丁美洲與非洲等地區之經濟發展，臺灣即是繼馬歇爾計畫後的受援國家之一。

1948 年 4 月 3 日，美國杜魯門（Truman）總統簽署了馬歇爾計畫，同時他還批准設立了經濟合作總署（Economic Cooperation Administration, ECA）來負責執行，後來此機構成為今日的美國國際開發署（USAID）；同年，計畫的各個參加國（奧地利、比利時、丹麥、法國、西德、英國、希臘、愛爾蘭、義大利、盧森堡、荷蘭、挪威、瑞典、瑞士、土耳其和美國）又簽署了一項協定，決定建立一個地位與經濟合作總署並列的機構，即歐洲經濟合作組織（Organization for European Economic Cooperation, OEEC）。

1961 年，執行馬歇爾計畫的歐洲經濟合作組織（Organization for Economic Cooperation, OEEC）更名為經濟合作發展組織（Organization for Economic Cooperation and Development, OECD），其轄下的發展援助委員會（Development Assistance Committee, DAC）專責政府發展援助（Official Development Assistance, ODA）計畫，目前 ODA 之總金額以 2017 年為例總計約 1,610 億美元（如圖 1.1），其中 DAC 會員國約 1,466 億美元，非 DAC 會員國約 144 億美元（OECD, 2018），ODA/GNI（Gross National Income，國民總收入毛額）比例為 0.31%（OECD, 2018），以聯合國之所訂之 GNI 標準 0.7%

表 1.1　馬歇爾計畫每年提供給歐洲各國的具體援助數額

單位：億美元

國家	1948/49	1949/50	1950/51	總數額
奧地利	2.32	1.66	0.70	4.88
比利時與盧森堡	1.95	2.22	3.60	7.77
丹麥	1.03	0.87	1.95	3.85
法國	10.85	6.91	5.20	22.96
德國	5.10	4.38	5.00	14.48
希臘	1.75	1.56	0.45	3.66
冰島	0.06	0.22	0.15	0.43
愛爾蘭	0.88	0.45	-	1.33
義大利與第里亞斯特	5.94	4.05	2.05	12.04
荷蘭	4.71	3.02	3.55	11.28
挪威	0.82	0.90	2.00	3.72
葡萄牙	-	-	0.70	0.70
瑞典	0.39	0.48	2.60	3.47
瑞士	-	-	2.50	2.50
土耳其	0.28	0.59	0.50	1.37
英國	13.16	9.21	10.60	32.97

資料來源：Wallich, 1955

而言，尚有一段距離（如圖 1.2）。

　　冷戰時期，國際間所發生之事件如 1945～1950 年國共內戰、1950～1953 年韓戰、1955～1975 年越戰、1970～1975 年柬埔寨內戰、1979 年蘇聯入侵阿富汗，以及 1980～1988 年兩伊（伊朗與伊拉克）戰爭等，以美國為首之第一世界國家及以蘇聯為首之第二世界國家在政治、軍事與情報等之競爭，可謂為全面性的，其對外援助之受益對象主要係以聯盟國為主，並以由上對下（TOP to Down）的方式執行，其對外援助之重點在於援助國的國家安全與發展（national security and development）。

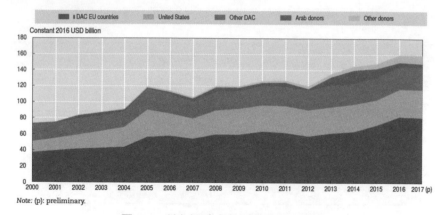

圖 1.1　所有捐助者的淨官方發展援助

資料來源：經濟合作發展組織（OECD），2018

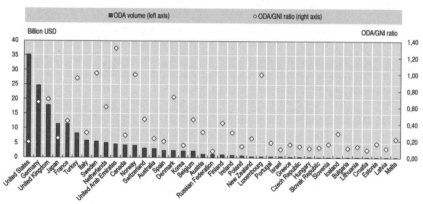

Note: This chart includes preliminary 2017 ODA flows for DAC countries as well as non-DAC providers who reported their preliminary data.

圖 1.2　2017 年官方發展援助淨流量占國民總收入的百分比

資料來源：經濟合作發展組織（OECD），2018

　　1991 年蘇聯解體冷戰結束，人們在遭受 40 餘年之冷戰束縛後，亟需尋求喘息的機會並力主和平，對外援助方式也由上而下轉為由下而上（Bottom up），除傳統之雙邊與多邊國際組織外，並邀請國際非政府組織（International Non-Governmental Organization, INGO）參與對外援助事務，並以發展議題（development issue）為導向，如貧窮與飢餓、教育、衛教及環境等。

二、國際發展的潮流趨勢

　　2000 年 9 月，所有 189 個聯合國成員國，以及至少 23 個國際組織在聯合國千禧年高峰會議通過千禧年發展目標（Millennium Development Goals, MDGs）（圖 1.3），並在聯合國千禧年宣言中承諾將幫助在 2015 年前實現以下 8 個發展目標：（United Nation, 2000）

1. 消滅極端貧窮和飢餓
2. 實現普及初等教育
3. 促進性別平等並賦予婦女權力
4. 降低兒童死亡率
5. 改善產婦保健
6. 與愛滋病毒／愛滋病、瘧疾以及其他疾病對抗
7. 確保環境的永續能力
8. 促進全球的夥伴關係

Millennium Development Goals

圖 1.3　聯合國世紀發展目標

資料來源：聯合國（United Nations），2000

在戰後的樂觀和熱情中，國際發展合作在 20 世紀 60 年代初期飆升。它一直在不斷發展，被認為是推動全球發展的關鍵因素之一。但成功並不總是顯而易見的：缺乏協調、過於雄心勃勃的目標、不切實際的時間和預算限制，以及政治自身利益，往往使援助無法像所希望的那樣有效。

當已開發國家和發展中國家承諾實現 2005 年「巴黎宣言」原則以實現更有效的援助時，它們不僅同意一套原則，而且還要在 2010 年之前達成一系列可衡量的目標。這是「巴黎宣言」的一個重要特徵，為捐助者和開發中國家提供相互控制的工具（OECD，2005 年）（圖 1.4）。2004 年、2005 年、2008 年和 2011 年分別在義大利羅馬、法國巴黎、迦納阿克拉和南韓釜山舉辦四個重要的援助有效論壇，標誌著為實現現代化、深化和擴大發展合作，以及提供援助而不斷努力。這些高階活動的目的在於制定有效援助的原則，這些原則在 2011 年引領了 100 多個國家迄今為止所批准的釜山夥伴關係協定，作為最大限度地發揮援助影響的藍圖。制定這些原則是為實現千禧年發展目標（MDGs）所規定的宏偉目標而努力。

15 年過去了，2015 年世界的貧窮人口降至 12%，超出原有的預期；已達學齡卻沒能上學的孩子減少了一半以上；孩童死亡率降低了將近一半；愛滋病患接受治療的人數，比原本多了 15 倍；蚊帳的設置，防止了 600 萬人死於瘧疾。這些成功，很大程度歸因於經濟成長，尤其是中國與印度前幾年的高速成長，大大減少了貧窮人口。

儘管千禧年發展計畫有不錯的進展，但面對「永續發展」的議題，聯合國發展計畫署認為，世界還有更多進步與改善的空間。如千禧年發展目標中，最失敗的目標——性別平等。女性仍比男性更可能面臨更多挑戰，在貧窮、不識字的人口中多達 2/3 為女性、女性晉升與薪資平等的成長比率仍舊緩慢、甚至有許多婦女在妊娠期間因併發症死亡。

除了尚未解決的問題，我們又衍生出更多問題。戰爭與衝突迫使近 6,000 萬難民無家可歸；氣候變遷、環境汙染都正在削弱過去發展的成果，而這當中受影響最深的，還是窮人。

2015 年 9 月 25 日，聯合國成立 70 週年之際，世界領袖們齊聚聯合國紐約總部，舉行「聯合國發展高峰會」，基於千禧年發展目標未能達成的部分，

The Paris Declaration "pyramid"

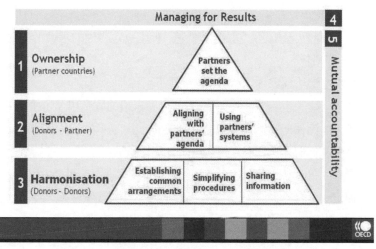

圖 1.4　2005 年巴黎宣言——援助的有效性

資料來源：經濟合作發展組織（OECD），2005

發布了「翻轉我們的世界：2030 年永續發展方針」。這份方針提出了所有國家都會面臨的問題，並基於積極實踐平等與人權，規畫出 17 項永續發展目標（Sustainable Development Goals, SDGs）及 169 項追蹤指標，作為未來 15 年內（2030 年以前），成員國跨國合作的指導原則（United Nations, 2015）（圖 1.5）。

　　此外，這份方針同時兼顧了「經濟成長」、「社會進步」與「環境保護」等三大面向，在在展現了這份新方針的規模與企圖心。

目標 1：在全世界消除一切形式的貧困。

目標 2：消除飢餓，實現糧食安全，改善營養狀況和促進永續農業。

目標 3：確保健康的生活方式，促進各年齡人群的福祉。

目標 4：確保包容和公平的優質教育，讓全民終身享有學習機會。

目標 5：實現性別平等，增強所有婦女和女童的權能。

目標 6：為所有人提供水資源衛生及進行永續管理。

目標7：確保人人負擔得起、可靠和永續的現代能源。

目標8：促進持久、包容和永續經濟增長，促進充分的生產性就業和人人獲得適當工作。

目標9：建設具防災能力的基礎設施，促進具包容性的永續工業化及推動創新。

目標10：減少國家內部和國家之間的不平等。

目標11：建設包容、安全、具防災能力與永續的城市和人類住區。

目標12：確保永續的消費和生產模式。

目標13：採取緊急行動應對氣候變遷及其衝擊。

目標14：保護和永續利用海洋和海洋資源，促進永續發展。

目標15：保育和永續利用陸域生態系統，永續管理森林，防治沙漠化，防止土地劣化，遏止生物多樣性的喪失。

目標16：創建和平與包容的社會以促進永續發展，提供公正司法之可及性，建立各級有效、負責與包容的機構。

目標17：加強執行手段，重振永續發展的全球夥伴關係。

圖 1.5　聯合國永續發展目標

資料來源：聯合國（United Nations），2015

三、國際雙邊與多邊合作機構組織及其他組織

（一）國際雙邊合作機構

　　1960 年代可說是發展援助的黃金時期，當時被稱為「發展年代」（Decade of Development），世界的經濟成長率高達 4.8%，再加以民族主義的興起，世界有許多國家宣布獨立，此時間若干國際間雙邊與多邊合作機構相應成立，專事對外援助計畫之執行，例如美國國際開發署（United States Agency for International Development, USAID），設立於 1961 年，是承擔美國大部分對外非軍事援助的聯邦政府機構，依照美國國務院的外交政策，經由所設立之各種機構以協助開發中國家進行經濟結構調整，及促進民間企業之發展為主要任務。美國國際開發署在 100 多個國家或地區開展工作以（1）促進全球健康、（2）支持全球穩定、（3）提供人道援助、（4）促進創新與合作、（5）賦予婦女和女孩權力（USAID, 2021）。

　　日本自 1965 年開始從事國際合作，其負責援外之決策機構包括總理府（Prime Minster Office）、外務省（Ministry of Foreign Affairs）、通商產業省（Ministry of International Cooperation Trade and Industry），其執行機構除日本協力銀行（Japanese Bank for International Cooperation, JBIC）外，主要為日本協力機構（Japan International Cooperation Agency, JICA），成立於 2003 年 10 月 1 日，是日本對外實施政府開發援助的主要機構，隸屬日本外務省，其前身是成立於 1974 年的日本國際協力事務團。該機構的資金全數來自日本政策財政預算，目前在全球 150 多個國家和地區展開援助工作，並設有 101 家海外事務所。JICA 透過技術合作、貸款及無償資金援助方式，對開發中國家提供支援活動，該機構以培養人才、無償協助開發中國家開發經濟及提高社會福利為目的實施國際援助，實現該機構「攜手共創美好明天的宗旨」（JICA, 2021）。

　　除美國 USAID 及日本 JICA 外，國際間重要的雙邊合作機關如英國國際發展部（UKAID: Department for International Development, UKAID/DFID）、德國國際合作機構（Gesellschaft für Internationale Zusammenarbeit, GIZ）、法國國際開發署（Agence française de développement, AFD）、瑞典國際開發署

（Swedish International Development Agency, SIDA）、瑞士發展與合作署（Swiss Agency for Development and Cooperation, SDC）、挪威發展合作署（Norwegian Agency for Development Cooperation, NORAD）、荷蘭發展援助署（NEDA）、加拿大國際發展署（Canadian International Development Agency, CIDA）、澳洲國際發展署（Australian Agency for International Development, AUSAID）、紐西蘭國際發展署（NZAID）及韓國國際協力團（Korea International Cooperation Agency, KOICA）等。此外，經濟合作暨發展組織（Organization for Economic Cooperation and Development, OECD）轄下發展援助委員會（Development Assistance Committee, DAC）30 個會員國中除了上述外，尚有奧地利（Austria）、比利時（Belgium）、捷克（Czech Republic）、丹麥（Denmark）、歐盟（European Union）、芬蘭（Finland）、希臘（Greece）、匈牙利（Hungary）、冰島（Iceland）、愛爾蘭（Ireland）、義大利（Italy）、盧森堡（Luxembourg）、波蘭（Poland）、葡萄牙（Portugal）、斯洛伐克（Slovak Republic）、斯洛維亞（Slovenia）、西班牙（Spain）、土耳其（Turkey）等；DAC 的夥伴國家尚有亞塞拜然（Azerbaijan）、保加利亞（Bulgaria）、科威特（Kuwait）、卡達（Qatar）、羅馬尼亞（Romania）、沙烏地阿拉伯（Saudi Arabia）、及阿拉伯聯合大公國（United Arab Emirates）。非 OECD 會員國尚有克羅埃西亞（Croatia）、塞普路斯（Cyprus）、愛沙尼亞（Estonia）、以色列（Israel）、哈薩克（Kazakhstan）、科威特（Kuwait）、拉脫維亞（Latvia）、立陶宛（Lithuania）、列支敦斯登（Liechtenstein）、馬爾他（Malta）、俄羅斯（Russia）、臺灣（Chinese Taipei）、泰國（Thailand）、巴西（Brazil）、智利（Chile）、中國（People's Republic of China）、哥倫比亞（Colombia）、哥斯大黎加（Costa Rica）、印度（India）、印尼（Indonesia）、墨西哥（Mexico）、南非（South Africa）等國（OECD, 2020）。

（二）國際多邊合作機構

有關國際多邊合作機構，概可分為聯合國體系及區域性開發銀行等兩大系統，茲舉其要者說明如下：

1. 聯合國體系

(1) 世界銀行（World Bank, WB）：係開發中國家資本項目提供貸款的聯合國系統之國際金融機構（WB, 2021），它是世界銀行銀團（World Bank Group）組成機構之一，同時也是聯合國發展集團（United Nations Development Group, UNDG）的成員。世界銀行的主要任務為消除貧窮。根據有關協定規範，其所有決定都必須著重在外商直接投資和國際貿易，以及為資本投資提供便利，世界銀行除包括國際復興開發銀行（The International Bank for Reconstruction and Development, IBRD）及國際開發協會（International Development Association, IDA）外，尚包括國際金融公司（The International Finance Cooperation, IFC）、多邊投資擔保機構（The Multilateral Investment Guarantee Agency, MIGA）及國際投資爭端解決中心（The International Centre for Settlement of Investment Dispute, ICSID）。然而在某些非正式場合，世界銀行集團也可以被簡稱為「世銀」，其姊妹機構為世界貨幣基金（The International Monetary Fund, IMF）。目前該組織歷任的行長都為美國人，另外重要決議時需要 85% 的票數才得以通過提案，而美國的投票占比從未低於 15%，因而美國的投票比例實際上可視為擁有「否決權」。

(2) 聯合國開發計畫署（United Nations Development Programme, UNDP）：聯合國開發計畫署於 1965 年設立，是世界上最大負責技術協助的多邊合作機構，總部位於紐約。其主要工作為開發中國家提供技術上的協助，人才培訓及提供設備，特別是為對低度開發國家。聯合國發展計畫署的前身是聯合國技術協助發展計畫署（Expanded programme of Technical Assistance）及聯合國特別基金（United Nations Special Fund），兩者於 1965 年合併為聯合國開發計畫署。UNDP 每年根據人類發展指數，發布人類發展報告（Human Development Report），UNDP 也是全球環境基金的諸多執行機構之一（UNDP, 2021）。

(3) 其餘與發展有關之聯合國多邊合作機構，如世界衛生組織（World Health Organization, WHO）、聯合國兒童基金會（The United Nations Children's Fund, UNICEF）等，如表 1.2（UN, 2021）。

表 1.2　與發展議題有關的聯合國多邊合作機構

序號	中名	英名（縮寫）	設立年份
1.	糧食及農業組織	Food and Agriculture Organization (FAO)	1945
2.	國際農業發展基金	International Fund For Agricultural Development (IFAD)	1977
3.	國際勞工組織	International Labour Organization (ILO)	1946
4.	國際貨幣基金組織	International Monetary Fund (IMF)	1945
5.	國際電信聯盟	International Telecommunication Union (ITU)	1947
6.	聯合國教科文組織	United Nations Educationnel, Scientific and Cultural Organization (UNESCO)	1946
7.	聯合國工業發展組織	United Nations Industrial Development Organization (UNIDO)	1967
8.	世界糧食計畫署	World Food Programme (WFP)	1963
9.	世界衛生組織	World Health Organization (WHO)	1948
10	世界氣象組織	World Meteorological Organization (WMO)	1950
11.	聯合國環境署	United Nations Environment Programme (UNEP)	1972
12.	聯合國人口基金	United Nations Population Fund (UNFPA)	1969
13.	聯合國人居署	United Nations Human Settlement Programme (UN-HABITAT)	1978
14.	聯合國兒童基金會	The United Nations Children's Fund (UNICEF)	1946
15.	聯合國大學	United Nations University (UNU)	1973

序號	中名	英名（縮寫）	設立年份
16.	聯合國貿易與發展會議	United Nations Conference on Trade and Development (UNCTAD)	1964
17.	聯合國難民署	United Nations High Commissioner for Refugees (UNHCR)	1950
18.	聯合國駐東巴勒斯坦難民救濟處	The United Nations Relief and Works Agency for Palestine Refugees in the Near East	1949
19.	聯合國婦女權能署	United Nations Entity for Gender Equality and Empowerment of women (UN-Women)	2010
20.	聯合國愛滋病聯合規劃署	Joint United Nations Programme on HIV/AIDS (UNAIDS)	1994

2. 區域性開發銀行

開發銀行是專門為經濟開發提供投資性貸款的專業銀行。開發銀行可分為國際性及區域性二種。國際性開發銀行由若干國家共同設立，其中最著名的是世界銀行及國際貨幣基金（IMF）。區域性開發銀行主要由所在地區所共同出資設立，如亞洲開發銀行（Asian Development Bank, ADB）、美洲開發銀行（Inter-American Development Bank, IDB）、非洲開發銀行（African Development Bank, AfDB）、歐洲復興開發銀行（European Bank for Reconstruction and Development, EBRD）、中美洲經濟整合銀行（Central American Bank for Economic Integration, CABEI）及加勒比海銀行（Caribbean Development Bank, CBD）等，茲舉目前我國有參與及業務往來之 ADB、IDB、EBRD 及 CABEI 為例，概要說明如下：

(1) 亞洲開發銀行（Asian Development Bank, ADB）：

ADB 成立於 1966 年，總部設於菲律賓馬尼拉，為亞洲最主要之經濟發展機構，現有 68 個會員國，我國係創始會員國之一，理事會（Board of Governors）為亞銀最高權力機構，總裁為日本籍 Masatsugu Asakawa 先生，我國現任理事為財政部蘇部長建榮，亞銀設有「亞洲

開發基金」（Asian Development Fund, ADF）協助低度開發之會員國消弭貧窮。我國亦為 ADB 的捐助國之一（ADB, 2021）。目前我國參與亞銀組織活動主要由財政部組團參與亞銀年會，蘇部長每年在大會中致詞 5 分鐘。另亞銀與國合會之合作計畫如巴布亞紐幾內亞供水計畫及 SAS 緊急紓困計畫，現均已結案。

(2) 美洲開發銀行（Inter-American Development Bank, IDB）：
美洲開發銀行成立於 1959 年，總部設於美國華府，現有 48 個會員國，我國自 1991 年即獲邀以觀察員身分出席年會。2006 年國合會與 IDB 所屬多邊投資機構（Multilateral Investment Fund, MIF）共同成立「金融機構發展基金」計畫，推動區域內微額貸款計畫（外交部，2021）。

(3) 歐洲復興開發銀行（European Bank for Reconstruction and Development, EBRD）：
歐銀成立於 1991 年，總部設在英國倫敦，旨在協助中、東歐、中亞及西巴爾幹等地區受援國轉型為市場經濟，並邁向民主政治及多元化社會。現有 71 個會員，其中包括 38 個受援國（Countries of Operations）（EBRD, 2021）。我國係以特別觀察員（Special Observer）身分出席歐銀年會，並自 1991 年起由我國外交部出資成立「技術合作基金」（Taiwan Technical Cooperation Fund, TWTC），參與歐銀協助受援國轉型之合作計畫（外交部，2021）。我國雖非會員國，然國合會與歐銀有多項合作計畫，如歐銀特別投資基金——小企業帳戶（目前為第三階段計畫，共有 12 項子計畫）、歐銀綠色能源特別基金（6 個子計畫）、歐銀特別基金農企業帳戶計畫（10 個子計畫）等（國合會，2021a）

(4) 中美洲經濟整合銀行（Central American Bank for Economic Integration, CABEI）：
CABEI 成立於 1960 年，總部設於宏都拉斯首都德古西加巴（Tegucigalpa），旨在透過融資推動中美洲地區經濟發展與整合。中美洲銀行現有 15 個會員國，我國於 1992 年成為 CABEI 區域外會員

國。理事會（Board of Governors）為中美洲銀行最高權力機構，我國理事由財政部長擔任，副理事則由中央銀行副總裁擔任（外交部，2021）。是我國在區域性開發銀行中唯一以中華民國（Republic of China）名稱加入之國際組織。目前我國與 CABEI 之合作關係除每年由財政部率團參與年會外，國合會與 CABEI 亦進行多項合作計畫，如中美洲區域咖啡銹病貸款專案、CABEI 金融部門支持微小中型企業機制、CABEI 公部門運作貸款機制（1 項宏都拉斯 COVID-19 緊急發展政策運作子計畫）、CABEI 社會轉型特別基金社會基礎建設第二階段計畫（2 項子計畫），及 CABEI-國合會顧問服務基金等，雙方合作關係相當緊密（國合會，2021b）。

（三）其他的國際組織

有關與發展議題有關之其他國際組織，如世界貿易組織（World Trade Organization, WTO）、國際農業研究諮商組織（Consultative Group on International Agricultural Research, CGIAR）其下所屬的 15 個國際農業研究中心，分別是國際水稻研究所（International Rice Research Institute, IRRI）、國際玉米小麥改良中心（International Maize and Wheat Improvement Center, CIMMYT）、國際馬鈴薯中心（International Potato Center, CIP）、國際食物政策研究所（International Food Policy Research Institute, IFPRI）、非洲稻作中心（Africa Rice Center, Africa Rice）、國際森林研究中心（The Center for International Forestry Research, CIFOR ）、國際乾旱地區農業研究中心（International Center for Agricultural Research in the Dry Areas, ICARDA）、國際半乾旱熱帶作物研究中心（International Crops Research Institute for the Semi-Arid Tropics, ICRISAT）、國際熱帶農業研究所（International Institute of Tropical Agriculture, IITA）、國際畜牧研究所（International Livestock Research Institute, ILRI）、國際水管理研究所（International Water Management Institute, IWMI）、國際生物多樣化聯盟及國際熱帶農業中心（The Alliance of Bioversity International and the International Center for Tropical Agriculture, CIAT）、國際農

業森林研究中心（World Agroforestry Centre, ICRAF）、國際漁業組織（World Fish）、中美洲農牧組織（OIRSA）等，茲舉例如下：

1. 加強中美洲農牧保健組織（OIRSA）轄區柑橘黃龍病（HLB）防治及落實病蟲害綜合管理（IPM）計畫

(1) 柑橘產業係中美洲國家重要經濟支柱之一，本計畫旨在發展多明尼加、瓜地馬拉、貝里斯、宏都拉斯及尼加拉瓜等 5 個疫區國家之病害防治能力，並預防黃龍病侵入薩爾瓦多與巴拿馬等 2 個非疫區國家。經評估後，倘黃龍病繼續蔓延，OIRSA 轄區之柑橘產值損失可能高達約 10 億美元，連帶使該地區經濟受到衝擊。另中美洲地區國家之國土比鄰，宜有一套「區域性」之防治策略。而我國具黃龍病豐富之病害防治經驗，OIRSA 爰尋求我方協助，雙方於 101 年 12 月 11 日簽署「加強中美洲農牧保健組織（OIRSA）轄區柑橘黃龍病（HLB）防治及落實病蟲害綜合管理（IPM）計畫」合作備忘錄，進而確保該轄區各受益國家柑橘相關產業之品質及產量（能）。為提升本計畫受益國家之黃龍病防治能力，本計畫主要內容包含：（1）受黃龍病感染之柑橘植株由健康種苗取代；（2）柑橘栽培面積施行綜合防治技術；（3）提升各國檢測人員檢測黃龍病之能力；（4）設立監測及快速反應通報系統。

(2) 成立於 1953 年，係一區域型政府間國際組織，旨在協助 9 個會員國家（含貝里斯、多明尼加、瓜地馬拉、宏都拉斯、尼加拉瓜、巴拿馬、薩爾瓦多、墨西哥、哥斯大黎加）提升作物與農產品安全生產能力，藉以保護與強化該地區農林漁業之發展，在中美洲區域防疫上扮演重要角色（國合會，2021f）。

2. 與 CIAT 合作之尼加拉瓜陸稻氣候變遷調適措施研究專案

該計畫係國合會與 CIAT 針對尼加拉瓜陸稻小農氣候變遷調適措施進行先期研究，並嘗試開發農民回饋機制以降低極端氣候風險。

四、國際非政府組織（International Non-Governmental Organization, INGO）

國際非政府組織是非官方的、民間的組織，其成員不是國家，而是個人、社會團體或其他民間機構。INGO 不是由各國政府派官方代表組成，而是由宗教、科學、文化、慈善事業、技術或經濟等方面的民間團體組成。

國際非政府組織也可分為 4 類：

① 全球性的單一功能組織（如國際特赦組織，Amnesty International）
② 全球性的多功能組織（如國際紅十字會，Red Cross International）
③ 區域性單一功能組織（如阿拉伯律師聯盟，Arab Lawyers Union, ALU）
④ 區域性多功能組織

有關國際非政府組織的地位劃分，依據聯合國社經委員會所賦予之諮詢地位，概分為 3 種（ECOSOC, 2016）：

① 一般諮商地位（General Consultative Status）：與聯合國經社理事會（ECOSOC）至少一半以上的活動有關，能夠在總體運作上參與諮商，並擁有能代表許多不同國家的多數會員的非政府組織。
② 專門諮商地位（Special Consultative Status）：與經社理事會的一部分活動有關，能夠在某一特定的領域參與諮商，在國際上具相當知名度的非政府組織。
③ 註冊諮商地位（Roster Consultative Status）：在經社理事會進行註冊登記，於必要時期亦能夠對經社理事會或其下屬機構，以及聯合國其他機構，提供必要諮詢的非政府組織。

由聯合國所賦予諮詢地位的國際非政府組織（INGO）多達 4,500 個，如國際特赦組織（Amnesty International）、比爾蓋茲基金會（Bill & Melinda Gates Foundation）、國際關懷組織（Care International）、柯林頓基金會（Clinton Foundation）、救助兒童（Save the Children）等等，INGO 在國際發展與人道

援助領域所扮演的角色與日俱增，由於其具備非營利的公益特質，相對敏感性較低，只要能恪守透明化（Transparency）及責任度（Accountability），就都能獲得國際社會的高度認同，特別是聯合國永續發展目標（SDGs）之執行，亦是仰賴 INGO 之參與。我國並非聯合國的會員國，對參與國際事務及人道救援任務有所受限與易受打壓，因而透過與 INGO 合作為媒介參與國際事務，以提升我國在國際之能見度。茲舉例說明如下：

1. 與世界展望會（World Vision）合作之人道援助計畫

(1) 印尼中蘇拉威西省生計支援計畫
印尼中蘇拉威西省於 107 年 9 月 28 日發生芮氏規模 7.4 級強震並引發海嘯，逾 2 千人死亡，1 千 3 百多人失蹤，災情嚴重。希吉縣（Sigi）為本次重災區之一，該縣 8 成家戶務農，以生產稻米為主，因灌溉設施及農具嚴重損害，生計面臨困境。本計畫由國合會與世界展望會（World Vision）合作，協助希吉縣 Lolu 村受災民眾生計恢復獲得改善。本計畫期程為 2018～2019 年，其內容包括：（1）透過水井協助受災民眾生計恢復，（2）透過以工代賑的方式協助受災社區及農地清除地震殘礫，農地整地準備復耕，（3）提供社區農業資材及技術協助（國合會，2020）。

(2) 與 World Vision 合作之計畫尚包括 2014～2015 年菲律賓海燕風災災後復甦方案——健康中心重建計畫、2015～2016 年尼泊爾衛生站重建計畫，以及 2018～2020 年菲律賓兒童營養整合行動計畫等。

(3) 世界展望會是一個基督教救助、發展和倡導服務的機構，致力與兒童、家庭以及社區一同克服貧窮與不公義；受到基督價值的啟發，世界展望會與世界最需要受幫助的人們一起努力；無論宗教、種族、膚色或性別，世界展望會服務所有的人。

2. 與國際關懷協會（CARE）合作之人道援助計畫

尼泊爾廓爾克縣（Gorkha）糧食安全及生計支援計畫
2015 年 4 月 26 日及 5 月 12 日尼泊爾發生 7.8 級與 7.3 級之強震，造成尼

泊爾農業超過 1 億美元損失，包括 13 萬噸食物與儲備糧食、牲畜及農具毀損，其中廓爾喀縣為本次重災區之一。本案國合會與 CARE 合作協助該縣中至少 850 戶受地震影響之脆弱家戶得以恢復基本生計；並提供耕種訓練、強化目標區域之市場連結，改善市場機制及強化社區恢復能力，以維持糧食安全。本計畫全程內容如後：（1）Gorkha 縣中至少 800 戶受地震影響之脆弱家戶之農業生計得以恢復，（2）強化目標區域之市場連結，改善市場機制，（3）強化社區恢復能力，並提供耕種訓練（國合會，2019a）。

3. 與美慈組織（Mercy Corps）合作之人道援助計畫

(1) 印尼中蘇拉威西省供水與衛生（WASH）支援計畫。
印尼中蘇拉威西省於 107 年 9 月 28 日發生芮氏規模 7.4 級強震並引發海嘯，逾 2 千人死亡，1 千 3 百多人失蹤，災情嚴重。希吉縣（Sigi）為本次重災區之一，該縣居民因供水管線受地震破壞而面臨用水危機，且因房屋與廁所毀損，露天便溺比例提高，影響環境衛生。本案協助希吉縣 Sigi-Biromaru、Gumbasa 及 Dolo Selatan 三鎮受災區居民之基本用水及衛生需求獲得改善。本計畫全程內容（國合會，2019b）：（1）興建 8 處乾淨水源，（2）1,000 家戶獲得飲用水過濾設備，（3）興建 120 座社區公廁，（4）3 個計畫目標鎮 1,000 家戶能瞭解用水及衛生相關知識。

(2) 另與 Mercy Corps 合作之計畫尚有：海地「以工代賑」緊急援助計畫、巴基斯坦洪災小農初期復原計畫、海地霍亂援助計畫、利比亞糧食安全計畫、南蘇丹難民農業支援計畫、肯亞東北省瓦吉爾地區旱災援助計畫第一期、肯亞東北省瓦吉爾地區旱災援助計畫第二期、南蘇丹阿比耶地區難民糧食安全支援計畫、北約旦水井修復計畫、約旦校園及社區雨水集水系統計畫、印尼中蘇拉威西供水與衛生（WASH）恢復計畫。

(3) 美慈組織成立於 1979 年，致力於對抗災難、戰亂、貧窮以及失能，藉以協助陷於貧困的人們發展自身能力。主要工作包含急難紓困、經濟永續發展以及強化公民社會，在工作領域上整合農業、衛生、住屋及

基礎設施、經濟發展、教育、環境以及在地管理，強調當地人民必須參與到發展工作之中，才能讓發展成效可長可久。

4. 其他

其他合作夥伴尚有世界兒童權利組織（Terre des Hommes Foundation, Tdh）、波蘭國際援助中心（Polish Center for International Aid, PCPM）、哥倫比亞大學永續發展中心（Center for Sustainable Development, CSD）、對抗飢餓組織（Action Against Hunger, ACF）、國際路加組織（Luke International）、國際紅十字會（Red Cross International）及糧食濟貧組織（Food for the Poor）等。

參考文獻

外交部（2021）。參與國際組織——多邊開發銀行。https://subsite.mofa.gov.tw/igo/

財團法人國際合作發展基金會（國合會）（2021a）。合作計畫——國際組織／非政府組織等合作計畫——歐洲復興開發銀行（EBRD）。取自 https://www.icdf.org.tw/ct.asp?xItem=4351&ctNode=29799&mp=1

國合會（2021b）。合作計畫——國際組織／非政府組織等合作計畫——中美洲經濟整合銀行（CABEI）。取自 https://www.icdf.org.tw/ct.asp?xItem=4341&ctNode=29799&mp=1

國合會（2020）。印尼中蘇拉威西生計支援計畫。取自 https://www.icdf.org.tw/ct.asp?xItem=53229&ctNode=29914&mp=1

國合會（2019a）。尼泊爾廓爾克縣（Gorkha）糧食安全及生計支援計畫。取自 https://www.icdf.org.tw/ct.asp?xItem=33256&ctNode=30808&mp=1

國合會（2019b）。印尼中蘇拉威西供水與衛生 （WASH）支援計畫。取自 https://www.icdf.org.tw/ct.asp?xItem=54045&ctNode=29914&mp=1

國合會（2019c）。加強中美洲農牧保健組織（OIRSA）轄區柑橘黃龍病（HLB）防治及落實病蟲害綜合管理（IPM）計畫。取自 https://www.icdf.org.tw/ct.asp?xItem=12479&ctNode=29894&mp=1

ADB--(Asian Development Bank)(2021).About ADB. Retrieved from: https://www.adb.org/

AfDB--(African Development Bank)(2021). About Us. Retrieved from: https://www.afdb.org/en

Arkes,Hadley (1972).*Burearacy,the Marshall Plan,and the national Interest,* Princeton University Press, 30-37.

CGIAR--(Consultative Group on International Agriculture Research)(2021). Research Centers. Retrieved from: https://www.cgiar.org/research/research-centers/

EBRD--(European Bank for Reconstruction and Development)(2021). About EBRD. Retrieved from: https://www.ebrd.com/home

IDB--(Inter-American Development Bank)(2021). About IDB. Retrieved from: https://www.iadb.org/en/about-us/overview

JICA--(Japan International Cooperation Agency)(2021), JICA Introduction. Retrieved from: https://www.jica.go.jp/english/index.html?

OECD--(Organization for Economic Co-operation and Development)(2020). Development Cooperation Report 2020: Learning from Crises, Building Resilience, OECD Publishing Paris. Retrieved from: https://www.oecd.org/dac/development-co-operation-report-20747721.htm

OECD (2018).*Development Co-Operation Report 2018,* OECD Publishing, Paris. Retrieved from: https://doi.org/10.1787/dcr-2018-en

OECD (2005). *The Paris Declaration on Aid Effectiveness,* OECD Publishing, Paris. Retrieved from: https://www.oecd.org/dac/effectiveness/34428351.pdf

UN-- United Nations (2021), About the UN. Retrieved from: https://www.un.org/en/about-un/

UNDP--(United Nations Development Program) (2021). Who We Are. Retrieved from: https://www.undp.org/content/undp/en/home.html

UN--ECOSOC--United Nations Economic and Social Council (2016). List of Non-Governmental Organizations in Consultative Status with the Economic and Social Council.

United Nations (2015). Consensus Reached on New Sustainable Development Agenda to be adopted by World Leaders in September. Retrieved from: https://www.un.org/sustainabledevelopment/blog/2015/08/transforming-our-world-document-adoption/

USAID--(US Agency for International Development) (2021). USAID from the American People. Retrieved from: https://www.usaid.gov/who-we-are

Wallich, Henry C. (1955). *Mainsprings of the German Revival,* New Haven: Yale University Press, 348-350.

WB--World Bank (2021). About the world Bank. Retrieved from: https://www.worldbank.org/en/who-we-are.

第 2 章

從受援到援助

一、受援：美國對臺灣之援助（美援）

（一）美援的背景與變遷

美國對臺灣的援助，始於第二次世界大戰時的「租借法案」及「聯合國善後救濟計畫」。大戰終止時，「租借法案」隨之結束，復以美蘇關係逆轉，「聯合國善後救濟計畫」亦陷於停頓。

1947 年 6 月，美國國務卿馬歇爾提出大規模對歐洲的援助計畫，次年經美國國會修正通過成立美國援外法案，其中第四章對臺援助部分亦稱為「1948 年援外法案」。1948 年 7 月 3 日，臺美兩國政府依據上項法案簽訂「中美經濟援助協定」（簡稱「中美雙邊協定」），旨在由美國政府提供經濟上的援助，期使我國政府能積極推動各項建設計畫，以穩定國內經濟情況，及改善與其他國家的商務關係。惟經援方告開始，即因大陸淪陷而中斷，迨韓戰爆發始行恢復（李，1994）。

美援恢復後，美國對臺灣地區的援助，自 1951 年起可分為 3 個階段（蔡勝邦，1991）：

① 贈與階段（1951～1957 年）：此一階段的美國對華經濟援助大多屬於贈與性質，我國政府將其中一部分的美援民用物資（如小麥、黃豆、棉花等農產品），予以出售，不僅充裕物資供應，並回收通貨，對經濟的穩定發生甚大作用。

② 贈與及貸款並行階段（1958～1961 年）：此一階段實施方式係提供臺灣經濟發展計畫所需的資金，此項貸款償還期限甚長，利率亦低，使臺灣財務負擔得以減輕。

③ 以貸款為主階段（1961～1965 年）：1961 年起美國政府援外方式有重大變動，對經濟開發程度較優的國家，給以貸款協助為主，且貸款條件逐漸依一般金融市場的條件實施。1964 年初，美國認為我國經濟已達自主成長時期，因此宣布將於民國 1965 年 6 月底終止對我國的經援計畫，惟繼續提供軍援及供售剩餘農產品。

（二）對臺美援的內容結構

美國自 1951 年起正式對臺灣提供經濟援助，15 年援助期間所提供之計畫型援助與非計畫型援助總額達 14.82 億美元（詳如附表 2.1），其中以經濟援助為主，共計 10.29 億美元，占總額之 70%，剩餘農產品援助為 3.87 億美元，占 26%（行政院經濟建設委員會，2008），其餘為開發貸款基金類型計 6,581 萬美元（詳如附表 2.2），占 4%（文馨瑩，1988）。以上美國對臺灣提供物資、器材、技術和勞務等直接援助，即一般所謂之「美援」，為我國接受國際援助中非常重要之一環（外交部，2009）。此外，為順利推動各項援助計畫，「美援運用委員會」、「經濟安定委員會」及「美中農村復興聯合委員會」（農復會）等機構相繼成立，以協助相關援助計畫之執行（外交部，2009）。

表 2.1　美國對臺灣援助之摘要

單位：百萬美元

時間	計畫金額				實際到位金額		
	一般計畫	上年度取消支付義務之基金	非計畫型援助	計畫型援助	總金額	非計畫型援助	計畫型援助
FY1951-54	375.2	-	300.4	74.8	375.2	300.4	74.8
1955	140.6	7.8	105.9	42.5	132.0	96.4	35.6
1956	92.8	15.6	73.3	35.1	101.6	69.5	32.1
1957	112.3	6.3	67.2	51.4	108.1	65.2	42.9
1958	78.8	8.8	53.2	34.5	81.6	51.9	29.7
1959	130.9	8.2	75.0	64.1	128.9	73.7	55.2
1960	99.2	6.9	71.8	34.2	101.1	68.7	32.4
1961	98.0	-	73.0	25.0	94.2	70.4	23.8
1962	70.3	-	63.2	7.1	65.9	59.3	6.6
1963	119.6	-	117.5	2.1	115.3	113.5	1.8
1964	101.7	0.3	43.4	58.6	83.9	37.3	46.6

表 2.1　美國對臺灣援助之摘要（續）

時間	計畫金額				實際到位金額		
	一般計畫	上年度取消支付義務之基金	非計畫型援助	計畫型援助	總金額	非計畫型援助	計畫型援助
1965	77.4	-	76.8	0.6	56.5	56.1	0.4
*1966	4.2	-	4.2	-	4.2	4.2	-
*1967	4.5	-	4.5	-	4.4	4.4	-
*1968	41.3	-	41.3	-	29.3	29.3	-
總金額	1,546.8	53.9	1,170.7	430.0	1,482.2	1,100.3	381.9

資料來源：*Taiwan Statistical Data Book* (2008)，臺北：行政院經濟建設委員會，頁249。

* 美國宣布於 1965 年 6 月正式終止對臺援助，至於已簽約者仍持續執行至結案止。

表 2.2　臺灣運用美國援助設立之「開發貸款基金」概況

單位：千美元，%

受援單位	借款合約金額	總計
亞洲水泥公司設廠貸款	2,992	4.5
石門水庫建設計畫	21,485	32.6
鐵路設備擴充計畫	3,026	4.6
土釩轉資建設漁船冷凍冷藏及漁用引擎	683	1.0
小型工業貸款計畫	2.483	3.8
啟業化工公司計畫	1,000	15
臺鋁鋁更新計畫	1,343	2.0
採購柴油電力機車計畫	5,896	9.0
中華開發公司	8,780	13.3
建設臺灣南部火力發電廠	1,979	3.0
臺電南部火力發電廠	14,399	21.9
新竹玻璃公司擴建新廠計畫	1.516	5.9

受援單位	借款合約金額	總計
臺電深澳火力發電設備	234	0.4
總計	65,816	100.0

資料來源：文馨瑩（1988），《美援與臺灣的依賴發展》，臺北：臺灣大學政治學研究所碩士論文，頁 82。

上述美援計畫之執行過程中，我國政府或受援單位多需依協定在規定期限內於專設帳戶內存入等值新臺幣價款，以供贈與、貸款、償還到期美元借款之本息等進一步援助之用，通稱為「美援相對基金」，對我國當時許多重大建設曾發揮關鍵助力。美援於 1965 年 6 月正式終止後，雙方並以相對基金之餘款設立「中美經濟暨社會發展基金」（Sino-American Fund for Economic and Social Development），繼續支援經濟發展及國際交流等相關計畫。

（三）美援對臺灣經濟發展之影響

在美國之協助下，臺灣經濟無論在穩定及發展方面，均有顯著進步，農工生產年有增加，國內生產毛額不斷提高，經濟日趨穩定，人民生活水準因之不斷改善，這可從經濟穩定與經濟發展兩方面分別說明（如圖 2.1）：

1. 經濟穩定

(1) 增加物資與勞務的供應

【進口】

A. 1951 至 1965 年，平均每年美援金額約 1 億美元，相當於每年國民所得 3.2%，而 1951 至 1961 年，則相當於 6.6%。

B. 1951 至 1965 年美援物資到達包括計畫型與非計畫型合計 12 億 2,700 萬美元，占同時期進口總額的 25%。其中尤以在美援政策未改變前，1951 至 1961 年美援物資到達 9 億 7,700 萬美元，占同時期進口總額的 38%。

C. 有關美國對臺灣物資之援助，係依據美國公法 480 條，提供剩餘農產品包括麵粉、奶粉、玉米粉等日常生活所需，筆者記憶小學時期恰為

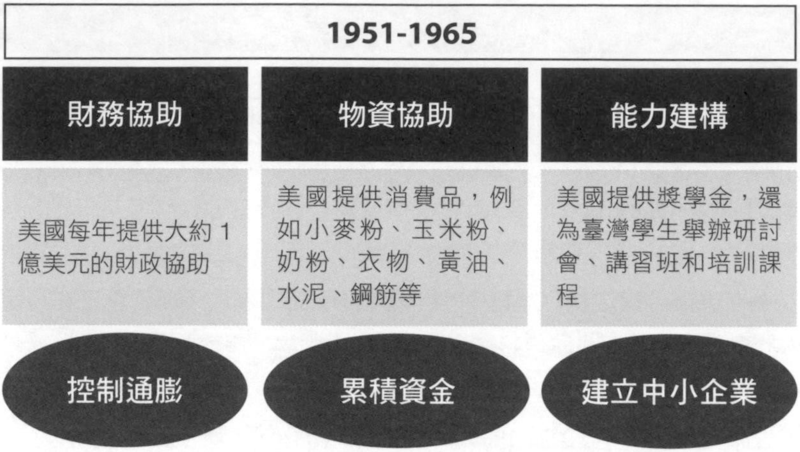

圖 2.1　美援對臺灣經濟發展之影響

美援時期，大人會用印有「中美合作」的麵粉袋作為內衣褲，並進一步用作弟弟、妹妹的尿布，此外，尚有水泥及鋼筋可作為基礎建設所需的主原料。

【增加國內生產】

以上所述美援協助農工及交通運輸建設，以增加農工業生產及提高運輸效能，產生積極的穩定經濟作用。

(2) 通貨緊縮，平抑物價

如前所述，美援物資進口後出售處理以及計畫型貸款償還，歷年收回的新臺幣截止 1966 年 12 月 31 日止共達 300 億元，相當於當年新臺幣發行額 80%，若無此收回款項，則歷年貨幣供應量平均每年要增加 40%，此外，消費者物價指數（Consumer Price Index, CPI）自 1951 至 2020 年每年均維持在 3%。

(3) 彌補國際收支經常帳差額

由於經濟建設需要，人口不斷增加以及國防經費上的負擔，造成國際收支經常帳長期呈現鉅額逆差，雖有華僑及外人投資，但為數甚微，唯一主要彌補差額的來源為美援。自 1951 至 1966 年的 16 年間，國際收支經常帳逆差達 14 億 1,200 萬美元，同時期由美援支應者則為 13

億 3,100 萬美元，彌補逆差達 94%。

(4) 協助平衡財政收支

歷年美援用於補助政府財政支出，列入預算者至 1966 年計達新臺幣 80 億元，此外，在早期補助政府支出而未列入預算者，以及補助公共衛生、教育、公路工程及社區發展等，亦約有新臺幣數 10 億元。此等支出若無美元補助，則須列入政府預算，對政府財政赤字勢必擴大。

2. 經濟發展

臺灣在 1952 至 1966 年間實質國內生產毛額平均每年增加 8.6%，此項成長率在世界各國同時期中乃為少數最高的國家之一。經濟的高速成長，亦需要有大量投資，在 1952 至 1965 年間，投資占國內生產毛額的比例，已自 15% 左右提高到 20% 以上；而國外資金中，絕大部分為美援，15 年平均美援約占投資總額的三分之一。

再就農工建設而言，在 1952 至 1966 年間，農工生產平均每年增加率分別為 6% 及 13%，而美援對農工生產所需的設備、原料及技術均有相當貢獻。

在中小企業之發展方面，臺灣接受美援從事中小企業之發展已成為臺灣經濟發展之命脈，截至目前，臺灣的中小企業總數約 135 萬家，占企業占比的 97.5%，並創造 78% 就業機會，對臺灣經濟影響甚深。

此外在人才培育方面，透過美援的途徑，美方指派專家來臺開設訓練班，指導農、工產業經營管理技術，培育優秀人才，另每年提供獎學金予臺灣青年學子前往美國就讀。臺灣由於面積狹小，人口密集，資源並不豐沛，透過優秀的人力資源進行轉口貿易，創造可觀的經濟奇蹟。

（四）美援停止後之影響

美國 1965 年 7 月 1 日前所承諾的美援金額於 1966 和 1967 年到達後，加速了臺灣農工生產擴充。由於美援所滋生的投資基金及貸放款所收回的本息，提高了國內資本形成的水準，顯然美援資助的投資，特別是人力資源和基本公共設施兩項所產生的延續效果，尤為重要。對於創造外部經濟，這些投

資轉而引發在製造業、商業和貿易等各方面之國內、外投資，對中華民國政府累積的外匯及在國際上建立的信譽，助益甚大。

（五）美援經驗之檢討

美國對臺經濟援助，前後持續 15 年（名義上是 1965 年停止，但實際上最後一筆援款在 1968 年抵達），金額約達 15 億美元。此筆援助對於臺灣戰後的經濟穩定與發展，確實有重大貢獻，但也難免帶來一些負面的結果。依據美國援外總署（USAID）在一項援助檢討報告指出，美國對臺灣之援助是歷年來在世界各地所提供援助之成功典範之一（USAID, 2010）。

美國對臺經援，始於韓戰爆發後的東西對抗；而美臺雙方有抗共、防共的共同動機與目的，促使美國提供較為優厚的軍經援助，以鞏固臺灣。相對而言，1957 年至 1960 年代初，美國已逐漸將政治與軍事取向的美援，轉變為以經濟發展為導向的經濟援助，其具體內容亦從以贈與為主的優厚美援，轉變為以貸款為主的經援。對臺灣而言，前段的美國軍經援助經驗較無學習價值，因為世界上已沒有一個國家會對臺灣擁有如此重大的戰略價值，而須我們投注大量人力、物力。相對而言，後段以經濟發展為導向的美援經驗，則對臺灣具有較高的參考價值。

今天我們若要對外進行經濟援助，顯然已無法採取類似美國援臺早期那種被視為帝國主義作風的強勢、支配性作法，我們仍須本著互利與互信態度而進行。然而，經濟援助絕非慈善事業，故除針對偶發性天災人禍而進行的人道式救援外，經濟援助必須配合當前務實外交政策與國內產業結構的調整，以提升我國的國際政治、經濟地位。在此方面，美援經驗確實有值得借鏡與檢討部分，略述如下：

1. 技術合作

在美援的項目中，技術合作算是花費較少，但卻效益很大的一個項目。美援團結合來自行政機關、國際組織與各大學的各類專家，對於臺灣社會、經濟組織、制度的改良貢獻很多。尤其是大批土改專家、鄉村社會學者和農技人

員，當時行政院農業委員會的前身「農復會」，即在此架構下培養出許多農業專業人才，對於臺灣農村與農業部門的改造貢獻不少，有助於臺灣社會的安定。另外，大量決策人員與技術人員間的互動與互訪，更造成大批親美的技術官員，有利於雙方往後的關係發展。

2. 產業關聯

早期美援雖多以防衛支柱、直接軍協等富含軍事意義的名義進行，但實質上仍以經濟安定與發展為目標，尤其特別強調基礎建設的投資。這些投資似已為發展年代的美國資本來臺預先鋪路。另外，公法 480 援款，一開始即在配合美國農業部門與外交政策的需要，而美援政策在 50 年代中期轉變後，公法 480 援助更成為開拓美國農、牧產品市場與投資的利器。其次，美援貸款要求採購美貨或以美船運輸，更使美援和美國的產業調整與發展緊密相連。

3. 計畫型援助與非計畫型援助

對臺美援仍以非計畫型援助為主，占 72.7%，且非計畫型援助係以物資採購且不特定計畫用途為特色。其物資採購由於品類繁多，固可普遍嘉惠國內廠商或生產者，惟其行政成本較高且管理不易，尤其沒有特定計畫用途之設計，致使用分配的監控程序易在風氣不良的受援國家遭到人為扭曲，而影響援助效益。相對而言，計畫型援助除審查程序較繁瑣外，援助國較能控制援款的流程，甚至決定其援助內容與方向，此外，重要的是尚保留其對國內採購。

4. 政府與企業間之關係

美援經驗所顯示者，似乎除了某些顧問公司與大企業外，美國政府並沒有特別利用此機會結合一般企業界。然而，對於當前臺灣而言，無論是內部的產業調整或對外經濟發展，政府都需要發揮更積極的功能重新安頓經濟秩序，對外經濟援助正可以給予政府相當豐富的經濟籌碼，去贏得企業界的配合。

二、其他國家及國際組織之援助

除了美援以外，日本、沙烏地阿拉伯、世界衛生組織（World Health Organization, WHO）、亞洲開發銀行國際發展協會（International Development Association, IDA）、世界銀行（葉學哲，1981）等重要國家及國際組織，亦曾藉由提供貸款與技術合作等援助，協助我國進行交通基礎建設、工業設施、金融發展、醫療與公共衛生提升、農漁業發展、教育及人才培訓等計畫（詳如表2.3及2.4）一同造就臺灣的現代化（圖2.2說明各國及重要國際組織對臺灣之援助）。

表 2.3　臺灣接受外援期間世界銀行對我貸款明細表

單位：千美元

世界銀行（1961～1971）				
貸款計畫	金額（千美元）	貸款利率	期限（年）	寬限期（年）
遠洋漁業發展計畫 I	7,800	5.5%	15	3
遠洋漁業發展計畫 II	14,400	6.0%	15	3
中華開發信託公司 I	15,000	5.5%	15	-
中華開發信託公司 II	15,000	當時市場利率	15	-
中華開發信託公司 III	18,000	7.0%	15	-
臺灣鐵路局鐵路擴展 I	2,000	5.5%	20	4
臺灣鐵路局鐵路擴展 II	17,500	6.25%	15	3
臺灣鐵路局鐵路擴展 III	31,200	6.5%	15	3
臺灣鐵路局鐵路擴展 IV	15,000	7.25%	15	3
臺灣鐵路局電力擴展 I	50,000	6.5%	25	6
臺灣鐵路局電力擴展 II	44,000	7.0%	20	5
臺灣鐵路局電力擴展 III	55,000	7.25%	20	5
中華電信公司電信擴展	17,000	6.0%	20	4
教育計畫	9,000	7.0%	25	10

資料來源：葉學哲（1981），《國際資金流入》，臺北：聯經，頁13-18。

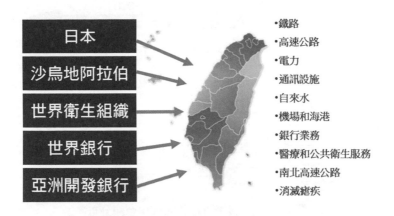

圖 2.2　各國及重要國際組織對臺灣之援助

表 2.4　臺灣接受外援期間亞洲開發銀行對我貸款明細表

單位：千美元

亞洲開發銀行（1967 ～ 1971）				
貸款計畫	金額 （千美元）	貸款利率	期限 （年）	寬限期 （年）
南北高速公路 I	400	6.875%	10	2
南北高速公路 I	100	-	-	贈款
南北高速公路 II	18,000	6.875%	20	3.5
南北高速公路 III	13,600	7.5%	20	3.5
中油 DMT 廠	10,200	6.875%	12	3
臺鋁擴廠	2,670	6.875%	13	3
花蓮港挖泥船	990	6.875%	13	3
臺電輸配電 I	12,880	7.5%	19	3.5
臺電輸配電 II	22,500	7.5%	19	3.5
臺電立霧溪電廠	500	7.5%	10	2
中華開發信託公司	7,500	7.5%	15	3

資料來源：葉學哲（1981），《國際資金流入》，臺北：聯經，頁21-23。

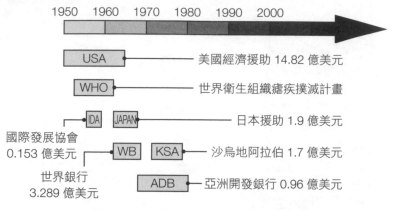

圖 2.3　臺灣接受外援的時間與金額分布

　　隨著臺灣經濟起飛,逐漸開始將臺灣經驗回饋給國際社會,臺灣積欠美方的貸款也在 2004 年 1 月全部清償完畢。「從受援到援助」的最佳案例是我國在亞洲開發銀行(亞銀)的角色轉變。1967 至 1971 年期間,亞銀對我國建設計畫貸款的 1 億美元,其中較重要的貸款包括中山高速公路臺北-楊梅路段、臺灣電力公司電力運輸與配電計畫及石化製品生產計畫等,但我國從 1972 年起,即不再向亞銀借款(國合會,2016)。

　　1991 年 11 月我國由昔日的亞銀借款國變成亞銀的資助國。當時亞銀在臺灣發行 1 億美元的小龍債權籌募資金,用於開發中會員國之經濟;接著在 1995 至 1999 年期間,亞銀又在臺灣發行 3 期新臺幣債券,總金額為新臺幣 196 億元;同時我國對亞銀的捐贈也不斷增加,2013 至 2016 年第 11 期亞洲開發基金的捐贈金額約達 2,300 萬美元(國合會,2016)。

　　舉公共衛生發展為例,臺灣光復初期瘧疾感染極為嚴重,當時總人口數為 600 萬人,其中約有五分之一的人口感染瘧疾,1955 年透過聯合國及世界衛生組織(WHO)的協助,展開瘧疾防治工作,在無數專家與資金設備的投入下,經歷十餘年的努力,1968 年經 WHO 派員認證,臺灣才正式成為「瘧疾根除國家」,臺灣民眾也自此擺脫瘧疾的威脅,使外國商人與遊客樂於到臺灣來進行商務開發與觀光旅遊,對產業發展實具有甚大助益。

　　經過政府與全民數十年之努力,並透過財經政策之革新,我國逐步減少

對外援之依賴並轉而成為援助國。我國於受援時期總計接受外援約 24 億 5,220 萬美元（外交部，2009），在 1950 年相當於全年國內生產毛額（Gross Domestic Product, GDP）之 9%，足見我國應更積極透過援助與世界分享「臺灣經驗」，以回饋國際社會過去對我之協助。

三、臺灣為何要參與國際發展援助工作

（一）中國代表權案

為回饋國際社會，1959 年 12 月 28 日我國首批農業技術團在美國政府經費支持下抵達越南西貢（現胡志明市），開啟我國參與國際援助之先河（外交部、行政院農業委員會及海外技術合作委員會秘書處，1987）。1960 年起，國內實施 4 年經建計畫經濟起飛，當時國際對共產國家姑息氣氛十分濃厚，中國圖我日亟，而國際間又逢民主主張興起，許多新興國家紛紛宣布獨立，就以 1960 年這一年為例，在非洲地區就有 17 個國家獨立，並均獲准進入聯合國，為爭取非洲新興獨立國家於聯合國大會支持我國的「中國代表權」案，這一股「新興力量」由於甫剛獲獨立對國際情勢認識尚有不足，與我雖已建交，尚亟待我與此等國家除在國際政治運作上，增進雙方的密切合作關係，故政府指派當時經濟部楊部長繼曾與外交部亞西司楊司長西崑率團慶賀西非喀麥隆獨立慶典，順道訪問奈及利亞、索馬利亞等 10 個國家後，深切瞭解到各國政府貧困處境及獨立後人民需求——不但在政治上謀求獨立，經濟上希冀擺脫殖民地型態的背景，運用我國農業發展過程中之技術與成功經驗，協助該等國家發展農業生產，尋求自力更生的信心。同時國際農業合作目標單純，益於增進實質關係取得受援國的認同，此一構想迅經政府批准加以擘劃（海外會秘書處，1987）。

爰此，政府為推展對非技術合作，於 1961 年元月擬定「先鋒案計畫」（Operation Vanguard），同年 10 月成立「先鋒案執行小組」，並同時與賴比瑞亞政府首先簽訂「中賴農業技術合作協定」，11 月我國第一個農耕示範隊派

抵賴比瑞亞展開工作，臺灣對非洲技術合作於焉肇始。隨著業務擴展，於 1962 年 4 月更名為「中非技術合作委員會」（中非會），非洲地區支持我聯合國代表權案之國家，因而由 1961 年之 9 國急速增加至 1962 年之 17 國，足證「先鋒案計畫」對鞏固我國之國際地位確實發揮重大功效（外交部，2009）。

（二）鞏固臺灣與邦交國之外交關係，增進與無邦交國家的實質關係

我國於 1971 年 10 月 25 日失去在聯合國的代表權後，為因應海峽兩岸外交競爭情勢之重大變化，政府於 1972 年合併「中非技術合作委員會」與「外交部海外技術合作委員會」，成立「海外技術合作委員會」（海外會），負責派遣農漁業技術團隊赴友好開發中國家協助農業發展。

1980 年代我國雖在國際政治舞臺連遭挫折，經濟發展仍有突出表現，除邁入新興工業國家之林，並累積大量外匯存底，爰以經貿實力為後盾，加強透過開發援助推動對外關係。1989 年 10 月經濟部成立「海外經濟合作發展基金管理委員會」（海合會），對友好開發中國家提供開發性貸款及經濟技術協助。

1990 年代冷戰結束，世界局勢產生重大變化，援外觀念開始強調「發展合作」（Development Cooperation）之夥伴關係。有鑑於援助業務日趨多元與專業，為有效整合援外資源，藉以加強國際合作，鞏固我與邦交國之外交關係，建立與無邦交國的實質關係，政府於 1996 年 7 月 1 日正式成立「財團法人國際合作發展基金會」（國合會），隨後並陸續將海合會及海外會之業務併入，成為與國際接軌之專業援外機構（圖 2.4）。目前國合會辦理外交部委辦之駐外技術團、國際人力資源發展（專業研習班及國際高等教育獎學金計畫）及外交替代役等援外業務，亦運用其國合基金辦理投資融資技術協助、海外志工及人道援助等業務，成為外交部推動發展協助與合作業務，以及增進對外關係之重要助力。

2000 年代，配合國際發展趨勢，推動世紀發展目標（MDGs）及永續發展目標（SDGs），針對國際間貧窮、飢餓、健康福利、教育、兩性平等、衛生、

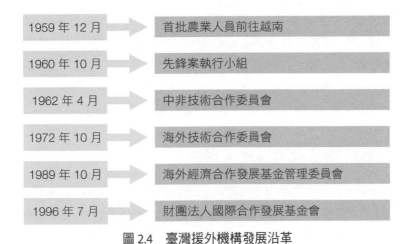

1959 年 12 月	➡	首批農業人員前往越南
1960 年 10 月	➡	先鋒案執行小組
1962 年 4 月	➡	中非技術合作委員會
1972 年 10 月	➡	海外技術合作委員會
1989 年 10 月	➡	海外經濟合作發展基金管理委員會
1996 年 7 月	➡	財團法人國際合作發展基金會

圖 2.4　臺灣援外機構發展沿革

能源、青年就業、永續生產與消費、城市與社區韌性、氣候變遷、生物多樣化與國際夥伴關係等議題協助友邦及友好國家經濟發展與人民福祉。

四、臺灣國際合作發展的制度與機制之演變

（一）援助方式更多元：從農耕隊到技術團

1960 年代所派遣的技術團隊性質本是「農耕隊」，以示範、訓練、推廣等方式協助夥伴關國家從事糧食作物的生產，1985 年後「農耕隊」更名為「農技團」、「漁技團」、「手工藝團」及「醫療團」等，1999 年後再更名為「駐外技術團」，以提供友邦及友好國家功能提升及技術移轉為主。

2011 年國合會前秘書長 T 大使堅定實施「計畫經理人制」，將執行多年的「駐團制」及其原執行的計畫移交予駐在國政府，並重新洽談新計畫由計畫經理負責，所有新計畫並須重新簽署協定或備忘錄，由於合作國家執行效率較差，新協定與備忘錄的簽訂耗時費力，許多駐外技術團必須在國合會總部待命 1 至 3 年，造成會本部人滿為患，成天無所事事，而形成人力浪費。另一方面，我方所編列的計畫經費預算必須匯撥駐在國政府帳戶統籌分配，惟

待預算撥出供計畫使用則必須等待相當時日而影響計畫之執行進度,在過去「駐團制」時,大都由我方主導,惟改以「計畫經理制」時,我方失去主導性,轉而須看對方臉色,經檢討「計畫經理制」實不可行,且弊大於利。目前駐在國則採「駐團制 2.0 版」亦即採折衷方式,駐外技術團恢復團長的派遣,計畫執行由計畫經理負責,必要時配以專業技術人員協助執行。

(二)合作地區及項目逐步擴大

我國對外之技術合作由非洲擴展至拉丁美洲與加勒比海、亞太與亞西地區,合作項目轉趨多元化由農業擴展至醫療、漁業與水產養殖、畜牧與獸醫、手工藝、中小企業、貿易推廣、資通訊、教育及環境保護等。

(三)發行首本援外政策白皮書

外交部於 2009 年 7 月以「進步夥伴、永續發展」為我援外政策主軸,並依循「巴黎宣言」之原則,建立專業、負責之援助模式,以提升援助效益,進而與世界接軌。我國援外係為貫徹憲法精神及順應世界潮流,其宗旨有五:(1)敦睦邦交關係、(2)善盡國際責任、(3)保障人類安全、(4)回饋國際社會、(5)發揮人道精神。

進步夥伴的政策下強調:(1)專業有效之合作模式,期與友邦共創進步繁榮、(2)拓展多元夥伴關係,期與國際接軌、(3)加強與援助國與國際組織協調、(4)增進與非政府組織(Non-Governmental Organizations, NGOs)合作、(5)結合私人部門力量。

永續發展的政策以聯合國千禧年發展目標為主要架構,制定對區域及相關國家之援助策略,並配合我國技術強項及具優勢之產業部門,擇定其中 5 項發展目標列為優先合作項目。包括:(1)消除極度貧窮及飢餓、(2)加強人力資源開發、(3)對抗傳染病、(4)推廣環境永續發展、(5)強化全球合作發展夥伴(外交部,2009)。

「進步夥伴、永續發展」的援外政策走向,亦可適用於聯合國人類發展的第二階段永續發展目標(Sustainable Development Goals, SDGs),讓國人清楚明

瞭我國援外的政策方針,以爭取國人的支持,履行國際間應盡的義務。

(四) 法源基礎──制定國際合作發展法及 6 子法

為增進對外關係,善盡國際責任,並確立國際合作發展事務之目標、原則、範圍、方式及合作對象等,經 2010 年 5 月 18 日我國立法院第 7 屆第 5 會期第 13 次會議通過國際發展法。從此以後,我國對外援助工作已具備法源,摒除外界對我國援外工作為金錢外交與黑箱作業之錯誤印象,依據該法(母法),經行政院於 2011 年 12 月 29 日所核定之「國際合作發展事務技術協助及能力建構處理辦法」、「國際合作發展事務貸款與投資及保證處理辦法」、「國際合作發展事務捐款及實物贈與處理辦法」、「國際合作發展事務人員派遣處理辦法」、「國際合作發展事務發展策略之諮商處理辦法」及「國際合作發展事務規劃評估執行監督及績效考核辦法」等國合 6 子法,使我國的援外工作能朝「專業化」、「制度化」及「透明化」之方向邁進。

五、臺灣從受援到援助歷程的主要成功因素

(一) 決策正確,執行得宜

臺灣接受美援後,其中有關剩餘農產品部分依據美國公法 480 之規定販售後所得款項,我國政府將其中一部分作為我援助非洲國家及拉丁美洲所需經費之來源之一,隨後美援於 1965 年 6 月正式終止後,雙方並以相對基金之餘款設立「中美經濟暨社會發展基金」(簡稱中美基金),該筆基金初期仍用在促進農產品(如洋蔥、蘆筍、蔗糖及香蕉等)之出口,自 1980 年後搭配行政院開發基金從事臺灣 IT 產業之發展,當時李國鼎先生、孫運璿先生選擇 IT 產業作為我國繼農業、輕工業後經濟發展之主要重點,其決策純屬正確且甚具遠見,使 IT 產業特別是半導體產業堪稱執世界牛耳,當時中美基金之貢獻亦可謂功不可沒。

（二）能力建構（人才培育）

　　美援時期有關能力建構（人才培育）係美援之三大主軸之一，美國提供獎學金讓臺灣的年輕學子可以到美國深造以習得一技之長，另美國亦會派遣專家來臺舉辦研討會，講習班和培訓課程，為我國培育一些站起來能講，坐下來能寫的專家與技術人員，當時的農復會與經建會確實培育了一些這一類的專家且素質均相當高，如可以外語寫計畫、演講及參與國際會議擔任講者等，對能力建構（人才培育）方面著實貢獻良多。

　　臺灣地處海島，天然資源並不豐富，因此推廣教育及培育優秀人才成為政府主要施政方針，所培育的優秀人才從事於轉口貿易、促進經濟成長，創造可觀的經濟奇蹟，所憑藉的並不是自然資源而是優良的人力資源。

（三）人民的勤奮努力工作

　　美援時期所扶持的中小企業成為我國經濟發展之命脈，當時常聽到一些中小企業主拎著一個皮箱到人生地不熟的國度，對當地語言及文化都不熟悉，但卻可以在世界各地做生意，他們刻苦耐勞、辛勤努力的工作充分展現炎黃子孫不畏苦、不怕難的精神，這是許多國家所無法比擬的。以 1997 年亞洲金融危機為例，當時南韓、新加坡、馬來西亞及印尼等國均因金融危機而使經濟遭受甚大的挫敗，但臺灣係以中小企業為骨幹，所受金融危機之影響相對較小，將來我政府仍應持續扶持我國中小企業之發展，從政策面、制度面及市場面等照顧中小企業使其可以永續發展。

參考文獻

USAID (2010). USAID Program Effectiveness. Retrieved from: https://www.usaid.gov/
　　evaluation/usaid-program-effectiveness

文馨瑩（1988）。美援與臺灣的依賴發展。臺北：臺灣政治學研究所碩士論文，頁 82。

外交部（2009）。進步夥伴 永續發展 援外政策白皮書。臺北：中華民外交部，頁 18-
　　25。

外交部、行政院農業委員會及海外技術合作委員會（1987）。我國海外技術合作之執
　　行，頁 1-3。

行政院經濟建設委員會（2008）。*Taiwan Statistical Data Book*。臺北：行政院經濟建設
　　委員會，頁 249。

李栢淙（1994）。我國國際合作發展策略之研究。臺北：海外會秘書處，41-43。

國合會（財團法人國際合作發展基金會）（2016）。心寬路廣 臺灣情。臺北：財團法人
　　國際合作發展基金會，頁 10-14。

國合會（2021）。亞洲開發銀行（ADB）。臺北：財團法人國際合作發展基金會，取自
　　https://www.icdf.org.tw/ct.asp?xItem=4349&ctNode=29799&mp=1

葉學哲（1981）。國際資金流入。臺北：聯經，頁 21-23。

蔡勝邦（1991）。中華民國對外援助政策的理念與發展。臺北：二十一世紀基金會，頁
　　231-237。

第 3 章

臺灣之國際農業合作

一、前言

　　農耕隊，是我國第一個派至非洲的農業技術團隊（外交部、海外會秘書處，1976），至今我國曾與賴比瑞亞、利比亞、貝林、象牙海岸、衣索比亞等29 個非洲國家有技術合作關係；1963 年 11 月派遣駐多明尼加農技團從事稻作之育種工作，為我國在拉丁美洲暨加勒比海地區首派之技術團（外交部、海外會秘書處，1976），自此我國之對外技術合作由非洲地區擴展至拉丁美洲、亞西（中東）、亞洲與太平洋及東加勒比海地區等；有關駐外技術團隊之名稱，1985 年以前，在非洲均稱為「農耕隊」，在拉美及亞太地區稱為「農業技術團」（農技團），自 1985 年 以後，技術團隊改為「農技團」、「漁技團」、「醫療團」、「手工藝團」等型態，並自 1999 年除「醫療團」外，以「一個國家一個團」之原則下進行整併，並統稱為「技術團」（國合會，2016）；合作項目亦由農藝、園藝、衛生醫療、漁業與水產養殖、竹工藝、畜牧、獸醫、森林等擴大至中小企業、財務經濟、資通訊、環境及能源等；在農業技術之發展歷程方面，由初期的糧食作物（水稻、玉米、樹薯、甘藷及豆類等）生產，擴增至園藝作物（蔬菜、熱帶水果、花卉），畜牧（養豬、養雞、養鴨、養羊、養牛等），水產養殖（吳郭魚、虱目魚、石斑魚、太平洋白蝦、草蝦、淡水長臂大蝦等）之生產、推廣（引進新品種、提供農民技術訓練及加強能力建構等），食品加工（果汁、果醬、果乾製造及肉品加工等），市場行銷（協助駐在國農產品內外銷市場規劃，籌組農民產銷班產品直銷當地批發市場與超級市場等），乃至引進現代化農業科技，例如引入地理資訊系統（Geographic Information System, GIS）科技協助合作國家進行天災防治決策、國土變遷管理，以及自然資源永續利用，以病蟲害綜合管理（Integrated Pest Management, IPM）技術協助防治柑橘黃龍病（HLB），以高端園藝技術協助蘭花及其他花卉之生產，運用無人機協助強化農噴工作效能與資訊監控，以及大數據與精準農業之運用等，均係配合外交之前提下，依據合作國家之需求與時俱進，協助友邦國家經濟發展及人民福祉。以下將針對 60 年來我國國際農業合作執行重點舉例說明如次。

二、以糧食安全及營養為起點

（一）增加糧食作物之生產與推廣

　　糧食作物（包括五穀與雜糧）是人類的主食，國合會在非洲、亞太及拉丁美洲所推動之糧食作物計畫，主要以稻米為主，其次是玉米、馬鈴薯、煮食蕉、甘藷、樹薯及樹豆等，60 年來國合會在各洲所執行之糧食作物計畫中，在非洲地區較具代表性的如 1967～1973 年駐上伏塔農耕隊姑河（Kou）墾區1,260 公頃稻作計畫，並延伸至 1994～2002 年間的駐布吉納法索農技團的巴格雷（Bagré）墾區稻作計畫，總面積達 1,800 公頃，駐馬拉威農技團杜馬西（Domasi）等 13 個墾區稻作計畫總面積達 3,365 公頃，1995～2015 年甘比亞潮汐灌溉稻作計畫，1996～2005 年塞內加爾北部塞內加爾河流域水稻深水直播法面積達 5,000 公頃，在駐史瓦帝尼王國（原史瓦濟蘭王國）技術團 2011～2015 年執行有「甘藷產銷計畫」，2013～2019 年「馬鈴薯健康種薯繁殖計畫」；在拉丁美洲與加勒比海地區，有多個國家均執行稻作與雜作計畫，其中較具代表性的如 1963～2015 年駐多明尼加農技團與技術團所執行之水稻育種計畫、駐尼加拉瓜農技團 1972～1985 年與 1990～2008 年稻作生產計畫、駐尼加拉瓜技術團 2009～2014 年稻作與菜豆生產改進計畫，以及 2015～2020 年「稻種研究發展與生產推廣計畫」與 2016～2021 年「煮食蕉發展計畫」；在海地，1972～1998 年駐海地農技團在阿狄波尼（L'Artibonite）所執行的稻作生產計畫、1999～2011 年駐海地技術團「阿狄波尼水稻產業發展計畫」、2012～2015 年多貝爾克（Torbec）稻作及雜糧增產計畫、2016～2019 年萊凱（Les Cayes）地區稻作增產計畫，目前在執行中的有 2019～2021 年「海地全國稻種生產強化計畫」──阿迪波尼省子計畫、北部及東北省子計畫、南部省子計畫；在亞太地區，1983～1998 年駐索羅門農技團在 KGVI 示範農場所執行之稻作推廣計畫、1999～2019 年稻作與雜糧（玉米）推廣計畫，除首都荷尼阿拉（Honiara）外，擴展至馬萊塔（Malaita）省與其他外島地區，另在巴布亞紐幾內亞，1990～2010 年駐巴紐農技團及技術團在萊城（Lae）示範農場所執行稻作生產計畫、2011～2014 年農業綜合發展計畫，其中仍有一些膾炙人口之

處、茲扼要舉例如下：

1. 西非荒漠上的臺灣奇蹟

我國與布吉納法索（舊稱上伏塔）的農業技術合作肇始於 1965 年的波碧（Boulbi）計畫（國合會，2005），利用波碧水庫的水量，規劃設計水利設施以利稻作栽培，這也開啟了日後在非洲地區進行大規模開墾計畫的援助模式。1967 年 1 月由侯新智隊長等人所進行的姑河計畫更是顯著（海外會，1987），其開墾面積達 1,260 公頃，安置農民超過千戶，是當地最為成功的大規模開墾計畫，也使姑河自荒蕪發展成為一個富庶、公共設施齊備的地區。1973 年 9 月，布國與中國建交，我將計畫移轉予當地政府，歷經 50 多年後，目前該地區仍然依照當年的技術指導方式從事稻作生產。1994 年 2 月，我國與布吉納法索復交，並基於我國農耕隊協助布國開墾姑河墾區的巨大貢獻，復交協議中特別要求我國必須派遣技術團進駐布國，我國遂於同年 5 月派遣農技團協助該國進行巴格雷墾區的 5 年開發計畫，在劉春雄團長的領軍下，將尖硬的磐石以炸藥炸開後，建構引水道渡漕與倒虹吸工程，成功引進巴格雷水庫的水源進行稻作灌溉，開發一年二期稻作生產，連同左岸 600 公頃共開闢了廣達 1,800 公頃的土地，創造了化荒漠為良田的奇蹟（國合會，2003）。2002 年 8 月聯合國在南非召開的「永續發展高峰會」期間，法國電視臺 TV5 特別報導將姑河及巴格雷墾區列為「永續發展的最佳典範」。

2. 60 年唯一的稻作育種計畫

我國於 1963 年 11 月派遣駐多明尼加農技團，赴多國博腦（Bonao）地區瑚瑪（Juma）稻米試驗場從事水稻育種與栽培之技術指導，首任團長趙連芳博士完成試驗場之設置，第 3 任團長謝英鐸博士抵任後積極任事，截至 1996 年謝博士退休離開農技團時已成功育成 Juma 1 至 66 號，其中 Juma 32、57、58 等 3 個品種當時已大量推廣，並大受農民歡迎，其栽培面積曾涵蓋全國的 85%（外交部、海外會秘書處，1977），使多明尼加由稻米進口國一躍而成稻米出口國，該等育成之品種亦贈送世界各國，包括拉丁美洲及非洲國家，多明尼加政府有感於謝博士對多國農業貢獻良多，而將渠聘為農部顧問，至今大

家均尊稱他為多明尼加的「稻米之父」。

3. 海地全國稻種生產強化計畫——阿迪波尼省子計畫

我國與海地農業部於 2014 年開始，於阿迪波尼省（以下稱中部地區）共同執行「海地強化稻種生產能力計畫」（國合會，2021a），計畫執行 5 年期間成功將區域認證種子供應率提升至全國需求量 45%，種子受益農戶平均產量提升 20%，執行成果豐碩。現海地農業部欲擴大計畫影響並配合海地總統摩依士（Jovenel Moïse，2021 年 7 月遇刺身亡）「提高糧食安全自主」施政目標與「改變列車計畫」，擬至 2021 年擴增北中南部地區稻種產能至 12,000 公噸之規模，希冀提升種子供應率 100%，以提升全國稻米產量、增加農民收入。

4. 尼加拉瓜稻種研究發展與生產推廣計畫

我國與尼加拉瓜稻米合作計畫溯自 1990 年復交後；主要在賽瓦科（Sebaco）地區從事陸稻之試驗、示範與推廣工作，並建立稻種 3 級制度，最近一期自 2015 至 2020 年與尼加拉瓜政府合作旱稻稻種栽培發展，以提升陸稻栽培發展，增加稻作產量，確保尼國糧食安全及增加中小農受益戶（國合會，2021b）。

5. 史瓦帝尼馬鈴薯健康種薯繁殖計畫

過去史瓦帝尼國內所需馬鈴薯種薯均自南非進口，本計畫在協助史國建立馬鈴薯健康種薯繁殖體系、馬鈴薯種薯檢定驗證體系和種薯供應鏈，以每年生產並提供滿足當地食用馬鈴薯栽培所需之採種薯（G4）馬鈴薯健康種薯為目標，用以改善種薯品質及產量、取代進口，並提高當地馬鈴薯產量，使逐漸滿足國內消費所需（國合會，2020a）。

（二）推動園藝蔬果生產計畫均衡營養需求

國合會自 1959 年以來，在非洲、拉丁美洲與加勒比海及亞太地區技術團隊大多有執行園藝蔬果產銷計畫，依據夥伴國的國家發展現況與當地環境屬性，選擇適合種植的熱帶蔬果作物如甘藍、萵苣、青花菜、番茄、青椒、南

瓜、胡蘿蔔、西瓜、洋香瓜、木瓜、鳳梨、芭樂、連霧、香蕉、酪梨等，除組織蔬果產銷班協助農民種植蔬果作物外，並推動以市場為導向的農企業經營之農業價值鏈模式，提升作物附加價值，加強農藥殘毒檢測，重視消費者的食物安全（food safety），進而均衡營養及提升人民生活水準。例如「瓜地馬拉北碇木瓜銷美計畫」、「印尼農企業經營計畫」、「帛琉園藝生產與營養提升計畫」、「聖露西亞香蕉產量提升計畫」、「聖文森國強化農民組織暨提升蔬果生產技術計畫」、「聖克里斯多福及尼維斯蔬果及雜糧作物品質與產品安全改進計畫」、「宏都拉斯酪梨健康種苗繁殖計畫」等，茲舉例扼要說明如下：

1. 瓜地馬拉北碇木瓜銷美計畫

我政府自 2005 年起與瓜地馬拉農牧部與北碇（Petén）省自由市（La Libertad）政府合作執行「瓜地馬拉外銷蔬果計畫」，基地面積達 100 公頃，種植臺農 1 號木瓜，組織木瓜產銷班，輔導農民種植技術，設立木瓜包裝場。協助開發美國木瓜外銷市場，並藉由北碇省地中海果實蠅非疫區之優勢，水果可以不經溫湯或是燻蒸處理而直接外銷美國，截至 2014 年計畫移交瓜方時，每年約可外銷 300 萬箱木瓜，銷售額達到 240 萬美元，帶動北碇地區木瓜栽種面積達 2,000 公頃，建立瓜國木瓜外銷產業（國合會，2012）。

2. 印尼農企業經營計畫

我國自 1976 年與印尼建立合作關係，同年 10 月於東爪哇（East Java）派駐泗水農技團，1980 年派駐中爪哇（Central Java）暨日惹（Yogyakarta）農技團，執行香菇、豌豆等園藝計畫，其中豌豆尚外銷臺灣，兩團於 1999 年合併為駐印尼技術團，並自 2005 年完成第一階段任務後 轉往西爪哇（West Java）茂物大學（Bogor University），從事農企業合作計畫，建立「農企業經營中心」，輔助當地農民組織蔬果產銷班，推廣有機蔬菜、非有機蔬菜及水晶番石榴等園藝作物，並配合中心之蔬果產品、包裝及運輸設施以及行銷企劃、倉儲物流管理等系統，產品直接銷售當地超市及家樂福，提升農民收益甚受肯定。2014 年底完成茂物農企業計畫後，續於 2015 年 1 月推動「印尼萬隆地區強化農企業培育發展計畫」，設立國家級「倫邦國家農訓中心」，輔導萬隆

（Bandung）地區整合成立農企業經營模式，以提升農民收益，最近 2020 年 1 月推動「印尼卡拉旺地區園藝發展計畫」（國合會，2021c），係借助我駐印尼技術團莫國中團長及團員以往輔導農企業經營計畫成功經驗，推動卡拉旺（Karawang）地區園藝之發展。

3. 臺泰農業（園藝）合作計畫

　　泰國北部山區居民生活極為艱苦，農業生產技術落後，謀生不易，多以種植鴉片維生，故引起聯合國注意，前泰王蒲美蓬（Bhumibol Adulyadej）對此至為關懷，決心肅清煙毒，改善居民生活。1970 年，泰王於華欣行宮接見我駐泰沈昌煥大使，請我政府協助，經我政府派遣行政院退除役官兵輔導委員會所屬福壽山農場前場長宋慶雲先生赴泰實地勘察，其考察報告及建議經泰王接納，立即成立「泰王山地計畫」，敦聘畢沙迪親王（Bhisatej Rajuni）為計畫主持人，並選定安康地區闢為示範農場，自臺灣引進桃、梨、柿、梅等果苗及菜種試種，經 18 個月的用心栽植，所種植的果樹已結實纍纍，為泰北山區種植溫帶果樹展現光明遠景，此乃我政府協助泰王倡導「以果樹替代鴉片」理想之實現，退輔會自 1973 年起訂定每 4 年 1 期的輔導計畫，逐年編列預算支援，至 1980 年改由國合會前身海外會編列於外交部國際技術合作經費項下支應，此 4 年 1 期計畫截至 1993 年已完成 5 期，退輔會與福壽山農場完成階段性任務，此種由溫帶果樹、蔬菜、造林及鄉村發展計畫完全取代罌粟之種植，獲得國際間的肯定與讚賞，並曾於 1988 年獲得菲律賓「國際麥克賽賽服務獎」（Ramon Magsaysay Award），充分顯現本項計畫之偉大壯舉（外交部等，1987）。1993 年退輔會任務完成後，計畫理應結束，惟 1994 年當時李前總統登輝「亞洲行」，泰國亦是安排的行程之一，惟泰國政府主張一個中國政策，李前總統無法得到正規行政體系接待進入泰國，最後在畢沙迪親王之安排下，讓李前總統得以進入泰國，並拜會泰王及行政部門重要官員，李前總統返國後指示本計畫不能中斷，遂由海外會自 1994 年接手「泰王山地計畫」，2009 年成立皇家計畫基金會，仍由畢沙迪親王擔任主席。本計畫曾於 2004 至 2009 年中斷 6 年，隨後在當時我駐泰國烏元彥大使及畢沙迪親王及國合會副秘書長李栢淳之積極協調下，自 2010 年恢復二國之農業合作關係，並重簽技

術合作備忘錄,每 3 年為 1 期,第 1 期 2011～2013 年執行「協助泰國皇家計畫基金會執行園藝發展計畫」(國合會,2018a),主要作物種類為柑橘、百香果、香菇及澀柿等 4 種;第 2 期 2014～2016 年執行「泰國皇家計畫基金會柑橘及百香果植病防治計畫」(國合會,2018b)及「泰國皇家計畫基金會澀柿及菇類生產計畫」(國合會,2018c)等 2 項計畫;第 3 期 2017～2019 年執行「泰國皇家計畫基金會健康種苗生產計畫」(國合會,2020b)及「泰國皇家計畫基金會蔬果病蟲害綜合防治計畫」(國合會,2020c)等 2 項計畫,目前執行第 4 期 2020～2022 年「泰國農民園產品競爭力提升計畫」(國合會,2021d)。

4. 太平洋島嶼國家園藝生產與營養計畫

　　太平洋島嶼國家因傳統飲食文化特殊,其主食以芋頭及樹薯等根莖類作物為主,由於富含澱粉,再加以平常嗜食含糖飲料(如可口可樂及糖水等)以及蔬果作物普遍缺乏之情形下,島國人民大多肥胖,伴隨著高血壓、心臟病及糖尿病等慢性疾病之發生。我國自 1994 年起曾在索羅門群島、馬紹爾群島、諾魯、吐瓦魯、斐濟、巴布亞紐幾內亞及吉里巴斯等島嶼國家派遣技術團,從事園藝蔬果作物之生產,其目的乃在推動糧食安全、進口替代以及減低外匯支出等,隨後以園藝蔬果作物之執行成果為基礎,2015 年起在吉里巴斯執行為期 6 年的「營養提升計畫」(國合會,2016),除了開墾新農場、利用在地材料製作推肥、施用益生菌等技術提高產量外,更加入了改善團膳環境、菜單設計、營養監測機制建立等項目,期盼調整中學學生營養午餐,以擴大均衡飲食觀念,進一步改善吉國全民健康。在帛琉,2016 至 2018 年執行「帛琉園藝生產與營養提升計畫」(國合會,2019),本計畫由學校教育環節切入,培養學童蔬果生產與健康營養概念,另在團部示範農場發展多種蔬果生產技術,逐步改善帛琉當地人民的飲食習慣,均衡營養以降低慢性病發生。在諾魯,2015 至 2019 年執行「諾魯蔬菜生產與營養提升計畫」(國合會,2020d),為提升諾魯蔬菜供應量,協助諾魯人民飲食營養均衡,改善團膳供應現況,設計營養教材與課程,辦理營養推廣活動,提供蔬菜苗給予家庭菜圃等活動,並藉由一系列營養教育與學生團膳活動,提升當地居民健康飲食觀念。

（三）水產養殖占有舉足輕重的地位

我國於 1974 年 11 月派遣駐宏都拉斯漁技團，係我國第一支以協助駐在國發展水產養殖為主題的技術團隊，以推動海蝦繁殖示範推廣為工作重點，而後以水產養殖為重心的漁技團，陸續進駐哥倫比亞與哥斯大黎加，協助項目更擴及航海、輪機等航海技術訓練、舢舨推廣及漁場調查等。另國合會在尼加拉瓜、瓜地馬拉、貝里斯、巴拉圭、聖露西亞、聖克里斯多福及尼維斯、巴林、沙烏地阿拉伯、印尼、斐濟、諾魯、吐瓦魯、及馬紹爾群島等國已執行完成及執行中之水產養殖計畫均係在協助駐在國人民取得優質蛋白質來源，平衡營養攝取，以解決營養不均衡問題。其中較具代表性者舉例說明如下：

1. 宏都拉斯箱網養殖計畫

2000 年，在宏都拉斯第一大湖約華（Yojoa）湖推動「紅色吳郭魚箱網養殖計畫」（國合會，2018d），約華湖係宏國著名的觀光景點，為因應當地居民因漁貨資源日漸衰竭向我國尋求協助，我駐宏國技術團乃選定臺灣引以為傲的吳郭魚箱網養殖技術作為解決對策，除籌組箱網養殖產銷班外，並提供小額貸款資金及逐步擴大規模，該計畫於 2008 年移交當地漁民，至今仍持續運作中，所生產的吳郭魚係以魚排方式外銷美國與加拿大市場，同時亦占宏國外銷農產品第 4 位，僅次於咖啡、糖及香蕉。

1985 年宏都拉斯與我國共同合作在豐世佳灣（Golfo de Fonseca）進行海蝦養殖計畫，由於此區域紅樹林遍布，潮間帶孕育豐富的魚蝦幼苗，宏國政府為推廣海蝦養殖產業，向我方要求協助開發養殖技術，奠定產業基礎。宏國政府並推動多項獎勵優惠措施，吸引宏國當地企業、農民組織投入，快速成為中美洲國家最大的海蝦出口國，每年為宏國創造上億美元的外匯收入。隨之在 2018 年 6 月所執行之「宏都拉斯豐世佳灣箱網養殖計畫」（國合會，2019b），係應宏國總統之要求，引進海水箱網養殖技術並發展相關產業，輔導漁民從事利潤較穩定的近海養殖業。

2. 巴林水產養殖繁殖發展顧問派遣計畫

本計畫在協助巴國「水產養殖中心」就現有養殖魚種（歐洲鯛、矛鯛及石斑魚）進行試驗繁殖，針對新進人員之培訓規劃與執行，運用當地可取得飼料原料，建立小型水產養殖飼料生產計畫，進一步建立海灣 6 國水產養殖發展模式（國合會，2021o）。

（四）發展畜牧事業穩定蛋白質營養供應

畜牧業提供人類所需肉類（牛肉、豬肉、雞肉、羊肉等）、奶類（全脂牛奶、脫脂牛奶等）、蛋及起司等蛋白質的來源，目前國合會在海外所執行畜牧計畫，主要以養豬與養雞為主，係因該兩項技術均是我國強項，其次為養牛及養羊，例如我國歷年來在尼加拉瓜、宏都拉斯、瓜地馬拉、巴拉圭、聖露西亞、聖文森國、馬紹爾群島、索羅門群島、吐瓦魯、吉里巴斯及史瓦帝尼等國均有養豬計畫。在諾魯、斐濟、吉里巴斯等國執行養雞計畫，在印尼及貝里斯有養羊計畫，在史瓦帝尼則有養牛計畫，其中較具代表性者，茲舉例說明如下：

1. 宏都拉斯豬隻繁養殖計畫

我國與宏都拉斯所進行之「繁殖優良種豬計畫」（國合會，2018e）始於 1982 年 7 月，輔助宏國設立種豬繁殖中心，提供優良種豬供農民飼養，辦理獸醫服務並訓練獸醫人員，為宏國奠定家畜疫病防治制度之基石；創立循環基金制度，以計畫養計畫方法，使計畫得以永續經營。隨後計畫擴大至宏國北部汕埠（San Pedro Sula），設立屠宰場，推動產銷一元化，提供小農貸款並輔導產銷班運作，研發各式加工肉品，擴展加工產品市場與擴大銷售網路，利用養豬廢水之沼氣發電，減少畜牧事業廢棄物當地環境之汙染，並積極推廣此潔淨能源予農戶。計畫於 2012 年 12 月底計畫結束移交宏方人員自行接管，惟移交後管理成效不佳，宏方政府再度向我方要求再輔導養豬計畫，國合會乃於 2018 年再度擬訂「宏都拉斯豬隻繁養殖計畫」（國合會，2021f），援引過去我駐宏都拉斯技術團養豬計畫成功經驗，協助宏國解決科馬亞瓜（Comayagua）養豬中心種豬基因不佳問題，期望透過本計畫協助 C 中心提升

種豬族群繁殖性能與管理效能，進而可穩定提供優質種豬予豬農，作為豬肉擴大生產之基礎並奠定宏國養豬產業發展之基石。

2. 貝里斯種羊生產暨輔導體系強化計畫

國合會自 2015 年與貝國合作在中央農場進行「貝里斯羊隻品種改良計畫」（國合會，2020e），協助貝國改善及擴建中央農場國家種羊中心設施，進口優良種羊及更新種羊品種 3 種，建立種羊選種制度及飼養管理系統，協助中央農場及農區推廣技術人員及農民之能力建構，協助組織農民團體，推廣輔導機制，增進農戶養殖技術與資訊之交流，本計畫於 2019 年結束，並自 2020 年 4 月起執行第 2 期「貝里斯種羊生產暨輔導體系強化計畫」（國合會，2021g），計畫期程為 4 年（2020～2024），計畫主要目標在強化國家種羊中心穩定供應優質種羊能力，持續改善整體羊隻產業，強化市場連結，展開市場價值鏈分析及設計行銷策略推廣羊畜產品消費，強化羊隻溯源系統以改善價值鏈效率及品牌化行銷羊畜產品，達成提升羊農收益之目標，這亦是我國在拉丁美洲及加勒比海地區唯一的養羊計畫。

3. 諾魯雞蛋生產計畫

我國與諾魯的技術合作關係，肇始於 1992 年執行雞蛋生產計畫，諾魯人民飲食的蛋白質來源以魚肉及罐頭食品為主，國民餐桌飲食缺乏禽類蛋白質，經分析發現，諾魯因環境孤立與物資土地缺乏，不利飼料的取得與生產，阻礙島內家庭飼養技術之發展，使國內雞蛋價格昂貴。雞蛋是青少年成長的重要營養來源之一，為提升當地學童蛋白質的來源，本計畫搭配「蔬菜生產暨營養提升計畫」，提供學生團膳雞蛋，以改善諾魯學童飲食營養，同時提供當地人民獲取雞蛋來源（國合會，2020f）。

三、加強能力建構，達成技術移轉的目標

為達成技術移轉之目標，落實在地化（Ownership）原則，國合會非常重

視駐在國合作單位之能力建構，除在技術團團部設立示範試驗農場，不定期舉辦研習班或訓練班，邀請駐在國農部官員、合作單位人員及農民參與，提供技術訓練（Informal Education）及專家諮詢，並舉辦觀摩會展示最新技術及研發的新品種提供農民試種外，另一方面邀請政府官員及具有潛力的技術人員來臺參加由國合會舉辦的專業研習班，對加強雙方之合作關係實深具意義，並可加速技術之移轉。此外，邀請駐在國農部、學校及合作單位推薦優秀之青年學子來臺參與「國合會高等人力獎學金計畫」。目前國合會與屏科大、臺大、中興大學及海洋大學等 4 所大學開設 7 個碩博士及學士學位學程，以培育駐在國高等農業人才，為友邦未來的農業發展奠定良好之基礎。

四、加強與國際組織及國際非政府合作，提升國際能見度

國合會重視與國際社會接軌，努力拓展與發展夥伴的對話空間，藉由多年來建立的雙邊或多邊對話管道與機制，凝聚與發展機構以及夥伴國家對於合作計畫之共識，並貢獻國合會資源參與國際機構人才培育、技術合作、投資融資等合作計畫，積極拓展與國際發展機構合作的關係，發揮財務上的槓桿效益，讓合作雙方達到以最小成本創造最大效益之目的。國合會在農業領域主要發展合作夥伴包括：國際稻米研究所（International Rice Research Institute, IRRI）、國際熱帶農業研究中心（International Center for Tropical Agriculture, CIAT）、國際農業發展基金（International Fund for Agricultural Development, IFAD）、 美洲農業合作組織（Inter-American Institute for Cooperation on Agriculture, IICA）、中美洲農牧保健組織（Organismo Internacional Regional de Sanidad Agropecuaria, OIRSA）、歐洲復興開發銀行（European Bank for Reconstruction and Development, EBRD）及糧食濟貧組織（Food For The Poor, FFP）、世界農民組織（World Farmers' Organisation, WFO）等，其中較具代表性之合作計畫，茲舉例說明如下：

（一）加強中美洲農牧保健組織（OIRSA）轄區柑橘黃龍病（HLB）防治及落實病蟲害綜合管理（IPM）計畫

　　柑橘產業係中美洲國家重要經濟支柱之一，本計畫旨在協助多明尼加、瓜地馬拉、貝里斯、宏都拉斯及尼加拉瓜等 5 個疫區國家之病害防治能力，並預防黃龍病侵入薩爾瓦多與巴拿馬等 2 個非疫區國家。經評估後，倘黃龍病繼續蔓延，OIRSA 轄區之柑橘產值損失可能高達約 10 億美元，連帶使該地區經濟受到衝擊。另中美洲地區國家之國土毗鄰，宜有一套「區域性」之防治策略。而我國具 60 年黃龍病病害防治經驗，OIRSA 爰尋求我方協助，雙方於 2012 年 12 月 11 日簽署「加強中美洲農牧保健組織（OIRSA）轄區柑橘黃龍病（HLB）防治及落實病蟲害綜合管理（IPM）計畫」合作備忘錄（國合會，2019d），進而確保該轄區各受益國家柑橘相關產業之品質及產量（能）。本計畫於 2017 年結束，為美洲地區有效防治黃龍病建立了引以為傲的典範。

（二）與國際熱帶農業研究中心（CIAT）之合作計畫

　　國際熱帶農業研究中心設立於 1967 年，總部位於哥倫比亞，初期研究主軸設定於提高作物產量以協助小農改善生活。目前關注議題以糧食安全為主，持續開發作物栽培技術、農業生產規範、介入模式與政策，期逐步減緩糧食安全所帶來之衝擊；同時輔導小農從生存轉向獲利模式，以朝永續農業發展為目標；並在國家、區域、社區層級強化氣候變遷與極端氣候之應變能力（CIAT, 2021）。國合會於 2017 年在 CIAT 總部與 IRRI 合辦稻作研習班，邀請國合會駐拉丁美洲及亞太地區技術團從事稻作計畫之同仁參訓，其成果頗受好評，繼於 2018 年由 CIAT 計畫管理處處長 Maya 與國合會李副秘書長栢淕簽署合作備忘錄，依此由 CIAT 派駐尼國辦公室與我派駐尼加拉瓜技術團合作進行「氣候變遷下農業逆境對稻作與菜豆之影響」計畫，隨後於 2019 年在 CIAT 總部合作辦理「菜豆生產系統」研習班，對提升我國在國際之能見度（visibility）助益甚大。

五、以現代化農業科技推動未來國際農業合作計畫

科技進步一日千里，傳統農業技術已無法順應環境轉變，由於氣候變遷因素，使得全球糧食生產日益不穩定，再加上新型疫病的發生，導致全球生產力下降，舉新型冠狀病毒（COVID-19）為例，目前確診人數已超過 1 億餘人，死亡人數亦超過 150 萬人，由於受到疫情影響，造成貧窮飢餓的人口數由去（2019）年的 8 億 2 千萬人增加為 10 億（OECD, 2020）。糧食安全（food security）面臨極大的威脅，後疫情時代勢將朝增加糧食生產以解決貧窮飢餓之問題，因此應用數位農業（digital agriculture）（OECD, 2019）精準掌握農業生產要素（水分、肥料、種子、種苗）之投入，降低生產成本，同時生產出品質更高的農產品，以提高農民收益。

數位農業是利用先進技術整合成一個系統，使農民及利害關係人在農業價值鏈上改善糧食之生產，就工業 4.0 而言，預計在未來 10 年中，在先進的數位技術與創新，例如區塊鏈、物聯網（IoT）、人工智能（Artificial Intelligence, AI）、虛擬現實（Immersive Reality, IR）等的推動下，農糧系統（agri-food system）將會產生巨大的改變，改變消費者偏好和需求，電子商務對全球農產品貿易的影響，如氣候變遷以及其他因素等。為了實現 2030 年聯合國永續發展目標（Sustainable Development Goals, SDGs）第 2 項零飢餓目標，聯合國糧農組織呼籲建立更高生產力、效能、永續、包容、透明和有彈性的農糧系統（OECD, 2020）。數位農業轉型對以上的成就提供機會至關重要，數位技術毫無疑問係屬人類的未來。

依據數位技術（digital technologies）在農糧（agri-food）領域的複雜性和普及性（penetration），可作以下 5 種分類：

① 行動裝置（智慧型手機）和社群媒體（Social Media，如 YouTube、Twitter、Facebook 等）。

② 精準農業（precision agriculture）和遙測技術（remote sensing）：地理資訊系統（Geographic Information System, GIS）、 全球定位系統

（GPS）、無人機（Unmanned Aerial Vehicles, UAVs）、物聯網（IoT）、全球衛星偵測系統（Global Navigation Satellite System, GNSS）、即時動態定位技術（Real Time Kinematic, RTK）、無線射頻辨識（Radio Frequency Identification, RFID）、歸一化植被指數（Normalized Difference Vegetation Index, NDVI）、可變利率應用（Variable Rate Applications, VRAs）。

③ 大數據（big data）、雲端（cloud）、分析（analytics）及網路安全（cybersecurity）。

④ 整合與協調：區塊鏈（block chain）、企業資源計畫（Enterprise Resource Planning, ERP）、融資與保險系統（Financing and Insurance System）。

⑤ 智能系統：深度學習（deep learning）、機器學習（machine learning）、人工智能（AI）與機器人（robotics）及自動化系統（autonomous systems）。目前國合會在海外所執行之技術合作計畫已能與時俱進，運用新型農業科技，伴隨著精準農業（precision agriculture）之進展，未來技術合作可依據合作國家之發展現況予以充分運用，確實有充分發展之空間，茲舉例說明如下：

（一）中美洲地理資訊系統應用能力提升計畫

中美洲國家面臨天然災害威脅頻繁，且廣大國土缺乏有效管理與規劃，影響區域永續發展，亟需運用有效科技工具輔助政府進行天災防治決策、國土變遷管理，以及自然資源永續利用。鑑於我國具備先端衛星科技能力，爰我中美洲友邦尼加拉瓜、宏都拉斯、薩爾瓦多等曾先後提出合作需求，盼透過本計畫引入地理資訊系統提升治理能力，考量各合作國家間有其共通需求且可透過分享資源以節省成本，爰以區域統整方式執行本計畫，在共通基礎上再依各國家發展重點擬定計畫主軸。本計畫主要內容包含：（1）強化自然保護區或重點區域之環境監測，由我國提供衛星影像協助合作國家掌握國土變化情形；（2）培育地理資訊系統技術人才，移轉衛星影像應用技術予合作國

家；（3）依據合作國家個別需求，運用衛星影像輔助水質監測（尼加拉瓜）、環境管理（宏都拉斯）與國土資源規劃（薩爾瓦多）（國合會，2021x）。基於以上之執行經驗，目前在宏都拉斯進一步執行「森林蟲害管理計畫」，以及在尼加拉瓜之「天災應變能力提升計畫」。

另在貝里斯執行有「城市韌性防災計畫」，亦是運用我國之地理資訊系統來協助水患重災區，建構貝國水災早期預警系統，提升貝國水災災前與災中應變能力，並於示範點進行基礎工程改善措施，預期整合水災預警系統於貝國災害防救體系，並實質減少因水災所導致之貝國人民生命及財產損失（國合會，2021j）。

（二）運用多元（時）衛星圖資監測大面積植物病害創新研發專案

國合會為充分結合我國科技優勢以提升援外計畫效益，於 2020 年 5 月與國家實驗研究院簽署備忘錄，以強化我國創新研發技術應用於國際發展領域，經與國研院持續共同評估具體合作主體，擬以國家太空中心研發之「數據方塊（data cube）」資料，整合我國福衛五號（FORMOSAT-5）及開源衛星哨兵 2 號（Sentinel-2）之多元（時）圖資。經整合運算與分析後，產製「便於利用（ready-to-use）」之數據構型，用以協助中美洲瓜、貝、尼、宏等 4 國監控大面積植物病害「香蕉黃葉病」，以減少疫病造成之重大經濟作物損失。

六、結論與未來展望

時值我國執行援外工作 60 年之際，回顧 60 年前（1959 年）至今，無論是援外機構，技術團之型態、合作項目、合作國家與區域，乃至以新型科技之導入國際發展合作計畫中，足以觀察出我國國際農業合作能與時俱進的逐步轉型與創新，謹將重要結論摘要如下：

（一）國際農業合作計畫仍屬最重要

農業從 1959 至 1996 年占我國援外工作的 90%，隨著 1996 年國合會正式成立後，由於合作項目的擴大，中小企業、公衛醫療、教育、資通訊、環境等項目之加入，使我國之援外工作更多元化，惟農業仍占整體援外資源的 50% 以上，主要係因與我合作國家大多屬於開發中國家，農業在該等國家 GDP 的占比仍高，因此農業發展仍屬該等國家發展之重要基石。

（二）加強人才培育，持續推動國際農業合作

我國之援外工作與國際之間雙邊及多邊合作機構在計畫執行上，最大的差異在於我國均實際派員至合作國家執行，與當地人民與政府並肩作戰，真正落實技術移轉與經濟發展，而國際雙邊與多邊國際組織大多直接撥款予當地政府負責執行，僅須繳交進度報告與結案報告即可，由於受援國家政府官員貪汙嚴重，人民對此種技術協助方式無感且抱怨連連。因此，有關人才培育（capacity building）成為我國執行國際合作最大的特色，除了技術團技師與專家之持續培養外，對於外交替代役、志工及大專青年海外技術合作實習計畫更應持續推動甚或擴大辦理，以充實我國援外工作之人才庫，使我國之援外工作得以永續經營。

（三）加強新式農業科技之運用，以彰顯我國之援外技術能力

由於傳統之農業技術已無法滿足合作國家之需要，再加以全球受可耕地無法擴增、灌溉水源日益枯竭、病蟲害發生以及氣候變遷之不確定因素影響，使得全球糧食產量有逐年減少之趨勢，為滿足全球人口日益增加之糧食需求，唯有增加產量始足以因應，因此新式農業科技之創新研發確屬重要，如精準農業、人工智慧、GIS、GPS、智慧手機、大數據、區域鏈、無人機等數位農業發展，政府部門尤應投入更多資源從事新型農業科技之研發，以確保農業之永續經營。

（四）掌握國際發展趨勢，調整農業執行步伐

在聯合國永續發展目標中，其中目標 1 消除貧窮、目標 2 零飢餓、目標 3 健康與福祉、目標 4 教育品質、目標 8 就業與經濟成長、目標 12 責任消費與生產、目標 13 氣候行動、目標 14 海洋生態、目標 15 陸地生態、目標 17 全球夥伴等均直接與間接與農業相關。最近幾年天災（地震、風災、海嘯等）及人禍（因內戰而導致難民頻傳），再加以疫病的發生（如非洲豬瘟、禽流感、人類的流行性感冒以及新型冠狀病毒等），使得糧食生產減少，全球貧窮與飢餓的人口增加，永續發展目標面臨空前的考驗，再加以氣候變遷之因素，使全球農業生產產生巨大的衝擊，因此因應氣候變遷所進行之減緩（mitigation）、調適（adaption）以及韌性（resilience）之建立實屬刻不容緩，例如氣候智慧型農業（Climate Smart Agriculture, CSA），除了透過研究選拔抗逆境物種以及發展新的作物經營管理方法外，CSA 應包含三項目標：（1）永續提升糧食生產力穩定糧食安全；（2）提升農糧體系對氣候變遷之調適力及回復力；（3）降低溫室氣體在農糧系統中的排放；使原本落後的永續發展目標進程急起直追，因此，當全球人類都在對永續發展目標之執行努力邁進時，國合會身為援外專業機構自當身先士卒，掌握國際發展趨勢，讓我國之援外事業得以永續經營。

參考文獻

外交部、行政院農業委員會、海外技術合作委員會秘書處（1987）。我國海外技術合作之執行。臺北：外交部 非洲司等，頁 1-2。

外交部、行政院農業委員會、海外技術合作委員會秘書處（1987）。我國海外技術合作之執行。臺北：外交部 非洲司等，頁 423-436。

外交部中南美司、亞太司、亞西司、歐洲司／海外技術合作委員會秘書處（1977）。我國與中南美洲 東南亞 中東 國家之技術合作。臺北：外交部，頁 6-20。

外交部非洲司/海外技術合作委員會秘書處（1976）。我國與非洲國家技術合作之執行與成效。臺北：外交部非洲司／海外技術合作委員會秘書處，頁 3-11。

海外技術合作委員會（1997）。友邦技術人員來華專業訓練及觀摩考察特刊，頁 3-8。

海外技術合作委員會（1987）。畫荒漠為良田。臺北：海外技術合作委員會，頁 1-6。

財團法人國際合作展基金會（2005）。國合會帶您探索歷史的榮耀。臺北：財團法人國際合作發展基金會，頁 14-22。

財團法人國際合作發展基金會（2021a）。海地全國稻種生產強化計畫——阿迪波尼省子計畫，取自 https://www.icdf.org.tw/ct.asp?xItem=33124&ctNode=29936&mp=1

財團法人國際合作發展基金會（2021b）。尼加拉瓜稻種研究發展與生產推廣計畫，取自 https://www.icdf.org.tw/ct.asp?xItem=33124&ctNode=29936&mp=1

財團法人國際合作發展基金會（2021c）。印尼卡拉旺地區園藝發展計畫。取自 https://www.icdf.org.tw/ct.asp?xItem=58513&ctNode=29914&mp=1

財團法人國際合作發展基金會（2021d）。泰國農民園藝產品競爭力提升計畫。取自 https://www.icdf.org.tw/ct.asp?xItem=58243&ctNode=29917&mp=1

財團法人國際合作發展基金會（2021e）。巴林水產養殖繁殖發展顧問派遣計畫。取自 https://www.icdf.org.tw/ct.asp?xItem=47809&ctNode=29921&mp=1

財團法人國際合作發展基金會（2021f）。宏都拉斯豬隻繁養殖計畫。取自 https://www.icdf.org.tw/ct.asp?xItem=52347&ctNode=29934&mp=1

財團法人國際合作發展基金會（2021g）。貝里斯種羊生產暨輔導體系強化計畫。取自 https://www.icdf.org.tw/ct.asp?xItem=59057&ctNode=29938&mp=1

財團法人國際合作發展基金會（2021h）。國際高等人力培訓外籍生獎學金計畫。取自 http://www.icdf.org.tw/ct.asp?xItem=5166&CtNode=30015&mp=1

財團法人國際合作發展基金會（2021i）。國際人力資源培訓研習班計畫。取自 https://

www.icdf.org.tw/ct.asp?xItem=5132&CtNode=30014&mp=1

財團法人國際合作發展基金會（2021j）。貝里斯城市韌性防災計畫。取自 https://www.icdf.org.tw/ct.asp?xItem=55400&ctNode=29938&mp=1

財團法人國際合作發展基金會（2020a）。史瓦帝尼馬鈴薯健康種薯繁殖計畫。取自 https://www.icdf.org.tw/ct.asp?xItem=20612&ctNode=29902&mp=1

財團法人國際合作發展基金會（2020b）。泰國皇家計畫基金會健康種苗生產計畫。取自 https://www.icdf.org.tw/ct.asp?xItem=39733&ctNode=29917&mp=1

財團法人國際合作發展基金會（2020c）。泰國皇家計畫基金會蔬果病蟲害綜合防治計畫。取自 https://www.icdf.org.tw/ct.asp?xItem=39739&ctNode=29917&mp=1

財團法人國際合作發展基金會（2020d）。諾魯蔬菜生產暨營養提升計畫。取自 https://www.icdf.org.tw/ct.asp?xItem=29383&ctNode=29919&mp=1

財團法人國際合作發展基金會（2020e）。貝里斯羊隻品種改良計畫。取自 https://www.icdf.org.tw/ct.asp?xItem=33645&ctNode=29938&mp=1

財團法人國際合作發展基金會（2020f）。諾魯雞蛋生產計畫。取自 https://www.icdf.org.tw/ct.asp?xItem=29387&ctNode=29919&mp=1

財團法人國際合作發展基金會（2019a）。帛琉園藝生產與營養提升計畫。取自 https://www.icdf.org.tw/ct.asp?xItem=35793&ctNode=29913&mp=1

財團法人國際合作發展基金會（2019b）。宏都拉斯豐世佳灣箱網養殖計畫。取自 https://www.icdf.org.tw/ct.asp?xItem=38363&ctNode=29934&mp=1

財團法人國際合作發展基金會（2019c）。加強中美洲農牧保健組織（OIRSA）轄區柑橘黃龍病（HLB）防治及落實病蟲害綜合管理（IPM）計畫。取自 https://www.icdf.org.tw/ct.asp?xItem=12479&ctNode=29894&mp=1

財團法人國際合作發展基金會（2018a）。協助泰國皇家計畫基金會執行園藝發展計畫。取自 https://www.icdf.org.tw/ct.asp?xItem=10467&ctNode=29917&mp=1

財團法人國際合作發展基金會（2018b）。泰國皇家計畫基金會柑橘及百香果植病防治計畫。取自 https://www.icdf.org.tw/ct.asp?Item=21279&ctNode=29917&mp=1

財團法人國際合作發展基金會（2018c）。泰國皇家計畫基金會澀柿及菇類生產計畫。取自 https://www.icdf.org.tw/ct.asp?xItem=21280&ctNode=29917&mp=1

財團法人國際合作發展基金會（2018d）。宏都拉斯紅色吳郭魚箱網養殖計畫。取自

https://www.icdf.org.tw/ct.asp?xItem=4999&ctNode=29934&mp=1

財團法人國際合作發展基金會（2018e）。宏都拉斯養豬計畫。取自 https://www.icdf.org.tw/ct.asp?xItem=5002&ctNode=29934&mp=1

財團法人國際合作發展基金會（2020f）。中美洲地理資訊系統應用能力提升計畫。取自 http://www.icdf.org.tw/ct.asp?xItem=2252&ctNode=30431&mp=1

財團法人國際合作發展基金會（2016）。2015 財團法人國際合作發展基金會年報。臺北：國合會，頁 44。

財團法人國際合作發展基金會（2016）。心寬路廣 臺灣情。臺北：財團法人國際合作發展基金會，頁 7-13。

財團法人國際合作發展基金會（2003）。西非荒漠上的臺灣奇蹟。臺北：格林文化，頁 14-23。

財團法人國際合作發展基會（2012）。瓜地馬拉北碇木瓜銷美計畫。取自 https://www.icdf.org.tw/ct.asp?xItem=4998&ctNode=29937&mp=1

CIAT (2021). http://ciat.cgiar.org/.

OECD (2020). "*Coronavirus: The world economy at risk*" (Paris: OECD), pp.1-19.

OECD (2019). "*Digital Agriculture*" (Paris: OECD), pp.8-23.

OECD (2020). "*Coronavirus: The world economy at risk*" (Paris: OECD), pp.27-32.

第 **4** 章

臺灣之公衛醫療援外

一、公衛醫療援外緣起

臺灣在 1962 年應利比亞政府所請，由 6 名軍醫組成我國第一支常駐醫療團至利國服務，開啟了我國首次的醫療援外，隨後於 1979 年 12 月 1 日由當時行政院衛生署署長王金茂與沙烏地阿拉伯王國衛生部部長蘇瑞利簽訂「中華民國行政院衛生署與沙烏地阿拉伯王國衛生部間醫療技術合作計畫第二號備忘錄」（全國法規資料庫，2021），據此，由臺大醫院於 1979 年 11 月 10 日派遣第一批醫護、技術等人員至沙烏地阿拉伯進行醫療服務工作，此後近 12 年間至 1990 年中沙斷交為止，臺大醫院共派出數百人參與中沙醫療合作計畫，這是一項參加人次空前也或許是絕後的大型醫療援外計畫（臺大醫院，2009）。

在接下來的 40 年，臺灣自 1990 年起再度回非洲陸續在賴比瑞亞、幾內亞比索、中非共和國、布吉納法索、查德、馬拉威、聖多美普林西比及史瓦帝尼等 8 國成立醫療團（國合會，2008），由當時的海外會來負責醫療團的派遣及醫療計畫之執行，海外會於 1997 年裁撤併入國合會後，續由國合會接受外交部委託營運常駐醫療團。然而隨著我國醫療體系蓬勃發展，即使醫師駐外的福利待遇較臺灣稍佳，但未來職涯發展受限，因此國合會招募醫師越來越困難，在此情形下，國合會於 2000 年設置馬拉威醫療團時，即首次嘗試以委託國內醫療機構營運的方式，來穩定醫療團專業人力的調派及確保團員未來在國內的職涯發展，而當時駐馬拉威醫療團在屏東基督教醫院的努力下運作良好，發展了如愛滋病門診、傳統助產士訓練等在地化的醫療服務（陳志成、余廣亮，2005）。

國合會繼於 2003 年開始接受外交部委託，在聖多美普林西比推行瘧疾防治計畫，這是我國在非洲醫療合作計畫中首次以專案計畫來進行。基於該等合作模式的良好經驗，國合會自 2008 年起，陸續將駐史瓦帝尼醫療團及駐聖多美普林西比醫療團分別委託臺北醫學大學附設醫院及臺北市立萬芳醫院辦理。同時，由國合會自辦理常駐醫療團之經驗，瞭解友邦醫療體系的不健全，主要是因醫療專業人力養成困難及醫療資源分配不均所致，有鑑於常駐醫療團營運成本過高且團員招募不易，為能造福更多友邦，國合會於 2005 年起積

極與國內公私立醫療機構建立策略夥伴關係，陸續推動「行動醫療團計畫」、「友好國家醫事人員訓練計畫」及「二手醫療儀器捐贈計畫」等常態性計畫。

　　上述常駐醫療團均因外交生變而陸續撤回，2018 年布國與我國斷交，臺布兩國醫療合作計畫被迫中止，至此國合會直接提供醫療服務性質的醫療合作計畫正式走入歷史，目前僅存駐史瓦帝尼醫療團由外交部委託臺北醫學大學附設醫院辦理中。

二、國際公衛醫療合作之轉型

　　千禧年發展目標（Millennium Development Goals, MDGs）係聯合國於 2000 年高階論壇決議通過之宣言，旨在讓全球國家攜手共同發展，而在 8 項發展目標中與健康直接相關的項目有降低兒童死亡率、改善孕產婦保健以及對抗愛滋病、瘧疾及其他疾病等三項議題，並強調以良好的公衛醫療體系奠定全民健康發展之基石，然而千禧年發展目標所涵蓋項目不盡全面且因資源過度集中，導致忽略如慢性病防治等重要健康議題，因此聯合國在千禧年發展目標於 2015 年結束後，接續提出 2030 年永續發展議程並制定 17 項永續發展目標（Sustainable Development Goals, SDGs），涵蓋面向較千禧年發展目標更廣泛，且目標 3「確保健康及促進各年齡層的福祉」的 13 項指標均明確定義與公衛相關之議題，顯見國際援助趨勢已將公衛視為各項領域永續發展的關鍵項目。

　　運用公共衛生「三段五級」的概念指出預防勝於治療的重要性，且秉持「授人以魚，不如授人以漁」的精神，國合會積極推動公衛醫療計畫轉型，從以往著重「醫療服務」，擴大至「協助夥伴國強化健康照護及衛生體系」。在執行作法上透過技術合作方式，引介我國公、私人部門醫療體系之資源，與國內合作單位以及夥伴國衛生部共同提供專業及有效的解決方案，特別是建構醫護人員的專業能力，朝解決「面」的問題發展。此項轉型除符合國際趨勢外，也使我國更容易切入夥伴國公衛醫療發展體系，與夥伴國關係越能緊密連結，亦有助於夥伴國永續發展。

有別於過往直接委由國內機構執行計畫，國合會為加強在公衛醫療援助領域之具體作為，以及深化公私人部門合作模式，於 2012 年首次與輔英科技大學合作，共同在甘比亞推動「孕產婦保健功能提升計畫」，該計畫係國合會率先執行的公衛醫療計畫。其後，國合會亦將計畫主題類別延伸至「健康資訊管理系統（Health Information System, HIS）推廣」、「慢性病防治」及「傳染性疾病防治」，如於 2014 年執行「南部非洲移動族群中愛滋病、肺結核、高血壓病患管理提升計畫」，協助非洲 2 國（馬拉威及南非）建立醫療資訊管理系統，以期取得回診所需疾病照護、就醫資訊、後續追蹤及照護網之能力建構；另在 2016 年，與史瓦帝尼合作「孕產婦及嬰兒保健功能提升計畫」，協助該國改善醫護人員及醫療機構能力建構，以及與巴拉圭合作「醫療資訊管理效能提升計畫」，協助該國提升 E-Health 系統功能強化、使用與推廣；前揭兩計畫因成效良好，受夥伴國政府支持，接續與國合會協同國內合作醫院續推動第 2 期計畫，將計畫範圍拓展至全國。

此外，同年與貝里斯衛生部合作之「慢性腎衰竭基礎防治體系建構計畫」，協助該國強化慢性病照護能力及追蹤管理，並產出該國第一份流行病學報告，計畫成效受貝國政府高度肯定，並續請求我國協助其他公衛項目計畫；另鑑於諸多友邦深受傳染性疾病困擾，國合會亦透過協助夥伴國建立疾病負擔及經濟影響分析模型，研擬相關策略供政府制定政策參考。國合會創辦迄今，已在 13 個夥伴國執行 16 項公衛醫療計畫，各項計畫亦皆環扣國際發展趨勢（國合會，2019）。

除了疾病的預防與控制外，緊急醫療亦是醫療系統重要的一環。國合會現階段已將計畫觸角延伸至「公衛醫療緊急應變」主題，此亦符合世界衛生大會（World Health Assembly, WHA）2019 年發布決議：「緊急照護系統應確保重症及傷患獲得即時照護，以符合全民健康覆蓋精神」（國合會，2019）；另根據世界衛生組織（World Health Organization, WHO）統計表示，在中低收入國家做好緊急醫療，可協助其國家減少 54～90% 的死亡率（Taylor et al., 2019），可見在該領域協助中低收入國家重要性。另目前全球受新冠肺炎疫情影響，國合會已攜手我國醫療院所依據友邦國家當地醫療現況，分享我國抗疫相關經驗及建議，以期減緩疫情。在國合會結合我國醫療院所豐富的援外

經驗下，未來將持續協助夥伴國家建立並強化其緊急醫療系統，並持續開拓新的公衛醫療領域計畫，以期讓世界看到臺灣的公衛醫療實力，增加臺灣在國際上的能見度。

三、我國國際醫療合作之執行

我國自 1962 年首派駐利比亞醫療團從事公衛醫療合作計畫以來，至今業接近 60 年之歷史，期間歷經常駐醫療團、行動醫療團、聖多美普林西比瘧疾防治專案計畫、太平洋友邦臨床醫療小組派遣計畫、友好國家醫事人員訓練計畫、二手醫療儀器設備捐贈暨教育訓練計畫，以及轉型後之公衛醫療計畫等之執行，茲舉其要者說明如下：

（一）常駐醫療團

常駐醫療團除於駐在醫院及診所固定診療之外，亦定期巡迴偏遠地區進行義診及推動公共衛生教育，並透過臨床教學及專業課程培訓開發中國家的醫護人員。醫療團亦提倡推動「巴馬科制度」，建立使用者付費及循環基金觀念，並加強當地醫事人員的管理知能，致力健全駐在國醫療體系與制度，並強化醫療機構體質。除一般疾病外，常駐醫療團也針對瘧疾、愛滋病等重大傳染病執行專案計畫，透過教育、防治、治療等方式遏止疾病蔓延。自 1962～2018 年，本會曾於賴比瑞亞、幾內亞比索、中非共和國、布吉納法索、查德、聖多美普林西比、馬拉威及史瓦帝尼等國派有常駐醫療團，也派遣具醫療背景之替代役男與志工，協同專業醫護人員共同推動醫療公衛計畫。

1. 駐幾亞比索醫療團

醫療團於 1990 年 6 月正式成立，派駐醫療人員 11 人，提供幾國首都比索市之卡松果（Canchungo）醫院之醫療服務，包括門診、急診、住院、診斷、治療及公共衛生等。年平均門診人數 55,000 人，急診人數約 22,000 人，住院治療 4,700 人，大小手術 700 人，生產 700 人。除訓練當地醫療人員外，並協

助院方建立完善之醫療作業制度。由於完善之醫療設備，有效率之醫院行政管理及高水準之服務品質，除予當地政府及民眾留下深刻且值得信賴之印象外，迭有外交團多國人員至院求診，美法等國大使更親自致函我大使館表達感謝之意，該院並成為西非地區最具著名醫院。1998 年 4 月，臺幾兩國斷交，我醫療團撤離，卡松果醫院據悉目前尚持續運作中，是我國從事醫療公衛服務計畫成功的典範之一。

2. 駐馬拉威醫療團——愛滋病防治計畫

駐馬拉威醫療團於 2000 年 3 月正式成立，主要在協助馬拉威姆祖祖醫院的運作看診，其中愛滋病防治計畫乃是該團主要工作之一，由於馬拉威係全球愛滋病感染率最高的國家之一，根據聯合國愛滋病毒／愛滋病聯合方案報告，愛滋病毒已使馬拉威人民平均壽命從 47 歲下降至 36 歲。在馬國 1,200 萬人口中，約有 100 萬人為愛滋病毒帶原，有 25% 的城市勞動力人口將死於愛滋病；有效地教育、預防以及照顧愛滋病感染者，是目前防範愛滋病感染及擴散最有效的方法。駐馬拉威醫療團在馬國北部的姆祖祖中央醫院成立「彩虹門診中心」，為愛滋病患帶來一線曙光，自成立以來，已有超過 2,500 位病患接受診治。為使門診運作更具效率，醫療團進一步研發指紋辨識系統，作為愛滋病病患唯一識別標誌，從病患領藥的紀錄到追蹤個案病患的健康狀況，以及藥物庫存管理資料等，逐一記載，一應俱全，使醫療資源得以有效運用，並降低人力管理本，此系統之發展概念更已發表於國際醫學雜誌。

基於醫療團在愛滋病防治的具體成果，醫療團團長獲馬國衛生部邀請參與馬國全國愛滋病單位監督計畫，與馬國負責官員共同監控督導北區 9 個衛生單位的愛滋病治療計畫。此外，駐馬醫療團團員亦參與世界衛生組織（WHO）與聯合國兒童基金會（UNICEF）在馬國舉行的小兒愛滋病治療計畫工作小組會議，期能藉由與國際組織的合作，協助馬國達成於 2015 年以前遏止並縮限愛滋病毒／愛滋病蔓延之千禧年發展目標（國合會，2005）。

3. 駐布吉納法索醫療團

我與布吉納法索於 1994 年 2 月復交，為加強兩國間友誼及合作關係，在

醫療合作方面，我雖已允諾協助強化布國衛生醫療設備，惟該補助項目僅係硬體層面，至於醫療技術合作層面，布方鑑於中國曾派有多名醫生在布協助，嗣因臺、布復交，中國撤離其醫療人員，故布方盼我能立即派遣一個常駐醫療團隊以接替中國在布國 Boulkiemdé 省古都古市友誼醫院之工作。

本計畫係在我與布國雙邊醫療合作架構下，由我方於 1994 年 6 月起派遣常駐醫療團在布國古都古市友誼醫院進行臨床醫療服務，以改善醫療人力不足之問題，並提供當地病患專科診療服務，逐年協助布吉納法索改善醫療衛生環境，透過轉移適當的醫療觀念與技術，藉以提升該國各項醫療服務技術，改善醫院管理效率，進而達成提升布吉納法索之醫療水準與服務品質之目標。

駐布吉納法索醫療團與布國古都古醫院合作進行特定專科（泌尿科、婦產科）門診、住院病患治療、院內會診之醫療服務外，針對特殊病案與駐地醫師進行聯合診治等技術交流，同時與布國地區衛生、初級教育單位合作在古都古地區 Bourou、Soula、Sogpelsé、Woro、Lâ、Zoula 等六個村落，定期進行巡迴診療及住院患者會診服務與 12 所初級小學之學童衛教活動，另納入醫工人員、資深護理人員與助產師之培訓，以提升布國整體醫療服務水準，進而協助布國提升國民健康安全。第一任團長黃其麟工作績效表現優異，曾獲布國頒贈勳章乙座，2018 年布國與我國斷交，醫療團人員撤回，中止兩國所有合作關係。

（二）行動醫療團

常駐醫療團的派遣，在國際醫療援助計畫的永續性上扮演重要的角色；然而透過「行動醫療團」執行短期、巡迴式的國際醫療援助任務，不僅具有高機動性、低成本的優點，且有利於募集國內專業醫事人力投入。此種類似「行動醫院」的機制，能夠在最低營運成本下迅速且確實地執行各項人道醫療援助工作，其行動範圍也能擴及未派遣常駐醫療團之友邦及友好國家，特別是地處偏遠、醫療資源缺乏之地區。在此理念下，本會首先於 2005 年 12 月派遣行動醫療團前往北印度大吉嶺進行巡迴義診，配合本會捐贈「西藏難民自助

中心」之行動醫療巡迴車為當地民眾提供優質的醫療照護。

此次的首度出擊共巡迴 8 個地點，嘉惠超過 3,600 名病患，獲得尼泊爾、北印度等地人民的高度肯定，且由於成效卓著，進而帶動國內私立醫療院所協會的相關醫療機構與本會籌組「國際衛生醫療策略聯盟」，國合會與國內醫療機構合作，組織不同科別之專科醫事人員共赴夥伴國進行巡迴醫療，並搭配駐地醫護人員參團見習，以強化夥伴國醫事人才。除提供醫護專業人力外，亦將捐贈醫藥衛材，共同為國際醫療援助貢獻心力。自此，本項行動醫療團計畫擴及至非洲、拉丁美洲與加勒比海及太平洋島嶼國家，迄 2014 年完成階段性任務終止時，共計與國內 36 間醫療院所合作，派遣 119 團次，934 人次醫護人員至 24 個國家，提供約 15 萬人次之醫療服務，並有約 470 人次當地醫護人員參與臨床見習與協助（國合會，2005）。

（三）聖多美普林西比瘧疾防治計畫

瘧疾為聖多美普林西比 9 歲以下兒童死亡最主要的肇因，基於 1960 年代臺灣成功根除瘧疾的經驗，本會首先於 2000 年派遣 6 名專家前往聖國進行瘧疾防治之可行性評估；其後前總統陳水扁於 2002 年 7 月訪問聖國期間與聖國總統及衛生部長達成兩國共同防治瘧疾的共識，同年 12 月簽訂備忘錄，協助聖國建立適當的瘧疾病媒蚊控制及診療模式，以降低瘧疾罹患率及死亡率。

本計畫主要工作項目包括建立瘧疾病媒蚊控制模式（包含病媒蚊指數及抗藥性調查、監測及分析）、大規模撲滅及監測病媒蚊、建立適當的瘧疾診療模式（包括提升診斷能力、調查瘧疾病患的抗藥性、建立及推廣瘧疾治療的原則，以及監測及分析瘧原蟲的抗藥性等）、調查與評估瘧疾的盛行率、罹病率及死亡率，以及人員訓練與衛生教育宣導。除了協助聖國進行瘧疾防治工作之外，本計畫的最終目標即為協助聖國培訓瘧疾及病媒蚊專長人才（國合會，2005）。

2002 至 2003 年進行的先鋒計畫效果顯著，大幅降低當地醫院瘧疾病床的占床率，隨即於 2004 年進行第 1 階段全島大規模噴藥，並於 2005 年進行第 2 次全國性噴藥，計畫於 2008 年前進入瘧疾肅清期，並朝保全期之目標邁

進，該計畫於 2011 年結束前，已成功協助聖國將瘧疾發生率由超過 50% 降至 5% 以下（Lee et al., 2010）。對協助聖國達成於 2015 年前遏止瘧疾及其他主要疾病蔓延之千禧年發展目標確有實質之幫助，並帶動聖國觀光產業之發展。計畫主持人連日清博士亦曾因本計畫於 2010 年獲行政院衛福部頒發醫療貢獻獎，隔（2011）年更獲總統頒贈三等景星勳章。

（四）太平洋友邦臨床醫療小組派遣計畫

本計畫係透過診療服務之臨床交流達到技術轉移目的，為符應國際援助潮流及落實計畫導向之援助模式，本計畫以「醫事人員能力建構」為任務核心，先請太平洋友邦國家收集特殊病例，再藉由我國醫療團隊與當地醫師之共同診療，以提升當地醫師對特殊及複雜疾病之診療能力。執行期程為 2012 年 1 月 1 日至 2014 年 2 月 28 日，本計畫目標在藉由建構太平洋友邦國家醫事人員之技能，提升醫療人力之能力，以減少病患後送之醫療支出、強化離島之基礎醫療人力以及嘉惠更多友邦人民。

執行單位：國合會、行政院衛生署雙和醫院、馬偕紀念醫院、中山醫學大學附設醫院、高雄醫學大學附設中和醫院、彰化基督教醫院、新光吳火獅紀念醫院及臺中榮民總醫院等。執行方式係依據太平洋友邦之臨床技術交流需求，與我國際衛生醫療合作策略聯盟之夥伴醫院籌組臨床醫療小組赴友邦進行 2 至 3 週之診療服務暨臨床交流。計畫期間共派遣 17 團次，分赴 8 個太平洋夥伴國家，對提升太平洋友邦國家醫事人員之臨床技能，能自行照護危急病患，以降低後送之醫療成本等助益甚大（國合會，2014）。

（五）友好國家醫事人員訓練計畫

「友好國家醫事人員訓練計畫」則透過與國內醫療機構合作，為友邦及友好國家之醫事人員量身打造來臺 1 至 3 個月之專業在職訓練。第 1 次的訓練始於 2005 年 10 月，由國合會、臺灣私立醫療院所協會，以及中華民國國際工商文經交流協會醫療文化促進委員會共同辦理，6 名越南醫護人員分別至萬芳醫院及振興醫院接受為期 3 個月的專業訓練，在結訓時均表示在臨床技

術交流獲益良多，實質拓展我國對外醫療技術交流與合作關係。基於該次成功經驗，國合會於隔年擴大與國內公私立醫療機構合作，截至 2021 年，該計畫已與國內 32 間醫療機構及 3 所大學合作，提供 33 個國家計 421 名醫事人員專業訓練（國合會，2021）。

（六）二手醫療儀器設備捐贈暨教育訓練計畫

　　「二手醫療儀器設備捐贈計畫」係鑑於我國醫療院所為能提供國內民眾良好且優質醫療服務，須持續更新其醫療設備，然部分被淘汰之舊式醫療設備倘經良好維護仍可使用，因此國合會於 2010 年開始媒合友邦醫療設備需求，並與行政院衛生署（現為衛生部）委託臺大醫院辦理醫療器材援助平臺計畫（Global Medical Instruments Support & Service, GMISS），合作將國內醫療機構捐贈之二手醫療儀器設備妥善維修後贈送予友邦，另搭配受贈國醫事人員操作及維護訓練，讓該等設備能被妥善使用。該計畫至 2014 年完成階段性任務終止時，共計媒合布吉納法索、甘比亞、聖多美普林西比、聖文森、帛琉及吉里斯巴等 6 國之二手醫療儀器設備捐贈作業（國合會，2018）。

（七）轉型後之公衛醫療計畫

　　前揭行動醫療團及二手醫療器材贈送等兩項計畫雖已實質拓展臺灣在醫療援外的能見度，但仔細觀察國際間援助國及國際及雙邊組織在呼應聯合國千禧年發展目標（Millennium Development Goals, MDGs）的作法上，逐漸將直接提供醫療服務與醫療設備的傳統援助方式修正調整，因為此等作法事實上也有難以讓夥伴國醫療體系永續發展之弱點，讓我國派遣人員容易淪為受援國替代人力，且不同國家醫事人員用藥習慣彼此間差異頗大，短暫的交流難以改變長久以來所建立之既定模式，常常在行動醫療團離開後，當地醫療服務即恢復為原先方式；另二手醫療儀器捐贈立意雖好，但二手設備不若新品有原廠保固，後續需花費更多成本進行保修，基於該等因素，國合會逐步終止「行動醫療團計畫」與「二手醫療儀器設備捐贈計畫」兩項計畫，獨留「醫事人員能力建構計畫」持續為友邦培養專業醫事人才；另常駐醫療團部分則調

整由國內醫院直接接受友邦委託辦理，如史瓦帝尼醫療團，唯一例外的是布吉納法索醫療團，因當地語言及風土民情等因素，一直難以媒合能獨力營運的國內醫療機構，最終由國合會持續辦理至 2018 年兩國斷交為止。

此外，配合國合會公衛醫療領域新的發展策略，除臨床醫療服務外亦納入包含護理、助產、醫工及醫檢等專業醫事人員能力建構，並於 2017 年開始與臺大醫院雲林分院合作，以擴大能力建構的專業類別，遂轉型為以公衛醫療為導向之合作模式，茲舉例說明如下：

1. 甘比亞孕產婦保健功能提升計畫

該計畫係由國合會派遣具公衛專業背景之計畫經理至甘比亞與甘國衛生部共組團隊共同推動計畫，除提供必要之婦幼照護醫療儀器設備外，在人員能力建構部分採 Trainer-Training 方式，由輔英科技大學協助培訓種子教師，並在種子教師返國後與計畫團隊共同在駐地培訓更多當地醫護人員及傳統助產士，輔英科技大學亦定期派遣顧問至甘國實地訪評以提升駐地訓練綜效，該計畫雖因外交因素無法執行完畢，但在計畫執行期間已初見成效，相關執行經驗亦為後續公衛醫療計畫奠定基礎。

2. 貝里斯慢性腎衰竭基礎防治體系建構計畫

根據貝里斯政府統計，糖尿病與高血壓患者之盛行率高達 30%，此疾病皆為腎衰竭的潛在健康危險因子。本計畫之目的在於透過提升醫事人員能力、推廣健康知識、建立個案追蹤管理系統及提供流行病學報告，以協助貝國建構基礎慢性腎衰竭防治體系。本計畫全程內容如後：（1）透過教育推廣強化慢性病預防與公共衛生能力，（2）專業能力建構以強化貝國腎臟醫療照護能力，（3）強化貝里斯衛生資訊系統（BHIS），使之具備慢性病個案追蹤管理功能，（4）提出流行病學統計分析報告（國合會，2019c）。

3. 貝里斯醫療影像系統強化計畫

貝里斯（以下簡稱貝國）區域級以上公立醫療機構皆配有 X 光與超音波設備，唯 X 光設備大多數為傳統攝影方式，需至暗室進行洗片，並需預留空

間儲存歷年病患 X 光攝影的膠片，造成醫療影像服務時間的浪費與醫院空間的負擔。另區域級以上公立醫療機構皆有放射師與助理放射師惟均無執照，僅有接受過在職訓練，而在貝里斯公立醫療體系僅有 2 名放射專科醫師在三級醫院 KHMH 服務，另私人醫療機構亦有少數放射專科醫師服務，加上 KHMH 具有其他高階的醫療影像設備，導致 KHMH 每月醫療影像服務人數為區域醫院的 3 至 4 倍。

因此本計畫期透過我國在醫療影像領域之經驗及專業，協助提升貝國公立醫院醫療影像服務之可近性，內容包括：（1）數位化貝國公立醫院醫療影像設備；（2）協助培訓放射專科醫師及提升放射師醫療影像設備專業能力；（3）改善貝國公立醫院醫療影像之取得效率與管理效益（國合會，2021b）。

4. 史瓦帝尼孕產婦及嬰兒保健功能提升第 1 期及第 2 期計畫

史瓦帝尼為全世界愛滋病（HIV/AIDS）盛行率最高的國家，隨之而來的孕產婦及嬰兒健康狀態及照護議題，對於該國整體健康產生極鉅之影響及負擔。依據其 2022 年國家發展策略（National Development Strategy Vision, 2022），改善國家婦幼健康照護體系是其中一項重要議題，然而史國婦幼衛生現階段所面臨最大之考驗為孕產婦及嬰兒醫療可近性不佳，無法提供孕產婦從懷孕、分娩到產後的完整照護，亦難以早期發現高風險孕產婦並給予合適照護，以降低後續新生兒早產與死亡之風險。本計畫配合史國國家衛生發展政策，本會於 2016 年 8 月開始即與嘉義基督教醫院（以下稱嘉基）、史國衛生部及史國最大教會體系 Swaziland Nazarene Health Institution（SNHI）合作，協助 SNHI 提升其在 Manzini 區之三級醫院 Raleigh Fitkin Memorial（RFM）醫院及 6 間初級診所婦幼照護功能，透過強化史國醫療照護機構功能以提升該國孕產婦及嬰兒保健效能，本計畫全程內容如後：（1）照護機構人員能力建構；（2）強化醫療照護機構功能（國合會，2020a）。

基於第 1 期計畫之執行經驗，第 2 期計畫規劃與史國衛生部合作，將執行範圍擴大至史國全國境內擇定之各級醫療院所，透過強化史國醫療照護機構功能，提升孕產婦及嬰兒保健效能，內容包括：（1）強化醫療機構人員婦幼高危險群處置能力；（2）強化醫療機構功能；（3）提升社區婦幼衛教推廣

能力；（4）提升數據系統性分析能力（國合會，2021c）。

5. 尼加拉瓜慢性腎臟病防治體系強化計畫

尼加拉瓜個別死因以慢性腎臟病所造成之疾病負擔最為嚴重（占尼國總失能調整損失人年的 5.58%），死亡率高居拉丁美洲與加勒比海地區第四名。本計畫期透過我國於慢性腎臟病病防治之經驗及專業，協助強化尼國衛生體系針對慢性腎臟疾病防治能力。本計畫全程內容如後：（1）協助尼國更新慢性腎臟病健康策略並提出合適的行動計畫建言；（2）強化醫療院所對慢性腎臟病（早期）診斷與臨床治療能力；（3）提升家庭及社區慢性腎臟病健康管理能力（國合會，2020b）。

6. 巴拉圭醫療資訊管理效能提升計畫

巴國醫療資訊系統缺乏整合能力，手寫作業方式導致院內人員工作負擔大，資訊取得亦缺乏時效性，以致管理效能不佳。鑑於我國在醫務管理發展經驗豐富，且資通訊亦為我國優勢項目之一，將透過能力建構及系統建置協助巴國醫療資訊管理效能提升。本計畫全程內容如後：（1）E-Health 系統功能強化；（2）E-health 系統使用推廣；（3）醫院管理功能強化（國合會，2020c）。

三、剖析國合會國際公衛醫療合作挑戰及建議

國合會轉型推動公衛醫療計畫迄今已邁入第 8 個年頭，綜觀而言，夥伴國普遍有國家醫療體系不完善、無足夠資源更換設備、缺乏醫事人員及公衛知識等問題。現行公衛醫療計畫由國合會、醫療院所與夥伴國三方共同投入與合作，於政策層面，透過流行病學報告的產出，提供夥伴國政策制定方向；於醫療機構層面，分享我國豐富的臨床經驗，同時提供必要之醫療設備，使夥伴國來臺進修人員返國後，發揮種子效應並與當地醫療體系結合，創造再教育、次專長認證及留才機制；於社區層面，透過活化社區衛生工作者角色，有

效落實社區民眾、婦幼健康促進，進而強化社區衛生教育。

　　整體來說，國合會推動公衛醫療計畫最常面臨的挑戰及因應方式分析及建議如下：

（一）提升計畫效能

1. 計畫設計保持彈性

　　國合會擬訂計畫時，雖皆與各合作夥伴謹慎評估夥伴國所面臨主要問題與適合的解決方法，惟執行過程中仍常因夥伴國文化、人力或設備產生變數等因素影響計畫執行。以「貝里斯慢性腎衰竭基礎防治體系建構計畫」（國合會，2019）與「史瓦帝尼孕產婦及嬰兒健保功能提升計畫」（國合會，2020）為例，該兩計畫皆因夥伴國既有的醫療資訊系統未如期發揮應有功能，導致計畫產出時程受到影響。因此，在國際公衛醫療計畫的設計上，建議應保持彈性，以避免我方無法掌控之事項發生變數而影響計畫執行。

2. 橫向資源整合

　　推動公衛醫療計畫時，常因執行工作跨及不同領域，而有額外的人員訓練需求，國合會皆能橫向整合其他計畫（如「友好國家醫事人員訓練計畫」）資源，提升整體計畫成效。如「貝里斯醫療影像系統強化計畫」須另強化貝國醫學工程人員維修醫材能力，以利計畫設備捐贈的後續維護，國合會即運用「友好國家醫事人員訓練計畫」媒合夥伴國種子人員至各計畫合作醫院進行訓練，有利計畫推動所需。另為深化我國援外計畫之執行深度，「尼加拉瓜慢性腎臟病防治體系強化計畫」亦運用「友好國家醫事人員訓練計畫」與臺灣腎臟科學會合作，培訓腎臟專科醫師，藉此將我國內之專科學會帶入培養友邦專科醫師之列，國合會未來亦應適時依夥伴國需求，持續橫向整合資源並彈性調整投入資源的運用。

（二）強化計畫永續性

1. 夥伴國人才留任

　　夥伴國醫事人員或技術人員來臺訓練結束後，夥伴國政府常因無法提供具競爭力的薪資或沒有完整升遷體系，導致人才無法留任或是外流。若要改善此問題，除由夥伴國政府擴編預算外，與駐地相關機構合作創造留才機制亦為國合會積極嘗試之重點工作。如「巴拉圭醫療資訊管理效能提升計畫」因成效良好受到巴國政府重視，因此巴國政府逐步調升資訊部門技術人員薪資，以降低人員離任風險。另「貝里斯慢性腎衰竭基礎防治體系建構計畫」與貝國護理及助產學會合作，當地醫護人員除可繳費參加計畫辦理之訓練班以取得在職訓練教育學分外，並建立血液透析護理師認證機制，由計畫培訓之護理師及其等教授之學員可取得貝國護理與助產學會核發之透析護士證照，增加貝國該領域之醫護人員留任之可能性。

2. 活絡夥伴國合作發展網絡

　　國合會於夥伴國推動公衛醫療計畫時，因穩定的預算投入，計畫皆能有良好的成果產出，而計畫結束後，因無法確定夥伴國是否持續投入資源，可能導致計畫成果無法在計畫結束後繼續維持或延伸。國合會推動計畫時已積極思考如何持續創造外溢效應，利用外溢效應的影響力、可擴充性與可合作性，為夥伴國創造與其他國際組織、非營利組織或私人部門的合作契機，如行動者網絡理論（Actor-Network Theory, ANT）般，不僅解決單一點的問題，更能進一步改善整體網絡，提升計畫成果永續性。以「巴拉圭醫療資訊管理效能提升計畫」為例，該計畫執行成效良好，吸引潛在合作夥伴共同投入，如美洲開發銀行（Inter-American Development Bank, IDB）核准巴國 1,500 萬美元貸款用於擴大前揭計畫的 2 期計畫。隨夥伴國的成長，公衛醫療計畫執行面向將更為多元，也會碰到不同的挑戰，國合會應將所習經驗與可得資源做調整，使計畫更能發揮影響力。

四、國際公衛醫療合作之未來展望

2019 年底出現之 COVID-19 病毒隨著現代頻繁海空運輸交通快速擴散至全球，也讓 WHO 於今年 1 月 31 日正式宣告新冠肺炎構成「國際關注公共衛生緊急事件」，隨之而來的各國撤僑、禁航、封城及關閉邊境，形成近代史上規模最大的全球隔離行動。根據美國約翰霍普金斯大學（John Hopkins University）新冠肺炎疫情統計數據顯示，截至目前為止，全球確診病例逾 2 億例，死亡人數逾 430 萬人（WHO, 2021），儘管世界各國致力於治療藥物及疫苗的研究與開發，但病毒特性、臨床表現及疫情趨勢仍充滿未知數，每一個國家決策者的指令及每一項國際組織的行動，皆有可能帶來巨幅的影響，牽動全球局勢演變。臺灣於此次疫情中展現強大的應變能力，這樣亮眼的防疫成績應歸功於 2003 年嚴重呼吸道症候群（SARS）爆發所習得之經驗，以及經年累月造就的健全公衛體系。臺灣更於 2020 年 5 月 15 日三讀通過亞洲第一部《公共衛生師法》，賦予公衛專業人員肯定與責任，為未來的公衛危機做好最完善的準備。

在疫情大流行期間，因疫情造成的巨大經濟損失，將可能削減各國對全球衛生的發展援助，加深全球健康的不平等現象。然而，當疫情趨緩，在後疫情時代，全球發展援助將經歷重新檢視及更謹慎的審查，以及重新安排優先次序的過程。國合會國際公衛醫療合作將充分利用臺灣優勢並展望更多元化的合作關係，主要方向有四，彼此呼應且互補：

（一）擴大計畫範疇

公共衛生是一門涵蓋相當多面向的學科，包含環境健康與職業安全風險評估、疫病調查及防治、民眾健康狀態調查及促進、食品安全風險評估及品質管理策略之規劃及推動等。目前國合會公衛醫療計畫大多著墨於疫病調查及防治和民眾健康狀態調查及促進，未來期望能利用臺灣公衛體系，包括人才、資訊及環境等經驗分享及譯，擴大計畫涵蓋面向，更全面的健全夥伴國公共衛生體系。

（二）培訓公衛人才

自 1972 年臺灣大學公共衛生學系設立至今，全臺多達十餘所大學共培育數萬名公共衛生專業人員。未來盼能運用此人才培育優勢，透過國合會友好醫事人員計畫培訓夥伴國公衛人才，包含生物統計、流行病學、衛生行政與管理、環境衛生與職業醫學及社會行為科學等五大領域的人才培訓，期能有效回應並解決夥伴國公共衛生問題。

（三）增加夥伴關係

除了透過強化國家衛生系統、培訓醫事人員、提供藥物及疫苗、消除貧困及營養不良等傳統的發展援助來應對突發公衛事件外，此次的新冠肺炎危機將可能為援助發展執行方式帶來轉變，國合會的公衛醫療計畫可望透過私人部門、學術單位以及地方合作夥伴的共同參與，促進社區層級的備災能力、加強公部門的服務提供，並允許社區衛生工作者提供更多基本服務，以建立應對危機所需的適應力並預防未來的危機。

（四）拓展合作國家

此次的全球疫情危機打破以往的邦交限制，臺灣醫材組國家隊提供設備及經驗輸出，國合會也展望未來能於非邦交國家開展公衛醫療計畫，透過與國際組織及國內專家學者合作，運用臺灣大數據、生物醫學及臨床醫學等研究優勢，共同執行研究計畫，為非邦交國家奠定實證醫學基礎。

縱觀人類歷史，便是一場與疫病鬥爭的生存史，從蔓延六百年共奪走兩億人性命的黑死病，到第一次世界大戰後感染全球三分之一人口（約 18 億人）的西班牙流感，再到致死率高達 50% 的伊波拉出血熱（Ebola Hemorrhagic Fever），以及 35% 的中東呼吸綜合症（MERS），直到今日人人聞之色變的新冠肺炎，這並非人類首次與疫病交手，也絕非最後一次。在病毒與細菌的面前，人類脆弱疲軟的危機應對能力無所遁形，新冠肺炎大流行再次提醒世界各國決策者，一個國家公共衛生的不足將造成全球性的衛生安全威脅。在全

球逐漸復甦的後疫情時代，國合會將持續致力於協助夥伴國強化公衛醫療體系及實踐全民健康覆蓋的理想，永不缺席。

　　援外是隨著國際局勢與發展持續藉由經驗習得一直精進的國際發展合作與實踐，除了前面所述的多元執行面外，我國民眾的認同與支持是持續推動各項工作的動力，也是擴大資源的重要基礎，國合會應該加強公關的宣傳與公民教育，將援外變成顯學，透過更多正向的支持與回饋，持續擴大公私人部門的參與，才能真正呈現官方永續發展援助總量（Total Official Support for Sustainable Development, TOSSD）的風貌。

參考文獻

全國法規資料庫（2021）。中華民國行政院衛生署與沙烏地阿拉伯王國衛生部間醫療技術合作計畫第二號備忘錄（中譯本）。臺北：全國法規資料庫。取自 https://law.moj.gov.tw/LawClass/LawAll.aspx?media=print&pcode=Y0090012

財團法人國際合作發展基金會（2008）。愛無國界──遠播的國際醫療合作。臺北：財團法人國際合作發展基金會，頁 13。

國合會（2021a）。友好國家醫事人員訓練計畫。取自 http://www.icdf.org.tw/ct.asp?xItem=58338&ctNode=30432&mp=

國合會（2021b）。貝里斯醫療影像系統強化計畫。取自 http://www.icdf.org.tw/ct.asp?xItem=57199&ctNode=30432&mp=1

國合會（2021c）。史瓦帝尼孕產婦及嬰兒保健功能提升計畫第二期。取自 https://www.icdf.org.tw/ct.asp?xItem=53642&ctNode=29902&mp=1

國合會（2020a）。史瓦帝尼孕產婦及嬰兒保健功能提升計畫。取自 http://www.icdf.org.tw/ct.asp?xItem=38166&ctNode=30432&mp=1

國合會（2020b）。尼加拉瓜慢性腎臟病防治體系強化計畫。取自 https://www.icdf.org.tw/ct.asp?xItem=53683&ctNode=30432&mp=1

國合會（2020c）。巴拉圭醫療資訊管理效能提升計畫。取自 http://www.icdf.org.tw/ct.asp?xItem=33750&ctNode=30432&mp=1

國合會（2019a）。公衛醫療計畫一覽。取自 http://www.icdf.org.tw/ct.asp?xItem=12403&ctNode=29673&mp=1

國合會（2019b）。2019WHA 第 72 屆大會。取自 https://apps.who.int/gb/ebwha/pdf_files/WHA72/A72_31-en.pdf

國合會（2019c）。貝里斯慢性腎衰竭基礎防治體系建構計畫。取自 https://www.icdf.org.tw/ct.asp?xItem=36349&CtNode=29683&mp=1

國合會（2018）。二手醫療儀器設備捐贈暨教育訓練計畫。取自 http://www.icdf.org.tw/ct.asp?xItem=6901&ctNode=30432&mp=1

國合會（2014）。太平洋友邦臨床醫療小組派遣計畫。取自 http://www.icdf.org.tw/ct.asp?xItem=9054&ctNode=30432&mp=1

國合會。國際發展合作的概念與實務（2007）。臺北：財團法人國際合作發展基金會，頁 17-18。

國合會（2005）。財團法人國際合作發展基金會 2005 年報。臺北：國合會。

陳志成、余廣亮。愛在非洲蔓延時：我駐馬拉威醫療團之現況與展望。外交部通訊，第 5 期。取自 http://multilingual.mofa.gov.tw/web/web_UTF8/out/2505/mofa_index_3_3.htm

臺大醫院（2009）。中沙醫療團 30 週年回顧展。臺北：臺大醫院健康電子報 2009 年 12 月 25 期。取自 https://epaper.ntuh.gov.tw/health/200912/index.html

Pei-Wen Lee, Chia-Tai Liu, Herodes Sacramento Rampao, Virgilio E do Rosario, Men-Fang Shaio (2010). Pre elimination of malaria on the island of Príncple *Malaria Journal* 9(26):34-45. Retrieved from: https://pubmed.ncbi.nlm.nih.gov/20089158/

Taylor W Burkholder, Kimberly Hill, Emilie J Calvello Hynes (2019). "*Developing emergency care systems: a human rights-based approach*", WHO. Retrieved from: https://www.who.int/bulletin/volumes/97/9/18-226605/en/

WHO (2021). *WHO Coronavirus (COVID-19) Dashboard*. Retrieved from: https://covid19.who.int/.

第 *5* 章

國際教育援助與
人力資源發展

一、國際教育援助發展背景

自 20 世紀以來,世界各先進國家政府在協助開發中國家或低度開發國家人力資源之培育與訓練方面,提供各項援助機會與管道,此即所謂國際教育援助,伴隨著官方開發援助之發展,已成為援外或國際合作工作重要之一環。世界銀行於 1962 年 9 月首度批准突尼西亞(Turnisia)之教育援助方案,包括 6 所中學以及技職體系師資培訓學院硬體設備,並於 1963 年 1 月成立教育局(education division),以評估與監督教育援助方案及從事技術援助,此乃首開國際教育援助之先河。

聯合國 1990 年發表著名的「世界發展報告」(World Development Report)提及:「知識就像光線,沒有重量也沒有形體,但是,他能夠很輕易地環繞世界,照亮每一個地方人民的生活。」(李明峻,2004)基於此信念,聯合國在 2000 年 9 月所舉行千禧年高峰會議中,透過千禧年發展目標,該發展目標 2 提及:「在 2015 年之前達成初級教育的普及」,也就是全球兒童無論男女均可完成初級教育的所有課程。

2000 年底,在聯合國教科文組織(UNESCO)的推動下,於塞內加爾首都達卡(Dakar)召開全民教育(Education for All, EFL)高峰會,此會議係由 UNESCO 與會員國聯合舉辦,屬規模大、規格高之政府間教育盛會。各國家元首、教育部長或國際合作部長及重要國際組織(包括政府間國際組織、非政府組織和民間團體)與會,全民教育不僅是教育議題,也是發展議題,其所要達成的目標分別為掃盲、發展幼兒教育、促進男女機會教育平等,生活技能培訓、全面提高教育品質等。因此全民教育的發展和推動與消除貧窮、男女平等的千禧年發展目標密不可分,綜觀國際間對教育援助之基本認識,包括以下 8 點(張晴昌,2007):

1. 強調教育對國家發展之重要性。
2. 加強扶貧、普及初級教育、加強掃盲和弱勢群體之教育、消滅性別歧視。
3. 援助開發中國家與經濟轉型國家高等教育機構或研究、發展專案。

4. 重視學校推廣教育和通訊技術。

5. 促進發展中國家之學生、研究人員和工程人員與已開發國家之大學、科研機構的學習與交流。

6. 強調終生學習之重要性。

7. 聯合國組織發起一個 10 年教育運動，從 2005 年開始，推動環境教育與基礎科學之研究。

8. 解決愛滋病對教育體制的影響。

　　為了迎戰貧富差距、氣候變遷、性別平權等議題，2015 年，聯合國啟動「2030 永續發展目標」（2030 Sustainable Development Goals, SDGs），提出 17 項全球政府與企業共同邁向永續發展的核心目標——第 4 項為「確保有教無類、公平以及高品質的教育，及提倡終身學習」。並擬定 10 個細項指標，包括（行政院國家永續發展委員會，2016）：

4.1 到西元 2030 年，確保所有的男女學子都完成免費的、公平的以及高品質的小學與中學教育，得到有關且有效的學習成果。

4.2 到西元 2030 年，確保所有的孩童都能接受高品質的早期幼兒教育、照護及學前教育，以便為進入小學作好準備。

4.3 到西元 2030 年，確保所有的男女都有公平、負擔得起、高品質的技職、職業與高等教育的受教機會，包括大學。

4.4 到西元 2030 年，大幅增加擁有相關就業、合宜工作與創業的技術與職業技能的青年與成年人的人數。

4.5 到西元 2030 年，消除教育上的兩性不平等，確保弱勢族群有接受各階級教育的管道與職業訓練的平等機會，包括身心障礙者、原住民以及弱勢孩童。

4.6 到西元 2030 年，確保所有的青年及一定比例的成年男女，都具備讀寫以及算術能力。

4.7 到西元 2030 年，確保所有的學子都能獲得永續發展所需的必要知識與技能，包括永續發展教育、永續生活模式、人權、性別平等、促進和平與非暴力文化、全球公民、尊重文化多樣性，以及文化對永續發展的貢獻。

4.A 建立及提升適合孩童、身心障礙者以及性別敏感的教育設施，並為所有的
    人提供安全的、非暴力的、有教無類的，以及有效的學習環境。

4.B 到西元 2020 年，增加全球發展中國家的獎學金數目，尤其是低度開發國
    家（LDCs）、小島國家（SIDS）與非洲國家，以提高高等教育的受教率，
    包括已開發國家與其他發展中國家的職業訓練、資訊與通信科技（以下簡
    稱 ICT），技術的、工程的，以及科學課程。

4.C 到西元 2030 年，增加合格師資人數，包括在開發中國家進行國際師資培
    訓合作，尤其是 LDCs 與 SIDS。

　　至此，SDGs 成為全球執行國際教育援助及人力資源發展一致準則，所有
先進國家與開發中國家無一不卯足全勁盡力達成聯合國所賦於之神聖使命，
造福人群。

二、世界主要組織與機構國際教育援助執行概況

（一）聯合國教科文組織（United Nations Educational, Scientific and Cultural Organization, UNESCO）

1. 教育改變生活

　　教育改變了人們的生活，這是聯合國教科文組織建立和平，消除貧困和
推動永續發展使命的核心。教科文組織認為，教育是所有人一生的人權，獲
得教育必須與品質相匹配。該組織是唯一有權涵蓋教育所有方面的聯合國機
構。它被委託透過永續發展目標 4 來領導《2030 年全球教育議程 Global
Education 2030 Agenda》。實現這一目標的路線圖是《2030 年教育行動框架
Education 2030 Framework for Action (FFA)》。教科文組織在教育領域發揮全球
和區域領導作用，加強世界範圍內的教育體系，並透過以性別平等為基本原
則的教育因應當代的全球挑戰。它的工作包括從學前教育到高等教育以及以

後的教育發展。主題包括全球公民權與永續發展、人權與兩性平等、健康與愛滋病毒和愛滋病，以及技術和職業技能的發展（UNESCO, 2021）。

2. 案例：教育的未來——學習成為重新構想知識和學習如何塑造人類和地球未來的全球倡議

聯合國教科文組織的「教育的未來（Future Education）」倡議旨在重新思考教育並塑造未來。該倡議正在引發一場關於如何在日益複雜、不確定和不穩定的世界中重新構想知識，教育和學習的全球性辯論。其要點如下：

計畫內容

隨著氣候變遷的加速，地球的脆弱性變得越來越明顯。持續的不平等、社會分裂和政治極端主義使許多社會陷入危機。數位通信、人工智能和生物技術的進步顯現巨大的潛力，但也引發了嚴重的道德和治理問題，尤其是在創新和技術變革的承諾對人類繁榮做出貢獻的紀錄呈現不均衡的現象。

計畫願景

知識和學習是人類最大的可再生資源，用於應對挑戰和發明替代品，然而，教育不僅僅可以面對不斷變化的世界，教育更改變了全世界。

計畫目的

該計畫將動員許多豐富的資源和知識，運用人類的集體智慧。它依靠個廣泛的、開放的協商程序，其中涉及青年、教育者、民間社會、政府、企業和其他利害關係人。這項工作將由來自不同領域和世界不同地區的資深國際思想領袖委員會指導。該委員會將在 2021 年 11 月發布一份報告，旨在分享對教育和學習可能會變成什麼樣，並提供政策議程的前瞻性願景。教育的未來：「學習成為主動」，使其引發一場關於知識和學習如何塑造人類和地球未來的全球性辯論。

（二）世界銀行

教育是一項人權，是發展的強大動力，也是減少貧困和改善健康、兩性平等、和平與穩定的最強有力的手段之一。它在收入方面較之未受教育的人

而言提供了較高的回報，並且是確保機會均等的最重要因素。對個人層面而言，教育促進就業、收入、健康和減少貧困。對全球層面而言，每增加一年的受教育時間，則每小時收入可增加 9%。對於社會層面而言，它推動了長期的經濟成長、刺激了創新、健全了體制，並促進了社會凝聚力。事實上，對人類的教育進行明智而有效的投資及人力資源發展對於消除極端貧困至關重要。

　　近幾年來，開發中國家在讓兒童上學方面取得了大幅的進步，現在全世界有更多的兒童可以上學。但是，正如 2018 年《世界發展報告》（WDR）強調的那樣，學習尚不能得到品質保證效果。

　　根據最新的一項統計，低收入和中等收入國家／地區的所有兒童中，有 53% 即使讀完小學後也無法閱讀和理解短篇小說內容。如此高的「學習貧困率」（即使到 10 歲時仍無法閱讀簡短且適合年齡的故事的兒童所占的比例）是一項預警，顯示雄心勃勃的永續發展目標 4 的各細項目標之完全達成確屬不易。即便各國近幾十年來以最快的速度減少學習貧困，到 2030 年也無法實現「每個孩子都能上學」的目標。

　　消除學習貧困與消除飢餓、發育遲緩和消弭赤貧一樣，是一項急迫的發展目標，實現這一目標要求所有參與者採取更加積極的行動。如果沒有採取緊急行動，在 COVID-19 後，學習貧困率可能會上升到創紀錄的 63%。世界銀行正在擴大對基礎教育的支持力道，以鼓勵消除學習貧困的努力，以確保所有兒童在小學畢業前都能成為熟練和自信的學習者。

1. 世銀的承諾

　　世界銀行集團是發展中國家最大的教育資助者。致力於幫助各國實現永續發展目標 4（SDG4）。在 2020 會計年度，總共提供了約 52 億美元用於融資教育計畫，提供技術援助和其他旨在改善學習並為每個人提供獲得成功所需教育機會的項目。世銀目前的教育類計畫總額達 206 億美元，突顯以教育實現世銀的雙重目標，消除極端貧困和促進共同繁榮的重要性。世銀在 80 多個國家／地區開展教育計畫，致力於在 2030 年之前協助各國實現永續發展目標（SDG4），該目標要求到 2030 年為所有人提供優質教育和終身學習機會（World Bank, 2021）。

2. 世界銀行教育計畫和 COVID-19

　　隨著新冠病毒的傳播，教育體系正面臨新的危機，截至 2020 年 3 月底，有 160 多個國家／地區要求關閉學校，至少影響 15 億兒童和青年。進入 COVID-19 大流行的 7 個月後，世界各地的教育體系仍在努力面對何時以及如何重新開放的複雜決策。截至 2020 年 9 月，仍有超過 100 個國家／地區的學校關閉或重新開放後再度關閉，但也有 70 多個國家／地區的學生和老師回到了學校重新上課。

　　與 COVID-19 相關的學校停課，迫使各國進一步偏離實現其學習目標的軌道。從以前的衛生緊急情況可以看出，在學習成果已經很低、輟學率很高並且對衝擊的抵禦能力很低的國家中，對教育的影響可能是最具有破壞性的。教育體系面臨三重的資金壓力，預計 COVID-19 將帶給家庭和捐助者巨大資金壓力，這只會增加其對政府資金的影響。依世銀估計，目前在校學生在其工作生涯中將損失 10 兆美元的勞動收入。

　　為了協助面對這一項挑戰，世界銀行正在 54 個國家中開展 80 個與 COVID-19 相關的計畫，從幼兒教育到高等教育，總額達 26 億美元。這包括計畫重組、額外融資和新計畫。世銀的團隊已在 65 個國家／地區提供及時的政策諮詢支持，並正在努力利用合作夥伴關係來支持各國開發知識產品和全球公益產品。

　　2020 年 6 月，世銀與聯合國兒童基金會，聯合國教科文組織，世界糧食計畫署一起制定了一項框架，為國家和地方當局提供了有關如何確保兒童重返校園有關安全方面的實用建議。重新開放學校的框架，旨在為政策制定者和計畫者提供一種靈活的工具，強調了所有可能面臨之各項因素，而這一重返學校的指南，對於學生、教師、校長、父母和更廣泛的社區而言是值得參考的。2020 年 9 月，世銀在重新開放學校的框架中添加了從國家／地區管理重新開放學校過程中汲取的經驗教訓。

　　儘管 COVID-19 造成了巨大的挑戰，但它也是一個機會，可以成為未來轉型教育方式的催化劑。願景學習不僅是在所有兒童中進行，而且還包括以下概念：學習應該能夠在任何地方、任何時間進行，並且不僅限於學校的範

圍。這不僅是使教育體系更能抵禦像 COVID-19 這樣的衝擊所需要的東西，也是「未來的學校」應該追求的目標。

（三）聯合國兒童基金（United Nations International Children's Emergency Fund, UNICEF）

1. 目前全球有超過 10 億兒童可以上學

目前全球參與學前、小學和中學教育的兒童和青少年比以往任何時候都要多。但是，對於其中許多人而言，上學並不能真正學習——這是因為在受 COVID-19 影響學校關閉並破壞全球學習之前，就需要迫切重新構想的教育課題。

缺乏訓練有素的教師、學習材料不足、臨時教室和衛生設施差，皆使許多兒童難以學習。其他人 有飢餓、生病或因工作精疲力盡，無法從他們的學習課程中受益。

這結果是相當嚴重的：儘管有 2/3 的學生能在學校中學習，但全世界估計，仍有 6.17 億個兒童和青少年在閱讀和數學方面無法達到最低水平。這種學習危機使全球兒童和青少年面臨適應生活、工作，和積極擁有公民身分的最大挑戰。

有些學生在校並不能得到學習效果。目前全球在校學習不良的人數多於失學人數。

而且，有大約 1/5 的學齡兒童根本不在學校裡（失學）。

由於諸多原因，兒童和青少年被排除在教育之外。貧窮仍然是最主要的障礙之一，最貧窮家庭的孩子輟學率幾乎是最富有家庭的孩子的 5 倍。

2. 來自少數民族的殘障兒童之學習已明顯落後

對於世界某些地區的女孩來說，受教育的機會可能特別受限。只有 66% 的國家在初級教育中達到性別平等。有害的性別規範事實上也會對男孩產生嚴重影響。

學校所在的位置也可能使孩子們輟學。農村地區的兒童失學的可能性是

城市兒童的兩倍。在戰亂地區，全球估計有 2,700 萬個兒童失學。

如果沒有終身學習技能，兒童在未來的生活中將面臨更大的挑戰，難以獲得潛力發揮機會和就業。他們更有可能遭受更不利的後果，並且不太可能參與影響他們自己決策的機會，從而威脅他們為自己和社區建設更美好未來的能力。

3. 聯合國兒童基金會在教育方面的工作

所有兒童均有權去上學和學習，無論他們是誰，住在哪裡或家庭有多少錢。

高品質的學習需要安全，友善的環境，合格且積極進取的老師，以及學生可以理解的語言教學。它還要求對學習成果進行監控，並將其反饋給教學。

隨著 COVID-19 持續影響全球的教育系統，數位學習應成為一項不可或缺的替代方式。這意味著將每個兒童和年輕人——到 2030 年大約 35 億人次——連接到世界級的數位解決方案，這些方案可提供個性化的學習，從而得到更美好的未來。

UNICEF 在全球 144 個國家／地區提供學習機會，使兒童和青少年具備成長所需的知識和技能。

4. UNICEF 在國際教育方面的主要工作領域

① 入學機會：從幼兒期到青春期，包括殘障兒童、弱勢兒童，以及生活在需人道主義救助和緊急情況下的兒童，均能在性別平等的情形下獲得優質教育。

② 學習和技能：優良的教育系統和創新的解決方案可帶來高品質的學習成果和技能發展。

③ 緊急情況和脆弱的環境：改進在緊急情況下和移動中兒童的學習和保護。

④ 危機學習的經驗教訓很明顯重要：正常做事事實並不能改善學習成果。應採用一種新的、更積極的及著重於增強學習的方法，它構成了

UNICEF 全球教育戰略的基礎。

為了建立一個讓每個孩子都能學習的世界，UNICEF 將逐步促進公平和包容。這包括努力保護因性別、殘疾、貧困、種族和語言而被排斥的兒童，以及因緊急情況而流離失所或受其影響的兒童。

5. 2021 年計畫的預期成果：教育夥伴關係

為了加快實現永續發展目標，UNICEF 正在擴大教育發展系統，目標鎖定風險最大的兒童。UNICEF 與主要的開發援助組織建立了夥伴關係，例如全球教育夥伴關係（Global Partnership for Education, GPE）、全球教育集群（Global Education Cluster）和聯合國女童教育倡議（United Nations Girls' Education Initiative），以推動 UNICEF 的戰略計畫並創造一個讓每個孩子都能學習的世界。

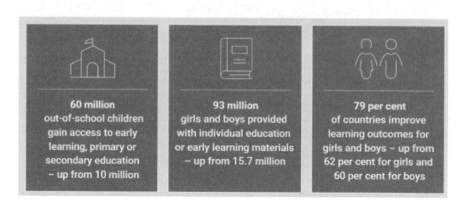

UNICEF 與 UNESCO 統計研究所合作，於 2012 年發起了「失學兒童倡議（Out-of-School Children Initiative, OOSCI）」，旨在透過為合作夥伴政府提供行動數據，從而在全世界大幅度和永續地減少失學兒童的數量。由 OOSCI 研究，瞭解了導致排斥的障礙，並提出使更多兒童入學的政策和方案建議，並按計畫完成了他們的教育。自該計畫啟動以來，已有 90 多個國家加入，其中許多國家依靠 OOSCI 數據制定教育部門計畫（UNICEF, 2021）。

（四）美國援外總署（United States Agency for International Development, USAID）

1. 美國政府國際教育策略

《美國政府 2019～2023 會計年國際基礎教育戰略》（以下簡稱該戰略）於 2018 年 9 月 14 日發布。該戰略展現了美國政府對國際教育的承諾，並為在緊急國際事務方面提升全球外交和發展領導地位及所要求的教育挑戰《加強發展中的教育問責制》（*Reinforcing Education Accountability in Development*, READ）。

該戰略的目標是為達成讓夥伴國家的教育系統的所有成員能夠獲得所需的知識和技能及成為社會上具生產力的一員。 為了實現這一目標，美國政府有兩個主要目標：（1）改善學習效果；（2）擴大人人享有優質基礎教育的機會，特別是邊緣化和弱勢族群。

美國政府體認到對國際教育的投資是其從事國際發展工作的一個乘數效益。 加強開發中國家的教育體系，推進美國的外交政策目標，促進了美國和國際間之安全，有助於加快國內外經濟成長。

該戰略為美國政府提供了一個機會，透過加強協調和利用各部門、機構和官員在全球和國家的獨特經驗和專門知識，提高其國際基礎教育方案和夥伴關係的有效性和效率。這些部門、機構和官員包括美國國際開發署（USAID）、國務院、財政部、勞工部、教育部、農業部、國防部、千禧年發展公司（MCC）首席執行官、國家安全顧問和美國和平工作團主任（USAID, 2021）。

2. 美國國際開發署國際教育政策

2018 年 11 月發布的美國開發署國際教育政策，係為支持合作夥伴國家強化其兒童和青少年提供優質學習機會的能力提供了跨部門的願景和方向。

美國國際開發署制定教育計畫的主要目的是改善學習成果和技能發展的永續性及可衡量性。 該政策適用於各年級的教育計畫（從學前教育到高等教育）、環境（穩定的環境，受危機和衝突影響的環境）、方式（正規和非正規

教育）和提供者（州政府和非州政府）。

新教育投資的政策驅動中制定的決策原則，係支持夥伴國家教育系統必須讓所有兒童和青少年都能獲得成為社會生產力成員所需的知識和技能之願景：

(1) 優先考慮國家重點和在地化。
(2) 將投資重點集中放在可衡量和永續地改善學習和教育成果上。
(3) 加強地方機構制度建立，提高機構能力。
(4) 合作夥伴和共增資源。
(5) 應用證據和數據推驅動決策和投資。
(6) 促進公平與包容。

該政策中列出的優先領域是 USAID 教育工作的總體框架和方向。這些優先事項說明了對支援各國關鍵領域能自力更生至關重要：

(1) 兒童和青年，特別是最被邊緣化和最脆弱的族群，提高了獲得安全、相關和促進社會福利的優質教育的機會。
(2) 兒童和青年得以識字、算術和社會情感技能，這些技能是未來學習和成功的基礎。
(3) 青年獲得的技能意即須能領導生產力、得到就業和積極為社會做貢獻所需的技能。
(4) 高等教育機構有能力成為核心，透過開展和應用研究、提供優質教育以及與社區接觸。

教育政策透過計畫週期（Education Policy Program Cycle）執行和業務運作指導，提供有關該政策業務方面的資訊，包括整個計畫週期的關鍵考慮因素、機構級監督和報告、預算和資金資源以及其他等。該指南有助於工作團切實執行美國國際開發署教育政策所概述的原則和實現優先事項（USAID, 2021）。

（五）亞洲開發銀行（Asian Development Bank, ADB）

在過去的三十年中，亞洲及太平洋地區大多數發展中國家的初等教育入學率都有所提高，但艱鉅的挑戰依然存在。亞銀正在協助其發展中成員國實現全民素質教育的目標。

1. 亞銀在國際教育領域的工作

亞銀在亞洲教育領域發揮領導作用。亞銀在過去 50 多年中協助其發展中成員國（DMC）教育部門提供了超過 150 億美元的貸款和贈款，對實現全民優質教育的目標方面有著悠久的紀錄。

亞銀為其開發中成員國提供財務和諮詢援助，提供教育服務，以及應對相關挑戰諸如：

(1) 提高尤其是弱勢群體的入學率。

(2) 改善所有人的學習成果(質量和相關性)，因為許多學生儘管上學，但學習品質不佳。

(3) 減少教育之不平等(平等和包容性)，確保所有人都不落後。

(4) 提高來自不同教育和培訓水平的畢業生的就業能力。

(5) 改善治理，財務和效率。

亞銀協助尼泊爾、巴基斯坦、印尼和烏茲別克的基礎教育之權力下放；孟加拉、印尼、斯里蘭卡和越南的中等教育現代化，包括針對菲律賓勞動力市場需求的中等教育；柬埔寨、中國和吉爾吉斯的人力資本和技能發展；寮國和蒙古的高等教育項目；南太平洋國家的遠距教學；並在孟加拉開設大學教育系統。

《2030 策略》反映了亞銀致力於增加和調整其在教育領域的承諾，以滿足其開發中成員國不斷變化和優先事項的需求。該策略將教育定位為透過使用適當的技術來大力支持隨時隨地的學習，解決仍然存在的貧困，減少不平等並加速性別平等的進程。

從 COVID-19 的新常態吸取經驗教訓，亞銀繼續確認在未來幾年在亞洲

和太平洋地區所面臨主要教育的挑戰，並提出了開發中成員及其應對這些挑戰的方法。亞銀強調利用教育服務提供的新的創新模式和融資，加強對所有的學習和畢業生的就業能力的重要性。

為了實現這些目標，亞銀正在擴大其貸款、贈款和技術援助的規劃，並加強其經濟和部門工作。除了協助開發中國家使基礎和中學水平達到國際標準的綜合教育計畫外，亞銀還支持包括職業和高等教育在內的後中等教育，以及幫助女童和處境不利的學生上學等社會保護措施。

2. 亞太地區的國際教育問題

在教育兒童方面，亞洲是一個全球性的成功故事。總體而言，自 2018 年以來，該地區 10 名兒童中有 9 名入學。據報導，到 2020 年第 1 季度，全球獲得優質教育的進展顯著。比較在 1970 年代有全世界 2/3 失學兒童的非洲大陸，這一進步簡直是驚人的。

然而儘管在過去 10 年中已經取得了重大進步，但特別是關於學習的指標仍然顯示整個地區各級教育和人力資源有嚴重短缺現象，這一事實可能會削弱亞洲崇高的經濟展望。COVID-19 疫情帶來前所未有教育和培訓系統破壞，也加劇了這些問題。亞銀及其主要利益相關者都認為，需採取緊急行動來解決與不良學習成果和當前疫情加劇的教育不平等等有關根深柢固的問題。然而，當前的危機可能也是一個轉機，可以建立與主要利益相關者密切合作的變革策略，以重新構想 DMCs 教育體系的新常態。

體認到該地區教育的發展狀況對於亞銀、各國政府和其他發展夥伴正確地調整其教育業務以適應開發中成員國的需求是至關重要。

3. 亞銀的國際教育政策

亞銀致力於協助開發中成員國在 2015 年前實現千禧年發展目標，包括實現普及初等教育，以及實現初等、中等和高等教育中的性別平等各級教育。其政策和活動直接有助於總體減貧計畫。

亞銀的國際教育政策特別關注增加和獲得機會的平等。提高教育品質、加強管理、調動資源、加強夥伴關係，以及應用新的和創新的技術，尤其是資通訊技術（ICT）。

三、我國國際教育與人才培育計畫之發展歷程

在全球化趨勢下，「教育」實為一國謀求永續發展的百年根本大計，人力資源的良窳，除攸關社會經濟發展，更是國家競爭力的重要關鍵。

為協助友邦及友好國家培育經濟、社會發展所需之政策規劃與相關領域專業人才，並以主題選擇及推動方式契合友邦需要及國際間議題趨勢，引介及分享臺灣經驗，同時與會內外國際相關計畫搭配，針對受協助國家需要，培育其政策規劃及技術專業人才，秉持永續經營理念建立全球夥伴關係。我國自 1962 年由當時中非技術合作委員會開始舉辦「非洲農業技術人員講習班」，每期受訓期間約半年，來華參訓者均以非洲地區國家為主，分別以英語及法語教學，截至 1974 年 7 月止，共舉辦 15 期，接受講習的非洲學生共計718 人。另自 1967 年起辦理「專業訓練班」，專業研習班之訓期較短，以 2 週至 4 週為限，由當時中非會與海外會委託國內農漁業試驗改良場所（農業試驗所、鳳山試驗分所、桃園、臺中、臺南與高雄農業改良場、水產試驗所及畜產試驗所等）辦理，並以單一項目為講習目標，主要講習科目如稻作旱作、蔬菜生產、水產養殖、果樹栽培、養豬、養鴨、植物組織培養、動、植物檢疫、漁撈、農業經營、農產加工、花卉及果蔬作物等，截至 1997 年 6 月共舉辦208 個訓練班，共訓練 1,304 人次，來華參訓之友邦技術人員分別來自非洲、中南美洲、中東、歐洲及亞太地區等 77 個國家（海外會，1997）。國合會正式成立後，自 1997 年 7 月起由國合會合併海外會與海合會經辦之研習班為「國際人力資源培訓研習班計畫（專業研習班）」，以臺灣之優勢強項與社會經濟發展經驗，及聯合國永續發展目標（SDGs），協助夥伴國家人力資源發展，每年約辦理 16 項研習班，培訓發展中國家政府中、高階官員及非政府組織近400 人，並聯結國際組織資源，提升研習班之國際化；藉由公私人部門夥伴關係（PPP），建構國際合作平臺，透過與我地方政府、學界及臺灣標竿企業合作，增進國人與學員互動交流，鼓勵全民參與援外合作計畫；另研習班搭配國內大型國際商展，辦理相關座談，協助學員與我私人部門相互瞭解各國產業最新商情。學員返國後多能運用在臺所學，將其轉化並運用於現職上，進而強

化其組織效能及計畫成效。另協助來華受訓學員取得乙級或丙級證照，對協助太平洋島嶼國家人員前往澳洲或夏威夷求職，以及拉美加地區人員前往北美洲地求職助益甚大。

　　本會自 1998 年起，為因應友邦及友好國家高等人才發展需求，由筆者所創設與國內大學合作辦理「國際高等人力培訓外籍生獎學金計畫」，係屬全英文學程，提供合作國推薦甄選後之學生全額獎學金，協助其來臺就讀，培育夥伴國家政策規劃、技術及管理領域之高等人才。第一個是於 1998 年在屏東科技大學之「熱帶農業碩士學位學程」，逐漸擴展至今共 21 所大學，合作辦理學、碩、博士學位共 32 個學程，涵蓋領域包括農業、理工、公衛醫療、商管及其他等五大類別。並於 2003 年設立「國際高等教育合作策略聯盟」（Taiwan International Cooperation Alliance, TICA），每年辦理 TICA 運動會或趣味競賽活動，提高受獎生對國合會的向心力助益甚大。國合會亦鼓勵受獎生與本國學生進行文化交流，活絡在地交流網絡，實踐大學社會責任（USR），受獎生受邀赴偏鄉或國、高中進行文化推廣及服務課程，強化本會受獎生與國內在地聯結。而受獎生學成返國後，亦多有積極投身於該國之社會發展，對於國際間合作發展形成正向循環。

　　教育與人才培育為國家發展的根本，亦是經濟發展的關鍵，技職訓練是不可或缺的一環，在現今以知識經濟為主的國際發展潮流中，各國普遍面臨人力資源技能與創新不足的挑戰，特別是在新興國家尋求產業轉型之際，技職教育透過技能的提升，將能提高勞動生產力，帶動另一波經濟發展。因此，國合會自 2014 年起接受外交部委託推動「友邦技職訓練計畫」，依友邦太平洋島嶼與拉丁美洲與加勒比海兩區域發展特性規劃多項職訓科別。訓練範疇除傳統製造業外，亦增加第三產業的訓練項目，課程除有技術理論與實際操作外，更延伸至微型創業，瞭解募資、經營管理等領域，實際參訪國內成功微型企業並與創業者座談，從中瞭解創業準備及商業模式建立的完整歷程。學員表示，來臺參訓所學，不僅拓展自己的視野、學習進階技術與提升自身的能力，更是自己職涯發展的重要資產，將運用所學提升母國產業發展（國合會，2021a）。

　　為因應全球日益擴大之華語文市場需求以及中國孔子學院飽受質疑之

際，國合會自 2014 年 5 月起接受外交部之委託辦理「友邦及友好國家專業華語教師派遣計畫」，專業華語教師之派遣主要以邦交國為主，無邦交國部分有泰國之建華中學與光復中學從事教學工作，另又一位華師派在土耳其。

四、我國國際教育與人才培育計畫之執行

（一）辦理專業研習班

　　自 1997 年 7 月起，國合會客製化設計研習班議題與課程，強化研習班與技術合作與公衛醫療計畫之配套，以我國特有之成功發展經驗並著重受惠國之需求，規劃辦理有關經貿（中小企業）交流、社會發展、醫療衛生、農業、環境保護等議題之研習班。自 1997 年至 2020 年共計辦理 384 個研習班，學員數共計 8572 人；2021 年預訂辦理 16 項研習班，惟將視疫情情況彈性辦理。本項研習班為期 2 週，屬短期性的在職訓練，對國合會業務計畫之執行及維繫雙邊之友誼關係具有甚大的助益。其歷年辦理成果舉例如下：

1. 貝里斯橘道市長 Kevin 參加「智慧運輸發展研習班」後，與本會維持友好關係，返國後接受「Despierta Belize」電視訪問，並同步於該節目臉書官網進行直播，受訪內容中高度讚賞在臺所見所學，暢談臺灣智慧運輸之進步，並感謝本會安排本研習課程，訪談過程中多次提及 Taiwan 及 Taiwan ICDF，有助於貝里斯國人認識本會研習班，提升本會在國際上之能見度。去年度也響應本會規劃的「我所認識的臺灣」影片活動，分享影片獲聯合報於 5 月 10 日刊載——貝里斯市長感謝我國之影片內文（友邦市長：感到被愛），目前該市長已晉升為數位發展部長。

2. 「青年創業發展研習班」印尼學員 Vanessa 為當地網紅，研習期間於社群媒體上打卡註記本會研習班，上載之貼文有高達近 27,000 次點閱，有效宣傳我國與本會研習班成果，該名學員並在研習期間向臺灣新創團隊購買智慧釀酒機，規劃返國後發展釀酒生意。

3. 研習班亦強化與私人部門合作，增進潛在商機，鼓勵學員返國後亦持續與臺灣廠商進行合作，例如「運用科技提升農業抗逆境能力研習班」的菲律賓學員（IRRI 助理研究員）邀請國內業者「經緯航太」赴 IRRI 總部進行產品示範，並規劃於未來購置產品；「青年創業發展研習班（東協及南亞專班）」之越南籍學員（峴港企業孵化器 COO 運營總監）邀請「Flying V」執行長至當地擔任國際論壇主講人；「預防醫學與健康促進科技應用研習班（亞非專班）」之馬來西亞學員（衛生部副部長秘書）邀請我國廠商「吉樂健康資訊」赴該國衛生部進行健康監測產品簡報。

（二）推動高等人力獎學金計畫

國合會除派遣技術團在國外推展技術移轉及能力建構外，筆者於 1998 年創設「國際高等人力獎學金計畫」，與國內大專院校合作設立全英語教學的大學、碩博士學程，提供全額獎學金及多元專業課程，鼓勵開發中國家優秀具潛力的學生來臺求學。本項計畫開啟國內大專院校全英語授課學程先河，從 1998 年國立屏東科技大學熱帶農業碩士學程開始，逐漸擴展至今計與 21 所大學合作 32 個學程（8 項大學部學程、21 項碩士學程及 3 項博士學程），包括熱帶農業、貿易企管、資訊科技、公衛醫療、人力資源發展、海洋資源與水產養殖、機械、土木、電機電力、工業管理等專業領域。2020 年在學受獎生共來自 32 國 458 人（包含新生 166 位）；歷年獎學金計畫受獎生共 2,423 人，共來自 65 國家（國合會，2021b）。

1. 國際高等教育合作策略聯盟

隨著「國際高等人力培訓外籍生獎學金計畫」學程數目不斷擴增，為了統整分散於各校的計畫管理工作，促進各校分享辦理經驗，提高整體獎學金計畫的執行效益，也希望能有效整合臺灣教育專業資源促進國際社會的教育發展，並建立國內大學參與國際發展合作的平臺機制，國合會即於 2003 年與當時 6 所合作辦理外籍生獎學金計畫的大學，共同成立「國際高等教育合作

策略聯盟」（Taiwan International Cooperation Alliance, TICA），除能制度化地統合各合作學校的資源，提升管理效能，更進一步帶動國內大學國際化的風氣。截至目前為止，已有國內 21 所大學參與聯盟。

2. 計畫執行具體成效

本項計畫可達成三贏的局面，一贏：對國內 21 所合作大學而言，對促進大學國際化助益甚大，例如，1998 年當時臺灣沒有一所大學能擠進全球大學排名 500 大之內，僅有臺大在亞洲 100 大排名位居第 98 名，亦即臺灣的大學在當時的全球排名很差，最主要的原因是臺灣的大學缺乏國際化，所謂一個大學要達到國際化必須根據 5 項指標：（1）是全球大學的相互評比（peer review），（2）論文被引用次數（paper citations），（3）企業對畢業學生的喜好度，（4）師生交換，（5）學校外籍生數量最少要達到全校學生的 5%。

筆者以拋磚引玉方式吸引教育部與外交部於 2003 年推動臺灣獎學金計畫，發展至今，依據英國《泰晤士高等教育》（*Times Higher Education*）於 2020 年 9 月公布的「2020 世界大學排名」中，臺灣今年入榜 38 校，較去年多了 2 校，其中進入全球 500 名內的大學共有國立臺灣大學、臺北醫學大學、國立清華大學、中國醫藥大學及國立陽明大學等 5 所，其中國立臺灣大學從去年的 120 名躍升至 97 名，進入百大行列，2020 年臺灣入榜的大學數量也較去年多，有 2 所大學新入榜，分別是國立暨南國際大學、國立宜蘭大學。今年的第 1 名仍為英國牛津大學，第 2 名則為美國的史丹佛大學，第 3 名則為美國哈佛大學（大學問，2021），對臺灣的大學國際化可謂取得了豐碩的成果；二贏：對合作國家而言，可協助友邦與友好國家培育高品質的人力資源，尤其該等畢業生未來有機會成為各國的領袖人物及決策人士；三贏：對國合會而言，除擴大合作的項目外，並可鞏固邦誼及促成我國與駐在國之合作關係。學生學成返國後，有些進入政府部門擔任要職，有些進入國際組織（如 FAO、UNDP 等）擔任該國之代表，有些則擔任私人部門主管成為臺灣與該國之聯絡窗口。茲舉例說明如下：

(1) 畢業後返國貢獻自身專業才能投身社會企業或自行創業帶動母國社經發展，如政大 IMBA 學位學程宏都拉斯籍畢業生 Juan Diego Prudot

在臺就讀期間，與另兩位同學所組成之創業競賽團隊「IMPCT」，榮獲 2015 年全球最大學生社會企業創業競賽「霍特獎」首獎殊榮後，IMPCT 團隊致力於協助全球開發中國家偏鄉地區打造高品質且可負擔的玩安育幼園（PLAYCARE）、並創立「IMPCT Coffee」品牌。目前 IMPCT 團隊已成立於薩爾瓦多、瓜地馬拉、南非及臺灣等地建立 4 所「玩安育幼園」，成功運用社會企業協助改善偏鄉學齡前幼童教育問題。

(2) 畢業後返國任職母國政府部門重要決策人士或晉身管理階層，像是國立政治大學國際經營管理碩士學位學程之馬紹爾畢業生 Bruce Bilimon 為現任馬國衛生暨公共服務部部長，業於 109 年間獲選為教育部第二屆之全球留學臺傑出校友獎。國立屏東科技大學熱帶農業研究碩士學程索羅門群島籍 Selwyn Rimana，返國後擔任索國國會議員兼農業部長；博士學程貝里斯籍畢業生 Victoriano Joseph Pascual，現為貝國農部水資源管理與氣候變遷處處長；博士學程甘比亞籍 Babou Jobe 與 Demba Jallow 先後擔任甘國農業試驗所所長等。

(3) 畢業後返國擔任母國與本會援助計畫之協調者與催化者角色，如臺北醫學大學國際醫務管理碩士學程巴拉圭籍畢業生 Carmen Barboza Penayo 於本會巴拉圭醫療資訊管理效能提升計畫服務；國立臺北護理健康大學國際護理碩士學程貝里斯籍畢業生 Lizett Bell 擔任貝國衛生部政策規劃處處長亦為本會現於貝里斯進行「醫療影像系統強化計畫」對口合作單位主管，均有效應用在臺所學之專業知識與技能，參與本會在該國推動之醫療合作計畫。國立陽明大學國際公共衛生碩士學位學程布吉納法索籍 Olivier Sanon， 學成返國後擔任古都古醫院院長，成為我國駐布醫療團最重要的聯繫窗口。

（三）友邦技職訓練計畫

為協助太平洋友邦青年培養專業技術能力，增加渠等就業機會與職涯發展，國合會自 2014 年起接受外交部委託，與勞動部勞動力發展署轄下分署合

作辦理，運用各分署現有職業訓練場地與訓練師資，針對太平洋友邦日常生活所需之技術項目，如汽車修護、冷凍空調、水電維修、木工家具、中餐烹飪及食品加工等，開辦多項民生製造業之技術性訓練班。

另為協助瓜地馬拉、尼加拉瓜、宏都拉斯、巴拉圭、貝里斯、聖克里斯多福、聖文森、聖露西亞及海地等友邦青年培養專業技術技能，自 2018 年起國合會接受外交部委託與勞動力發展署轄下指定分署或國內科技大學等單位合作，在臺開設多項民生製造業之專業訓練課程，透過在臺密集職訓課程協助友邦參訓學員習得相關技職專業能力，提升青年就業力，進而協助友邦之政經與社會發展。

2019 年「太平洋友邦技職訓練計畫」、「拉丁美洲及加勒比海地區友邦技職訓練計畫」開辦食品加工、中式料理、電機工程實務、觀光餐飲等 16 項技術專班，計有 15 友邦 325 位青年在臺接受近 3 個月訓練課程。2020 年友邦技職訓練計畫改採線上前導教學，運用數位科技以遠距教學強化後疫情時代全球韌性。歷年來辦理成果舉例如下：

1. 聖露西亞籍 Shantell Moise 參加 108 年度「拉丁美洲及加勒比海地區友邦技職訓練計畫」之「中式料理烹飪班」課程，在臺接受近 2 個月密集式課程學成歸國後，馬上就被當地度假村聘僱為廚師；但受到 COVID 疫情影響，觀光度假村面臨倒閉，在即將陷入失業之際，Shantell 鼓起勇氣並將在臺灣學到的餐飲管理、生產線等知識用來開展自己的餐飲事業，現在 Shantell 不僅是一家餐廳老闆外，還會直接教導當地年輕學徒們製作中式糕點。

2. 108 年間宏都拉斯 Darwin Almendares 獲選來臺參加本會與國立高雄科技大學合作之「食品加工技術及包裝設計班」課程，除了參觀當年「臺北國際食品展」、「國際包裝工業展及國際食品加工設備展」外，亦實地前往國內食品機械、包材封膜與食品加工等 22 家企業，瞭解臺灣食品加工產業的特色，並在高科大老師的引介下，向國內廠商「大山器材原料行」購置大型蒸餾器，準備返國創業。

（四）友邦及友好國家專業華語教師派遣案

　　為提供優質專業之華語文教育，提升友邦與友好國家人民華語文程度，國合會自 2014 年 5 月起開始辦理本項業務，由我駐外館處依據派駐國實際需要，向外交部提出華語文教師派遣需求，經外交部同意後，由國合會依相關規定進行招募、派遣具備「教育部對外華語教學能力證書」，或國內外華教相關系所畢業之專業華語教師前往友邦或友好國家服務。截至目前為止，總計派遣 35 名專業華語教師分赴 18 國服務；目前尚有 18 位華語教師於帛琉、約旦、土耳其、聖露西亞、聖文森、聖克里斯多福及尼維斯、宏都拉斯、尼加拉瓜、瓜地馬拉、貝里斯、巴拉圭等 10 個國家服務，2019 年總受惠學員約達 2,000 人次。歷年來辦理成果舉例如下：

1. 國合會 YouTube「TaiwanICDF School 頻道」定期發布英、西語版本之華語教學影片，而華教影片亦獲得尼加拉瓜教育部之重視，授權尼國作為中、小學之推廣教材，並由我駐尼吳大使金木與尼國教育部 Ráudez 部長共同簽署授權儀式。

2. 帛琉華師陳冬雪老師近 3 年協助帛琉高中學生陸續與我國蘭陽女中、北門高中、花蓮高中及聖功女中等校學生合作辦理明信片交換與視訊對話，促進兩國學子的交流。

五、結論及未來展望

　　本會執行國際教育訓練業務欲達成之成果（Outcome）：

1. 提升友邦與友好國家的政府治理能力。
2. 促進國家經濟成長，提升國民生活水平。

　　本會國際教育訓練策略三個面向（Strategy）：

1. 針對官員：提供國家政策層級之培訓，並協助擴展國際人脈。

2. 針對學子：提供高等教育機會，培育成為母國高階人才。

3. 針對青年：適性提供創業力或就業力之培訓課程。

本會國際教育訓練業務未來展望與作法（Action）：

1. 專業研習班計畫：

    (1) 來臺參訓友邦官員截至今年已達 8,500 餘人，過往多採傳統授課的單向知識傳遞方式，未來將朝雙向訊息交流的研討會（Panel）形式進行，故每年舉辦的 16 個專業研習班，就如同有 16 個國際研討會。並讓每個班透過問題解決導向（Problem-Solving Oriented）與議題釐清（Issue Mapping）的模式進行，設定清楚的討論主軸，最終能獲得開發中國家所面臨的挑戰及需外界進一步協助面向的共識。另外也導入觀摩 JICA 所習得的知識共創計畫（Knowledge Co-Creation Program, KCCP），讓參訓學員自行發掘問題，本會從旁協助學員自行制定改善及因應之方式。最終，研習班辦理後的結訓報告，也能作為本會執行援外計畫的前期參考，乃至投稿相關期刊。

    (2) 透過辦理研習班串聯我國地方政府、產業界及邦交國官員，擴大與公、私人部門的連結網絡。本會曾與我國水利署、新北市政府、日本笹川平和基金會、國際熱帶農業中心、泛美農業大學、成功大學前瞻醫材中心、正瀚生技、陽明輔具中心等數間公、私人部門合作，相關單位更透過實物捐贈與贊助方式，支持本會援外計畫。未來將持續擴展研習班觸角，拓及多元交流網絡。

2. 高等人力獎學金計畫：

    國合會高等人力獎學金之受獎人數截至今年已達 2,400 餘人，相較於現階段僅對學生的獎助，未來將持續透過設計彈性與多元的在職進修管道，將受益者擴及至友邦的公、教人員等之具國家發展政策影響潛力的人士，累積友我人脈。如持續洽技職學校推出符合友邦需求的二技學程，如與陽明、清華及成功大學等辦理「官員培訓非學位專班」；與中正大學將於 111 年首度招收「數位學習專班」。為因應疫情，遠距學習持續盛行，未來規劃持續透過遠距

教學模式開設更多數位學程，並可在經費有限的狀況下，擴及更多受眾人數。

3. 職訓計畫：

(1) 強化與私人部門間的合作，落實工作導向學習（Work-Based Learning, WBL）模式。本會續洽私人部門代訓廠商安排職訓學員赴已在友邦投資之臺商公司實習，例如在瓜地馬拉投資太陽能之開陽公司及在海地投資之宣德公司等，並透過辦理創業競賽頒發創業獎金，激勵學習動機與成效。

(2) 因應疫情，職訓計畫改採線上教學，反而帶來更多外溢效益，例如對駐館政務文宣上的幫助。過往採實體授課，駐館能推派人員有限，現行採兩階段進行，第 1 階段線上前導課程，可滿足駐館推薦最多人數之需求，減少薦員壓力。第 2 階段為等我國邊境開放再來臺參訓。另外增設測驗機制，將從測驗合格的學員中擇優錄取來臺參與實體訓練，學員整體素質將較一致，學習成果亦可提升。因此在疫情後，將持續採用線上與實體兼併方式辦理。

4. 華語教師計畫：

(1) 面對全球華語學習熱潮及國際間對孔子學院的質疑，反讓本會找到華語計畫的新利基點。如學校停課期間，本會華師自製英、西、法語版的教學影片放上本會自創 YouTube 頻道「TaiwanICDF School」，且另上架至國際主流線上教育平臺 Udemy，成為正式課程。尼加拉瓜教育部甚至要求國合會授權華教影片；國合會亦同時要求日後來臺參加各項訓練班之學員、獎學金生，均須事先於線上學習華語，以幫助來臺後之生活適應。

(2) 由於有意學習華語的人數眾多，但國合會華師教學能量有限，因此透過與國內大學校院，臺師大、中原大學、臺中教育大學等華教系所合作，擴增華教資源。其互惠機制為，國內華教系所的學生需要累積實戰教學經驗，而海外學生有學習華語的需求，國合會則扮演華語學習的媒合平臺，將國內準華師與外籍學生串聯起來，進行一對一個別授課。另外，亦規劃線上語言交換學習活動

的合作，例如淡江大學西語系學生與宏都拉斯軍校學生，不僅創造異文化交流機會，也讓國內青年學子更加認識我友邦。未來將持續運用遠距教學的優勢，透過數位平臺擴及更多受益對象。

參考文獻

大學問（2021）。泰晤士高教——2020 世界大學排行，臺灣 38 校入榜。取自 https://
　　www.unews.com.tw/News/Info/3863

行政院國家永續發展委員會（2016）。聯合國永續發展目標（SDGs）說明。臺北：行政
　　院國家永續發展委員會，頁 12-13。

李明峻（2004）。援外的世界潮流——日本國際協力機構。臺北：國際合作發展基金
　　會，頁 5-8。

美國國際開發署（2021）。美國政府教育戰略。取自 https://www.usaid.gov/education/usg-
　　strategy

海外技術合作委員會（1997）。友邦技術人員來華專業訓練及觀摩考察特刊。臺北：海
　　外技術合作委員會秘書處，頁 3-8。

國合會（2021a）。主軸業務——教育。取自 https://www.icdf.org.tw/ct.asp?xItem=12405&
　　ctNode=29675&mp=1

國合會（2021b）。國際高等人力培訓外籍生獎學金計畫。取自 https://www.icdf.org.tw/ct
　　.asp?xItem=5166&CtNode=30015&mp=1

國合會 （2007）。國際合作的概念與實務——教育。臺北：國際合作發展基金會，頁
　　440-441。

UNESCO (2021). *Education transforms lives.* Retrieved from: https://en.unesco.org/themes/
　　education

UNICEF (2021). *Education --Every child has the right to learn.* Retrieved from: https://www.
　　unicef.org/education

USAID (2021). *Education--Making Education Accessible to All.* Retrieved from: https://www.
　　usaid.gov/education

USAID (2021). *USAID Education Policy.* Retrieved from: https://www.usaid.gov/education/
　　policy

ADB (2021). *Education.* Retrieved from: https://www.adb.org/what-we-do/sectors/education/
　　overview

World Bank (2021). *Education--Overview.* Retrieved from: https://www.worldbank.org/en/topic/
　　education/overview

第 **6** 章

臺灣資通訊科技援外

今日世界發展迅速，全球區域發展不均情況仍相當嚴重，高度發展國家不斷擴大都市規模導致資源過度消耗；此刻全球人類面臨貧窮、飢餓與疾病的威脅日益嚴峻。全球發展失衡現象成為各國必須積極面對與解決的議題。最重要的方案即是推動多邊或雙邊國際援助合作，改善開發中國家環境，促進健康衛生，提升生活水準。

隨著臺灣資通訊產業的起飛，我國援外任務從農漁牧、衛生醫療、基礎建設等領域逐漸擴展至資通訊。這趨勢除了符合友邦發展需求，也使我國具優勢產業能量輸出到國際。展望未來，新興技術方面可關注物聯網、大數據、人工智慧等關鍵數位技術與產業整合發展；業務創新方面可整合國內外機構資源，運用資通訊技術促進國際合作計畫；永續發展方面，聯合國 2015 年提出「永續發展目標」倡議全球環境永續發展，資通訊科技在永續發展方向扮演不可或缺角色，臺灣應發揮資通訊優勢，與國際共同合作促進經濟成長、社會發展與環境保護，營造一個公平、公正、包容的世界，作為臺灣未來的使命與方向。

一、國際資通訊科技援助發展的歷程

二十世紀末網路發展一路千里，資訊流通數秒之間即可散播至全球各地，這樣的技術革命完全改變了人們對空間及時間的概念，大大的縮短了人們之間的距離。教育、知識、資訊及通訊是人類進步與福祉的核心，資通訊科技（Information and Communication Technology, ICT）的發展已全然改變了人類的生活、溝通、甚至思考模式，開啟了人類知識創造及新的資訊傳播。資通訊科技的迅速發展為人類實現更寬闊的成長空間並帶來全新的機會，同時也減少了許多傳統資訊傳播的時空障礙 ，這是人類史上重大技術的突破，其成果不但快速且全面性的影響全球各地的人民。資通訊科技本身應被視為一種改善人類福祉的工具而非目的；這些技術是可以成為強有力的工具，幫助提高生產力、促進經濟發展及創造就業機會，並改善全體人類的生活品質，促進不同文化與國家民眾之間的對話。

然而，在先進國家與開發中國家之間，以及個別國家的社會內部，資通訊科技帶來的益處卻是處處顯現分布不均的狀況。世界絕大部分地區及民眾無法享受數位革命的果實，特別是未開發國家（Least Developed Countries）及社會中的弱勢族群，正因資通訊科技革命擴大了知識與無知的差距，使得在國與國或國家內部的貧富懸殊差距因資訊落差的因素更為顯露出其嚴重關聯性。因此縮減數位落差而讓全球人民獲得均等的數位機會，實屬刻不容緩，其發展之歷程摘述如下：

（一）千禧年發展目標（Millennium Development Goals, MDGs）

千禧年發展目標（MDGs）8「全球合作促進發展」，其中 8.7「與私人部門合作，提供新技術特別是資通訊技術產生的好處」，闡述取得資訊與知識是改善全球人類生活水平的基本要件，運用資通訊科技有助於人類的溝通並解決糾紛，以達致世界和平。因此如何致力於將此資訊落差導致的數位鴻溝，轉化為人人皆可享有的數位機會則更顯迫切性。

（二）資訊社會世界高峰會（World Summit on Information Society, WSIS）

由於數位革命及數位落差的議題攸關人類未來發展的重要性，在突尼西亞政府於 1998 年提議（73 號決議文）舉辦全球資訊社會世界高峰會議的要求下，聯合國會員大會於 2001 年 12 月 21 日，通過決議（56/183）舉辦資訊社會高峰會議，並授權國際電信聯盟主導會議，協調相關組織與其夥伴共同舉辦該會議，並決議分兩階段進行，第一階段 2003 年在日內瓦舉行，2005 年在突尼西亞首都突尼斯舉行。

1. 資訊社會世界高峰會議（第一階段）──2003 年日內瓦會議

2003 年 12 月 10 日至 12 日，在瑞士日內瓦舉行第一階段會議，本次會議就其相關內容可歸納為三大類：

(1) 獲取資訊為人類的基本權利

　　溝通交流是人類的基本需求，亦是一種基本社會活動，它是資訊社會核心所在，每個人，無論身在何處，均應有機會參與資訊社會，任何人都不得被排除在資訊社會所帶來的福祉之外。每個人都應有機會學習必要的技能與知識，以便瞭解、積極參與與充分受益於資訊社會所帶來的益處。在資訊社會中，人人可以創造、獲取、使用和分享資訊和知識，但也應尊重他人的自由、思想、信仰和宗教等自由權利，同時注意滿足殘疾人、處境不利群體和弱勢群體的特殊需求，使個人、社區、和各國人民均能充分發揮潛力，持續發展並提高生活品質，建設一個以人為本、具有包容性、多樣性發展的資訊社會為共同願望與承諾。

(2) 各國政府應致力推動資訊通信技術促進發展

　　聯合國、國際組織、各國政府在資訊社會的發展和決策過程中發揮重要的作用，建設一個以人為本的資訊社會為共同目標、加強合作並建立夥伴關係。發展資訊通信基礎設施、奠定良好之網際網路管理制度，消除獲取經濟、社會、政治、衛生、文化、教育和科技活動資訊方面存在的障礙，透過促進公用領域資訊的獲取，人人皆有獲得資訊、思想和知識的權利，並為之做出貢獻的義務，將可助於加強發展全球知識共用。此外，公部門除致力發展資通訊基礎建設外，應特別注重能力建構（capacity building），一併提升識字率及普及初級教育，此為建設資訊社會的關鍵因素。

(3) 建設包容性的資訊化社會

　　文化多樣性與特徵，語言多樣性與在地化內容文化多樣性是人類共同遺產，應尊重文化特徵、語言、傳統和信仰多樣性，同時加強不同文化之間的對話。資訊社會帶來的好處包括，促進不同文化、語言背景的人，在不同的空間、時間、即時對談、學習與瞭解；但同時也須注意資訊社會可能帶來的文化同質性，甚至對少數文化、語言、族群所造成的壓迫。因此，包括聯合國教科文組織「世界文化多樣性宣言」，也反映出對多樣性文化特徵和語言演進的肯定和保護，將進一

步豐富資訊社會的內容。

在建設包容性的資訊社會過程中，必須重視以多種語言形式的創造，同時對傳播和內容保存予以特別關注，並對作者和藝術家的權利給予認可。以多種語言和形式創造之內容，無論是教育、科學、文化，甚至娛樂內容均至為重要，開發符合各國或區域需要的本地內容，將刺激該國或區域之經濟發展，並將利益回饋與所有參與者。

2. 資訊社會世界高峰會議（第二階段）──2005 年突尼斯會議重要內容

2005 年突尼斯會議，共發表 40 項承諾，主要內容仍依循日內瓦宣言及行動計畫重點如下：重申確保人人均可從資訊社會獲益，並建設一個以人為本、具有包容性和多元發展的資訊社會的願望和承諾，但前提是遵循「聯合國憲章」的宗旨和原則、國際法和多邊政策，並完全尊重和維護「世界人權宣言」，讓世界各國人民均能創造、獲取、使用和分享資訊和知識，充分發揮其潛力，並實現達成國際共識的發展目的和目標，包括千禧年發展目標。

讓所有國家都以普遍和非歧視性的原則享用資訊通信技術，必須考慮到各國的經濟社會發展水準，並尊重資訊社會多元發展的特性。因此，資訊通信技術是在國家、區域和國際層面上有著促進和平、安全和穩定、加強民主、社會團結、良好治理和法治功能的有效工具。此外，如果資訊通信技術的使用違背了維護國際穩定和安全的目標，則可能對各國基礎設施的完整性造成負面影響而有損於國家安全。此時，就必須採取有效手段解決由此產生的挑戰和威脅。我們須在尊重人權的同時避免資訊資源和技術被濫用於犯罪和恐怖主義。

為此，各國政府、私人部門、民間團體和聯合國以及其他國際組織應展開合作，提高對資訊通信基礎設施、技術以及資訊和知識的利用；開展能力建構；增加使用資訊通信科技的信心與安全性；在各國層面營造有利環境；開發和拓寬資訊通信科技的應用；促進和尊重文化多元性；認識媒體作用；解決資訊社會的道德問題；鼓勵國際和區域性合作（WSIS, 2005）。

上述內容除重申 2003 年日內瓦原則宣言和行動計畫外，這一階段的會議

也呼籲各國政府、私人部門、民間團體、和國際組織能齊心協力，共同落實千禧年發展目標。

（三）ICT 與聯合國永續發展目標

全球發展失衡現象已成為全球各國必須面對與解決的議題（OECD，2020），聯合國永續發展目標 17「強化永續發展執行方法及活化永續發展全球夥伴關係」，其中 17.6「在科學、科技與創新上，提高北半球與南半球、南半球與南半球，以及三角形區域性與國際合作，並使用公認的詞語提高知識交流，其作法包括改善現有機制之間的協調，尤其是聯合國水平，以及透過合意的全球科技促進機制。」及 17.8「在西元 2017 年以前，為 LDCs 全面啟動科技銀行以及科學、科技與創新（以下簡稱 STI）能力培養機制，並提高科技的使用度，尤其是 ICT」。至此，世界各國皆以聯合國永續發展目標作為 ICT 發展的主要政策準則。無論是已開發國家或開發中國家，全球面臨的問題皆息息相關，沒有任何國家可以置身度外，在永續發展方向上所有國家都應攜手合作共同努力。建立全球各國夥伴關係是永續發展目標關鍵成功要素，尤其是高度發展國家更應引領趨勢建立國際夥伴關係，在全球夥伴關係中採取行動，解決全球面臨之問題以達到永續發展的目標。

（四）2020 資訊社會世界高峰會論壇

促進數位轉型和全球夥伴關係：實現永續發展目標的 WSIS 行動路線

自 2005 年「資訊社會世界高峰會」後轉而改以每年舉辦「資訊社會世界高峰會論壇」，最近一次於 2020 年 6 月 22 日舉行，由於受 COVID-19 之影響，本次論壇亦以虛擬方式進行，2020 年資訊社會世界高峰會論壇代表了「資訊通信技術促進發展」。由國際電信聯盟（ITU）、聯合國教科文組織（UNESCO）、聯合國開發計畫署（UNDP）和聯合國貿易和發展會議（UNCTAD）聯合舉辦全球最大的資訊社會世界高峰會論壇，已與所有資訊社會世界峰會行動方針協調員／共同協調員密切合作，是協調多方利害關係人舉辦活動，透過信息交流，創造有效機制知識、分享最佳作法，並繼續在發

展多方利害關係人和公共／私人夥伴關係方面提供協助以促進永續發展目標。該論壇提供有組織的機會，以網絡、學習和參與有關 WSIS 實施的多方利害關係人的討論與磋商。論壇的議程和計畫根據公開磋商過程中收到的意見而建立。此外，2020 年 WSIS 論壇（WSIS + 15）提供一個機會，作為一個平臺，與有關聯合國機構合作，追蹤 WSIS 行動綱領的成就，並提供有關資訊和 2005 年以來 WSIS 行動綱領實施情況的分析。

2020 年 WSIS 論壇的具體成果將使利害關係人能夠加強 WSIS 行動方針的實施，以及 WSIS 和 SDG 流程的協調，並包括以下內容：

1. 聯合國資訊社會小組（UNGIS）重申致力於 WSIS 行動方針的實施以及 WSIS 和 SDG 流程的協調，並為 2020 年高階政治論壇（HLPF）做出了貢獻；在 HLPF2020（www.ungis.org）上提交了書面文稿並舉行了周邊活動。貿發會議（UNCTAD）擔任 2020 至 2021 年聯合國地理資訊系統（GIS）主席。UNCTAD 身為為聯合國地理資訊系統現任主席，發起了關於數位化在未來行動十年中的相關的對話，以提高人們體認數位化在實現永續發展目標中的重要性，以及聯合國地理資訊系統在聯合國系統內開展更有效合作的特殊機會。

2. 聯合國各區域委員會舉辦了一系列研討會，重點介紹了為落實 2030 年永續發展目標 WSIS 行動方針而開展的區域活動。 並發布許多公告，呼籲所有區域合作夥伴和利害關係人齊心協力，共同參與即將舉行的 WSIS 相關活動。 WSIS 將繼續被納入聯合國區域協調機制，WSIS4SDG 將成為區域 SDG 論壇的支柱之一。 聯合國拉美加經委會被提名為 2020～2021 年 WSIS 聯合國區域委員會小組主席。

3. 2020 年 WSIS 論壇主席提名多明尼加共和國擔任國際電聯拉丁美洲和加勒比集團（GRULAC）主席。

4. 在 2020 年 WSIS 論壇上啟動了有史以來的首次 ICT 和老年人追蹤活動。這項活動的參考資料已包含在聯合國秘書長的報告中：「國際老年人的後續行動：第二次老齡問題世界大會」（A/75/218）根據大會第 74/125 號決議提交。第 42 段：阻礙老年人參與勞動力市場的另一個障礙是勞動力市場，無法提供使老年人受益的靈活性。提供靈活且

兼職的工作安排，這會受到老年工人的高度重視，並利用包括機器人和人工智能技術在內的新數位技術的潛力來支持老年人就業，可以激勵老年工人延長其工作壽命。儘管資訊通信技術（ICT）在已開發國家和開發中國家的經濟和社會生活中已無處不在，但數位落差仍在阻礙 ICT 發揮其全部發展潛力，特別是在未開發國家（見 A/75/62）-E/2020/11）。2020 年，資訊社會世界峰會首次突顯了老年人作為跨領域主題的重要性，這是一條專門針對老年人和 ICT 的專題。與相關利害關係人方合作，新的軌道將探討資訊通信技術在打擊工作場所基於年齡的歧視，實現更健康的老齡化，建設更智慧的城市，確保老年人的財務包容性，以及支持全球數以百萬計的照料者中有關世代相傳的數位包容性，以實現 2020～2030 年十年健康老齡化。

5. 聯合國經濟及社會事務部（UNDESA）已啟動了 2020 年聯合國電子化政府調查。UNDESA 自 2001 年成立以來，聯合國電子化政府調查已成為從事電子化政府比較分析和當代研究的政策制定者和分析人員必不可少的「排名、製圖和衡量」工具。

6. 根據資訊社會世界高峰會進程，加強與國際電訊聯盟研究組的合作。

7. 部長級圓桌會議的參與者致力於彌補數位落差並連接沒有網路連接的人。

8. 國際電訊聯盟和日內瓦大學通過「第十七屆夏季公開賽」為虛擬黑客馬拉松進行了合作。

二、國際執行資通訊科技之方式

（一）國際資訊通信援助策略

1. 援助工具（tool）

目前多數國際援助機構視資訊通信科技（ICT）為一種發展工具，以培訓 ICT 使用者的知識與技能等功能提升方式，輔導受援者加強創新與研發能

力，最終目的則盼受訓人員能運用此資通訊技能，間接或直接創造經濟活動。例如：建立「數位機會中心」（Digital Opportunity Center, DOC），使偏鄉地區之學生與居民都有使用電腦及上網的機會，運用遠距教學來降低文盲，資訊化管理提升微小中型企業發展，利用 ICT 推展智慧農業，運用手機 APP 來提升農作物栽培管理技術，利用無人機進行空中噴藥，運用大數據來推展精準農業，運用地理資訊系統（GIS）來偵測病蟲害並防止其持續擴張，運用 E-health 系統進行醫院、藥品、掛號及病歷系統之維護等等。

2. 援助項目（sector）

ICT 除運用於農業、公衛醫療、教育、環境及中小企業外，對於 ICT 基礎建設更屬重要，如國家電信網路發展計畫（光纖、寬頻及無線網路建設等），就以加強 ICT 基礎建設之計畫而言，此類型計畫多為區域開發銀行或大型國際組織對低度開發國家所提供之長期貸款或捐贈計畫，將資訊網路視為國家基本建設，惟此類計畫所需投入之資金龐大，非一般援外組織所能主導，如美國與日本及澳洲援外機構於開發中國家提供之國際海底光纖網路建設等。

3. 訊息平臺（platform）

協助受援國政府制定一套健全資訊法規與制度，促進資訊透明化與便利性，以開發資訊市場自由化、提供廉價網路資訊費用、提升公共資訊透明度、政府部門行政效率，及民眾聯網便利性，營造一個完整的資訊社會。

（二）國際資訊通信援助實例

1. 世界銀行數位發展（Digital Development）計畫

世銀自 2003 年即積極推動「資通訊發展」（ICT for Development）及「資訊融入教育」（ICT in Education）協助開發中國家縮減數位落差，目前更發展為「數位發展（Digital Development）計畫」；全球數位發展的實踐能與政府部門攜手合作，為數位經濟蓬勃發展奠定堅實的基礎。世銀的工作重點在於解

決供需方對數位化轉型的限制，所涵蓋關鍵部分，包括包容性快速取得可靠、安全和負擔得起的網路。世銀努力刺激對數位應用程序，數位技能和數位平臺的需求，以支持政府、企業和個人更充分參與數位經濟。

截至 2019 年底，世界人口的一半仍沒有網路，絕大多數集中在開發中國家。在世界聯繫最少的國家中，有 21 個在非洲，然而撒哈拉以南非洲網路發展速度也是世界上最快的區域之一。有鑑於此，即使受 COVID-19 之影響，數位發展計畫仍涵蓋在整個撒哈拉沙漠非洲，在 2020～2030 年間提供 1,000 億美元協助網路基礎設施計畫（Development Economy for Africa, DE4A）、在加勒比海地區推動「加勒比海數位轉型計畫」、在太平洋島嶼地區推動「數位聯結（Digital Connectivity）計畫（World Bank, 2020）。

2. 亞銀

數位科技在世界許多地方促進了增長，擴大了機會並改善服務。亞銀的措施使窮人有能力使用數位技術幫助他們擺脫貧困。

在 2000 至 2015 年期間，亞銀將 402 個與數位技術相關的貸款、贈款和技術援助項目擴展到 119 億美元，以幫助開發和維護：

(1) 數位技術基礎設施，例如電信網路、移動和無線網路、寬頻電纜網路、數據中心，最後一哩路的互聯網連接等。

(2) 數位技術企業，例如卓越的數位技術中心、研究／計算機教室、支持數位技術的企業，例如業務流程外包、知識流程外包、軟體園區、數位技術孵化器等。

(3) 支持數位技術的服務，例如用於教育、財務、治理、衛生等方面的數位技術應用。

(4) 數位技術政策、策略和能力發展，例如，數位技術政策和策略、電信政策改革、普遍接入和服務、數位技術路線圖（國家和地方）、數位技術法規和法律、數位技術技能培訓和能力建設等。

亞銀改善資訊和通信技術可近性的工作

全球對數位技術的好處以及對數位落差的風險的表示認可，需要在政策和監管框架、基礎設施（包括網路連接）、應用程序（包括內容和服務），以

及能力建構方面進行更多的投資。

數位科技：政策與策略

數位科技的策略性使用，可以促進在電信、治理、教育、衛生和農業等關鍵部門提供高效能公共服務。

2003 年，亞銀發布了其數位科技策略《邁向亞洲及太平洋數位發展：資訊和通信科技策略方法》。 該策略的三個主要目標是：

(1) 透過改善政策，加強公共機構和提供相關基礎設施來創造有利的環境。
(2) 建立數位科技素養和專業技能的人力資源。
(3) 透過亞銀支持的項目和活動開發數位技術應用和資訊內容。

2016 年，背景報告《通往 2030 年之路：亞銀機構策略和運營中的資訊和通信技術》發布。 本文重點介紹了數位技術的現狀、趨勢和應用，以及該部門內近況和未來面臨的挑戰。

三、臺灣資通訊科技援外發展歷程與執行

國合會協助友邦執行國際合作計畫，包含農漁畜牧、醫療衛生、中小業、職業訓練、到縮短數位落差等不同領域範疇。在執行方面，國合會藉由對合作國家的資金融通、技術輸出和人才培育來參與國際社會建設工程，並將臺灣在農業、中小企業、醫療、資訊、教育等領域的專業技術與經驗，協助國際友邦建置基礎設施、培育專業能力、整合有限資源讓援外工作發揮更大效能。國合會在資通訊領域之推動計畫相較於其他領域，起步較晚，然而隨著各國在資通訊服務需求增加及臺灣既有優異的資通訊科技能量，近年來資通訊國際合作計畫反而快速發展。資通訊科技對產業的影響是全面性的，資通訊科技往往擴散在其他不同的領域。我們由國合會之國際資通訊合作計畫，可以觀察許多資通訊科技跨領域整合的案例。在環境監測方面，我國協助尼加拉瓜使用衛星科技地理資訊系統（Geographic Information System, GIS）推動環境

保護，及協助中美洲國家利用衛星影像與變遷分析資料，掌握國土變化與水質監測等；在環境保護及氣候變遷方面，我國協助宏都拉斯導入衛星資訊與林業管理技術，提升森林資源管理與建立早期蟲害預警機制，及協助貝里斯導入資通訊科技建構水災早期預警機制等；在交通管理方面，我國協助貝里斯導入交通監理技術平臺，提供電子化交通監理服務及優化交通監理機制等。

這類跨領域整合計畫，國合會參與者深入分析開發中國家問題需求，以資通訊科技研議可行的解決方案。這種以服務導向的設計方向，不僅有效解決開發中國家遭遇的問題，也使得創新技術構想能夠在不同領域實踐。對臺灣以及國際合作計畫參與國家都是重要的學習歷程，計畫產生的效益往往帶動更好的經濟產出及創造更高的社會價值。

（一）縮減國際數位落差

資訊化社會所帶來的數位衝擊，使得先進國家與發展中國家之間的數位鴻溝愈形擴大，此即所謂的國際數位落差。以網路服務為例，先進國家人口總數僅占全球人口總數的 16%，卻掌控全球近 90% 的網路服務；另依據世界經濟論壇（WEF, 2019）有關資訊化社會各項總評比之分析顯示，排名第一的新加坡與最後一名的查德得分差距將近 2.5 倍，足見數位落差現象不僅確實存在且差距可觀。

臺灣近年來在資訊通訊科技發展成績有目共睹，不僅在多項網通產品及面板產量獨占全球市場鰲頭，且軟硬體之生產、設計及應用也屢獲世界第一之美譽，無疑為我國當前最具競爭力的產業之一。坐擁豐富的 ICT 發展經驗，縮減國際數位落差即成為我國施政重點之一。2000 年 11 月，臺灣於亞太經濟合作會議（APEC）部長會議中提倡「轉換數位落差為數位機會」之理念，復於 2003 年 APEC 泰國曼谷經濟領袖會議中，由我國領袖代表李遠哲院長提出成立「APEC 數位機會中心」之倡議，據此，為配合政府協助國際數位落差之政策，運用我國資訊產業發展優勢與經驗，以求實際協助我受援國有效縮減國際數位落差。

2004 年 2 月國合會於中美洲瓜地馬拉及非洲地區塞內加爾召開區域性資通訊研討會，邀請二地區友邦與國際組織參與討論，協助當地擬訂資訊發展政策與規劃資通訊協助計畫。同年亦著手協助智利、秘魯、巴拉圭等 3 國政府籌設電訊中心（tele-center），辦理資訊融入教育，提供偏鄉居民獲得資訊管道。

2006 年國合會接受經濟部國貿局之委託執行「APEC 數位機會中心（APEC Digital Opportunity Center, ADOC）」計畫，由國合會李栢淎副祕書長擔任計畫主持人，我國於越南、菲律賓、印尼、巴布亞紐幾內亞，秘魯及智利設立數位機會中心（DOC Center 或 ICT Center）訓練上述會員體之產官學學員學習操作資訊設備，如何運用資通訊科技創造商機，該計畫於 2008 年結束第一期計畫，並續由資策會執行「ADOC 2.0」計畫。

2008 年，國合會與瓜地馬拉、薩爾瓦多及海地 3 國合作，執行「資訊融入教育（ICT in Education）」計畫，主要係運用 ICT 技術將高職課程製作成電子版本供學生可以反覆練習，目前該項教學軟體須由民間掌宇公司接手使用中。

有關國合會縮減數位落差計畫自 2011 年起轉型為數位 E 化政府（E-Government）計畫。

（二）數位治理──電子化政府

資通訊科技發展日新月異，2001 年至今各國持續穩定發展「電子化政府」政策，根據聯合國對電子化政府的定義，係指「政府應用資訊通訊科技提升內外部關係」。具體來說，即使用資訊通訊技術以提升政府與民眾（G2C）、企業（G2B）或其他政府機關（G2G）之間的關係，從而建構一個有回應力、有效率、負責任、且具有更高服務品質的政府（國合會，2021a）。

隨著數位治理內容與功能日趨多元，世界各國政府無不大力投入網路頻寬及傳輸速度提升等基礎建設，藉此活絡數位經濟與數位治理發展，以提升國家整體競爭力。我國自 1998 年啟動數位政府服務迄今，擁有建置寬頻與優質電子化政府服務的推動經驗。

因此，國合會持續以雙邊技術合作方式，透過資通訊相關計畫及貸款工具，協助友邦與夥伴國家提升電信基礎設施、建置數位治理系統及提高技術人員能力，盼能以我國發展成熟的政府服務整合經驗，協助夥伴國以數位科技打造智慧城市，讓人民享有更便捷快速的行政服務，以提升整體國家競爭力。茲將歷年來國合會在電子化政府計畫之執行成果舉例如下：

1. 加勒比海資通訊合作計畫

2000 年後網際網路應用服務崛起，資通訊領域技術迅速發展，加勒比海地區的資通訊服務需求隨著網際網路發展趨勢逐步成長。時值我國政府推動電子化政府技術與服務，孕育豐富的電子化政府經驗與發展能量。國合會因應國際友邦資通訊需求，整合我國產業發展能量，規劃具體國際資通訊合作推動方案。我國與加勒比海地區邦交國於 2006 年首次簽訂資通訊合作計畫，參與國家包含聖克里斯多福及尼維斯、貝里斯、聖露西亞及聖文森等國。加勒比海地區資通訊合作計畫成為國合會國際資通訊合作計畫的首例，也是友邦對我方資訊服務能力的肯定（國合會，2020a）。

在加勒比海地區資通訊合作計畫中，國合會協助夥伴國建立國家電子化政府資通訊科技（Information and Communication Technology, ICT）中心，提升友邦政府行政效率與國家競爭力。ICT 中心並作為電子化政府策略中心及電腦學習教室，友邦培訓人員亦在此接受專業電腦培訓，除了落實電子化政府運作能量，也縮短友邦數位落差。在國合會的規劃管理下，國內業者透過本計畫參與夥伴國資通訊建設，擴大我國資訊產業國際商機並輸出資訊產業服務能量。有了加勒比海地區資通訊合作計畫成功經驗後，國合會構思將本計畫成功案例移轉到鄰近相同需求的其他國家。很快地國合會在 2011 年與聖文森國合作啟動「聖文森國資通訊技術合作計畫」，本計畫協助聖文森國建立資通訊科技中心，作為電子化政府策略中心及電腦學習教室，並建構 2 套電子化系統。除了有助於消弭數位落差，也深化數位能量及電子化政府運作能力。

為加速成功經驗的移轉，國合會同時與貝里斯及聖露西亞研議資通訊國際合作可行性，並在 2013 年分別與貝里斯及聖露西亞簽訂國際資通訊合作計

畫。在貝里斯資通訊計畫方面，協助貝里斯進出口貿易資訊電子化，包含「貨物進出口審核系統」與「線上申請進出口服務系統」。貝里斯參與部會包含林業局、漁業局、農業部、動植物檢疫局、標準局與海關。

　　本計畫協助貝里斯進出口主要部門實施流程重整及資訊電子化，完成關貿單一窗口電子證照簽核系統。在「聖露西亞資通訊計畫」方面，本計畫協助聖露西亞政府建置電子公文系統（e-Document），包括電子公文製作、交換與歸檔子系統。以國家資通訊辦公室（National Information Communication and Technology Office, NICTO）為主要試辦點進行系統建置。本計畫亦將資通訊人才培育列為計畫重點，傳承資通訊經驗並將電子公文推動到其他機關（國合會，2020a）。

2. 聖文森國電子文件暨檔案管理計畫

　　位於加勒比海的友邦聖文森及格瑞那丁，由於政府行政作業係以人工傳遞紙本公文模式為主，過程中除易發生遺失或拖延現象，在公文追蹤與稽核上更為不易，無法進行有效的檔案管理，導致行政效能降低。因應國際資通訊發展趨勢，扣連聯合國永續發展目標、帶動我國資通訊產業向國際發展，國合會自 2016 年起與文國政府合作，透過「聖文森國電子文件暨檔案管理計畫」引進我國電子化政府發展經驗，導入「電子公文暨檔案管理系統」（Electronic Document and Records Management System, EDRMS）與「公開基礎金鑰暨電子憑證系統」（PKI & Digital Certificate System），協助文國將現有人工管理程序，轉型為電子化管理，並確保電子公文處理過程符合資訊安全的各項要求，建構符合國際標準之系統（國合會，2019）。

3. 聖文森智慧公車管理及監控系統計畫

　　公車為文國民眾主要大眾交通運輸工具，惟目前缺乏經營機制與管制規範，行駛路線與營運時間均可由司機自行決定，以致民眾常需費時候車，且時因司機爭搶客源或隨招隨停而衍生交通危險亂象。爰此，文國政府盼援引我國智慧交通發展經驗及資通訊科技發展優勢，透過「公共運輸管理」、「先進大眾運輸服務（APTS）」、「先進交通管理服務（ATMS）」等技術，協助文

國推動新技術合作計畫。

　　本計畫將運用我國公共運輸管理經驗與先進公共運輸服務技術，協助文國訂定明確的公共運輸發展整體策略、引入我國廠商最新技術及培育人員專業能力等項目，透過彌補行政、技術和專業的缺口，強化公車管理機構功能輔以資訊系統，提升政府公車管理效率，降低民眾候車時間，並整合外部合作資源，運用「廣告」與「公益合作」等多元化收入，達到永續性發展目標（國合會，2020b）。

4. 聖露西亞政府廣域網路計畫

　　依據聖露西亞「2010 年人口與住戶普查報告」統計資料顯示，其網路普及率僅約 43%，並集中於較具發展規模城市，長期造成「城鄉數位落差大」及「家庭網路普及率低」問題。國合會則借助臺灣高度網路普及率的優勢發展經驗，首度以技術合作方式，推動「聖露西亞政府廣域網路計畫」（Government Islandwide Network, GINet），協助露國進行「廣域網路」（Wide Area Network, WAN）基礎建設。本計畫主要內容包含架設「無線骨幹網路」，並在 5 個行政區的主要公共區域，建置「無線網路熱點」、「營運維護中心」與「線上管理平臺」，並進行「維運人員能力建構」，使一般民眾、觀光客及商務旅客在此公共區域內使用免費或低價無線區域網路。除可提升網路普及率，更可激勵政府及企業在此公共建設上提供多元化之創新應用服務，並規劃「資訊安全與網路監控」及「能力建構與創新運用」，擴展更多教育與觀光便民化服務（國合會，2019b）。

5. 貝里斯交通監理資訊服務系統計畫

　　貝國「交通部」（The Ministry of Transport）與「中央資訊科技辦公室」（The Central Information Technology office, CITO）為因應國家發展需求，加強交通監理業務之管理與監督，並由現階段人工紙本作業轉為中央式電子化系統，以提升政府行政效率與增進便民服務。爰此，貝國政府向我政府尋求協助，期盼借助我國經驗與技術，協助提升貝方整合交通監理服務能力、強化資訊化作業服務、提高民眾滿意度與保障民眾生命財產安全。為協助貝里斯

政府提升交通監理服務效率與交通安全管理功能，國合會與貝國共同推動「貝里斯交通監理資訊服務系統計畫」，借助我國在「交通監理服務」、「管理制度」、「顧問諮詢」及「系統開發」等方面的長足經驗與技術，替貝國建置一套交通監理資料庫系統，落實交通罰鍰執行與追蹤，進而提升政府行政效率，保障民眾生命財產安全（國合會，2021b）。

6. 貝里斯國家寬頻貸款計畫

在資通訊基礎建設，貝里斯政府於 2011 年提出「國家資通訊策略」（National ICT Strategy），其願景為讓人民可充分享有資通訊科技，以累積國家發展能量以及提升人民生活水準，其中提升國家資通訊基礎設備為主要重點。應貝國政府要求執行「貝里斯國家寬頻貸款計畫」，提供貸款給貝里斯國營電訊公司，完成主要城鎮光纖線路鋪建，大幅提高網路用戶傳輸速度與穩定性，創造更順暢的商業交易及學習環境，更可協助貝國政府發展智慧學習、公共服務、電子商務等創新與數位經濟發展，提升該國國家競爭力（國合會，2020d）。

（三）衛星地理資訊科技系統（Geographic Information System, GIS）

在衛星影像監測技術方面，出於人造衛星科技的成熟，科學家利用衛星進行宏觀的地面觀察。衛星觀測不受地形阻隔的優勢，使衛星影像提供豐富資訊，有助於學術研究、產業應用及政府決策參考。

我國於 1980 年成立國家太空科技發展長程計畫規劃小組，擬訂長期太空發展計畫，並由國科會設立「國家太空計畫籌備處」，負責執行太空計畫，並參與科學衛星環境觀察監測，累積豐富的太空工程技術與衛星監測能量（行政院，2020）。

尼加拉瓜受地理位置、地質特性與氣候變遷影響，受極端氣候及自然災害危害甚鉅，是中美洲脆弱度最高的國家之一。國合會深入研究後，瞭解衛星觀測技術有助於減緩尼國自然災害。我國在太空科技與衛星監測具有豐富經

驗與技術，因此尼加拉瓜在 2009 年與國合會簽署「運用地理資訊系統加強尼加拉瓜環境永續合作計畫」。本計畫包含全國保護區常態性監控、天然災害受災區緊急性監控、地理資訊系統暨遙測技術在職訓練等。這也是我國首次將衛星監測技術輸出到國際，不僅協助友邦有效監測地理資訊降低自然災害的危害，我國優異的科技能力也再次受到國際肯定。

有了尼加拉瓜地理資訊系統成功經驗，國合會持續將技術能量輸出到其他友邦，整合鄰近國家需求擴大為區域型國際合作計畫。2014 年我國與尼加拉瓜、宏都拉斯及薩爾瓦多共同簽署「中美洲地理資訊系統應用能力提升計畫」。本計畫利用即時衛星影像與變遷分析資訊，協助中美洲友邦政府單位擴大地理資訊系統之應用服務，以達到各單位圖資整合之目標。內容包含強化自然保護區或重點區域之環境監測，由我國提供衛星影像協助合作國家掌握國土變化情形；使用衛星影像輔助水質監測；培育地理資訊系統技術人才並移轉衛星影像應用技術予參與國家。

基於衛星影像的豐富資訊，衛星影像監測新的應用服務也不斷發展。我國除了具備關鍵技術外，也充分掌握這個發展趨勢，厚實我國在衛星影像監測領域優勢。宏都拉斯森林面積 11 萬平方公里，森林覆蓋率 55%，但宏都拉斯森林易受到病蟲害，如何早期觀測預防蟲害，維護森林生態系統長久發展是宏都拉斯重要政策方向。國合會與宏國深入討論此需求，並設計導入衛星觀測技術改善蟲害情形，終於在 2018 年與宏都拉斯簽署「宏都拉斯森林蟲害管理計畫」。該計畫運用衛星技術監控宏國森林狀況；建立早期蟲害預警機制，以推斷蟲害狀況；協助宏國建立良好的森林管理計畫；及建構資訊化平臺即時回報與監測蟲害。在完備森林健康、蟲害管理標準化作業模式及導入決策支援系統後，本計畫預期將可縮短 80% 森林蟲害發生之應變時間。茲舉例說明如下：

1. 中美洲地理資訊系統應用能力提升計畫

中美洲國家頻繁面臨天然災害威脅，且廣袤國土缺乏有效管理與規劃，影響區域永續發展，亟需運用有效科技工具輔助政府進行天災防治決策、國土變遷管理，以及自然資源永續利用。鑑於我國具備先端衛星科技能力，爰我

中美洲友邦尼加拉瓜、宏都拉斯、薩爾瓦多先後向我提出合作需求，盼透過本計畫引入地理資訊系統科技（GIS）提升治理能力，考量各合作國家間有其共通需求且可透過分享資源以節省成本，爰以區域統整方式執行本計畫，在共通基礎上再依各國家發展重點擬定計畫主軸。經評估後，尼、宏、薩三國導入地理資訊系統應用之主要挑戰在於缺乏衛星影像與技術能力，無法有效掌握土地利用情形與國土變化，並於遭逢天然災害時可以迅速有效反應，降低天災衝擊與損失。為協助合作國家有效應用地理資訊系統以提升政府治理效率，本計畫主要內容包含：（1）強化自然保護區或重點區域之環境監測，由我國提供衛星影像協助合作國家掌握國土變化情形；（2）培育地理資訊系統技術人才，移轉衛星影像應用技術予合作國家；（3）依據合作國家個別需求，運用衛星影像輔助水質監測（尼加拉瓜）、環境管理（宏都拉斯）與國土資源規劃（薩爾瓦多）（國合會，2020c）。

2. 宏都拉斯森林蟲害管理計畫

宏都拉斯面積 11 萬平方公里，森林覆蓋率達 55%，其中經濟樹種松木占 2 萬平方公里，為全體森林面積的三分之一。受到氣候變遷與乾旱的影響，2014 年宏國爆發嚴重的松小蠹蟲危害，22% 以上的松林受松小蠹蟲感染，甚至影響到鄰國瓜地馬拉與薩爾瓦多，造成林業經濟損失。宏國政府向我國提出合作計畫，盼透過本計畫引入地理資訊系統技術（GIS），以強化森林蟲害監控與預防的能力。經評估後，宏國政府對森林資源的管理能力不足，由於森林幅員廣闊，人手不足，無法即時回報蟲害資訊，一旦蟲害爆發無法即時反應。為協助宏國提升森林資源管理與蟲害監控與預防能力，利用「衛星資料」、「林業管理技術」與「GIS 平臺建構」提升宏國的管理能力，目的縮短 80% 蟲害的應變時間。本計畫主要包含：（1）運用衛星技術監控宏國森林狀況、（2）建立早期蟲害預警的機制，以資料推斷蟲害狀況、（3）建立良好的森林管理計畫、（4）資訊化平臺即時回報與監測蟲害、（5）技術轉移與人員訓練（國合會，2021e）。

3. 貝里斯城市韌性防災計畫

　　貝里斯因氣候變遷而易受極端降雨威脅，加上都市的快速發展，改變水文循環的特性尤其衝擊內陸低窪以及人口密集區，造成人民生命與財物損失。為減緩極端氣候與人為建設所造成之衝擊，貝里斯政府與 San Ignacio 市府盼我運用地理資訊系統（GIS）提升貝國政府應用科技減災之能力。本計畫依據貝國天然災害類型與防災單位既有軟硬體條件，協助劃設水利災害潛勢區並加強監測，以建立水災早期預警機制，並搭配能力建構與教育訓練，提升貝國防救災單位之技術能力。

　　本計畫將協助貝里斯政府在水患重災區，運用地理資訊系統技術，建構貝國水災早期預警系統，提升貝國水災災前及災中應變效率，並於示範點進行基礎工程改善措施，預期整合水災預警系統於貝國災害防救體系，並實質減少因水災所導致貝國人民生命及財產損失。本計畫主要內容包含：（1）強化災前整備能力與更新基礎圖資、（2）導入科技化監測技術、（3）易淹水區域水患治理（國合會，2021c）。

（四）ICT 在公衛醫療及教育方面之運用

　　ICT 除在科技、企業、農業、環境外，在公衛醫療及教育層面亦能發揮具體的效果，在公衛醫療方面，例如，COVID-19 本身即是一種疫病，藉由 ICT 當成傳播媒介，宣導 COVID 的相關知識與防疫方式，以維護全球人民之健康在巴拉圭、宏都拉斯及聖克里斯多福等三國，國合會執行有「醫療資訊系統計畫」，對醫院之管理助益甚大；在教育方面，在疫情期間大部分的國際會議與研討會均採用線上方式（WEBINAR）來進行，全球大部分學校因疫情關閉而使學生無法上學，亦採用線上教學方式以避免教學進度落後，有關後疫情時代之遠距商機可謂無可限量。此外，目前由國合會所經辦的「高等人力獎學金計畫」，與清華大學合作之「國際資訊科技與應用碩士學位學程」與「國際科技管理碩士學程」及東華大學合作之「資訊工程學士學位學程」；另國合會之「專業研習班」與「職業訓練班」亦有多項有關 ICT 領域之班別供友邦推薦適當人員來臺參訓。茲舉例如下：

1. 巴拉圭醫療資訊管理效能提升計畫

巴國醫療資訊系統缺乏整合能力，手寫作業方式導致院內人員工作負擔大，資訊取得亦缺乏時效性，以致管理效能不佳。有鑑於我國在醫務管理發展經驗豐富，且資通訊亦為我國優勢項目之一，本計畫應巴國政府之請求，將透過能力建構及系統建置協助巴國醫療資訊管理效能提升。本計畫全程內容如後：（1）E-Health 系統功能強化、（2）E-health 系統使用推廣、（3）醫院管理功能強化（國合會，2020e）。

第 2 期將以第 1 期執行成果為基礎，將系統推廣至巴國全國境內擇定之醫療機構，國內合作醫院國泰綜合醫院除為本計畫第 1 期之合作醫院，該院並為我國第一間也是目前唯一使用 JAVA 程式語言開發 Web Base 醫療資訊系統的醫院，該院並在此架構上自行開發之自有醫療資訊系統包括 7 大系統及 65 項次系統，並以同樣架構運用在包含總院、新竹分院、汐止分院及內湖診所，使各院區內病患就醫資料可以跨院交換，成為完整的國泰醫療網，本會將續與該院共同協助巴國提升醫療資訊管理效能，內容包括（國合會，2021d）：

(1) 發展標準化之整合性醫療資訊系統。

(2) 提升各級醫療機構資訊化程度。

2. 聖露西亞資訊科技融入教學發展計畫

聖露西亞政府向我國提洽「智慧國家（Smart Nation Smart Saint Lucia）」新計畫，內容橫跨教育、網路基礎建設、數位遺產及國民身分識別等不同領域，由於提案規模宏大，囿於資源考量，經國合會駐聖露西亞技術團洽詢露國確認以「智慧教育」內容作為新計畫主要目標。經綜合分析露國問題，露國運用資訊科技於教學之創新教育品質未如預期，建議先鋒學校運用資訊科技於教學發展特色課程，建立可複製之「資訊科技融入教學」模式，先輔導教師提升資訊科技運用能力，並實際投入製作累積多元化教材內容後，再建置教育資訊管理系統或線上教學平臺（國合會，2021f）。

四、結論及未來展望

（一）新興技術

物聯網（Internet of Things, IoT）技術是由實體物體，例如汽車、機械、家電等裝置，經由嵌入式感測器或「應用程式介面」（Application Programming Interface, API）連接網際網路，達到物件與物件、人與物件、人與人資訊交換與傳遞。物聯網除裝置與裝置信息傳遞外，應用服務涵蓋範圍相當廣泛，例如車聯網、智慧農業、穿戴裝置、智慧家電等。大量裝置連接產生大量資料數據的遞送，大數據（big data）技術可以彙整這些大量資料，經過分析產生決策資訊，大數據應用包含感知網路、交通運輸管理、金融風險分析、醫療分析等。近年來，人工智慧（Artificial Intelligence, AI）技術發展迅速，特別需要大量資料的機器學習技術，電腦有能力在巨量資料中萃取出複雜規則，再利用這些規則模擬類似人類智慧行為。人工智慧應用包含臉部辨識、自駕車、無人機、智慧醫療、疾病預測、流行病源基因演化路徑等。

物聯網、大數據、人工智慧等新興技術對未來資訊社會發展具有重要意義。包含自駕車、智慧醫療、疾病預測、風險預測等應用服務都是經濟社會重要應用服務。新興技術除了歸因於資訊科技的演進外，另一個重要因素為網際網路龐大資料正是孕育這些新興技術重要的驅動力。這些新興技術並非在封閉實驗環境獨立開發，而是與全球數位環境高度融合的持續演化技術。它們將隨著全球網路與應用領域成長而擴展，成為多領域關鍵數位環境不可或缺的元件。無論是農業、公共衛生、醫療、氣候變遷、防災等產業，未來都將持續導入物聯網、大數據、或人工智慧技術，促進產業發展進而提升社會價值。

（二）業務創新

我國國家實驗研究院（國研院）轄下共有 8 個國家級實驗研究中心，國研院為我國重要研發平臺與技術服務中心。國合會為呼應全球永續發展目標

需求，加速發展進程與科技應用，於 2020 年 3 月與國研院簽署合作備忘錄，共同推動我國跨領域的援外發展計畫。未來雙方將借重彼此優勢強項，在衛星遙測、地震防災、海洋及森林保育、碳計算、高速網路及物聯網等議題進行合作，以回應我國友邦及友好國家的各項需求，推動達成聯合國永續發展目標，讓世界看到臺灣（國合會，2021a）。

今日全球暖化日益明顯，劇烈天候日漸頻繁，經濟、社會及環境是否有足夠的韌性以因應變異氣候的衝擊是國家發展重要政策。導入新科技以因應全球氣候變遷已經是無可避免的方向，對於協助開發中國家的國際合作方向，對社群文化的理解也是新科技移轉過程重要的一環。

國合會與「泛美發展基金會」（Pan American Development Foundation, PADF）在貝里斯共同合作計畫，運用地理資訊系統技術，協助貝里斯聖伊格納西奧市（Santa Ignacio）以及聖依倫娜市（Santa Elena）進行水患治理，除了建置水災早期預警系統與防洪設施外，也藉此整合國家災害防救體系，貝國政府將能縮短災前反應時間，加速救災與應變速度。資通訊科技的導入強化國家災害防救體系，減少因災害導致人民生命與財產損失。

這些成功案例說明，整合國內外機構專業能力與資源，運用資通訊技術不僅可以促進國際合作計畫發展，並能強化經濟、社會及環境韌性以因應變異氣候的衝擊。不同機構專業能力互補與資源整合可作為國合會業務創新發展方向。

（三）永續發展

聯合國永續發展目標與每個人、每個組織、每個國家息息相關，沒有人能置身事外。氣候變遷、節能減碳、生物多樣性等，這些全球性的議題影響著全體人類社會的永續發展，即便臺灣非聯合國會員，同樣可以將永續發展理念落實到社會。消除貧窮是當前全球面臨的最大挑戰，解救人類脫離貧窮與飢餓是當務之急。全球區域發展不均，透過建立全球夥伴關係，推動國際援助方案是最有效的策略。其中非洲國家、內陸開發中國家及小島開發中國家面臨的挑戰尤為嚴峻。

網際網路過去幾十年間不斷地成長，資通訊科技更是快速的發展。資通訊科技演進及網際網路普及，無時無刻地影響著經濟與社會發展。全球在推動永續發展方向仍存在許多挑戰，而資通訊科技就是克服這些挑戰的關鍵因素（ITU, 2020）。放眼未來，我們相信，永續發展的方向仍將與資通訊科技的發展息息相關。資通訊科技擁有巨大的潛力，足以改變人類未來生活，因此資通訊科技幾乎成為聯合國永續發展目標無法分割的一部分。各國亦努力思考如何利用資通訊科技解決永續發展目標面臨的問題。

　　舉例而言，在目標 3 良好健康與福祉方面，擷取健康資訊可提供優質健康服務；在目標 4 優質教育方面，建構資通訊科技可實現遠距教學；在目標 5 性別平等方面，培訓女性資通訊技能與素養可擴大連結女性社群、有效協助女性投入電子商務市場；在目標 9 工業、創新與基礎建設方面，普及網路擷取可有效促進產業創新；在目標 11 永續城市和社區方面，建築導入資通訊科技可有效管理能源、交通與醫療導入資通訊科技提供相關服務；在目標 13 氣候行動方面，採用資通訊科技可蒐集氣候資訊、分析及未來氣候預測等（ITU, 2020）。

　　過去一甲子臺灣一步一腳印參與國際援助，這些投入國際社會建設的努力和成果，讓全世界認識臺灣可以對國際社會做出貢獻。最近幾十年資通訊科技已經對經濟和社會產生巨大影響，推動永續發展目標的方向仍充滿挑戰，資通訊科技在這方面仍需要投入更多努力，改善全球利益發展不均情況。臺灣具備優異的資通訊科技能量與完整的產業供應鏈，我們應發揮資通訊領域優勢，勇敢面對永續發展的挑戰，與國際友邦建立堅實的夥伴關係，共同合作促進經濟成長、社會發展與環境保護，營造一個公平、公正、包容的世界，這也將是臺灣未來的使命與努力方向。

參考文獻

行政院（2020）。積極推動我國太空科技發展。取自 https://www.ey.gov.tw/ Page/5A8A0CB5B41DA11E/c0b9bb59-96dc-437d-a041-06e1165e944f。

外交部（2020）。援外及國際合作業務援外成果。取自 https://www.mofa.gov.tw/cp. aspx?n=C32D28E7A48F2DBC。

國合會（2021a）。主軸業務——資通訊。取自 https://www.icdf.org.tw/ct.asp?xItem=12406 &ctNode=30126&mp=1。

國合會（2021b）。貝里斯交通監理資訊服務系統計畫。取自 https://www.icdf.org.tw/ct. asp?xItem=43500&ctNode=29938&mp=1。

國合會（2021c）。貝里斯城市韌性防災計畫。取自 https://www.icdf.org.tw/ct.asp?xItem=5 5400&ctNode=29938&mp=1。

國合會（2021d）。巴拉圭醫療資訊管理效能提升計畫（第二期）。取自 https://www. icdf.org.tw/ct.asp?xItem=58286&ctNode=29943&mp=1。

國合會（2021e）。宏都拉斯森林蟲害管理計畫。取自 https://www.icdf.org.tw/ct.asp?xIte m=51020&ctNode=29934&mp=1。

國合會（2021f）。聖露西亞資訊科技融入教學發展計畫。取自 https://www.icdf.org.tw/ct .asp?xItem=57963&ctNode=29929&mp=1。

國合會（2020a）。聖文森國電子文件暨檔案管理計畫。取自 https://www.icdf.org.tw/ct. asp?xItem=37406&ctNode=29930&mp=1。

國合會（2020b）。聖文森國智慧公車管理及監控系統計畫。取自 https://www.icdf.org. tw/ct.asp?xItem=54428&ctNode=29930&mp=1。

國合會（2020c）。中美洲地理資訊系統應用能力提升計畫。取自 https://www.icdf.org. tw/ctasp?xItem=2252&ctNode=29936&mp=1。

國合會（2020d）。貝里斯國家寬頻貸款計畫。取自 https://www.icdf.org.tw/ct.asp?xItem=4 9838&ctNode=29938&mp=1。

國合會（2020e）。巴拉圭醫療資訊管理效能提升計畫。取自 https://www.icdf.org.tw/ct.as p?xItem=33750&ctNode=29943&mp=1。

國合會（2019a）。加勒比海地區資通訊合作計畫。取自 https://www.icdf.org.tw/ct.asp?xIt em=5241&ctNode=29931&mp=1。

國合會（2019b）。聖露西亞政府廣域網路計畫。取自 https://www.icdf.org.tw/ct.asp?xItem =32619&ctNode=29929&mp=1。

ITU, "ITU's approach to using ICTs to achieve the UN's Sustainable Development Goals", ITU News. Retrieved from:https://www.itu.int/en/myitu/News/2020/05/13/12/31/ITUs-approach-to-using-ICTs-to-achieve-the-United-Nations-Sustainable- Development-Goals.

OECD—Organization for Economic and Cooperation and Development. (2020). "Sustainable Development Goals". Retrieved from: https://oecd.org.

WEF—World Economic Forum (2019). *Global Competitiveness Report 2019: How to end a lost decade of productivity growth.* Retrieved from: https://www.weforum.org/reports/how-to-end-a-decade-of-lost-productivity-growth

World Bank (2020). *Digital Development.* Retrieved from: https://www.worldbank.org/en/topic/digitaldevelopment/overview#3

WSIS-- World Summit on Information Society (2002). WSIS Geneva 2003--Tunis2005. Retrieved from: https://www.itu.int/net/wsis/newsroom/newsletters.asp?lang=en&new=f

WSIS (2005). WSIS Geneva 2003--Tunis2005. Retrieved from:　　https://www.itu.int/net/wsis/

WSIS (2020). "Fostering digital transformation and global partnerships: WSIS Action Lines for achieving the Sustainable Development Goals (SDGs)". Retrieved from: https://www.itu.int/net4/wsis/forum/2020/Home/Outcomes

第 7 章

微小中型企業發展

一、前言

　　中小型企業或中小企業，在部分地區也被簡稱作中小企，是指在經營規模上較小的企業，僱用人數與營業額皆不大。此類企業通常是由單一個人或少數人提供資金組成，因此在經營上多半是業主直接管理，較少受外界干涉，中小企業甚至可以小至僅有夫妻兩人理店之小公司，或是開設在服務式辦公室內。中小企業的概念來自 1958 年美國人口大量增加，共和黨艾森豪政府推動《聯邦小企業投資法》（*Federal Small Business Investment Act*）等稅收措施，並成立美國聯邦中小企業局（SBA），透過提供諮詢協助以及資金幫助，支援中小企業發展。

　　中小企業的概念來自 1980 年代末期的「small business」概念，當年美國的經濟開始下滑，但亞洲四小龍的經濟卻逆向起飛。另一方面，美國國內除了惠普公司以外，其他公司的業績都普遍下降；管理學家針對這兩個特例，認為在經濟低迷的情況下，相對小型的企業能夠對急劇變化的環境更容易適應。因此四小龍國家的企業之規模普遍比美國的大集團為小，對於轉變的適應能力更快；另一方面，由於惠普公司將整家公司劃分成細小的組織，並容許組織內部的單位領導人有更大的自主權，從而使公司更容易適應外來環境的轉變。

（一）中小企業之定義

1. 歐盟的定義

　　歐盟各國過去對於中小企業的定義皆有不同，例如德國規定員工 250 人以下者即為中小企業，而在比利時過去則規定 100 名員工以下。近期歐盟開始了一些規範的工作。現在歐盟規定 10 名員工以下為微型企業，50 人以下為小型企業，而 250 人以下為中型企業（European Commission, 2015）。下面列出歐盟有關中小微型企業定義：

類型	員工人數		營業額（百萬歐元）		總資產（百萬歐元）
微型企業	< 10	且	≤ 2	或	≤ 2
小型企業	< 50	且	≤ 10	或	≤ 10
中型企業	< 250	且	≤ 50	或	≤ 43

2. 臺灣的定義

依我國「中小企業發展條例」第 2 條第 2 項所頒訂之「中小企業認定標準」第 2 條規定之定義，中小企業係指依法辦理公司登記或商業登記，並合於下列標準之事業（全國法規資料庫，2020）：

(1) 製造業、營造業、礦業及土石採取業實收資本額在新臺幣 8,000 萬元以下，或經常僱用員工數未滿 200 人者。

(2) 農林漁牧業、水電燃氣業、批發及零售業、住宿及餐飲業、運輸倉儲及通信業、金融及保險業、不動產及租賃業、專業科學及技術服務業、教育服務業、醫療保健及社會福利服務業、文化運動及休閒服務業、其他服務業前 1 年營業額在新臺幣 1 億元以下，或經常僱用員工數未滿 50 人者。

(3) 所稱小規模企業，係指中小企業中，經常僱用員工數未滿五人之事業。

(4) 所謂經常僱用員工數，係以勞動部勞工保險局受理事業最近十二個月平均月投保人數為準。

3. 香港的定義

依據香港政府的規定，所謂中小企業是指：

(1) 任何從事製造業而在本港僱用少於 100 人的企業；

(2) 任何從事非製造業（包括建造業、採礦業、採石業、電力及燃料生產業、進出口貿易、批發、零售、飲食、酒店、物流、運輸、倉庫、保險、地產、商用服務、社區服務、社會服務和個人服務業）而在本港僱用少於 50 人的企業。

（二）中小企業的競爭優劣

1. 競爭優勢

（1）生產力高，（2）員工流動率低，（3）技術背景較高，（4）能快速反映顧客所需，（5）具有創業精神，勇於接受挑戰。

2. 競爭劣勢

（1）資金較不足、財務調度不易，（2）生產和研發投入不易，（3）管理人才與行銷人才較不足夠，（4）易面臨技術僵固性，（5）交易成本較高。

（三）微小中型企業面臨的困難

1. 中小企一方面對轉變的適應更為靈活，但在另一方面，由於公司規模較小，在籌集資金方面比較困難，因為公司缺乏豐厚的資產作為向銀行貸款的抵押。亦由於大部分中小企業缺乏良好的職位階梯，以及因資本所限，未能提供豐厚的薪酬制度，所以不時有人才流失的問題。
2. 中小企業所面對的競爭激烈，在大企業主導的市場中難以生存，不少地區的政府就此為中小企業提供特別貸款，以幫助他們發展。另一方面，股票市場的第二主板也是中小企籌集資金的辦法，因為第二主板的門檻通常都較低，以吸引中小企上市集資。

二、微小中型企業發展政策與方法

微小中型企業因其規模小，分布散居鄉間與都市，以及資源有限的特質，使其在取得市場資訊、建立內部管理支援系統及人才培育與研發等方面均處於劣勢。在制度面，政府對於各型企業一體適用的制度規範所衍生之固定交易成本，對微小中型企業的負擔仍相對沉重。同時，微小中型企業對於政府的政策影響力則屬相對偏弱，難以引導政府擬訂有利於其參與市場競爭的

政策；在金融環境方面，資訊不對稱更造成微小中型企業融資困難。

　　微小中型企業對於開發中國家的經濟，以至於降低貧窮，有其不可磨滅的重要性。建立一個有利於微小中型企業發展的「企業投資環境」，便成為政府的重要任務。所謂「企業投資環境」，乃泛指一個國家的政府政策、制度與效能。世界銀行在 2005 年「世界發展報告」中便強調，良好的投資環境對於私人部門發展的重要性（World Bank, 2005）。當一個國家致力於減少對企業不必要的法律規範，簡化行政程序，鼓勵金融競爭並力行金融自由化政策，維持總體的經濟環境，將可使微、小、中、大型企業同時受益，進而促進經濟發展。上述經濟法治環境的改善，將降低企業營運的外在成本，對於規模較小的企業，其降低成本的效果尤為顯著。

　　政府擬定改善投資環境政策時，應著手降低法令制度對微小中型企業發展所造成的不公平競爭障礙，致力於提供一個公平競爭的環境，而非建立一個違反成本效益的規範，甚至扭曲市場競爭的意義。在此一原則下，政府政策應導向：

（一）簡化企業法律規範，降低企業行政遵循成本

　　依據各國的經驗顯示，政府對於微小中型企業應採取股利政策，運用市場競爭機制汰弱留強，增加總體經濟競爭力；反之，如對微小中型企業實施保護政策則會降低市場競爭，以至於無法發揮微小中型企業對總體經濟的貢獻。因此，降低企業設立門檻條件，簡化微小中型企業申請設立程序與要求，降低企業檢查以及報告項目與頻率，鼓勵企業透過協商機制解決紛爭並強化合約約束效果，均可降低法律遵循成本，達到鼓勵微小中型企業發展的目標。

（二）重視微小中型企業的業務績效

　　改善微小中型企業的業務能力和績效，對於提高國家、地區和城市的生產力，創造就業機會，減少不平等現象，以及建立更具韌性和永續性的成長至關重要。

　　各種類型的微小中型企業其實都有擴大產能和增長的空間，包括初創企

業在內的大多數微小中型企業的生產率和工資水平較低、技術採用和創新的水平較低，或者國際化水平和參與全球價值鏈的水平亦相對較低。微小中型企業和初創企業的條件和障礙，因商業環境、市場條件、機構和監管框架或其對基礎設施和戰略資源（例如技能、財務、知識、數據、技術或網路等）的獲取而異。因此，必須改善對微小中型企業業務狀況和驅動力以及企業家績效的瞭解。針對國家、地區及城市進行分析，並就良好的政策實踐進行相互學習，這些實踐可以釋放出微小中型企業和初創企業的潛力，以推動創新與生產力，創造就業機會及永續性和包容性的經濟成長（OECD, 2021a）。

（三）微小中型企業和創業融資

獲得適當的資金來源是中小企業啟動、發展和成長的關鍵，但長期的挑戰仍然存在。世界各國政府正在加緊努力，為中小型企業和企業家提供多樣化的金融服務。

在 SMEs 生命週期的各個階段，中小型企業都需要獲得適當的資金來源以促進其創新、生存和增長。儘管中小企業在金融危機之後獲得了銀行融資的機會大體上恢復水平，但長期存在的挑戰仍然存在，例如訊息不對稱、交易成本高，以及小企業主缺乏財務技能和知識。此外，除直接債務外，融資工具的潛力通常仍未得到開發。微型企業、創新型企業、初創企業和年輕公司往往在獲取融資方面面臨更多困難。

記錄中小企業和企業家獲得融資的趨勢，並監督政府加強中小企業和企業家精神融資的政策。鼓勵在這一領域的學習和知識共享，並可以幫助政府確定有效的政策作法，以增加獲得信貸的機會，並擴大中小企業和企業家的融資工具的範圍（OECD, 2021b）。

（四）促進企業數位化轉型，提高微小中型企業效能

許多中小企業數位化轉型仍相當落後。多數企業忽視了生產力和競爭力方面的潛在利益，無法清楚地確定其需求，或者沒有足夠的能力或財務資源來取得和有效使用數位工具。中小企業的數位落差減緩了生產力的增長，並

擴大了人員、公司和地區之間的不平等。COVID-19 大流行期間更加速了企業進行數位化運營的需求，數位化轉型已成為各國政府對中小企業發展的首要政策重點（OECD, 2021c）。

三、國際間微小中型企業發展經驗

綜觀國際間中小企業發展之歷程，首先在十九世紀末到二十世紀初，資本主義鼓勵自由競爭的結果，造成企業家資本壟斷；二次世界大戰後，歐美國家政府開始對小企業採取保護政策，小企業被視為是鼓勵自由競爭的重要指標，各國相繼推出反壟斷法、反卡特爾法，以限制壟斷並推動經濟發展。1944年布里敦森林協定商議設立 IMF 與世銀時，有關直接對私人部門（企業）提供協助之議題曾被提出，當時世界環境跨國的私人企業潮流未成氣候、全球化的經濟體尚未形成，亦無通訊革命的推波助瀾，世界人口比現今少約一半，低度開發中國家仍處於經濟成長的極早期階段，人力資源與基礎建設匱乏，故援助重點僅在於提升經濟成長環境與促進生活水準，私人部門當時因相對重要性小，而未被列入世銀援助業務範圍內。但當世銀在各國開始推動開發性計畫後，對私人部門提供協助的必要性再度浮現，1940 年末期，世銀總裁及副總裁經由一連串努力，遂將對私人部門提供協助列入世銀業務範圍內，並在美國會員的支持下，於 1954 年成立 IFC，IFC 專責協助會員國有關私人部門發展。

自 1970 年代以來，新技術的創新與革命，開創了許多知識密集型及技術密集型的產品與企業，以技術為優勢的小企業因應而起，政府政策則以加速立法促進中小企業技術創新，鼓勵中小企業現代化，使小企業與大企業並存協調經濟發展。

1980 年代，中小企業備受重視，國際發展合作計畫領域涵蓋層面亦逐步擴增，早期以提供金融資源體系的建立與強化計畫，而政府制度以及產業經濟發展政策與中小企業發展的關聯性，則在亞洲金融危機後再度成為研究焦點。提供中小企業融資是國際組織早期普遍運用的融資方式，其策略由初期

的補貼性質的低利貸款，逐漸調整為尊重市場機制的貸款政策。計畫目標則由直接提供融資逐漸轉化為提升金融機構對中小企業融資的承作能力，以提供中小企業永續的融資來源。

隨著低度開發中國家逐漸成長，私人部門扮演的角色日重，國際組織對私人部門發展的重視亦隨之而起，亞洲開發銀行於 1983 年成立私人部門並另於亞銀體系下於 1989 成立「亞洲金融投資公司」（Asian Finance and Investment Corporation, AFIC），該公司後因成效不彰關閉，改成立「私人發展部門」。

1990 年代開始，協助開發中國家建立微小中型企業非金融支援體系，逐漸成為微小中型企業發展重要的一環。早期的協助支援體系以政府機構為主體，並由政府預算補貼，免費提供中小企業諮詢服務，為此一模式常造成提供之服務與企業實際需求間的落差，並形成政府長期財務負擔而難以永續經營。為促使支援體系的永續經營，微小中型企業支援體系乃逐漸發展為由私人部門提供商業發展服務之模式，政府之角色則轉化為提供公共財，如商品標準化檢驗認證制度、資訊設施普及化等，即以計畫初期資金提供誘因制度，鼓勵民間經營並發展成為財務自主的機構。

美洲開發銀行於 1992 年協助管理一獨立的「多邊投資基金」（Multilateral Investment Fund, MIF），並於 1995 年設立私人部門發展處。於 1991 年成立之歐洲復興開發銀行則直接把協助私人部門發展直接列入其業務範圍，並透過「轉型管理計畫」（Turn Around Management, TAM），以聘僱資深顧問方式網羅全球產業菁英，協助中東歐及中亞等地區轉型國家的企業發展。對於微小中型企業發展之主要工作業務內容包括：

1. 各種可得工具協助私人部門發展包括：政策對話、公共部門計畫、股權投資、無政府保證之融資，合作融資與保證架構、技術協助等。

2. 扶植私人部門發展之傳統領域：係為企業建立良好的發展環境，包括興建經濟基礎建設（道路、港口、機場、電力、輸電等）以帶動國家經濟發展、從總體面制定相關法規政策（健全財政及資本市場、財產法、私有化法規、反貪腐、稅收等）或調整不合宜之規範。

3. 先強化金融中介：提供長期且穩定的資金予金融中介／微額貸款機

構，先確保金融機構的永續後，再延伸至提供良好的金融服務予微小中型企業。

4. 經濟轉型引入私人部門參與：鼓勵企業進行基礎建設、替代政府提供公共服務，如 BOT 機制；或將政府部門私有化、開放民股與租賃經營權，如用在前蘇聯國家之經濟轉型。

5. 結合貿易援助觀念：貿易自由化的發展下，國際貿易迅速開展，提供開發中國家發展的空間。AFT 針對發展程度比較低的國家，就其出口貿易所遭遇的各種障礙，提供適當的協助，將受援國建設成為一個良好的投資環境，並有利於援助國到當地進行投資。從一開始針對銀行信用狀的保兌機制，逐步擴大為有助於貿易交流的各項軟硬體發展計畫。

6. 在公部門外，針對私人部門採用無政府保證之直接貸款、資本投資、部分信用保險、政治風險保證等工具，進而催化私人投資機會。

7. 因私人部門規模較主權國家小，多邊開發銀行採用間接股權投資方式進行，即挹注資金於特殊目的投資基金平臺（SPV），並委由基金管理公司對企業進行投資，例如私募股權基金。

8. 公私人部門夥伴關係（PPP）：邀請私人部門資金參予國際合作發展。

1996 年，國際貨幣基金與世界銀行成立重債窮國計畫（Heavily Indebted Poor Countries, HIPC Initiative），希望能夠協助世界最窮困的國家將外債降低至能夠承擔的水準，讓這些國家的政府得以正常施政。1999 年重新被檢討與改革，希望透過減免債務而減少這些國家的貧窮。重債窮國計畫中有 38 個國家，其中 32 個位於撒哈拉沙漠以南之中部非洲地區，有資格接受債務減免。至此，微額貸款機制日趨受重視，2005 年國際上稱之為微額貸款年。

1996 年 12 月，聯合國大會宣布第一個聯合國十年消除貧困（First United Nations Decade for the Eradication of Poverty, 1997-2006），主題是「消除貧困是人類的道德，社會，政治和經濟之迫切需要（Eradicating poverty is an ethical, social, political and economic imperative of humankind」；第二個十年（Second

United Nations Decade for the Eradication of Poverty, 2008-2017）年，主題是「人人享有充分就業和體面工作（Full Employment and Decent Work for All）」；第三個十年（Third United Nations Decade for the Eradication of Poverty, 2018-2027），主題是「加速為沒有貧窮的世界採取全球行動（Accelerating global actions for a world without poverty）」。

自 1997 年起至今，OECD 推出「商業諮詢政策」（Business advice policy），是公共企業發展介入的一個長期而標準的領域。然而今天的決策者面臨著數個挑戰——包括說服公司採取行動的價值建議、滿足需求和供應、確保提供高標準的支持，並實現成本效益影響。各國政府正在採用新方法應對這些挑戰。並自 2015 年起將導入私人部門資源作為討論重點之一。同時特別關注以下三個問題（OECD, 2021）：

1. 透過提高認識、提高質量和改善匹配度，建立對中小企業和初創企業的業務發展服務的需求。
2. 針對不同類型的中小型企業和初創企業，提供有針對性的支持他們需求的差異。
3. 充分利用數位技術的機會，為新興和小型企業提供基本的服務診斷其潛在的改善方面。

聯合國發展計畫署（UNDP）為協助開發中國家政府建立良好的金融部門，以利於微小中型企業取得資金，於 2005 年開始針對開發中國家金融發展議題，進行一項大規模的調查研究，並於 2006 年發表建立具有包容性的金融部門以促進發展之藍皮書（Comprehensive Guide for Building Inclusive Financial Sectors for Development）。此外，在「南一南」合作的架構下，UNDP 也與日本合作成立非洲科技網（Technonet Africa），運用亞洲機構發展微小中型企業經驗，來協助非洲國家建立有利於微小中型企業發展的政策環境，並促成亞非國家工業技術交流。

2015 年 9 月聯合國永續發展目標 8：「促進包容且永續的經濟成長，達到全面且生產力的就業，讓每一個人都有一份好工作」，其中細項目標 8.3：

「促進以開發為導向的政策，支援生產活動、就業創造、企業管理、創意與創新，並鼓勵微型與中小企業的正式化與成長，包括取得財務服務的管道」，揭示至 2030 年止有關微小中型企業發展政策方針。

由以上微小中型企業發展之政策方針與執行模式可知，國際開發援助機構對於促進私人部門發展，尤其是微小中型企業發展所做的努力。近年來，以開發產業金融人才與開發中國家合作，經由直接投資，引進先進國家企業管理概念，並促進工業技術移轉，促成「北－南」、「南－南」及「北－南－南」國家私人部門合作，建立私人部門參與永續發展目標之執行。

四、臺灣微小中型企業發展及援外計畫之執行

臺灣自 1951 至 1965 年間接受美援並戮力推動微小中型企業發展，發展至今，根據《2020 年中小企業白皮書》資料顯示，2019 年臺灣中小企業家數為 149 萬 1,420 家，占全體企業 97.65%，較 2018 年增加 1.72%；中小企業就業人數達 905 萬 4 千人，占全國就業人數 78.73%，較 2018 年增加 0.99%，兩者皆創下近年來最高紀錄，顯示中小企業為穩定經濟及創造就業之重要基石（經濟部中小企業處，2020）。

在銷售額方面，2019 年中小企業銷售額為 12 兆 7,130 億元，較 2018 年增加 0.70%；其中，內銷額為 11 兆 2,992 億元，較 2018 年增加 1.14%，且近年來皆呈正向成長。而 2019 年新設中小企業（成立未滿一年）銷售額為 2,076 億元，更較 2018 年增加 15.80%。我國中小企業 2019 年銷售穩定成長，且新創銷售表現亮眼（經濟部中小企業處，2020）。

從以上之數據顯示，中小企業已成為臺灣經濟發展之命脈，臺灣在經濟成長的歷程中創造了高就業率，也維持了較一般先進國家為低的貧富差距，我國政府長期對中小企業發展政策與輔導機制，則是催化中小企業成長的助力。依據我國經濟部所頒布中小企業輔導體系建立及輔導辦法，我國政府對中小企業之需求所提供的輔導體系主要有 10 項分別為財務融通、經營管理、生產技術、研究發展、資訊管理、工業安全、汙染防治、市場行銷、互助合作

以及品質提升等，該體系之建立已成為臺灣中小企業發展之一大特色。

由於我國在微小中型企業發展之經驗甚受國際以及開發中國家的矚目，微小中型企業發展計畫成為國合會在進行經濟發展援助中最重要的合作議題。國合會在協助夥伴國家微小中型企業方面，係針對資金、技術及人力等三項產業生產基本因素來推動經濟合作發展計畫。

在計畫執行過程中，運用我國政府及私人部門資源分享我國中小企業發展經驗，提供合作國家必要之協助。國合會依各國不同之國情與當地合作單位交換意見後，擬定計畫以提供中小企業融資貸、顧問諮詢及能力建構等方面進行協助。

（一）國合會微小中型企業發展計畫之執行原則

相較於其他專業性國際組織或援外機構，國合會之人力及財力資源相對有限，因此，為善用有限資源，國合會援助微小中型企業的機制係依下列原則進行：

1. 計畫兼顧夥伴國需求以及我國相對優勢

為使有限資源發揮最大經濟效益，合作計畫應以需求為導向，經由夥伴國家或合作單位提出需求及產業類別優先發展順序，再就其所提項目進行評估，並衡量本身可提供協助與運用之資源，必能提效率之協助與合作計畫。

2. 技術與知識適切的移轉

每個國家經濟發展程度不一，所需要協助層面亦不盡相同，國合會針對各友邦之個別差異及需求層次，移轉適切之發展經驗，並加強與當地機構合作，以培訓當地種子教師及教材，以落實技術移轉與在地化之原則。

3. 建立穩健的經濟環境與永續發展

微小中型企業成長除企業本身的努力外，政府的政策與輔導是促進其發展最重要的環境因素，舉凡有效能的政府、適當法規與獎勵措施及適當的基礎建設等，皆是國際組織與國合會所共同重視的議題。為促進推廣效益，援助

計畫永續性向為國合會所重視，因此，健全金融機構的財務體質以提升其中小企業融資能力、深入產業輔導廠商並進行技術移轉，以協助友邦自立、培植規劃人才與高素質勞動力等。

（二）雙邊合作計畫

1. 微小中型企業轉融資及貸款計畫

（1）中小企業轉融資貸款計畫

國合會首先於 1997 年在巴拿馬、多明尼加及貝里斯等三國，進行「中小企業轉融資貸款計畫」，協助中美洲友邦中小企業發展，國合會透過國際商業銀行或非政府組織，提供友邦境內中小企業轉融資貸款，國合會提供之貸款均以尊重當地金融市場機制為前提，避免提供補貼性利率，計畫目的在於建立銀行擴展中小企業貸款業務之意願，從而發展成功融資模式，對於貸放對象則授權銀行評估，避免政府干預指定，並定期評估貸款回收情形（國合會，1997）。並自 2002 年擴及至南美洲之巴拉圭。

（2）小農貸款計畫

國合會自 1998 年起開辦小農貸款業務，首先對農民直接貸款輔以技術協助之雙軌協助，此類帶有目標性的協助計畫，讓小型農戶的糧食產量以及生活條件皆有改善，搭配我駐塞內加爾農技團之輔導計畫提供「小農貸款」，主要對塞國農民提供周轉金，貸款融資之最終對象為我農技團輔導地區的農民。另在拉丁美洲與加勒比海宏都拉斯、貝里斯、格瑞那達、聖克里斯多福、多米尼克、巴拿馬、及哥斯大黎加等國推動「小農貸款計畫」提供農技團計畫推廣護產銷所需技術與財務援助，對該等國家日後向國際金融機構申請貸款時甚有助益（國合會，1998）。

（3）微額貸款計畫

國合會自 2000 年起，在降低貧窮為全球發展主軸之援助理念下，積極開辦微額貸款計畫，在亞洲、非洲、中美洲暨加勒比海，以及中東歐各地區，尋求與當地非政府組織以及多邊開發銀行合作的機會，強化當地金融機構以提供更好、更多樣性的金融服務。受益對象從中小企業、小農、貧窮與弱勢族群

以及微型企業等。例如「布吉納法索鄉村微額貸款計畫」、「海地微額貸款計畫」、「喬治亞微額貸款計畫」等，並自 2008 年起經董事會核准 300 萬美元之額度下辦理微額貸款業務，以協助微小中型企業及農企業取得資金之來源（國合會，2001）。

（4）史瓦濟蘭開發金融公司（FINCORP）貸款計畫

2012 年，由計畫執行機構 FINCORP 依據史國微小中型企業發展策略，以當地幣史鎰轉貸予當地微小中型企業。FINCORP 主要運用其資金於農業、製造業、貨運及運輸業、林業、建築業、灌溉工程等產業融資（國合會，2012）。

（5）巴拉圭微小型企業貸款計畫

中小企業可靈活應對不斷變化的世界，但也受其規模小而脆弱，融資即是一項主要障礙。以經濟體結構與臺灣類似的巴拉圭為例（即中小企業為國家從業人口最多、產業百分比最大之群體），但受限於輔導體系分散及資源未能充分整合使用，巴國微小型企業無法像臺灣具備靈活與彈性身段；因此，本會於 109 年與當地社會企業——「巴拉圭基金會」合作推動《巴拉圭微小型企業貸款計畫》，藉由該基金會豐富之小額貸款經驗與全國網絡關係，協助巴國微小型企業有效取得資金，呼應永續發展目標 9.3 項指標「提高小型工業及企業取得金融服務的管道，尤其是發展中國家，包括負擔得起之貸款，並將其併入價值鏈與市場之中」（國合會，2020a）。

（6）帛琉婦女、青年暨中小企業轉融資計畫

大多數中小企業以聘僱婦女、青年以及貧困人口等脆弱族群作為員工，尤其在發展中國家的農村地區，中小企業甚至是這些族群唯一之就業機會及收入來源。為協助這些族群之經濟能力，國合會於 2020 年推動《帛琉婦女、青年暨中小企業轉融資計畫》，以貸款方式強化「帛琉國家發展銀行」（National Development Bank of Palau, NDBP）資本結構，增進該行各類型之貸放業務，服務更多帛琉婦女、青年等族群及中小型企業，實踐永續發展目標 5.A 項指標「根據國家法律進行改革，提供婦女公平的經濟資源權利，以及獲得土地與其他形式的財產、金融服務、遺產與自然資源的所有權與掌控權」及 8.10 項指標「強化國內金融機構的能力，為所有的人提供更寬廣的銀行、

保險與金融服務」（國合會，2020b）。

（7）聖克里斯多福及尼維斯──尼島小企業發展轉融資計畫

尼島政府為推行小企業發展政策，欲透過財政部轄下小企業發展中心（Small Enterprise Development Center, SEDU）貸款予尼島小企業，以促進當地經濟活動。本貸款計畫包括：A. 設立循環使用基金，透過 SEDU 轉貸予當地有事業登記之小企業、婦女或 35 歲以下青年新創事業者；B. 支持 SEDU 機構強化，提升機構營運及輔導能力效能，以增加對小企業主之技術協助與諮詢輔導。

2. 技術合作方面

（1）中小企業輔導及顧問諮詢

為協助友邦技術升級與引入創新技術方面，國合會首先於 1997 年在中美洲七國進行「中美洲七國發展中小企業技術協助計畫」，由筆者擔任計畫主持人，派遣我國中小企業專家提供友邦相關小企業政策制定、產業輔導及能力建構計畫，所輔導內容包括我國中小企業發展政策、我國建立中小企業輔導體系之經驗、我國中小企業信用保證基金、中衛合作制度及外貿推廣等。1998年，中小企業輔導及顧問諮詢計畫擴展至史瓦帝尼（前名史瓦濟蘭）、波蘭及外蒙古等國。中美洲七國計協畫於 2001 年完成第一期計畫後，於 2002 年起進入第二期計畫，針對中美洲七國個別策略產業發展之需要進行深度輔導，如在貝里斯進行「食品加工技術協助計畫」、在哥斯大黎加進行「模具技術協助計畫」、在薩爾瓦多及瓜地馬拉進行「木材家具產業技術協助計畫」、在宏都拉斯及尼加拉瓜進行「食品加工技術協助計畫」及「製鞋產業技術協助計畫」，以及在巴拿馬進行「金屬機械技術協助計畫」等（國合會，2002）。

瓜地馬拉於 2011 年續執行「中小企業輔導計畫」，本計畫全程內容包括：A. 與瓜方建立輔導團隊，依據瓜國經濟部產業發展政策，推動廠商訪視、諮詢、診斷及深入輔導事項。B. 由我國短期專家或顧問，結合當地專家、瓜國相關產業公會等相關資源，建立示範性之輔導案例。C. 規劃辦理人才培訓、技術訓練及研討會，引進先進技術與管理工具，培養產業技術人才，協助提升產業競爭力（國合會，2013）。另在 2015 年執行「瓜地馬拉微中小企業營

運輔導功能提升計畫」，本計畫主要目的在於協助瓜地馬拉政府強化微中小企業輔導能力，並協助其追蹤微中小企業現況以訂定微中小企業輔導總體策略，強化外部輔導機構能力，以放大輔導能量。

（2）巴拉圭微中小企業輔導體系能力建構計畫

巴拉圭微中小企業數量達 25 萬多家，占總勞動人口 61%，對巴國經濟發展具一定影響力，惟目前巴國微中小企業主多缺乏經營管理之能力與技術，導致經營狀況普遍欠佳，2010 年微中小型企業銷售收入僅占全國 10%。為提升巴國微中小企業經營績效，提升相關輔導體系之功能，國合會自 2019 年與巴拉圭政府工商部共同啟動之《巴拉圭微中小企業輔導體系能力建構計畫》，即是導入我國中小企業輔導體系經驗、經營管理能力與技術，逐步提升巴國微中小企業輔導效能。本會盼結合融資貸款及提升輔導能力等 2 個面向，提升整體綜效讓發展援助更為周全（國合會，2019a）。

（3）瓜地馬拉中小企業創業育成輔導能力提升計畫

為協助瓜地馬拉政府整合產官學資源，強化中小企業創業育成輔導能力。國合會自 2019 年與瓜地馬拉經濟部微中小企業處合作推動《瓜地馬拉中小企業創業育成輔導能力提升計畫》，協助瓜國政府提升微中小企業營運輔導功能，並建立產官學合作之創業育成中心及投資媒合輔導體系，增加當地微中小企業之競爭力並創造就業機會（國合會，2019b）。

（4）瓜地馬拉安提瓜及薩卡特佩克斯周邊鄉鎮中小企業青創新藝特色產業發展計畫

國合會為協助夥伴國中小企業開拓全球商機，亦於 2019 年推動「瓜地馬拉安提瓜及薩卡特佩克斯周邊鄉鎮中小企業青創新藝特色產業發展計畫」，導入我「一鄉一特產」（One Town, One Product, OTOP）模式，建立地方特色產業輔導平臺，對瓜國傳統手工藝工匠及其產品提供創新觀念及技術協助，強化瓜國中小企業推廣中心之機構功能，期使 90 家中小企業及 900 位青年及從業人員受益，提升瓜國產品品質，活化特色產業所在總體環境，並向全世界推廣瓜國精緻手工藝產品及文化。

（三）多邊合作計畫

1. 歐洲復興開發銀行（European Bank for Reconstruction and Development, EBRD）

歐銀成立於 1991 年，總部設於倫敦，為歐洲區域性開發援助機構。歐銀設立目的在於協助中、東歐及前蘇聯國家私人部門發展及轉型為市場導向經濟。該行共協助中歐至中亞地區國家進行經濟改造、國營企業私有化及提升國家競爭力。國合會與歐銀合作肇始於 1998 年，雙方共同成立特別投資基金協助本地區 28 個受援國家（Countries of Operations）中小企業之發展，以朝市場經濟進行轉型。

1997 年，國合會與歐銀合作融資「白俄羅斯中小企業轉融資計畫」，這是國合會與歐銀合作的第一個計畫；1998 年國合會與歐銀簽訂合作協定，參與歐銀金融中介機構特別投資基金（Financial Intermediary Investment Special Fund, FIISF）計畫，主要係針對中東歐地區私人企業進行股本投資。2004 年，國合會與歐銀合作融資進行「保加利亞 PROCREDIT 銀行貸款計畫」，其目的為協助保加利亞 PROCREDIT 銀行有關微小中型企業貸款業務（國合會，2004）。2005 年進行「金融中介機構特別投資基金——小企業帳戶」，2006年推動「金融中介機構特別投資基金——貿易金融推廣計畫」，2008 年合作「金融中介機構特別投資基金——小企業帳戶第二期」，2011 年合作推動「金融中介機構特別投資基金——小企業帳戶第三期」及「綠色能源特別基金」，2015 年推動「金融中介機構及私人企業特別投資基金——農企業帳戶」，今舉兩項進行中的計畫說明如下：

（1）歐銀特別基金——永續農企業價值鏈計畫

2019 年，國合會與歐銀合作推動「歐銀特別基金——永續農企業價值鏈計畫」，其目的在協助歐銀區域內農企業取得營運週轉與購置設備所需資金，使用可減少溫室氣體產生或增加氣候韌性之綠色技術，並經由該企業發揮向前或向後連結效果，嘉惠位於不同農產價值鏈階段之農企業及農業從事者，進以兼容城市與鄉間之農業直接與間接經濟活動（國合會，2020c）。

（2）歐銀特別投資基金——小企業帳戶第 3 階段計畫

國合會在歐洲復興開發銀行（歐銀）金融中介投資特別基金（FIISF）架

構下，續設立小企業帳戶第三階段（Small Business Account），提供中東歐、西巴爾幹、中亞及獨立國協地區友好國家之微小中型企業與綠色融資管道，協助其經濟發展。

① 配合我政府整體外交政策，協助中東歐、西巴爾幹、中亞及獨立國協地區友好國家金融機構發展，並強化微小中型企業融資管道以活絡私人部門發展，達成該地區國家轉型目標。

② 透過綠色經濟融資機制（Green Economy Financing Facilities）促進綠色經濟市場發展，解決融資綠色技術與產品之市場障礙，帶動私人部門對能源／資源永續計畫及氣候復原計畫之投資。

2. 中美洲經濟整合銀行（Central American Bank for Economic Integration, CABEI）

中美洲經濟整合銀行為中美洲地區區域性開發援助機構，銀行總部設於宏都拉斯首都 Tegucigalpa；該行成立目的為協助中美洲地區區域整合及經濟發展，微小中企業占企業比例超過 98%，是中美洲地區經濟主力，然中美洲國家取得金融服務的管道有限，因而影響國家經濟成長，因此，藉由 CABEI 轉貸給我中美洲友邦金融中介機構，透過金融中介機構再貸款給當地（微）中小企業，以協助私人部門之成長。

我國與中美洲經濟整合銀行合作概況謹說明如下：

（1）1994 年，我國提供 1 千萬美元與中美洲經濟整合銀行合作，再轉貸予中美洲國家當地銀行，以協助其中小企業發展，這是我國與 CABEI 的第一個合作計畫。

（2）1997 年，為協助中美洲五國（哥斯大黎加、薩爾瓦多、瓜地馬拉、宏都拉斯及尼加拉瓜）中小企業發展，執行「中美洲五國中小企業轉融資貸款計畫」，由國合會先貸予中美洲經濟整合銀行，由該行轉貸予五國境內金融機構，再由各金融機構依市場利率轉貸予中小企業。

（3）2006 年，國合會與 CABEI 合作執行「中美洲微小中型企業轉融資計畫」，2010 年，再擴大執行「中美洲微小中型企業轉融資計畫第 2 期」。

（4）2015 年中美洲區域咖啡銹病貸款專案專案內容包括「農業貸款」及

「技術協助」2 個主要項目，詳細內容為（國合會，2015）：

① 農業貸款：包括植株更新及田間管理兩類貸款

A. 植株更新貸款：協助咖啡小農取得資金以更新易染病之老舊植株，並改種抗病品種，此外並提供小農更新植株而缺乏收入期間之生活所需資金。

B. 田間管理貸款：協助咖啡小農取得資金以對染病之咖啡田區進行剪枝及強剪枝等銹病防治工作，此外並提供小農收入減少期間之生活所需資金。

② 技術協助之內容

A. 建立資訊平臺：建立區域性之資訊平臺，以提升整體咖啡栽種技術及品質。

B. 建立早期預警系統：建立國家級之早期預警系統，以強化咖啡病害防治能力。

C. 機構能力建構：強化各國咖啡產業鏈主要機構之能力，以提升整體咖啡產業價值，進而提升咖啡小農之收入。

D. 提供銹病防治技術協助：訓練技師並直接提供咖啡小農技術協助。

E. 建立咖啡組織提供轉融資能力：協助咖啡合作社、咖啡協會等機構建立轉融資能力，以提供咖啡小農貸款。

（5）2020 年 CABEI 金融部門支持微小中型企業機制

「金融部門支持微小中型企業機制（Financial Sector Support Facility for MSMEs）」為中美洲區域型之框架式計畫，對因新冠肺炎疫情受創的微小中型企業，提供融資、信用保證、創業贈款與技術能力建構等協助。國合會於 2020 年以貸款方式提供資金予 CABEI，經由 CABEI 在地之金融中介網絡，轉融資予微小中型企業，讓受創企業在疫情期間獲得緊急營運資金，且在後疫情期間能重啟投資並強化營運體質，以為中美洲國家經濟復甦之基礎（國合會，2020d）。

五、微小中型企業面臨的問題與政策措施

微小中型企業在開發中國家涵蓋 90% 以上的企業總數及 70% 以上的就業人口,具有旺盛的創業家精神、靈活的經營彈性、綿密的產業網絡,以及高度的學習熱忱等特質,即使過去面臨幣值升值、工資及土地成本上漲、金融風暴等困境,仍以強勁的韌性與活力不斷成長,一直為各國經濟發展的穩定力量與成長動力,然而有關微小中型企業發展至今仍面臨諸多課題,亟待各國政府能釐訂可行的政策措施,俾使各國微小中型企業得以永續經營。

(一) 微小中型企業發展所面臨之問題

中小企業面臨之一般問題有:

(1) 信用能力不足且不易提供適當的擔保品;(2) 規模小,對景氣變動的抵抗力薄弱;(3) 經營完全依賴企業者個人的能力,缺乏安定性;(4) 缺乏完整的會計帳,對於營業狀況的良窳不易判斷;(5) 融通資金困難的原因之一,是中小企業對金融機構缺乏瞭解,不知如何與金融機構往來;(6) 與其他國家同等級產品在成本上無法競爭;(7) 產品生命週期縮短,研發創新能量及人才培訓不足;(8) 資訊科技發展快速及經營模式改變,導入 IT 不足;(9) 經營所需資訊取得困難、行銷通路拓展不易;(10) 部分產業外移,導致原有產業分工體系發生變化,上中下游間發生中斷現象。

茲將中小企業經營上導致財務問題之常見現象,分述如下:

1. 無財務管理及資金規劃觀念

中小企業一般由業主掌業務,太太主管財務,而家計開支與公司收支混為一談,且依商業會計法第 5 條規定會計帳務得委外處理,會計帳內容業主亦不清楚,除未建立完整之財務會計管理制度外,業主欠缺財務資金規劃能力,無法對短中期資金缺口預為籌措規劃,且將企業財務資金視為高度機密,一旦向外求援時已錯過急救之黃金時間。

2. 會計報表之編製以少繳稅為原則

中小企業一般將稅少繳一點作為會計報表編製之最高指導原則，此結果導致銀行認為中小企業財務報表透明度不高，造成資訊不對稱，而對中小企業之融資裹足不前。

3. 始終存在週轉金缺口

相較於大企業，中小企業屬於弱勢，購料要現金交易，原料加工生產銷售後，取得的是遠期票據而非現金。因此，中小企業營運一直存在營業週轉金需求缺口，尤其當原物料價格上漲時壓力更大。

4. 資金調度常以短支長

中小企業基於成本或時效考量，常常在資金調度時以短支長，一旦金融機構緊縮銀根，到期之短期貸款被銀行收回時，即容易造成週轉不靈。

5. 缺乏融資的知識及技巧

一般中小企業業主不熟稔融資的知識，例如擔任保證人無保證期限、如何才能符合融資條件、增貸時增加提供擔保品、如何善用融資信用保證及對銀行緊縮銀根之警覺性與對策等，導致被銀行抽銀根週轉不靈等問題。另因不諳與銀行往來，往來銀行家數不是過多就是過少，且欠缺與銀行往來技巧，常常委由坊間財務顧問代勞，如遇上不具職業道德之財務顧問，往往斷送了中小企業往後之融資機會。

6. 投入產品研發過多

依產業附加價值提升途徑分析，一般認為研發創新及行銷通路之附加價值高，而中小企業往往對自己之技術能力過度自信，經常以借貸或變賣家產取得資金之方式進行研發，幸者研發成功產品開發出來，但無後續資金進行技術商品化；不幸者連產品都無法開發而傾家蕩產。中小企業有限之資金應發揮最大之效益，是否一味追求技術原創，值得深思；若能採購已研發完成之技術，配合企業自有獨特之創新經營模式，使技術商品化腳步加快，應屬上策。

7. 過度自信及缺乏危機意識

中小企業業主創業從無到有，憑經驗逐漸建立信心到信心滿滿，做出超越自己能力之事，聽不進同僚之建議，往往步入不可知之危險，因此創業最好由一組異質性高之夥伴組成。另中小企業基於成本考量沒有避險措施，如資產未投保產險，萬一發生意外災害，則一生努力毀於一旦；又無金融風險之觀念，從事國際貿易之匯兌損失亦常發生對客戶徵信不足，有不少是靠支票或信用應收帳款方式往來之交易，一旦倒帳，則容易引起連鎖效應。

8. 過度不當轉投資

中小企業除基於稅務考量開設多家企業外，大多大肆轉投資，期能產生企業經營綜效，建立屬於自己之王國，惟最終多以失敗收場，案例頻頻。中小企業應以本業為重努力經營，本業根基站穩後，若要進一步多角化，亦應選擇關聯性高且熟悉之產業逐步投資。

9. 缺乏經營管理能力及資訊

中小企業經營資源原本即不足，加上經營新知日新月異，企業主忙於例行業務，無法吸收新知，以致遭遇問題時沒有能力解決。政府部門有不少協助中小企業經營之資源，包括經營管理、市場行銷、技術輔導及資金融通等對營運影響很大者，但中小企業業主多數仍不知。此一現象除可歸責於中小企業主忙碌外，資源提供之各政府部門應加強廣宣。

10. 缺乏長期願景

中小企業成長至一定規模，並得到一些肯定後，往往有些飄浮的感覺，加上此時融資或增資更為容易。若缺乏長程發展目標，則容易迷失方向，資金之使用易無效益；若因此發生財務困難導致經營困難，誠屬可惜。

11. 過度熱心參與公益活動

建立良好人際關係是企業經營者必備之管理技能，惟中小企業業主常為擴大人際網絡，除必要吸收新知活動外，積極參與公益團體，並擔任重要領導

幹部或負責人；惟若參與過度則易荒廢本業，因此拖垮本業之案例亦時有發生。

　　總之，中小企業業主應有正確的經營觀念，加上熟稔本業技術與經營，一步一腳印，方可在業績及獲利上穩健成長。大部分中小企業目前的經營方式，仍僅憑藉業主個人直覺判斷而進行投資；相對於大企業充分運用最新資訊與專業人才的評估方式，中小企業常因判斷錯誤而導致獲利機會喪失，甚至因擴充過速，資金週轉不靈而面臨破產。再者，中小企業一般缺乏專職財務人才，在財務調度能力方面，遠不如大企業靈活有效率；且中小企業會計制度較不健全，使銀行對中小企業的信用限制較大企業明顯，這些因素導致中小企業財務結構不健全或資金缺乏，往往是其發展上的障礙。故如何協助中小企業善用優勢克服缺陷，並充分瞭解目前企業的處境，選擇適合自己的資金籌措策略，以提升企業經營績效，乃是微小中型企業經營管理之重點。

（二）微小中型企業發展之政策措施

1. 完善財務融資服務與增進投資

　　為協助中小企業有效因應內外在環境變化，使其穩健經營，各國政府應積極落實財務融通輔導相關支援措施，提供中小企業完善的財務融通支援。各國政府應積極建置財務融通服務輔導機制，包括融資輔導單一服務窗口──馬上辦服務中心，以及中小企業營運與融資協處計畫等。

2. 促進升級轉型與提升研發能量

　　各國政府應從網路應用、體質創新、綠色環保及技術研發等 4 個面向執行多項計畫，諸如「中小企業行動支付普及推升計畫」、「推動中小企業循環經濟能力接軌國際輔導計畫」、「小型企業創新研發計畫」，以及「產業升級創新平臺輔導計畫」等，強化中小企業體質，促進中小企業升級轉型、提升研發能量，帶動整體中小企業發展，增強中小企業於國際化、自由化趨勢下之競爭能力。

3. 建構創新創業及育成加速機制

為持續營造優質創業環境，各國政府應建立從創意、創新到創業的完整生態圈，協助新創企業取得資源、發展科技應用並強化創新競爭能量、活化在地經濟、鏈結國際育成網絡，協助新創企業穩健成長。例如推動「社會創新企業支援平臺」、「促進創育機構價值鏈提升」、「創業天使投資方案」、「國際創業聚落計畫」等。

4. 深耕城鄉產業及掌握市場商機

為活絡城鄉經濟發展，創造在地就業機會，各國政府應致力推動城鄉特色產業發展，並推動「中小企業城鄉創生轉型輔導計畫」，促進城鄉產業轉型、創造創新價值，以達「城鄉創生」；另以「一鄉鎮一特產」（One Town One Product, OTOP）形塑區域品牌，以展售通路拓展及行銷推廣等多元輔導方式，提升行銷效能，擴大經濟效益。

為協助中小企業拓展出口市場，推動中小企業邁向國際化發展，各國政府提供多元的輔導管道與補助措施，包括「中小企業數位創新國際行銷計畫」、「推動中小企業跨域創新加值計畫」，以及多項貿易推廣工作。

5. 中小企業其他相關支援

（1）各國政府應增列中小企業輔導經費，包括相關單位輔導中小企業經費，協助中小企業專案貸款，提高政府向中小企業採購金額以及精進中小企業法制環境重點工作等。

（2）為拓展中小企業國際視野及雙邊交流，各國政府應積極舉辦及參與國際中小企業事務活動與相關會議。

（3）為培育中小企業人才，提升中小企業競爭力，各國政府開辦多項人才培育專班，如中小企業經營管理專班，製造業、服務業、產學合作專班、國際企業經營人才培育，以及企業人力提升及勞工自主學習等。

（4）舉辦中小企業選拔表揚活動，提升得獎企業的產品行銷及企業形象，以獎勵績優卓越經營典範。

參考文獻

全國法規資料庫（2020）。中小企業認定標準。取自 https://law.moj.gov.tw/LawClass/LawAll.aspx?PCode=J0140003

國合會（1997）。國際合作發展基金會八十六年度年報，頁 13- 29。取自 https://www.icdf.org.tw/web_pub/20071219084146%E5%9C%8B%E9%9A%9B%E5%90%88%E4%BD%9C%E7%99%BC%E5%B1%95%E5%9F%BA%E9%87%91%E6%9C%8386%E5%B9%B4%E5%BA%A6%E5%B9%B4%E5%A0%B1-p11-37.pdf

國合會（1998）。國際合作發展基金會八十七年度年報，頁 30-41。取自 https://www.icdf.org.tw/web_pub/20071218171149%E5%9C%8B%E9%9A%9B%E5%90%88%E4%BD%9C%E7%99%BC%E5%B1%95%E5%9F%BA%E9%87%91%E6%9C%8387%E5%B9%B4%E5%BA%A6%E5%B9%B4%E5%A0%B1-p12_44.pdf

國合會（2001）。ICDF 九十年報，頁 42-48。取自 https://www.icdf.org.tw/web_pub/20020516143545P32-47.pdf>

國合會（2003）。ICDF-TAIWAN 九十二年報，頁 38-57。取自 https://www.icdf.org.tw/web_pub/2004050715164838-57.pdf

國合會（2004）。Taiwan ICDF 2004 年報，頁 50-53。取自 https://www.icdf.org.tw/web_pub/20050421163715%E7%AC%AC%E4%BA%8C%E7%AB%A0-5.pdf

國合會（2012）。史瓦帝尼開發金融公司（FINCORP）貸款計畫。取自 https://www.icdf.org.tw/ct.asp?xItem=10846&ctNode=29902&mp=1

國合會（2013）。瓜地馬拉中小企業輔導計畫。取自 https://www.icdf.org.tw/ct.asp?xItem=5003&ctNode=29937&mp=1

國合會（2015）。中美洲區域咖啡銹病貸款專案計畫。取自 https://www.icdf.org.tw/ct.asp?xItem=34398&CtNode=29684&mp=1

國合會（2019a）。巴拉圭微中小企業輔導體系能力建構計畫。取自 https://www.icdf.org.tw/ct.asp?xItem=54488&ctNode=29943&mp=1

國合會（2019b）。瓜地馬拉中小企業創業育成輔導能力提升計畫。取自 https://www.icdf.org.tw/ct.asp?xItem=56254&ctNode=29937&mp=1

國合會（2020a）。巴拉圭微小型企業貸款計畫。取自 https://www.icdf.org.tw/ct.asp?xItem=60263&ctNode=29943&mp=1

國合會（2020b）。帛琉婦女、青年暨中小企業轉融資計畫。取自 https://www.icdf.org.tw/ct.asp?xItem=58690&ctNode=29913&mp=1

國合會（2020c）。歐銀特別基金-永續農企業價值鏈計畫。取自 https://www.icdf.org.tw/ct.asp?xItem=57372&CtNode=29684&mp=1

國合會（2020d）。CABEI 金融部門支持微小中型企業機制計畫。取自 https://www.icdf.org.tw/ct.asp?xItem=59853&CtNode=29684&mp=1

經濟部中小企業處（2020）。2019 年中小企業家數、就業人數及銷售額穩定成長。取自 https://www.moeasmea.gov.tw/article-tw-2276-5860。

European Commission(EC) (2015) What is an SME? Enterprise and Industry, Small and Medium sized Enterprise. Retrieved from: http://ec.europa.eu/enterprise/policies/sme/facts-figures-analysis/sme-definition/index_en.htm.

OECD (2021a) *SME Performance*. Retrieved from: https://www.oecd.org/cfe/smes/smeperformance.htm.

OECD (2021b) *SME and Entrepreneurship Financing*. Retrieved from: https://www.oecd.org/cfe/smes/smeandentrepreneurshipfinancing.htm.

OECD (2021c) *OECD Digital for SME Global Initiative*. Retrieved from: https://www.oecd.org/going-digital/sme/aboutus/.

Qimiao Fan (2005) Importance of SMEs and the Role of Public Support in Promoting of Public Support in Promoting SME Development. Retrieved from: https://docplayer.net/23909880-Importance-of-smes-and-the-role-of-public-support-in-promoting-sme-development.html.

第 8 章

環境議題切合
國際潮流趨勢

一、國際環境議題之發展歷程

人類創造了世界文明，也同時帶給其所賴以維生的地球揮之不去的災難。近百年來，由於人口的急速膨脹，地球環境受到人類活動造成嚴重的負面影響，例如都市快速擴張、工商活動頻繁、大量生產與消費、大量廢棄物排放以及土地需求升高等，使地球汙染負荷大增，由於「溫室氣體排放」（Greenhouse Gas Emission, GHG），造成全球暖化及氣候變遷，這一切已遠遠超出大自然可以承受的限度，導致天災（地震、颱風、颶風及海嘯等）頻仍，人類的生命與財產備受威脅。

公害（public nuisance）一詞在二十世紀中葉如警鐘般敲響，讓人類從長久以來恣意破壞地球的百年愚行中猛然醒來，驚覺到環境汙染負荷的累積，影響的不僅僅是自然環境和生態而已，最終必然反映在環境品質的改變上，進而反撲並影響人類的生存和福祉，加上能源危機的顯現，全球開始關切人類未來發展的問題。

環境保護（簡稱環保）是在個人、組織或政府層面，為大自然和人類福祉而保護自然環境的行為。由於工業發展導致環境汙染問題過於嚴重，損害生態環境，部分更達到無法挽回的地步，觸發各工業化國家對環境的重視，繼而利用國家法律法規去規管和處理汙染問題，並作出宣傳使全社會注意汙染對環境的深遠影響。

有關人類發展程度與地球環境承載容許程度相互關係的探討，可追溯至1798 年湯瑪斯・馬爾薩斯（Thomas Robert Malthus）所出版的《人口論》（*Essay of Population*），本書主要針對人口成長條件及其後果進行探討，並歸結出地球容納有限，卻由於人口快速成長受到威脅的結論。自 1960 年代起，環保運動已漸漸令大眾更重視身邊的各種環境問題，1962 年，美國生物學家蕾切爾・卡遜出版了一本名為《寂靜的春天》的書，書中闡釋了農藥殺蟲劑對環境的汙染和破壞作用，由於該書的警示，美國政府開始對劇毒殺蟲劑問題進行調查，並於 1970 年成立了環境保護局，各州也相繼通過禁止生產和使用劇毒殺蟲劑的法律。1972 年 6 月由聯合國發起，在瑞典斯德哥爾摩召開「聯

合國人類環境會議」，提出了著名的《人類環境宣言》，呼籲世界各國政府和人民應致力於改善自然環境，進而表達對未來人類發展與地球環境的共同關切，這是環境保護事業正式引起世界各國政府重視的開端。1983 年 11 月，聯合國成立「世界環境和發展委員會」（World Commission on Environment Development, WCED），以永續發展（Sustainable Development）為基本綱領，制定全球永續發展議程，進而在 1987 年發表「我們的共同未來」（Our Common Future），正式提出永續發展的新觀念，並針對人類在經濟發展和環境保護方面的問題，進行有系統的研究分析，以供世界各國據以推動永續發展的進程（蔡及胡，2006）。根據聯合國環境署的定義，永續發展意旨「能滿足當代的需要，同時不損及未來世代滿足其需要的發展」（Sustainable development satisfies the needs of the present generation without compromising the chance for future generation to satisfy theirs.）（李，2007）。

　　1990 年初，聯合國設立「環境與發展會議」（United Nations Conference on Environment and Development, UNCED），負責協調與籌備 1992 年「環境與發展會議」文件的起草與各項行政工作，1992 年 5 月通過「聯合國氣候變化綱要公約（United Nations Framework Convention on Climate Change, UNFCCC）」，本公約於 1994 年 3 月 21 日正式生效，秘書處設於德國波昂，締約方大會（Conference of the Parties, COP）：為 UNFCCC 最高權力機關，每年集會一次，定期評審公約及締約方大會所通過法律文件之履行狀況。1992 年 6 月，聯合國在巴西里約熱內盧舉行第一次地球高峰會議，並於會後發表里約五大文件，即里約環境與發展宣言（Rio Declaration on Environment and Development）、氣候變化綱要公約（Framework Convention on Climate Change）、生物多樣化公約（Convention on Biologic Diversity）、森林原則（Forest Principles）及二十一世紀議程（Agenda 21）。嗣於 1997 年於日本京都舉行第 3 次締約方會議（COP-3）時通過「京都議定書（Kyoto Protocol）」，針對包括二氧化碳在內之氟氯碳化物等 6 種溫室氣體，定出具體減量目標。

　　西元 2000 年，聯合國通過「千禧年發展目標（Millennium Development Goals, MDGs）」，其中目標 7——「確保環境的永續性」，並包含 4 項細項目標：（1）將永續發展原則納入國家政策和方案，並扭轉環境資源的流失；

（2）減少生物多樣性的喪失，到 2010 年顯著降低喪失率；（3）到 2015 年將無法持續獲得安全飲用水和基本衛生設施的人口比例減半；（4）到 2020 年使至少 1 億貧民窟居民的生活明顯改善。2002 年 9 月，聯合國於南非約翰尼斯堡召開第二次「地球高峰會」，又稱為里約會後 10 年高峰會（Rio+10），延續 1992 年里約高峰會的理念，並重新檢視 1992 年所通過的「二十一世紀議程」，提供給各國一個檢討改進的機會。2015 年 12 月，在法國巴黎召開的 UNFCCC 第 21 屆締約方大會（COP 21）中，各締約方協議未來將一起努力讓地球氣溫的上升幅度，控制在與前工業時代相比最多攝氏 2 度內的範圍，且努力追求前述升溫幅度標準減至攝氏 1.5 度內的更艱難目標，這項具有重要意義的氣候協議就是「巴黎協定」（Paris Agreement）。

2015 年 9 月，聯合國通過永續發展宣言，其中有幾項與環境議題有關的，包括：目標 2「消除飢餓，達成糧食安全，改善營養及促進永續農業」，目標 6「確保所有人都能享有水及衛生及其永續管理」，目標 7「確保所有的人都可取得負擔得起、可靠的、永續的，及現代的能源」，目標 9「建立具有韌性的基礎建設，促進包容且永續的工業，並加速創新」，目標 11「促使城市與人類居住具包容、安全、韌性及永續性」，目標 12「確保永續消費及生產模式」，目標 13「採取緊急措施以因應氣候變遷及其影響」，目標 14「保育及永續利用海洋與海洋資源，以確保永續發展」，目標 15「保護、維護及促進領地生態系統的永續使用，永續的管理森林，對抗沙漠化，終止及逆轉土地劣化，並遏止生物多樣性的喪失」，目標 17「強化永續發展執行方法及活化永續發展全球夥伴關係」。

2021 年 4 月，美國總統拜登召開氣候變遷全球領導人線上峰會，計有 40 餘國與重要國際組織領導人參加，中美兩國在「世界地球日」（4 月 22 日）共同發表了《應對氣候危機聯合聲明》，拜登宣布將在 10 年內溫室氣體減排 50%；習近平重申 2060 年前實現「碳中和」明確的時間表與減碳深度，代表兩國國家領導人之決心。

二、國際環境永續議題

（一）聯合國環境規劃署 21 世紀的 21 個環境議題

聯合國環境規劃署（United Nations Environment Programme, UNEP）在邁入 21 世紀第一個十年之際，提出了一篇觀察報告為 21 世紀的 21 個環境議題（21 Issues for the 21st Century）。人類處在現在這個既矛盾又衝突的時代，一方面瞭解到各種對環境衝擊行為，另一方面又沉醉於這些行為，就如同毒品般，明明知道不可碰，卻又無法斷絕誘惑，我們這一代的人類，就是處在這種十分光怪陸離的世界中。以下將介紹此 21 個議題，希望能為人類在十字路口徬徨時，提供一個可以參酌及引導的方向。

第一部分　錯綜複雜的議題

議題 1：各國的環境治理將會是全球永續發展最重要的挑戰

簡單來說就是各國的環境政策及決策，在在影響著全球、國家與地方等不同的制度層面，以實現永續發展環境、經濟與社會之正式與非正式的互動關係及制度。然而各國在治理其環境時，都一定會依最有利於自身國家的取徑，但是有可能此方式將會造成其他國家的衝擊，因此各國環境治理必須透過國際間的協調，相互取得平衡點，如此全球永續發展才得以實現。

議題 2：改變思維，跳脫傳統的經濟模式

為了面對與適應全球環境的改變，人類必須跳脫傳統模式與改變思維，尤其是在經濟發展部分，因為不可能拋離經濟發展，故轉而思考如何跳脫傳統的經濟發展模式，邁向綠色經濟……等各種友善環境的經濟模式，如此一來，即衍生出新的管理模式、新的研究工作……等，另外教育是絕對需要進行與扎根，因為透過教育才能傳遞相關理念。

議題 3：連結科學、社會與政策

科學、科技研究往往是與社會脫節的，因此科學研究部分必須與社會連結，甚至與政策連動，當政策趨向於關心環境時，我們的科學就便必須改變，當然這裡所指的大多是應用科學，基礎科學的本質是不會變的。

議題4：生活模式的轉變

人類必須思考生活模式的轉變，因為若生活模式不轉變，即使有再多的政策、科技、技術，也是無法真正面對或改善環境議題、問題，生活模式是一個最根本的部分，當然，這也是最困難的部分。

議題5：新概念的價值與重要性

提出新的概念重要性，以及價值，因為人類必須跳脫出既有的思維以及僵固的模式，因此鼓勵提出新的概念。新的概念必須符合時代的趨勢，以及將環境視為一體，而不是一味的將環境切割。

議題6：需要適應目前環境變遷後的新面貌

目前的環境變遷相當快速，再加上相當巨大，因此人類必須具備適應環境變遷後的新面貌的能力，以及在新面貌中求生存的能力，當然適應後必須自我反思是否要改變其態度。

第二部分　食物、生物多樣性與土地的議題

議題7：人口對於食物的衝擊

目前全世界已達 77 億人，人類必須思考食物是否會匱乏，還是其實是食物分配不均的問題，我們應該更進一步反思不同地區所面臨的食物議題，這是最根本生存的根基，希望人類能瞭解到此嚴重性。

議題8：生物多樣性將成為重要議題

未來生物多樣性將成為超越環境以及經濟的議題，因為沒有整體的生態系統，人類將無法生存在地球上，而生態系統的多樣性也是支持人類的重要因素，但現在人類卻一直在讓生物多樣性消失，這是一件非常危險的事情。

議題9：促進城市的永續發展與彈性

因為目前大多數的人類都是居住在城市、都市，因此城市的水、廢棄物、空氣……等議題均相當重要，因此城市的永續發展是必須被重視，另一部分也必須培養彈性思維的思考模式，讓我們的都市有彈性，才能容納各式各樣的人。

議題10：土地的流失

目前人類對於土地，部分呈現超限利用，或是單一使用，以及以各種不同

形態的破壞在進行，讓地球上的土地形成不同程度汙染、破壞⋯⋯等，但是人類似乎忘卻土地才是最基本的生存根本，因此人類應該要更加重視土地的保育。

第三部分　淡水和海洋的議題

議題11：水和土地的關係

未來必須思考水和土地的關係，水與土地是相互交融的，但是人類卻往往將水攔住，進行其他用途使用，讓水無法回歸到大地土地中，造成土地自然生態無法平衡，以至於人類賴以為生的土地漸漸的消逝。

議題12：河川的影響與衝擊

對於陸地而言，河川是一種重要的取徑，河川帶來水以及豐富的生態系，但大多數的河川已漸漸水泥化，並依著人類的需求而改變，而且人類也任意地將相當多的廢棄物傾倒入河川，因此這個對於陸地而言是相當重要的元素，人類卻也一直在使之消逝。

議題13：生活模式的轉變海洋生態的崩解

海洋提供了許多地球系統的功能，包括調節氣候和水文循環，以及提供棲息地豐富多樣的生物，與食品、材料和人類使用的能源。但對海洋環境面臨與日益嚴重的威脅到其長期的完整性，其中包括：酸化、過度捕撈、陸地和海洋的汙染、廣泛的棲息地的破壞、擴散外來入侵物種。有越來越多的策略管理海洋，但是卻無法阻止海洋系統崩解。

議題14：海岸生態系的消逝

目前非常多的開發都是在沿海地區，包含工業區、住宅區、農業、漁業⋯⋯等，因為有了這些開發，便必須要有道路，在如此情況下，將會造成廢棄物汙染、環境衝擊，進而讓海岸生態環境慢慢的消逝不見，未來我們只會看到很多的開發在海岸地景上呈現。

第四部分　氣候變遷議題

議題15：氣候變遷下的調適

目前全球氣候變遷是人類一個最大的挑戰，人類往往會認為這僅是特

例，直到發現極端氣候或是氣候變遷變成常態時，仍是衝擊了一般人的思維，但是人類卻要漸漸適應、調適生活型態，以及敏感度，以面對如此的氣候變遷。

議題16：極端氣候的衝擊

目前最衝擊人類的便是極端氣候。在極端氣候之下，人類總是措手不及，因此人類必須思考如何面對極端氣候，調整心態面對極端氣候，而且也是必須有極高的警覺性。

議題17：冰川加速退縮

隨著全球暖化，世界上大多數冰川都在不斷退縮，退縮的結果，將會嚴重影響到下游的國家，下游國家大多靠著冰川的水源。若冰川快速退縮，將會對下游國家帶來水災與旱災，因為冰川加速溶解後，恐會產生水災，若冰川消融速度變慢，則會造成旱災。

第五部分　能源、技術與廢棄物

議題18：可再生能源系統

目前全人類最依賴的石油這一種能源，被科學家預測將出現供需問題，因此世界各國均在尋找可再生能源，但是，最終還是要反思能源使用型態與模式，這才是最根本解決方式。

議題19：降低科技使用風險

人類一直相信科技，相信科技可以解決所有問題，但是科技的使用過程，均會有風險，尤其是與環境相關的科技，例如地球工程，便是需要更加注意，這樣的科技所帶來的風險。

議題20：線性生產方式

目前大多數的產品都是線性生產方式，一直以來都是將自然資源轉變為垃圾，檢視目前周邊的產品，很少能夠真正回歸到自然環境，很大部分都是變成垃圾，例如電子垃圾、塑膠垃圾……等，這是人類必須要思考的一種生活模式。

議題21：核能廢料的警示

目前的主要發電方式，有一部分是核能發電，因此核能發展所產生的廢

棄物，便是全人類需要共同思考的議題，不僅僅是單一國家需要思考，而是所有國家必須共同思考的問題，因為這是全人類必須共同面對的問題。

這 21 個議題，試圖希望能將人類帶離開既有社會洪流，希冀更多人正視這樣的顯而易見、生活周遭的議題，儘管很多人視而不見、漠不關心。其實自然環境要得不多，只希望人類多一點關愛、多一點改變、多一點反思……，真的，這比起人類對於自然環境無度索取，真的只有一點。

（二）當前全球面臨之環境議題

當全球海洋面積縮減、森林大火頻傳，甚至是新冠病毒（COVID-19）全球肆虐，人們無不大力疾呼保護地球生態、落實永續行動，當前我們應當關注的環境永續議題敘述如下：

1. 氣候變遷議題

什麼是氣候變遷？

許多人對於氣候變遷的認識，是從 2006 年上映的紀錄片「不願面對的真相」（An Inconvenient Truth），得知全球暖化（Global Warming）現象，指的是大氣和海洋中的溫室氣體過量（包括二氧化碳、甲烷、水蒸氣、氧化亞氮），使地球猶如被籠罩在厚厚的溫室中，太陽照射的熱量難以散去，導致溫度升高，引發各種極端天氣如乾旱、暴雨、熱浪等。近年來，「全球暖化」一辭逐漸被「氣候變遷」取代，甚至強化至「氣候危機」（Climate Crisis），旨在強調此現象帶來的影響不僅是溫度變化，更會是衝擊您我生活各層面的威脅。

全球暖化不僅是氣候模式受影響，更衝擊對環境極為敏感的生態，甚至引起大規模物種滅絕，以及糧食危機等問題。糧食與水資源關乎人類生存，若收成與供給不再穩定，將造成全球經濟的動盪，更可能引發爭奪資源的政治風險。在氣候變遷的影響之下，致災型的連日強降雨，釀成嚴重水患的情況越來越頻繁。

是什麼原因造成氣候變遷？有哪些影響？

氣候變遷的成因較複雜，但人類的行為模式改變了自然的溫室現象，實難辭其咎。過去一世紀中，大量地燃燒化石燃料，如煤炭和石油，造成大氣中

的二氧化碳濃度增加，加上大幅度開墾林地、拓展農業和工業發展，致使溫室氣體濃度越來越高。經過一世紀的累積下，大氣中溫室氣體過量，引致全球暖化。當平均氣溫和海洋溫度升高，海水體積膨脹，南極和格陵蘭的大陸冰川也會加速融化，導致海平面上升，淹沒沿海低海拔地區。除此之外，降水模式改變和亞熱帶地區的沙漠化，助長極端天氣包括熱浪、乾旱、森林大火、暴雨、水患、暴雪等。各種天災襲擊將在全球造成嚴重的生命與財產損失。

氣候變遷真的跟人類有關嗎？

在 2013 年，以全球 1,300 位獨立科學專家組成的聯合國政府間氣候變遷專門委員會（IPCC），在「第五次評估報告」（Assessment Report 5, AR5）表示：「有超過 95% 的機率顯示，人類行為是過去 50 年來造成暖化現象的主要原因。」人類的影響包括排放二氧化碳、甲烷和氧化亞氮等溫室氣體，若此情況持續下去，全球表面溫度很有可能在未來數十年持續上升，科學家預測在下一個世紀內，全球升溫可能達到華氏 2.5 到 10 度（約攝氏 1.4 至 5.6 度）。

極端氣候案例：

（1）美國丹佛一夕酷暑轉暴雪，竟是東亞颱風造成！

2020 年 9 月 7 日至 8 日，美國中西部及洛磯山脈東麓的氣溫猶如坐上雲霄飛車，科羅拉多州首府丹佛市的攝氏溫度，從當地時間中午 12 點的 33 度，陡然降至隔日早上 6 點的 0 度。

弔詭的是，在天氣轉冷前幾日，丹佛市剛經歷極端酷暑，當地氣溫高達 37 度，創下 9 月最高溫的紀錄，更因高溫、乾燥與強風發布了火災風險警報。炎熱天氣引發卡梅隆峰（Cameron Peak）林火，火場面積超過 8.9 萬英畝（相當於 1.3 個臺北市），是該州史上最嚴重的森林大火。CNN 刊文指出，雖然丹佛市日夜溫差變化大，但這樣大幅度的氣溫驟降是史無前例。

（2）東亞地區的颱風，竟造成北美天氣驟變

這起事件的源頭，要追溯至 2020 年 8 月 28 日於菲律賓東方海域上生成的梅莎颱風。梅莎颱風汲取大量來自溫暖海水的熱能，在太平洋高壓的導引之下，向北移動，陸續侵襲日本沖繩、九州、韓國後，在中國東北上空，轉變為溫帶氣旋，並逐漸消亡。

由於梅莎颱風輸送大量暖空氣至較冷的中高緯度區域，促進南北冷暖氣

團的熱量交換，也就是冷空氣南下至低緯度，暖空氣北上至高緯度，因此加速兩極暖化現象，破壞了南北冷暖氣團之間原有的平衡，最後使大量來自北極的寒冷空氣迅速往北美洲移動，造成加拿大及美國內陸的氣溫驟降，並伴隨了強風及降雪。

（3）2016 年霸王寒流，全臺低溫特報改寫臺灣氣象史

一日降溫的情境在臺灣也曾經發生過，2016 年 12 月下旬至隔年 1 月中旬，不斷有溫帶氣旋挾帶暖空氣入侵高緯度地區，大量暖空氣導致原本穩定的極地漩渦陡然分裂，形成多股南下寒流，造成創紀錄的低溫，中央氣象局更首度發布全臺低溫特報。臺灣北部山區一夜成為銀白世界，更令民眾驚呼，沒想到在臺灣平地也能看到雪景。

然而氣溫驟降，造成新竹、苗栗等地的農損，西南沿海地區養殖漁業的魚群也因低溫暴斃，全臺農林漁牧業損失約 35 億臺幣，更有至少 60 人在這波寒流中受凍猝死。

（4）全球暖化，導致極端天氣事件不再是偶然

在全球持續暖化的狀態下，除了熱傷害次數上升、降雨強度趨於極端以外，熱帶區域也會向兩極擴張，讓原先好發於低緯度的氣團（包含颱風）更容易跑到中、高緯度區域，使南北冷暖氣團之間的平衡頻繁地被破壞，導致高緯度的寒冷空氣更有機會入侵低緯度地區，天氣變化將會更為劇烈。換言之，如同美國科羅拉多州一日氣溫驟變，與 2016 年臺灣霸王寒流等氣候異常現象，將不再只是偶然。

減少溫室氣體的排放已是迫在眉睫，除了分享氣候變遷資訊，關心氣候與能源議題，在推動政府擬定相關氣候政策的路途中，更需要有您一同督促政府與相關企業，在經營策略和能源使用上做出實際變革，才能有效減緩全球暖化的速度，使您我及下一代的未來生活中，極端氣候事件不再頻繁發生。

2. 水資源議題

依據 2020 年聯合國公布的世界水資源發展報告書（World Water Development Report, WWDR）提出警告，氣候變遷會影響人類生存所需的衛

生水源，上億人將深受其害。報告書呼籲各國應制定更具體的對策確保水資源可用量與品質。這個議題同時也是聯合國永續發展目標（SDGs）第六項，期望在十年內提升潔淨水源與衛生條件，改善人們的生活品質。目前全球仍有 22 億人難以取得安全的飲用水；同時有 42 億人口（約 55% 全球人口）生活中面臨糟糕的衛生條件。可見要達成這項 SDGs 仍有一定的困難。

水資源的使用量在過去一世紀提升了 6 倍，並且仍以每年 1% 的幅度上升當中，當今氣候變遷造成的極端氣候問題更加提升了水資源供應的風險。原來就遭逢暴風雨、洪水或乾旱等氣候問題的國家將面臨更頻繁的危機，而其他國家也有可能開始遭遇這些未曾經歷的極端氣候，最終將導致水資源供應的問題。這已不單單是水資源的問題，而是整個社會都需要重視與承擔的難題。

3 月 22 日是「世界水資源日」，聯合國指出，全球約有 40 億人，每年至少有 1 個月嚴重缺水，即使有水，恐怕也不乾淨。世界各地，水汙染相當嚴重，許多國家不但將廢水直接排進河裡，甚至有居民，就住在滿是垃圾的河流旁邊，就連人類文明發源地之一的「幼發拉底河」，也遭到汙染。全球水資源問題嚴重，與生活息息相關，就連我們吃的水果或是穿的牛仔褲，往往也來自水資源不足的國家。

今（2021）年臺灣遭遇 56 年最嚴重的旱災，不只中南部進入三階限水警戒，北部石門水庫供水的桃竹苗地區，臺中苗栗地區甚至還更早進入供五停二的第三階彈性限水。目前臺灣水資源在循環過程中面臨的問題包括：（1）人均雨量低（被列為世界的 19 位缺水國）、（2）降雨密度差異懸殊（從 11 月起至隔年的 5 月梅雨季前，容易發生乾旱、缺水的問題）、（3）自然地形使水資源留不住（臺灣因山勢地形陡峭，河川短斜度大，流速急、季節流量變化大，使得雨水形成的河川逕流迅速流入大海）、（4）水資源有效蓄容減少（極端氣候影響暴雨頻率增加，使得水庫集水區的山坡地沖刷加劇，夾帶大量土石入水庫中，造成部分水庫出現嚴重淤積問題）、（5）極端氣候使淨水成本增加（當大型風災豪雨與暴雨逕流以及河川上游水土保持不佳，河川夾帶大量泥沙，容易使淨水廠取水的原水濁度飆升，造成淨水場無法負荷，導致必須實施減壓供水及停水）、（6）水價、負擔率低以及漏水率高（臺灣的

水價低於全球多數國家，以水費負擔率來看，我們也相對低於多數國家，且水價超過 20 年未調漲，民眾用水卻不知水的真正成本）、（7）用水量逐年增加（臺灣每人每日自來水生活用水量近 10 年平均用水量為 273 公升，整體走勢大致呈現逐年上升趨勢，逐年用水量呈現增加，2018 年每人每日用水量達 280 公升）、（8）汙水處理率低導致河川汙染（2015 年我國整體汙水處理率約為 51.2%，到 2019 年 10 月時，已提升至 61.67%，均較香港、新加坡、馬來西亞、南韓及日本等亞洲國家為低）、（9）廢水回收再利用率低〔國內工廠回收利用之廢汙水量超過 50 萬 CMD（Cubic Meter per Day，公噸／每日），約占現行總工業用水量之 10%〕（水利署，2019）。

（三）海洋生態議題

　　海洋占地球表面 72%，是地球最主要的生態系之一，更是生物多樣性的寶庫。從氣候調節、資源開發、交通運輸、和漁業捕撈，與人類關係密切。但人作為陸地的動物，以一般人而言，對於海洋的知識相對匱乏，海洋生態的保護和關注也相當稀缺。

1. 為什麼關注海洋？

　　海洋吸收了約 1/4 由人類活動產生的二氧化碳，因為儲存 93% 溫室氣體所累積在地表的多餘熱量，導致海洋溫度升高，酸化、氧氣含量降低，嚴重影響了海洋生態和水下生物。加上人類對海洋的過度開發、捕撈、汙染和破壞，讓海洋承受的強度不斷增加，因此海洋和沿海生物多樣性的保護和永續利用，成為《生物多樣性公約》及《聯合國海洋法公約》等國際多邊談判的重要議題。

　　從人類生存角度觀察，海洋資源是一種重要的食物來源，魚是蛋白質來源之一；150 公克的魚肉就能提供成人超過一半的每日蛋白質需求。全球有 32 億人口依靠魚類作為基本蛋白質來源，因此姑且不論氣候暖化和海洋生態護育的環保層面，從糧食供應的角度觀察，當養活數十億人口的海洋資源受到破壞而消失，同時也增加了對陸地生態系統的承載壓力，例如已經不斷減少的森林，和過度開發使用的農耕地等，海洋保護是一個需要正視的問題。

2018 年全球魚產量約為 1.79 億噸，其中的 1.56 億噸最終出現在我們的餐桌上。聯合國糧食暨農業組織（Food and Agriculture Organization）統計，從 1990 到 2018 年，全球漁業捕撈產量成長 14%，全球水產養殖產量從 1990 到 2018 年成長 527%，魚類作為食物來源的消耗，成長 122%；即便出於自私的生存原因，人類應該致力保護海洋生態和水域資源，確保漁業和水產養殖的永續，和人類生存的永續。

2. 聯合國永續發展目標（SDGs 14 Life Below Water）

聯合國為了人類永續生存，訂定 17 項永續發展目（Sustainable Development Goals, SDGs），其中關於海洋的是第 14 項 Life Below Water 保護和永續利用海洋生態和海洋資源，以促進永續發展（Conserve and sustainably use the oceans, seas and marine resources for sustainable development）。如果要展開細項目標，大致有幾方面：減少各式海洋汙染和海洋廢棄物；以永續方式管理並保護海洋與海岸生態；降低和減緩海洋酸化的影響；有效規範並終結過度捕撈、及非法、不受規範、或毀滅性漁撈，設法恢復永續產量的水準；保護至少 10% 的沿海海岸與海洋區域。透過立法和政策，回應落實聯合國海洋法公約（United Nations Convention on the Law of the Sea, UNCLOS）等現有區域與國際制度。

3. 珊瑚礁對於海洋的意義

海洋保育中，很重要的一個活動是珊瑚礁生態系的保護和復育。海底的珊瑚礁生態系，覆蓋率雖只占海洋表面積的 0.2%，卻有 1/4 的海洋生物在珊瑚礁生長，是海洋單位面積生產力最高、生物多樣性最豐富的生態系，如同陸地上的熱帶雨林生態系，珊瑚礁是一個保護海洋種源的地方。

有四分之一的海洋生物，一輩子在珊瑚礁生態系長大，或者生命中某段時間必須在珊瑚礁度過，所以珊瑚礁生態系對海洋生物非常重要。有珊瑚，就有很多魚；珊瑚的結構減緩了水流，阻擋了大型的獵食者，提供了珊瑚礁魚類重要的棲息空間，因此珊瑚礁的保護和復育，能讓整體海洋生態逐漸恢復，孕育承載更豐富多樣的海底生物。珊瑚生長需要石頭讓它長起來，所以會需

要接近大陸陸地，因此受人類活動的影響就很大，但人為的破壞、汙染和氣候暖化，卻已經讓珊瑚礁生長棲地受到嚴重威脅。

根據研究指出，在臺灣，海洋受到汙染，珊瑚礁被泥沙覆蓋而死亡，海水的能見度越來越差。伴隨沿岸的開發和濫墾濫建，海岸腹地的土木工程密集，夏天的颱風暴雨，常會將陸地上大量的泥土沖刷到海裡，使海水混濁。而細泥沙堆積在珊瑚上，嚴重影響珊瑚的呼吸及進食，懸浮性顆粒也阻礙珊瑚體內共生藻的光合作用；沖刷到海洋中的營養鹽又造成藻類過度繁殖，這些因素將引起珊瑚大量死亡。

2017 年，為因應天然氣需求，臺灣中油規劃在桃園大潭觀塘工業園區興建第三天然氣接收站，並在 2018 年強行通過環評，而引起爭議不斷。環保團體於是發起「珍愛藻礁」公投，相關話題再次引起關注。桃園觀音大潭藻礁是全球少數僅存的現生淺海藻礁，豐富生態養育近百種生物，包括保育類的柴山多杯孔珊瑚、綠蠵龜、臺灣白海豚等，獲國際保育組織 Mission Blue 列為東亞第一個生態希望熱點。藻礁是無節珊瑚藻類死亡鈣化後，沉積於礫石灘上形成的「植物礁」，平均 10 年才生成 1 公分，生長速度緩慢，桃園藻礁是經過數千年生長，才有如今規模。藻礁群曾自大園、觀音綿延到新屋，隨著沿海工業區的開發，規模已從 27 公里縮減為約 4、5 公里。三接棧橋新建工程 2020 年 3 月 28 日工作船斷纜、擱淺，藻礁生態疑遭影響破壞，引起社會矚目，環保團體與桃園民眾同年 12 月 11 日發動「珍愛藻礁公投連署」，最後完成公投連署超過 70 萬份，預定 2021 年 12 月 18 日投票。

（四）能源議題

長久以來，人類仰賴化石燃煤作為動能來源，卻因工業與科技蓬勃發展、人類需索無度，成為汙染空氣、引發氣候變遷的主因之一。為了減緩氣候危機，減少碳排放，能源轉型逐漸成為全球必須面對的選擇。可喜的是，有越來越多的企業願意與政府為環境跨出關鍵的一步。

近年來，跨國大型科技企業如 Facebook（臉書）、Apple（蘋果）、Google（谷歌）、Samsung（三星）以及 Microsoft（微軟），為減緩氣候危機，降低碳

排放量，相繼承諾使用 100% 再生能源。這顯示能源轉型已是全球趨勢，淘汰化石燃煤刻不容緩。微軟在 2020 年 1 月中宣布，承諾於 2025 年前全面使用 100% 再生能源。

　　COVID-19 疫情是 70 餘年來對全球能源系統的最大衝擊，在健康和經濟危機中，幾乎所有主要燃料的需求急劇下降，尤其是煤炭、石油和天然氣；2020 年需求量下降幅度讓 2008 年金融危機的影響相形見絀，並致使創紀錄的年度碳排放量減少近 8%（臺灣永續能源基金會，2020）（圖 8.1）。

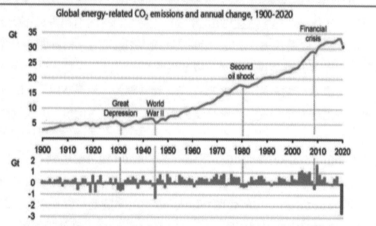

CO₂ emissions drop the most ever due to the COVID-19 crisis

Global energy-related CO₂ emissions are set to fall nearly 8% in 2020 to their lowest level in a decade. Reduced coal use contributes the most. Experience suggests that a large rebound is likely post crisis.

圖 8.1　由於 COVID-19 危機，二氧化碳排放量下降幅度最大

　　2020 年能源需求和與能源相關的排放量的預測基於以下假設：在未來幾個月中，大多數國家在全球範圍內針對疫情採取的封鎖措施將逐步放鬆，同時經濟將逐步復甦。該報告預測，2020 年能源需求將下降 6%，係 2008 年全球金融危機後下降 7 倍、相當於全球第三大能源消費國印度的全部能源需求；而先進國家降幅最大，預估美國的需求將下降 9%，歐盟的需求將下降 11%。

此外，因疫情鎖國之故，2020 年全球電力需求將下降 5%，係自 1930 年代經濟大蕭條以來的最大降幅。正在推動向低碳電力的重大轉變，包括風能、太陽光電，水力發電和核能，在 2019 年首次超過燃煤之後，低碳能源將在 2020 年擴大其領先地位，達到全球發電量的 40%，比燃煤多出 6%。在 2019 年和 2020 年初完成的新設發電裝置的推動下，風能和太陽光電發電量將在 2020 年持續增加；2020 年天然氣和燃煤在全球電力結構中占比將下降 3%，降至 2001 年以來的最高水準。其中燃煤受到的衝擊尤其嚴重，預計全球需求到 2020 年將下降 8%，這是自第二次世界大戰以來的最大跌幅。繼 2018 年達到峰值之後，2020 年燃煤發電量將下降 10% 以上。而經過過去十年的持續增長，天然氣需求有望在 2020 年下降 5%。這將是自 20 世紀下半葉大規模發展天然氣以來的最大比例降幅。

　　另一方面，再生能源將成為 2020 年唯一增長的能源，除水力發電量增加外，太陽光電和風能仍有望在 2020 年將再生能源發電量提高 5%；但其增長速度將低於往年。另核電是低碳電力的另一主要來源，2020 年從 2019 年的歷史高點下降 3%。而電力領域以外的再生能源發展情況不佳。由於對運輸和旅行的限制減少道路運輸燃料需求，包括混合燃料在內，全球對生質燃料的需求將在 2020 年大幅下降。

　　基此，由於前揭趨勢（主要是燃煤和石油消費量減少），全球能源相關的二氧化碳排放量將在 2020 年下降 8%，達到 2010 年以來的最低水準；這將是有紀錄以來最大幅的排放量下降，比全球金融危機導致的 2009 年創紀錄的 4 億噸的降幅幾乎高出 6 倍。

　　隨著疫情過後經濟狀況的改善，吾人可能很快就會看到排放量的急劇反彈。各國政府可以透過將清潔能源技術（再生能源、能源效率、電池，氫燃料和 CCS 碳捕存）作為其經濟復甦計畫的核心並從中學習；在清潔能源技術領域進行投資亦可以創造就業機會，使經濟更具競爭力，並引導世界走向更具彈性和清潔能源的未來。

（五）塑化危機

　　聞「塑」色變的滅塑年代來了！從擔憂個人健康塑化程度到自發行動倡議，特別在幾個動物受害事件得到驗證，公眾並因此能更警覺、意識到海陸同歸一體的臍帶性，塑膠垃圾危害到生物，終將經食物鏈反作用回到人類身上。而在積極促進立法方面，美國《禁用塑膠微粒護水法案》生效，尤其值得關注參照。

1. 塑化劑損害下一代智商

　　國際研究指出，常見於食物容器、塑膠、家具、玩具、化妝品等的內分泌干擾素（又稱環境荷爾蒙，EDCs），導致歐洲必須付出的健康成本大幅增加，直逼鉛汞中毒。德國測試嬰兒塑膠固齒器，亦檢出 EDCs，塑化入侵無所不在。

　　在臺灣，國家衛生研究院則在 2015 年 11 月發表一項針對國人塑化劑暴露的調查，顯示暴露較高的族群為育齡女性與未成年人；而外食塑膠餐具、沐浴乳、個人衛生用品、香水、化妝等用品是目前塑化劑高暴露的來源。長期攝入塑化劑除了造成兒童生殖功能傷害，現更證實會降低兒童智商，且臺灣人民的攝食量比歐盟、美國還高。

2. 塑膠微粒大作戰

　　繼美國伊利諾州立法逐步淘汰含塑膠微粒的個人清潔用品後，加州議會2015 年 9 月初亦通過法案，禁止境內販賣任何內含超過 1 ppm（百萬分之一）塑膠微粒的個人清潔用品。如今，美國已有 8 個州宣布禁用塑膠微粒，加拿大與澳洲也擬禁用。

　　根據看守臺灣協會展開大規模調查後表示，市售 308 款洗面乳及沐浴乳當中，發現 108 款含有危害環境甚鉅的塑膠微粒柔珠。猶如聖誕禮物，2015年 12 月美參議院無條件通過 Microbead-Free Waters Act 法案（H.R.1321），即自 2017 年 7 月 1 日起，全美禁止製造含塑膠微粒之個人清潔用品，並於 2018年 7 月 1 日起，禁止流通販售。

3. 眾生平等，免於塑害

　　塑膠微粒汙染乃世界性難題，是近年來海洋毒理學研究一項熱門領域。除百年無法分解汙染環境外，其親油性易吸附重金屬、有機汙染物等有害物質再經食物鏈影響人類健康。跨國團隊發表首個探討塑膠垃圾和餐桌上食用魚關聯性的研究：印尼 55%、加州 67% 漁獲驗出塑膠製品垃圾。且最新研究估計，至 2050 年全球 99% 海鳥曾誤食塑膠製品。美媒還披露，中國的海鹽「超膠」，驗出 1 磅食鹽含 1,200 粒塑膠微粒，雖其毒害性尚不能輕易驟下結論，但可作為一個警訊。

　　保育團體 Leatherback Trust 從欖蠵龜鼻孔取出 10 公分長吸管的影片網路流傳，讓人心疼不已，引發大眾拒用塑膠吸管響應；2020 年 12 月另有海龜鼻孔被更長的塑膠叉子卡住，沒能被救援的生物更多，吃什麼下肚人類或有選擇，無言的動物你有想過嗎？因為你只想到你自己順手又拿起吸管或使用一次性塑膠製品時，請勿善忘，想想旁觀他者之痛苦。

4. 減塑，全面啟動

　　如何打擊塑膠？可食塑膠到回收海廢，多元創新技術與報告陸續推出。包括全球第一張由巴西科學家用蔬果做出的塑膠膜；瑞士海洋保護基金會（Race for Water Foundation）進行第一次全球海洋塑料汙染情況評估，航海考察五大垃圾漩渦及其附近島嶼；聯合國環境規劃署（UNEP）「地球鬥士獎」得主——荷蘭 NGO 海洋清理基金會（The Ocean Cleanup）宣布，將先於日本海岸啟動「全球海洋垃圾清理計畫」第一階段，海洋清理陣列（The Ocean Cleanup Array）將利用洋流集中垃圾，企圖 5 年內清理掉 200 億噸海洋塑膠垃圾；重大發現——麵包蟲可以吞食和完全分解塑料；全自動海洋垃圾桶（Seabin Project）；臺灣環境資訊協會建置「Water Go！行動計畫」免費飲水地圖，藉便利取水以減少塑膠瓶、瓶蓋……等等新聞。

　　許多海洋環境日讓人們身體力行，在地串連 2020 年 5 月 23 日世界烏龜日，荒野保護協會等團體、志工發起小琉球淨灘行動，用海洋廢棄物組成地景藝術呼應之；7 月 3 日國際無塑膠日，分享塑膠故事；9 月 19 日第 30 屆國際淨灘日，則推出 Clean Swell 手機應用程式提供追蹤相關數據和活動。

（六）生物多樣性議題

1. 2020 年世界環境日主題：生物多樣性

　　1972 年 6 月 5 日，第一次《聯合國人類環境會議》在斯德哥爾摩舉行，會議中通過將每年 6 月 5 日定為世界環境日的決議，緊接在 5 月 22 日國際生物多樣性日之後，同年正式成立了聯合國環境規劃署（UNEP），負責協調聯合國的環境計畫與促進國際間的環境保護工作。自 1974 年起，每年聯合國環境規劃署會根據當年最主要的環境議題，制定世界環境日的年度主題，2020年世界環境日主題訂為生物多樣性。對照近期連續爆發的種種環境災害，從非洲蝗災，以及亞馬遜、印尼、俄羅斯西伯利亞、澳洲等各地森林大火，到至今尚未平息的全球流行疾病，都說明了人類與我們賴以生存的生態系統不僅密不可分，同時也面臨了嚴峻的考驗。2020 年的世界環境日以「關愛自然，刻不容緩」（Time for Nature）為標語，呼籲人們共同關注這當前刻不容緩的環境議題，並採取實際的環保行動，保護我們的地球。

2. 什麼是生物多樣性？

　　生物多樣性（Biodiversity）為生物的多樣性（Biological Diversity）的英文簡稱。生物多樣性包括三個層面：**遺傳多樣性、物種多樣性、生態系多樣性**，在學術上的定義被擴及所有生態系中生物的變異性，它涵蓋了所有從基因、個體、族群、物種、群集、生態系到地景等各種層次的生命型式。

3. 生物多樣性的重要性

　　生物多樣性長久以來提供人們的生存所需，舉凡糧食、醫藥、建材、衣物、化學原料及各式各樣的生活中的物質，都是由各類生物提供，人類享受著生物多樣性帶來的多元價值與成果。且當生態系中的生物種類越多，生態系統較不會因為少數物種的變動而造成環境重大的改變，維持生物多樣性便可維持生態系的穩定及平衡。

4. 造成生物多樣性降低的原因及影響

自 1970 年以來，地球上哺乳類、魚類、鳥類、爬蟲類和兩棲類的平均數量減少了 60%，全球評估報告中說明目前有 100 萬種動植物物種正面臨滅絕的威脅，這是人類史上數量最多的紀錄。原始森林的開發、海洋的過度捕撈、工業化造成的水源汙染及塑膠汙染，人類在社會高度化發展的歷程中，過度消耗地球所擁有的資源，已產生打破生態平衡與失去生物多樣性的危機。

2020 年世界經濟論壇風險報告中表示，未來 10 年十大全球風險發生的「可能性」及「衝擊程度」兩項評估中，喪失生物多樣性造成的風險分別為第四及第三名，首次同時列入兩項指標中。如今，世界上 75% 的食物僅來自 10 幾種農作物和 5 種動物，這樣的單一密集種植型態，極容易引發病蟲害感染的全面侵襲，大幅減損作物的產出。由此可知，當全球生物多樣性遭受破壞，甚將導致糧食的缺乏問題。生物多樣性就像一個複雜且相互平衡的支持網絡，任何一個物種的消失，都可能影響整個生態系，使彼此失去連結，人類賴以為生的資源系統也將受到損害。

5. 友善環境從日常作起

維持生物多樣性是人類永續發展的基礎，為了保護生態系統及野生動植物的存在，我們必須支持它們重建生物多樣性網絡。除了保護區的規劃、停止非法的森林砍伐、保留農作物野生近緣種等有效行動，人們也需要重新考慮如何使用自然資源、減輕地球的負擔，給予生態系統恢復平衡的時間。而在日常生活中，我們能從改變飲食、消費等日常習慣做起，嘗試減少資源的浪費，謹慎選擇產地來源、製造過程皆為友善環境的商品，避免更多野生動植物棲地因為人類的消費需求遭受破壞。維持生物多樣性也是保護文化多元性，尋求環境保護和生物多樣性的維持，才能使人們同時享有社會的進步與經濟的平衡。

（七）去森林化議題

森林覆蓋地球 30% 的土地，約 2/3 陸生植物和動物物種以森林為棲息

地，且是很大部分原住民的家園。熱帶森林、溫帶雨林到北部森林，對於調節地球的氣候至關重要，森林同時為我們提供淡水和氧氣，食糧及藥物。森林危機，連鎖影響到我們的水土、生物多樣性和氣候推向崩潰。

1. 森林砍伐

森林砍伐，或稱森林開伐、去森林化（Deforestation）、森林破壞（國家教育研究院，2016），意為人為的將森林地轉成耕地、牧場、城市等用地的行為。一般來說，森林開伐會造成環境退化和物種多樣性的減少。許多國家還在進行森林開伐，造成了氣候變遷和地理環境的改變。因為森林砍伐後沒有足夠的造林，結果破壞水土、氣候變遷、物種多樣性減少和生活品質的下降。

自 19 世紀中期，約在 1852 年之後，地球已經經歷了前所未有的森林破壞。歐洲的森林正在被酸雨侵蝕，而西伯利亞的森林非常大的地區自從蘇聯瓦解之後就被轉成耕地。在過去 20 年，阿富汗已經失去了超過 70% 的森林，然而全世界的熱帶雨林破壞所造成的影響最為突出，像是物種多樣性和正在進行中的全新世大滅絕（Leakey, Richard and Roger Lewin, 1996）。根據聯合國糧農組織的報告，全球森林面積正以每年減少 730 萬公頃的速度消失。而目前，非法採伐已經成為森林消失的主要原因（FAO and UNEP, 2020）。

在位於東南亞至太平洋群島的天堂雨林，是地球上唯一的原始雨林。根據官方數據和報告，印度尼西亞估計有 76～80% 的採伐為非法，巴布亞紐幾內亞更有 90% 以上的採伐違反當地的憲法和法律。亞馬遜雨林是地球上最大的熱帶雨林，巴西政府在 2006 年承認大約有 63% 來自巴西亞馬遜地區的木材取自非法來源，凶殺、暴力、壓榨勞工、非法取得公共土地的現象隨處可見。位於剛果盆地的大猿森林是世界第二大熱帶雨林，也是非洲物種最豐富的地區。現在，大猿森林的 85% 已經消失，但工業採伐的威脅從未停止。地球之友估計非法採伐的比例在當地高達 50%。同樣，非法採伐的問題在俄羅斯遠東地區尤為嚴重，據世界銀行在 2005 年的估算，大約有 40% 來自該地區的木材係非法來源。

2. 守護氣候及森林的三大法則

從極端天氣加劇山林大火或野火，到不法分子、無良企業非法砍伐與林，全球森林正急劇遭摧毀，地球正以每 2 秒約 1 個足球場的速度喪失森林，我們必須出手阻止，以確保珍貴的自然資源、穩定全球氣候的重地，眾多動植物物種與原住民的家園，得以存活常青。森林保育，關乎人類、野生動植物，以至整個地球的健康與福祉。

氣候行動者、人稱「環保少女」的 Greta Thunberg（通貝里），2019 年與知名環境專欄作者 George Monbiot 合作拍攝短片，呼籲全世界正視氣候危機，提出緩解氣候變化最有力的解決方案，就是從我們的天然生態系統出發，簡單如一棵樹，卻如「魔法機器」，有效地將大氣中的二氧化碳收存，而且成本低廉。他們批評當今的決策機關和人士，未能善用天然的氣候解決方案；並提醒大家三個簡單法則「Protect, Restore, Fund」可以扭轉氣候危機，守護森林，拯救氣候。

Protect 守護：全球森林以每分鐘 30 個足球場的速度消失，我們必須好好保護森林，阻止森林遭砍伐、非法毀林，管束人為開發及工業化農業的發展，並要竭力緩解氣候危機，因為全球暖化令氣候變化影響加劇，極端氣候包括高溫、強風及降雨失衡，令樹木更頻繁遭受乾旱、森林火災和病蟲害的侵襲。

Restore 復育：大自然擁有神奇的修復能力，遭破壞的自然生境包括森林，是有機會再生再造，復育重生的，關鍵在於給予時間及空間。

Fund 資助：「反資助」——注意個人以至企業和政府的投資，是否涉及投資化石能源開發或毀林的開發計畫。斷絕資金來源是制止摧毀氣候及森林活動的重要手法。「正資助」——2019 年資助守護森林及自然生態系統的資金只占全球的 2%，我們必須推動更多資源和資金投入正面的環境保護方案。

3. 從日常生活中愛護森林

（1）減少使用耗用木材的產品，例如紙張、免洗筷子

進入數位時代，社會和生活趨向無紙化，大家對珍惜用紙的意識已經提高，但還是提醒大家，在必要用紙時，例如影印和列印時，請用雙面，我們並可選擇再生紙和由環保原料（如 FSC 認證的木材）生產的紙張，確保用紙不

會來自具保護價值的樹種或令瀕危動物失去棲息地。我們也進入了即食和即棄的時代，免洗筷子不僅用材需砍伐森林，廠商在製作時甚或使用化學品漂白筷子，消費者用餐同時吃下，不僅對人體有害，也直接汙染土地和水源。綠色和平籲請大家，外出時盡量帶備環保餐具。

（2）換家具和木製用品，請三思再查證

日常生活中，會用到大型木製品的，應數家具。如果搬屋、想換家具，首先，停一停想一想，你是否需要購買新的，不妨先看看有沒有二手的選擇，翻新原來的，甚至保持惜物的生活理念，繼續使用。真的要購買家具的時候，建議查證其用料，譬如用循環再造物料，或者標明選材標準。提供以下關鍵字可作參考，如產品或供應商表示尊重：高保護價值木材（High Conservation Values, HCVs）、完整森林景觀（Intact Forest Landscapes, IFLs）、原住民權益（indigenous peoples' rights），產品標明不毀林、不破壞泥炭地，沒有剝削（No Deforestation, no Peatland and no Exploitation, NDPE）。

（3）向毀林商品說不

在工業化農牧業和大宗商品市場經濟下，從養牛、到種植大豆和棕櫚，毀林企業都是森林砍伐的罪魁禍首。我們可以良心消費，不選購涉及毀林的產品，不吃毀林肉，採用良心棕櫚油產品，同時要求企業、政府向相關生產商和供應鏈施壓，嚇停破壞森林、損害自然生態與氣候公義的生產和活動。

（4）多菜少肉，減少地球與森林的負擔

選擇植物性飲食，可幫助減低肉類生產的碳排放量，同時釋放土地壓力。何解？農業生產造成大量溫室氣體排放，而人類對肉類的需求，增加了供飼養牲畜的土地需求，包括放牧的空間及種植飼料。

三、國合會環境援助計畫之執行

氣候變遷、全球暖化及溫室氣體排放等環境問題，嚴重危害了人類安全與經濟發展。聯合國為回應此議題，於 2000 年「千禧年發展目標」（MDGs）中，提出第七項「確保環境永續」目標；隨後在 2015 年「永續發展目標」

（SDGs）中指出，企業更肩負環境永續推動之責任，鼓勵公民社會與政府發展夥伴關係，同年在巴黎「聯合國氣候變化綱要公約」中，更敦促各締約方應把援助重點，朝向協助低度開發的國家適應氣候變遷所帶來的衝擊。

　　以我國友邦數量最多的拉丁美洲及加勒比海地區為例，因被聯合國列為氣候變異衝擊下相對脆弱之區域，近年來本會結合我國於農業、氣象、防災等領域之發展經驗與科技工具，投入資源進行技術協助與能力建構，強化夥伴國在氣候變遷下調適及防減災能力、發展初級產業永續發展及消費模式，並利用科技落實資源永續管理及提升災後復原與環境調適能力。以下將依技術合作、投融資及人道援助等三個面向說明我與夥伴國家之環境合作計畫。

（一）技術合作計畫

1. 駐宏都拉斯與尼加拉瓜技術團廢棄物處理計畫

　　2008 年，駐宏都拉斯與尼加拉瓜技術團所執行之「養豬計畫」，由於豬隻之排泄物係屬高汙染物質，對環境會造成甚大之影響，技術團採取固液分離處理的方式，其中固體部分經發酵處理後成為天然氣可作為能源及有機肥可供作物之肥料，另液體部分經沉澱分解後成為乾淨水可供作物灌溉之用，此乃國合會所執行的第一個環境計畫。

2. 巴林都市景觀設計與綠美化合作計畫

　　2011 年，巴林政府於「VISION 2030」國家經濟發展願景中，強調有關國土永續發展、環境保育與節能省碳等政策目標，攸關國家未來與民生經濟的發展。惟其市政暨都市計畫部缺乏執行相關工程設計專案之人才，爰本計畫以派遣顧問之形式，協助推動巴方指定地區環境景觀改善與都市道路綠美化工作，加速道路景觀綠美化建設，提升計畫指定地區綠覆率與環境品質，契合綠化巴林之國家永續發展願景（國合會，2011）。

　　2015 年續執行「巴林都市景觀及綠美化設計專案執行計畫」，巴林為達成綠色國土「Green The Country」的永續環境發展願景，惟其缺乏執行相關工程及設計專案管理人才，爰提出都市景觀設計與綠美化計畫的合作需求，本

計畫透過派遣顧問之形式，協助巴方推動都市道路景觀改善與環境綠美化建設，以提升都市地區的綠覆率（國合會，2015）。

3. 聖克里斯多福及尼維斯再生能源政策諮商專家派遣計畫

2013 年，聖克里斯多福及尼維斯依據國家發展政策，向我國提出發展再生能源之計畫需求，盼我國協助提升再生能源使用比率。目前克國能源供給以火力發電為主，不僅發電成本高，且國際燃油價格波動易對克國財政產生衝擊，故克國亟盼發展再生能源以減輕財政負擔。

克國需求經我國派遣能源專家實地評估後，克國能源部之主要目標為再生能源發電量至 2015 年時達總發電量 50% 的目標，就技術與經濟層面而言，此一目標在短期內甚難達成，復以克國現階段仍無具體的再生能源推動方案，爰克國盼我國能先派遣能源專家進駐，以「政策諮商」（Policy and Advisory TA）方式協助克國建構再生能源發展策略與步驟（國合會，2013）。

4. 聖克里斯多福及尼維斯農業因應氣候變異調適能力提升計畫

2018 年 4 月，依據「美國國際開發總署」（United States Agency for International Development, USAID）報告中指出，我友邦聖克里斯多福及尼維斯農業面臨耕地狹小且破碎、農民收益下降、農業人力成本過高、農民高齡化及傳統種植作物缺乏多樣性等問題。有鑑於此，經國合會派遣專家評估克國農業脆弱度（vulnerability）後，提出「聖克里斯多福及尼維斯農業因應氣候變異調適能力提升計畫」，期待透過「建立早期預警資訊蒐集機制」、「研發或引介作物防減災技術」、「提升農業資訊普及率」等三大面向切入，強化克國農業在氣候變異下之韌性建立（國合會，2021a）。

5. 尼加拉瓜天災應變能力提升計畫

2018 年 10 月，尼加拉瓜受地理位置、地質特性與氣候變遷影響，受極端氣候及自然災害危害甚鉅，是中美洲脆弱度最高的國家之一，為提升尼加拉瓜國家災防體系應變效率並降低災損，尼加拉瓜政府以奠定防災研究基礎與運用科技防災工具並強化災防體系應變能力為主軸，研提「尼加拉瓜天然災

害應變能力提升計畫」。本計畫之主要內容包含：（1）發展尼國地理資訊元數據（Metadata）之製作與管理能力、（2）提升國家災防體系應變效率、（3）建構風險管理與災害應變技術人員能力（國合會，2021b）。

6. 貝里斯城市韌性防災計畫

2019 年，貝里斯因氣候變遷而易受極端降雨威脅，加上都市的快速發展，改變水文循環的特性尤其衝擊內陸低窪以及人口密集區，造成人民生命與財物損失。為減緩極端氣候與人為建設所造成之衝擊，貝里斯政府與 San Ignacio 市府盼我國運用地理資訊系統（GIS）提升貝國政府應用科技減災之能力。本計畫依據貝國天然災害類型與防災單位既有軟硬體條件，協助劃設水利災害潛勢區並加強監測，以建立水災早期預警機制，並搭配能力建構與教育訓練，提升貝國防救災單位之技術能力（國合會，2021c）。

（二）投融資計畫

1. 歐銀綠色能源特別基金計畫

「節能減碳」已成為世界各國研擬國家政策之重要項目，為此本會除透過雙邊合作，亦與國際組織密切合作，以綠色融資貸款方式，共同推動多項再生能源與溫室氣體減排計畫，期盼共同肩負世界公民之責任，為地球環境保護盡一份心力。

2011 年，本會與歐洲復興開發銀行合作之「歐銀特別投資基金」支持在中東歐與中亞地區執行「綠色經濟融資機制」（Green Energy Financing Facility, GEFF），盼藉由促進綠色經濟市場發展，解決綠色技術與產品的市場融資障礙，帶動私人部門投入於能源、資源永續及氣候復原等項目。由歐銀依據本會優先國家名單，推動能源效率相關之融資子計畫；融資子計畫須包含綠色能源相關項目，且運用相關技術包括 LED 路燈、太陽能、公共運輸節能等（國合會，2011）。例如，有鑑於羅馬尼亞屬於高度能源需求國家，但家戶住宅與建物普遍老舊，為該國能源消耗主因之一，因此若能推動改善居住環境與設備品質，促進民眾對於綠色住宅的意識，並增加當地銀行對住宅能源效率融

資的供應，強化綠色技術供給，有助於提升該國整體節能效益。由國合會與歐銀提供融資、透過羅馬尼亞金融機構提供建築物能源效率改善與小規模再生能源計畫所需的資金。計畫與羅馬尼亞三家金融機構合作，預計可嘉惠15,000 個家戶改善能源效率，整個計畫預計可達每年 25,000 噸二氧化碳（CO_2）減排效益、節省能源達每年 80,000 MWh（國合會，2018）。

　　另外，為解決中東地區的約旦因人口成長迅速、難民潮移入，而飽受垃圾量成長快速的衝擊，國合會著眼於如何將垃圾變黃金的「轉廢為能」（waste-to-energy）潮流，透過與歐銀（European Bank for Reconstruction and Development, EBRD）合作成立「歐銀綠色能源特別基金」，共同提供貸款資金協助，鎖定其首都大安曼市，引入將垃圾沼氣轉化為綠色能源的新技術，協助新建掩埋槽，提升垃圾處理量，並導入固體廢棄物處理新技術，建置垃圾掩埋沼氣（Landfill gas, LFG）發電系統。在本計畫協助下，大安曼市政府不僅成立了廢棄物處理公司，促使公共服務事業公司化，更將沼氣發電系統以BOT 模式發包給民間企業設計、執行及維運，藉由與私人部門合作的夥伴關係，強化沼氣發電的營運效率，為中東地區城市帶來了示範的效果（國合會，2015）。

2. 馬紹爾家戶能源效率及再生能源計畫

　　本計畫包含能源效率及再生能源二大項目。受益家戶可向馬紹爾開發銀行（MIDB）申請 2 種類型之子貸款：（1）能源效率子貸款——替換耗能家電設備與燈具以及更新老舊線路，以改善家戶能源效率；（2）再生能源子貸款——裝設家戶型太陽光電系統，以減少使用以化石燃料發電為主之電網供電。

　　欲申請能源效率子貸款之家戶須先經馬紹爾電力公司（MEC）進行能源稽查（energy audit），檢視應汰換之電器設備並確認是否具成本效益後，由MIDB 依其授信原則核貸。一旦家戶之能源效率經 MEC 稽查後確認符合標準，家戶即可向 MIDB 申請再生能源子貸款。

　　本案於 2017 年 11 月在德國波昂舉行之聯合國氣候變化綱要公約第 23 次締約方大會（COP23）之周邊會議上發表，經以國際認可之 CDM 方法學估

算，預期可達每年 992 噸之二氧化碳減量成效，獲得包括聯合國氣候變化綱要公約秘書處代表及各國專家之關注（國合會，2016）。

3. 緬甸鄉村微集中式供電站先鋒計畫

於緬甸馬圭省（Magway Region）及實皆省（Sagaing Region）各 1 個地點試行，包括：（1）建置微集中式（獨立型）太陽光電系統與照明等硬體設施。計提供 5 個村莊家戶及公共設施照明用電。（2）派遣專家提供當地村民供電站經營與維護之技術能力建構，並導入使用者付費機制。（3）進行微集中式供電站經營模式驗證，藉以發展財務可行的營運模式及建議適合的融資機制，供緬甸政府參考（國合會，2016）。

4. 歐銀氣候高影響力特別基金

2021 年，國合會與歐銀合作執行之「歐銀氣候高影響力特別基金（HIPCA）」計畫為框架式專案，係歐洲復興開發銀行（歐銀）聯合各方共同實踐氣候行動之平臺。HIPCA 整合公私人部門、多邊及雙邊、有償及無償資金，從高視野凝聚各方資源，投入強化氣候韌性、氣候減緩與適應、減少氣候與環境風險與危害等綠色轉型子計畫，以加速及提升應對氣候變遷及環境惡化亟需之動能。

在 HIPCA 平臺運作下，本會挹注融資資金，並與歐銀以個案合作融資方式貸予借款人；歐銀將視子計畫特性與需求，另搭配與計畫所在國之政策對話、使用捐贈資金辦理顧問諮詢及技術輔導等。

本計畫呼應聯合國氣候變遷綱要公約與巴黎協定精神，以及永續發展目標（SDG）第 13 項目標：採取緊急措施以因應氣候變遷及其影響；與第 17 目標：強化永續發展執行方法及活化永續發展全球夥伴關係。

（三）人道援助計畫

1. 約旦阿茲拉克市社區居民及敘利亞難民固體廢棄物管理改善計畫

自 2011 年爆發敘利亞內戰後，約旦已收容超過 65 萬名敘利亞難民，難民湧入導致固體廢棄物隨之增加，使約旦重要水源地之一的阿茲拉克市廢棄

物處理問題雪上加霜，嚴重影響當地居民及敘利亞難民的基本生活。2016年，國合會與對抗飢餓組織（ACF）合作協助改善約旦阿茲拉克市社區居民及敘利亞難民固體廢棄物管理。本計畫全程內容如後：（1）界定各類廢棄物之屬性與其回收利用之價值鏈；（2）合作社支援市政府固體廢棄物及堆肥服務並創造就業機會；（3）針對廢棄物管理相關人員進行能力建構；（4）設立廢棄物分類與堆肥廠；（5）進行固體廢棄物管理及相關風險等知識之公眾宣導。

2. 宏都拉斯乾燥走廊社區災難韌性提升計畫

國際間近來積極協助重複受災區建立韌性（resilience）體系，我友邦宏都拉斯南部乾燥走廊地區（Dry Corridor）常年面臨旱災危機，近年更因氣候變異，使該地區脆弱社區居民基本生存受到嚴重影響。為呼應國際潮流與趨勢，國合會與國際關懷協會（CARE）協助宏國該區飽受乾旱影響之脆弱社區提升災難韌性。本計畫全程內容如後：（1）提升社區居民在氣候變異相關風險管理之知識與技能；（2）改善社區緊急應變委員會對於旱災監控與預測之能力；（3）設置儲水相關小型基礎建設。

四、結論與未來展望

（一）阻止氣候危機

2010～2019 年，大氣中的二氧化碳濃度已達 65 萬年來最高，是有紀錄以來最熱的十年。而要控制全球升溫，首先必須降低二氧化碳的排放。2015 年聯合國終於通過《巴黎氣候協議》（*The Paris Agreement*），各國首次同意「本世紀末以前，必須控制地球升溫於攝氏 2 度以內」，並且各國每 5 年必須檢討「國家自定減碳貢獻」（Nationally Determined Contributions, NDCs）。

隨後 IPCC 在 2018 年時，發布新的研究報告，建議各國必須以 1990 年平均溫度為參考基準，更進一步將地球升溫控制在攝氏 1.5 度之內，更指出

2030 年的碳排放必須減少 45%，2050 年達到淨零碳排（碳中和），這是防止氣候變遷帶來嚴重災難的唯一方法。

　　也許您會好奇，攝氏 2 度和 1.5 度的差別有這麼大嗎？光是守住這 0.5 度，就能使全球面臨缺水危機的人口減少 50%、上億人能避免因氣候而貧窮、農作損失一半的機率減少 2 倍、1 千萬人不遭海平面上升影響、4 億 2 千萬人避免受到熱浪襲擊、防止 150 至 250 萬平方公里的永凍土融化、以及保護無數動植物面臨絕種危機。

1. 在日常生活中減碳，減緩氣候變遷

　　既然人類的行為對環境與氣候造成巨大影響，也表示只要改變人類的決策和運作模式，就有機會扭轉危機。

2. 氣候變遷不是都市傳說，提高公民意識一同戰勝危機

　　氣候的戰役已是全球必須面對的挑戰，不僅影響層面擴及各國，也需各執政者與決策者確實做出改變。如今，全球多國已紛紛宣布碳中和目標，而減緩氣候變遷也成為商業投資界關注的趨勢。在這條路上，仍需要有您我凝聚公民力量，要求在地政府與企業正視氣候危機，設立具有野心的減碳目標，為您我及下一代做出正確決策，爭取一個宜居、平安的未來。

3. 能源轉型

　　為了將全球平均升溫控制在攝氏 1.5 度以內，確實地減少二氧化碳排放是必須達到的目標。二氧化碳排放主要來自燃燒化石燃料，如煤炭、石油、天然氣等，大部分是用來發電、為機械產生動能，進而生產製造商品，發展經濟，也讓生活更便利。然而，我們的日常已經離不開電力，如何能在維持生活品質的同時達到減碳？其實環境和經濟並非二選一的是非題，若能以再生能源取代化石燃料，降低碳排放量，就是能夠達到雙贏且更永續的選擇。願景雖然單純美好，但需要政府與企業支持多元發展再生能源，跟著環境與國際趨勢制定全面的政策，並且設定明確的減碳目標和途徑，才有辦法達成，這須仰賴您我共同督促與推動，以早日實現。

4. 守護森林與海洋

　　除了能源的選擇，大自然其實扮演著重要角色。海洋吸收了氣候系統中 90% 的多餘熱量，除了提供或調節地球上大部分的雨水、飲用水、食物和天氣系統之外，海洋更從地球大氣中吸收 20～30% 人為排放的二氧化碳，儲存在海洋中，是抵禦氣候變遷帶來嚴重影響的重要屏障。

　　而森林吸收二氧化碳生長，是天然的「碳儲庫」，根據聯合國糧農組織於 2011 年估計，全球森林儲藏著近 6,520 億噸的碳；而 2018 年德國亥姆霍茲聯合會科研中心（The Helmholtz Association of German Research Centers）指出，光是亞馬遜雨林，就能有效幫助地球儲存約 760 億噸的二氧化碳，對整體減碳極有助益。

　　但全球森林與海洋正面臨前所未有的危機，無論是過度捕撈、塑膠汙染、海底鑽油、全球暖化，使海洋生態逐漸失衡，或是畜牧業與紙漿、棕櫚油等企業為了商業利益大規模砍伐、焚燒森林，都使「減碳神隊友」削弱原有功能，甚至會將已封存的二氧化碳釋放至大氣，助長氣候危機。一旦氣候變遷日益嚴重，就會如惡性循環般，導致森林環境更乾燥，大火難以撲滅，焚燒過程又製造更多二氧化碳，同樣模式一再重複。因此保護珍貴森林和海洋是減緩氣候變遷不可忽視的一環，需要關心環境的您我持續為她們發聲，制定有效的保護法規。

5. 減少肉食、聰明消費、無塑生活

　　畜牧業是生活中增加全球溫室氣體排放的來源之一，23% 的人類溫室氣體排放量來自農業和土地使用。隨著全球肉品的需求增加，畜牧業走向工業化，養殖動物的過程需砍伐與焚燒大片森林，以騰出畜牧空間，或是用來種植飼料大豆。而牲畜的排泄物，尤其是牛隻更釋放大量甲烷，都是助長氣候變遷的因素。根據綠色和平專家研究發現，如果一位臺灣人民一天不吃肉，能減少 2.4 公斤的二氧化碳排放，若所有臺灣人民一天不吃肉，就能減少 56,510 公噸二氧化碳！

　　除了飲食之外，平時消費盡量選擇當季、在地產品，減少運輸及存放時所需的能源。而購買的物品，無論是食衣住行或產品包裝，都以可多次使用為

原則，例如以可重複使用的容器取代一次性塑膠包裝，即能減少資源消耗及背後的環境成本。根據國際環境法中心（Center for International Environmental Law, CIEL）的報告，估計到 2050 年，從石油中生產塑膠以及焚燒所造成的碳排放量，可能高達 27.5 億噸，相當於 615 座燃煤發電廠！因此實踐無塑生活、少用一次性的塑膠製品，就是減少抽取石油和製造塑膠所需耗費的資源，更能有效助於減緩氣候變遷。

（二）有關水資源議題

　　若一個國家沒有完善的水資源管理系統，將難以應對當今的氣候危機。相反的，良好的水資源管理與規劃，除了能度過當今的難題，更是改善氣候問題的一個著手點。聯合國教科文組織（UNESCO）執行長奧德蕾・阿祖萊（Audrey Azoulay）強調：「水從來就不該是一個問題，而是一個解答。水能夠協助我們調適與減緩氣候變遷的情況。」2020 年聯合國「世界水資源發展報告書」提供了以下建議方案：

1. 人類健康、生產活動與生物多樣性

　　（1）全球的水溫上升將降低水中的溶氧量，造成水源自淨功能下降，水中汙染物質與病原濃度上升，極有可能導致人類生理與心理的健康危害。

　　（2）水資源供應問題也將衝擊人類產業，首先是占淡水取水量 69% 的農業，其次還有工業、能源供應以及漁業。

　　（3）大多數的生態系統，特別是森林與濕地都將受到衝擊，面臨生物多樣性下降的結果。

2. 首當其衝的區域：群島、山區、熱帶地區與極北地帶

　　（1）氣候變遷造成的水資源變動，在熱帶區域會更加明顯，這裡又恰好是大多開發中國家的所在地，衝擊將會格外的放大，島嶼國家甚至會遭遇滅頂之災。

　　（2）冰河與積雪地區將產生巨大的變動，連帶影響著高山地區與極北地區的情形變得十分脆弱且不穩定。

3. 建議的解決方案：「調適與減緩」

（1）調適：結合自然、科技以及社會的力量，將未來的環境破壞降到最低，並且善用氣候變遷產生的正向影響。這將非常快速的展現出成果，尤其是在地方層級。

（2）減緩：包含兩個面向，其一為減少人類活動產生的溫室氣體（GHGs），以及運用碳匯（carbon sink）功能來減少大氣中的溫室氣體濃度。

4. 改善廢水管理

（1）廢水的處理程序與其中的生物反應造成了可觀的 GHGs 排放，估計占總排放量的 3% 至 7%。

（2）許多未妥善處理的廢水含有大量甲烷與其他有機物，同樣為 GHGs 的來源之一。根據估算，全球約 80～90% 的廢水未經任何處理就排放到環境中。

（3）運用現代技術分離廢水中的甲烷和有機物可改善上述情形，甚至能進一步將這些有機物投入到發電程序。目前在一些水資源短缺的國家，如約旦、墨西哥、秘魯與泰國已能善用此技術達到雙贏。

（4）善用其他水資源管理的措施，如霧氣捕集利用（fog capture）、濕地保護、保育性農業（conservation agriculture），以及將廢水回收運用在農業與工業上的方案。

5. 提升水議題的優先性

儘管水資源管理如上述的影響廣泛，但仍很少見到水管理在氣候一題中被討論。由巴黎氣候協議成員提出的「國家自定預期貢獻」（NDC）中，大多著重在討論自然環境，而少有水資源管理政策。即便某些國家提出了水資源相關政策，也並未被列為優先執行項目或編列實際的預算。

6. 水資源與氣候政策之經費投入

（1）目前各國水供應與衛生改善的相關編列經費十分缺乏，必須提升其關注程度、建立更多經費來源，才有可能將「調適與減緩」的方案系統化。例

如：UNFCCC 設立的綠色氣候基金。

（2）推出水資源相關的氣候策略也能帶來額外效益，例如增加就業機會、改善民眾健康條件與生活福祉，並增進性別平等。此等效益也可能吸引更多的資金投入其中。

7. WWDR 的方針

2020 年 WWDR 強調「調適與減緩」的方針，其中列舉的建議不只對水資源永續管理有明確的助益，也能改善人權中潔淨飲水與衛生條件的部分。除此之外，報告書也指出，水資源管理與氣候變遷的緊密聯繫，例如必須建立完善水資源系統以因應越趨頻繁的極端氣候。

8. 水資源與多項 SDGs 的關聯性

WWDR 也強調水資源與多項 SDGs 的關聯性，從報告內容可以了解此議題除了代表第 6 項目標——淨水與衛生，還連繫著第 1 項（消弭貧窮）、第 2 項（消除飢餓）、第 9 項（經濟成長）、第 13 項（氣候變遷）與第 14、15 項的生物多樣性等目標。不論是站在守護民眾安全與福祉的立場，或旨在達成 SDGs 的要求，水資源管理的改善都是各國極需加強重視的議題。

此外，以臺灣的趨勢問題來看，我國水資源環境受到氣候變遷的影響下，嚴重衝擊了水庫的庫容與水利設施，使得有效水資源量日益減損，也危及水庫本體的壽命，並缺乏多種水資源來源作為穩定供水永續發展。海水淡化可提供小區域或緊急性供水使用，但其產生的鹵水也能造成沿岸生態的影響，所以發展海水淡化也須考慮降低環境汙染的疑慮與材料耗能的問題。雨水貯留在水資源中處理方式是相對簡單，其成本亦低於海水淡化與再生水，是個值得開發利用的方式，並可結合建築與設計，將水資源作有效的攔截以及應變強降雨，使氣候變遷帶來的危機轉變成水資源獲取的機會。

在水利基礎設施的更新與維護上，受限於水價無法以量制價與成本無法抑制水量浪費，所以需借助節水產業與節水之措施來幫助民眾，讓水資源利用達到省水與提高用水效率。另一方面，仍需要改善供水之漏水率，借助新的科技方法與提升施工品質，來降低高漏水率問題。

我國廢水處理之後，主要供工業再生使用與放流，回收再利用仍有進步的空間。因此，民生廢水的回收的再利用仍需結合下水道的建設，使廢水處理率提高，並設法再生回到民生與河川涵養之用，使水資源在使用上至少可以回收再利用一次，達到水資源的循環再利用，並透過法規、管理與制度來幫助水資源循環能夠永續發展，並對我們的生活環境與生態帶來新生機。

（三）持續參加氣候與環境國際會議

1. 聯合國氣候變化綱要公約第 26 屆締約方大會（UNFCCC, COP26），並舉辦周邊會議

第 26 屆的氣候變化綱要公約締約方大會從 2020 年 11 月順延一年，是從 1992 年簽定以來，將近 30 年首次跳過的談判大會。延後一年的會議將在 2021 年底召開，由英國和義大利兩國政府共同主辦。

根據 2015 年的《巴黎協定》，簽訂後第 5 年的 COP 26 將檢視和修正各國的「自主減排計畫」（Nationally Determined Contributions, NDC）。也因為上一次在馬德里舉辦的 COP 25 會議結果令人大失所望，COP 26 於是也背負了必須解決執行層面問題的重擔，尤其是關於碳市場機制的計量規則和方法、氣候融資，和損失與損害。

目前各國的減碳目標還無法限制全球升溫在 2℃ 以下，主辦國必須找出方法和策略，促使締約國針對 2025、2030 年，提出力道更強的溫室氣體排放目標。之前歐盟的歐洲綠色政綱和中國的 2060 年碳中和目標，都被視為是增強 COP 26 減碳目標的前置作業和手段之一。另外，延後一年的 COP 26 也不是完全沒好處，這時間點剛好錯開了川普政府原本已經啟動的退出巴黎協定的程序。2021 年拜登政府重新參與，並確立美國在氣候領域的積極立場。

離 COP 26 還有六個月左右的時間，我國雖非聯合國的會員國，亦未受邀參與大會，但我國每年仍由行政院環保署與工研院等相關單位共同籌組活動團前往參加，國合會將配合舉辦周邊會議，以提高臺灣與國合會在國際之能見度。

2. 第七屆「我們的海洋會議」（Our Ocean Conference, OOC）

　　「我們的海洋會議」第 1 屆在 2014 年由美國華盛頓主辦，之後每年由不同的政府舉辦（智利、馬爾他、印尼、挪威等）。過去幾年此會議聚集許多政府高層、企業和公民社會，並募集大量資金，於是成為海洋議題圈裡每年備受關注的會議。第七屆的會議原本預計在 2020 年 12 月在帛琉舉辦，因疫情而延後到暫訂今（2021）年的夏天。國合會將與日本世川平和基金會合作共同參與。

（四）善用全球環境基金（GEF）協助開發中國家面對氣候環境議題

　　全球環境基金（Global Environment Facility, GEF）由 178 個國家、國際機構、非政府組織與私人企業所組成國際組織，旨在針對全球環境議題協助國家永續發展項目。在促進地球環境方面，全球環境基金已成為全球最大的計畫資助者，其提供贊助金給生物多樣性、氣候變遷、國際水資源、土地退化、臭氧層與持久性有機污染物相關的計畫。國合會可與夥伴國家共同提案向 GEF 申請資金支援，以解決夥伴國家有關氣候與環境之相關問題。

參考文獻

水利署（2019）。臺灣地區 107 年降雨量概況。取自 http://epaper.wra.gov.tw/Article_Detail.aspx?s=5382FFE27DF79719

李志宏 （2007）。國際發展與合作的概念與實務——環境。臺北：國際合作發展基金會，頁 481-485。

國合會（2021a）。聖克里斯多福及尼維斯農業因應氣候變異調適能力提升計畫。取自 https://www.icdf.org.tw/ct.asp?xItem=47766&ctNode=29931&mp=1

國合會（2021b）。尼加拉瓜天災應變能力提升計畫。取自 https://www.icdf.org.tw/ct.asp?xItem=54932&ctNode=29936&mp=1

國合會（2021c）。貝里斯城市韌性防災計畫。取自 https://www.icdf.org.tw/ct.asp?xItem=55400&ctNode=29938&mp=1

國合會（2011）。巴林都市景觀設計與綠美化合作計畫。取自 https://www.icdf.org.tw/ct.asp?xItem=2267&CtNode=29682&mp=1

國合會（2011）。歐銀綠色能源特別基金計畫。取自 https://www.icdf.org.tw/ct.asp?xItem=6775&CtNode=29684&mp=1

國合會（2013）。聖克里斯多福及尼維斯再生能源政策諮商專家派遣計畫。取自 https://www.icdf.org.tw/ct.asp?xItem=25619&CtNode=29682&mp=1

國合會（2015）。巴林都市景觀設計與綠美化合作專案執行計畫。取自 https://www.icdf.org.tw/ct.asp?xItem=31495&CtNode=29682&mp=1

國合會（2015）。歐銀綠色能源特別基金——子計畫 2（約旦大安曼市固體廢棄物計畫）。取自 https://www.icdf.org.tw/ct.asp?xItem=31232&CtNode=29684&mp=1

國合會（2016）。馬紹爾家戶能源效率及再生能源計畫。取自 https://www.icdf.org.tw/ct.asp?xItem=41462&CtNode=29684&mp=1

國合會（2016）。緬甸鄉村微集中式供電站先鋒計畫。取自 https://www.icdf.org.tw/ct.asp?xItem=36470&CtNode=29684&mp=1

國合會（2018）。歐銀綠色能源特別基金——子計畫 6（羅馬尼亞巴克烏都市能源效率計畫）。取自 https://www.icdf.org.tw/ct.asp?xItem=53000&CtNode=29684&mp=1

國家教育研究院（2016）。去森林化。取自 https://terms.naer.edu.tw/search/?q=%22deforestation%22&field=ti&op=AND&match=&q=&field=ti&op=AND&order=&num=50&show=&page=&group=&heading=#result

臺灣永續能源基金會（2020）。2020 年全球能源評論：COVID-19 危機對全球能源需求和 CO_2 排放的影響。取自 https://taise.org.tw/post-view.php?ID=122

蔡勳雄及胡思聰（2006）。展望二十一世紀議程。取自 http://www.npf.org.tw/monthly/0301/theme.252.htm

FAO and UNEP. (2020). *The State of the World's Forests 2020. Forests, biodiversity and people. Rome.* Retrieved from: https://doi.org/10.4060/ca8642en

Leakey, Richard and Roger Lewin (1996). *The Sixth Extinction: Patterns of Life and the Future of Humankind, Anchor,* ISBN 0-385-46809-1

UNEP- United Nations Environment Programmed (2012). *21 Issues for the 21st Century, Results of the UNEP Foresight Process on Emerging Environmental Issues.* Retrieved from: http://truthfrequencynews.com/wp-content/uploads/2012/03/UNEP-Foresight-Report.jpg

第 *9* 章

國際人道援助

一、全球人道援助之概況

　　COVID-19（冠狀病毒）的大流行，給人類人道主義系統的規模和複雜性帶來了前所未有的挑戰。一個原本已經面臨經濟壓力和債務問題的人道主義系統，更必須適應並要對這些受疫情影響的人之新興需求有所回應。同時，人道主義也必須繼續提供援助給數百萬因戰爭衝突而流離失所和自然災害影響的人。因此，比以往任何時候都更重要的是，要有證據證明全球人道主義資金使用情形，以便讓捐助者和援助機構都能夠瞭解情況並針對最需要的人做出決定。

　　國際人道主義援助自聯合國人道事務協調廳（UN Office for the Coordination of Humanitarian Affairs, OCHA）2012 年正式專責協調，實施以來，援助總額逐年增加。然而，人道主義者呼籲現階段比以往任何時候都需要更多的資金。由於疫情持續延燒，進一步增加了有需要的人數，於是對資金緊張的人道主義系統提出了額外的要求，這也在考驗著政府和機構的應對能力，其所造成的風險已經限制了人道主義的發展，資金的來源可能會逐漸下降。這些因素的結合，為人道主義系統帶來了巨大的壓力。

　　目前全球危機有日益複雜和延長的趨勢，估計有超過十億人（占世界人口的 16%）生活在經歷長期危機的國家中。而經歷了長期危機的國家數量從 2005 年的 13 個增加到 2019 年的 31 個。這些國家是世界上一半極端貧困人口的家園。面對那些經歷危機的人需要一種策略方法來滿足他們短期和長期的需求，包括增強他們對新衝擊的韌性。危機更加劇了婦女和女孩的不平等和脆弱性，但缺乏按性別分類的數據掩蓋了這一點。一項報告顯示，官方發展援助金額增加係為終止基於性別的暴力，儘管本議題占官方發展援助總額（ODA）尚不足 1%。

　　根據 2021 年全球人道援助趨勢報告（Global Humanitarian Overview），2020 年全球人道援助需求 385 億美元，實際獲致 186 億美元，共有 25 國受惠。WHO 於 2020 年 3 月宣布 COVID-19 疫情爆發兩週後，COVID-19 全球人道回應計畫（Global Health Response Plan, GHRP）正式啟動，一開始因應 9,800 萬受益人口，而自世界衛生組織 54 國 20 億美元的緊急需求，同年 7 月

增加為 63 國 95 億美元，而原已嚴重的各項人道危機也受疫情的影響而更加嚴峻，根據報告資料顯示，共有超過 1 億 6,000 萬 COVID-19 確診病例（超過 330 萬死亡），其中 30% 的病例和 39%的死亡發生在 GHRP 的受惠國家（OCHA, 2021）（圖 9.1）。

Inter-Agency Coordinated Appeals: Results from 2020

REQUIREMENTS (US$)	FUNDING RECEIVED (US$)	COVERAGE (%)	TOTAL HUMANITARIAN FUNDING
$38.5B	$18.6B	48%	$26.9B

資料來源：Global Humanitarian Overview Monthly Update

People reached with humanitarian aid in 2020	PEOPLE REACHED	COUNTRIES	% OF PEOPLE TARGETED
	98M	25	70%

圖 9.1　2020 年機構間人道援助協調統計結果
資料來源：Global Humanitarian Overview 2021

報告並指出，2021 年預估 2.34 億人需要人道援助和保護，此為近幾十年來最高的數字（圖 9.2）。聯合國及其合作組織預估有 56 國與地區 358 億美元的緊急需求。全球各國基本衛生服務幾乎都被 COVID-19 疫情影響。許多得來不易的防治成效受到衝擊。例如超過 500 萬 5 歲以下的兒童面臨霍亂和急性水樣腹瀉的威脅，甚至造成愛滋病、結核病和瘧疾等疾病 20 年來的防治成效歸零，有可能導致每年的死亡人數增加一倍。此外，COVID-19 疫情引發 1930 年以來全球最嚴重的經濟衰退，造成 22 年來極度貧窮數字首次提高，失業率亦急劇上升，其中非正規體系下工作的 15～29 歲女性和年輕人所受到的衝擊最大，91% 的學生因停課受到影響。過去十年中，因衝突和暴力在國內流離失所的人數創歷史新高，約達 5,100 萬人，難民人數亦翻倍達 2,000 萬人。再者，COVID-19 疫情和氣候變遷也在嚴重影響全球的糧食體系。糧食安全的

Inter-Agency Coordinated Appeals: Overview for 2021

PEOPLE IN NEED	PEOPLE TARGETED	APPEALS
234 M	**157** M	**36**

REQUIREMENTS (US$)	FUNDING (US$)	COVERAGE
$ **35.8** B	$ **522** M	**2** %

圖 9.2　2021 年機構間人道援助協調統計預測

資料來源：Global Humanitarian Overview Monthly Update

人道援助資金需求已從 2015 年的 50 億美元增至 2020 年的 90 億美元。氣候變遷加劇，氣溫越來越熱，反聖嬰現象（La Niña）預期將影響海洋溫度、降雨和颶風等。

報告呼籲，2021 年的人道援助重點應以設立共同基金（Pooled Fund）與人道緊急回應、複合性風險監測、聯合跨領域分析架構、對受影響族群的責任度、COVID-19 與在地化、現金與兌換券援助、性別平等、防止性虐待等為援助重點。

2020 年顯示，人類進步的前進方向並非可以想當然爾不可阻擋的力量。在過去受 COVID-19 影響的一年多以來，人類近幾十年的發展已全然被抵消，然而要使情況回到正軌，則需要全球人民有意識的行動和集體的努力。它需要每個人都將自己的肩膀放在方向盤上並用力推動同一方向（OCHA, 2021）。

二、國際人道援助的工具與方法

（一）國際人道援助趨勢——降低災害風險

因應國際自然與人為災害發生頻仍，呼應聯合國永續發展目標，各國政

府及國際組織漸將人道援助的概念從災後復原與重建，轉向「降低災害風險」（Disaster Risk Reduction, DRR）、建立風險預警機制及建構自我調節能力，為廣義的「韌性（resilience）」概念。2015 年聯合國減災會議中繼「2005～2015 年兵庫行動綱領：建構國家與社區的災害回復力」，提出「2015～2030 年的聯合國仙臺減災綱領（Sendai Framework for Disaster Risk Reduction）」，透過相關倡議促進會員國共同合作，增進減災效益。根據聯合國減災辦公室（United Nations Office for Disaster Risk Reduction, UNISDR）的定義，韌性為暴露於危害的系統、社區或社會能夠及時有效地抵禦、吸收、適應和降低危害的影響的能力。

聯合國永續發展目標亦明定於目標 2.4「在西元 2030 年前，確保可永續發展的糧食生產系統，並實施可災後復原的農村作法，提高產能及生產力，協助恢復生態系統，強化適應氣候變遷、極端氣候、乾旱、洪水與其他災害的能力」與目標 9.a「加速開發中國家發展具有災後復原能力且永續的基礎建設」。

在雙邊援助組織實踐上，英國國際發展部（Department for international development, DFID）注重處理衝突及脆弱度、建立韌性介入措施與災害韌性的成本效益，計畫類型涵蓋農村生計支援、區域災害預警機制建立、災前家戶資產保護等措施；USAID 則以擴大經濟機會、強化治理、提高人力資本為核心領域，著名案例為非洲區域之 RISE（Resilience in the Sahel Enhanced）夥伴關係，透過結合多部門之人道援助和發展計畫，協助各國農牧區內長期弱勢群體，自 2013 年以來受益人數超過 200 萬人。

人道援助首重各方資金的挹注，目前分為雙邊援款（Bilateral）與共同基金（Humanitarian Pooled Funds）（OCHA, 2015），以前者居多，後者有逐漸增加之趨勢，2014 年 3.67% 來自共同基金、2015 年提升至 5%。目前以國家為基礎之共同基金（Country Based Pooled Fund, CBPF）已開始成立（OCHA, 2019）。聯合國人道事務協調廳（UN Office for the Coordination of Humanitarian Affairs, OCHA）為了統計各援助款項，設立了財務支出核實處（Financial Tracking Service）（OCHA, 2021a），統計各項援助款項。

（二）聯合國體系回應機制

　　國際間面對重大災難發生，聯合國體系回應機制從全球層面與受災國層面進行各項資源整合與協調。在全球層面，OCHA 負責統籌協調援助事務，指派「緊急援助協調人」（Emergency Relief Coordinator, ERC）籌組「協調跨機構委員會」（The Inter-Agency Standing Committee, IASC），研擬危機回應決策，決策範圍包含災情範圍、複雜度、緊急程度、回應能力及風險等。參與成員除聯合國體系組織外，各國際非政府組織團體在 IASC 中扮演重要角色，代表當地利益團體提供顧問意見。在受災國層面，「人道援助協調人」（Humanitarian Coordinator, HC）由 ERC 指定，通常由聯合國駐地常駐代表擔任，統籌協調受災國之援助業務，包括籌組「人道援助受災國團隊」（Humanitarian Country Team, HCT），研擬是否動員、資源如何分配及在地執行之策略，僅有在受災國有重要援助成員方能參與。國際非政府組織在 HCT 中亦扮演非常重要的角色，負責提供倡議、建議及提出人道援助計畫執行細節等（詳如圖 9.3）。

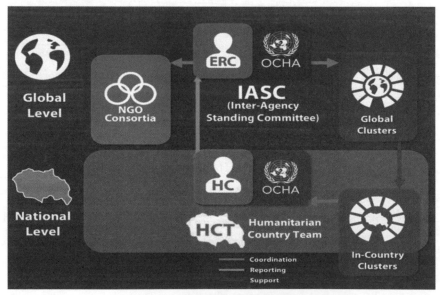

圖 9.3　聯合國系統的回應架構

目前國際間人道援助以集群協調系統（Cluster Coordination system）為分工原則，共計 11 類，分別為水、公共衛生及個人衛生（WASH）、避難所（Shelter）、保護（Protection）、營養（Nutrition）、物流（Logistics）、Health（健康）、糧食安全（Food Security）、緊急通訊（Emergency Telecommunications）、教育（Education）、早期復原（Early Recovery），以及難民營協調與管理（Camp Coordination and Camp Management）。透過集群進行人道援助協調，聯合國及 INGOs 藉此認定參與該集群的合作夥伴，就援助需求及優先順序方面達成共識，建立有效率的回應規劃、啟動相關集群、與其他集群之協調與合作等等。然實際執行時仍有因資源分配不均、集群間溝通不良、資訊分享不完整、INGO/NGO 間資源競爭與成果競爭、小型 NGO 難以進入集群會議等問題出現（詳如圖 9.4）（OCHA, 2021b）。

執行人道援助計畫之基本準則包括人道援助原則（Humanitarian Principles）和合作夥伴關係原則（Principle of Partnership）。人道援助基本原則分別為人道（Humanity）、中立（Neutrality）、公平（Impartiality）及獨立（Independence）4 項。值得一提的是，公平原則強調「援助應以需求為基礎」，不因種族、宗教、性別而有所差異；合作夥伴關係原則分別為平等（Equality）、透明（Transparency）、結果導向（Results-Oriented Approach）、責任（Responsibility）及互補（Complementarity）等 5 項。透明原則特別強調應盡早開始進行雙方磋商與資訊交換，並依據合作雙方的比較優勢進行互補合作。然在執行上，仍因許多因素而無法一體適用。

人道援助計畫循環（Humanitarian Programme Cycle）分為 5 項步驟（如圖 9.5），包含：（1）需求評估與分析（Needs Assessment & Analysis）：於災難發生後立即進行速評（Rapid Assessment），收集災難與需求等相關資訊；（2）策略規劃（Strategic Planning）：根據速評資訊提出初步評估報告（Preliminary Response Plan, PRP），此報告應於災難發生後 3～5 天內提出；另於災難發生30 天後提出較為完整之策略回應報告（Strategic response plan）；（3）資源動員（Resource Mobilization）：根據前述之策略回應報告募集所需資金與物資；（4）執行與監督（Implementation & Monitoring）：由緊急領導小組（Emergency Directors Groups, EDG）進行統籌監管計畫；（5）行動回顧與評

圖 9.4　國際間人道援助集群協調系統

估（Operational Review & Evaluation）：針對所執行之計畫效益進行評核（OCHA, 2021c）。

　　國際間非政府組織為了改善人道援助行動的品質與責信，在 2000 年出版第一版環球計畫手冊（Sphere Project），內容涵蓋人道憲章、原則、最低標準、行動、指標及指引，技術章節 4 大範疇，包括：（1）供水、環境衛生及衛生促進（WASH），（2）糧食安全與營養，（3）住所、安置與非糧食物品，以及（4）健康行動。此手冊之目的主要提供不同人道援助工作者間於合作時有依循的標準，鼓勵各組織能在計畫設計或執行時將此等準則嵌入計畫內容，確保受災區域民眾的基本權益，減少損害擴大，以達援助的有效性。當然使用此手冊同時亦須瞭解該標準並非所有人道回應相關問題之解決方案，也無法套用於所有情境，僅能提供人道援助工作者加強援助品質、速度及有效性的基礎。

NEEDS ASSESSMENT & ANALYSIS

PREPAREDNESS

PREPAREDNESS

OPERATIONAL PEER REVIEW & EVALUATION

STRATEGIC PLANNING

COORDINATION

INFORMATION MANAGEMENT

IMPLEMENTATION & MONITORING

RESOURCE MOBILIZATION

PREPAREDNESS

圖 9.5　人道援助計畫循環

　　近年來人道援助上的科技應用與創新（Technology & Innovation）已相當廣泛，全球約有 40% 人口使用數位或行動裝置，加以各種衛星設備所提供之及時資訊，均有助於災難之救助。儘管科技可帶來的資訊，但也可能帶來高度風險，例如衛星定位系統雖可幫助難民救助，但也可能因此暴露難民或避難所之正確位置，成為攻擊者目標等。

　　現金援助（Cash transfer）近年來已成為人道援助主流工具之一，並受到國際人道援助組織所提倡使用。現金援助靈活性、效率、責性度，及以受益對象為中心等特點，效能與效率高，活絡當地市場與經濟，成為兼具效益與效能的援助方式。例如世界糧食組織（World Food Program, WFP）在 2019 年時現金移轉的援助支出總計達 21 億美元，占 WFP 當年援助總額 38%，受益人數達 2 千 7 百 90 萬人（WFP, 2014）。歐盟主責執行人道援助之單位「歐盟執委會人道救援暨公民保護總署（DG ECHO）」即指出其 2017 年現金援助（含兌換券）相關人道援助計畫經費占其全年經費達 38%，總計約 9 億 9 千萬歐元，超過新臺幣 300 億元（EC, 2015）。

三、我國人道援助計畫之執行

（一）我國因應重大災難提供援助由外交部統籌

　　我國外交部於 2015 年 1 月訂定「因應重大災害提供及接收外國援助作業要點」（外交部，2015），明定遇國外發生重大災害時，由外交部次長或主任秘書擔任召集人，綜理援助外國救災事宜，應變小組由相關地域司司長擔任執行秘書，其他小組成員包括：國際組織司、國際傳播司、禮賓處、秘書處、人事處、主計處、資訊及電務處、公眾外交協調會、非政府組織國際事務會及領事事務局等單位或其他相關單位之主管如衛生福利部代表。如遇須提供跨部會援助予受災國者，外交部地域司即依據我國辦理援助外國救災作業程序報請行政院邀集相關部會召開緊急援外救災協調會，確立各部會任務分工，並擔任外交部對外單一聯繫窗口。緊急救援任務項目主要分為賑災物資、賑災捐款、救援醫療、行政資源及公共關係等 5 項。

（二）國合會人道援助計畫執行方式

　　國合會自 2001 年起開始運用自有經費推動人道援助，在 47 個國家推動 109 個計畫，累計經費 15,981 千元。

　　國合會人道援助計畫係針對遭受天災、戰爭、瘟疫或種族動亂等影響之友邦或友好開發中國家，提供所需災後復原或重建協助，期能協助災民安度人道危機，儘速恢復當地一般生活水準。國際上進行人道援助介入分為兩階段，分別為緊急救援與災後復原及重建。在緊急救援階段，我國外交部及國內多數 NGOs 均能配合政府之統籌及時募集救災物資、民生用品，動員力佳；國合會因平時無儲備緊急救難物資或機具，援助重心以災後復原及重建階段為主，介入階段不同。另國合會加強與國際非政府組織建立合作關係，借重其長期深耕駐地之經驗，派遣專業技術人員或專案志工，共同執行國際人道援助計畫，期能達到資源整合與提升援助綜效之目標，給予友邦或友好國家即時人道援助，擴大國際合作效益。

國合會面對國際重大災難之作法是透過外交部、我國駐外單位、國合會合作機構、相關國際組織如 OCHA 及相關網站如 reliefweb 及財務支出核實處（Financial Tracking Service, FTS）等管道，蒐集災難地點相關資訊，包含國家基本資料、受災情形、受援國是否有相關需求、國際資源投入情況等要素進行調查，國合會依據當時回應能力決定是否介入。鑑於國合會平時並無儲備緊急救難物資或機具，所提供之國際人道援助以緊急救援時期結束後（通常為 3 個月後）之「災後復原及重建」為主，難民議題次之。

　　國合會人道援助的參與領域以糧食安全、健康及水、個人衛生及環境衛生（WASH）為主，執行方式有三種：（1）由國合會自行辦理、（2）和參與 UN 體系人道援助機制的國際非政府組織合作、（3）與友邦政府合作辦理。所有的計畫先進行概念書審查，以「國合會捐款與贈與處理辦法」及「人道援助夥伴關係原則」為主要依據，審查要項包括當地需求、國際資源分配、外交任務考量、計畫可行性、國合會能力及合作單位能力等。概念書通過後，國合會與合作機構進行評估任務，確認計畫的細節後，簽署合作備忘錄始啟動計畫。

1. 和參與 UN 體系人道援助機制的國際非政府組織合作

　　國際間發生重大災難後，國合會雖無法從全球層面參與 OCHA 之各項會議及任務，為能與聯合國援助體系連結，國合會從受災國層面切入，拓展災後復原及重建類型計畫的人道援助範疇，透過和參與 UN 體系人道援助機制的國際非政府組織〔如世界展望會（World Vision）、美慈組織（Mercy Corps）、國際關懷協會（CARE）、對抗飢餓組織等（Action Against Hunger）〕及雙邊援助組織如美國援外總署（USAID）與該體系進行連結，自 2013 年起 OCHA FTS 均以 Taiwan ICDF 名義記載國合會參與國際人道援助之實績，如國合會與世界展望會合作「索羅門洪災衛生計畫」、與國際關懷協會合作「尼泊爾廓爾克縣糧食安全及生計支援計畫」等。

　　與世界展望會（World Vision）在菲律賓東維薩亞（Eastern Visayas）地區之雷伊泰省（Leyte）與薩瑪省（Samar），合作執行「菲律賓兒童營養整合行動計畫」，期透過對當地餵養兒童的照護者進行能力建構，提升該地區兒童

營養狀況，並協助興修數座衛生站，促使當地兒童及其家庭成員能獲得更妥適的營養健康服務。此外，國際難民議題亦為本會焦點，本會與美慈組織共同執行「約旦校園及社區雨水集水系統計畫」在收容最多敘利亞難民的約旦西北省份，透過設置與修復雨水集水系統及省水裝置，提高約旦校園及社區的節水能力，並透過舉辦宣導活動以加強該地區人民的節水意識。

（1）健康領域

①索羅門群島洪災衛生計畫

2014 年 4 月索羅門 Guadalcanal 省遭遇嚴重洪災，5 萬 2 千名萬民眾受到影響，洪水沖毀公共設施及居民財產，衍生公共衛生及民眾生計等問題，導致腹瀉、急性呼吸道感染等病例驟升。國合會與臺灣世界展望會合作「索羅門洪災衛生計畫」，由國合會出資 50 萬美元，並派遣專案志工協助建構當地居民衛生問題因應能力、參與計畫管理，計畫透過 12 個社區的衛生推廣、修復 8 個社區供水系統，包括 6 個重力供水系統，以及 2 個雨水集水系統。提供動物圍籬等方式，協助受災社區取得因應衛生與健康環境問題之能力與資源，進而改善災區衛生與健康情況。

②印度新冠肺炎數位健康創新回應計畫

印度是全球 COVID-19 病例數第二高的國家，印度衛生與家庭福利部（Ministry of Health and Family Welfare, MoHFW）雖已訓練公立醫院醫護人員如何分流病患與進行檢測，及如何正確使用個人防護裝備（PPEs）等，惟因印度幅員廣闊，多數醫護人員仍缺乏足夠的支持與能力對抗 COVID-19 疫情。賈坎德邦（Jharkhand State）因本身健康照護體系脆弱，大量外移工作者因疫情失業而大批回流，更加重了當地醫療體系負擔，因此印度政府呼籲國際非政府組織及援助機構投入資源至賈坎德邦。國合會與瑞士非政府組織世界兒童權利組織（Terre des hommes Foundation, Tdh）合作，於 2020 年 9 月啟動「印度新冠肺炎數位健康創新回應計畫」，由國合會出資 20 萬美元，透過協助印度賈坎德邦蘭契縣（Ranchi District）75 所初級醫療機構醫護人員運用數位科技，以

提供優質醫衛服務並遵循防疫與感控準則回應新冠肺炎。國合會資深資訊專家亦共同參與計畫 app 優化，並邀請我國國泰醫院防疫專家共同檢視計畫 app 防疫內容，以進一步深化我國參與及加強交流，雙邊 e 同攜手抗疫（國合會，2021a）。

③ 黎巴嫩境內弱勢族群新冠肺炎及經濟危機回應計畫

鑑於黎巴嫩收容敘利亞難民總數高達 150 萬人，對黎國財政經濟造成沉重負擔，另 COVID 病毒肺炎疫情對該國脆弱之醫療照護體系亦形成巨大負荷，另 2020 年 8 月 4 日黎國貝魯特大爆炸，造成當地脆弱家戶面臨巨大的保護風險，國合會與 PCPM 於 2020 年 8 月合作推動「黎巴嫩境內弱勢族群新冠肺炎及經濟危機回應計畫」，由外交部委辦國合會 25 萬美元，PCPM 出資 4 萬 8 千美元共同投入計畫，提供現金援助協助黎國境內 200 戶弱勢家戶保有安全住所，並協助 200 戶弱勢家戶因應緊急支出所需。計畫也協助提升當地 8 間初級醫療機構與人員的能力，改善並落實新冠肺炎感控標準作業流程，同時提供個人防護裝備（PPE）以保障病患與醫護人員安全；提供 150 戶弱勢家戶防疫與感控物資（IPC Kits）以降低感染風險，進而協助黎國境內弱勢家戶獲得保護與醫療基本照護（國合會，2021b）。

（2）糧食安全領域

① 尼泊爾廓爾克縣糧食安全及生計支援計畫

2015 年 4 月及 5 月尼泊爾接續遭逢強震，重創當地農業並嚴重影響居民糧食安全與生計來源，國合會運用尼泊爾地震民眾善款 50 萬美元於 2015 年 12 月與國際關懷協會（CARE Nepal）合作推動「尼泊爾廓爾克縣糧食安全及生計支援計畫」，並在該計畫奠定之基礎上，繼續運用民眾善款推動第二期，進一步強化該縣居民之糧食安全與生計。計畫透過能力建構協助脆弱家戶（特別是女性、窮困及社會邊緣化之人口）並增進農民參與農業價值鏈及與市場之連結，促進受地震影響社區之農業半商業化等，總計 2,203 戶脆弱家戶受益。此外，計畫亦搭配我國技術專家及專案

志工的派遣，教授受災戶及當地 NGO 人員園藝、有機堆肥及土壤分析等技術，以加乘計畫效果，展現我國的農業技術與人道關懷（國合會，2019a）。

②印尼中蘇拉威西生計支援計畫

印尼東部之蘇拉威西省，2018 年 9 月底傍晚發生芮氏規模 7.5 級的強烈地震並引發海嘯侵襲。影響範圍以希吉縣農損最高。國合會與世界展望會合作「印尼中蘇拉威西生計支援計畫」，協助受災民眾的生計獲得恢復與改善，由國合會出資 40 萬美元，並派遣技術顧問共同執行。特別值得一提的是，計畫運用科技技術以 LMMS（Last mile mobile solutions）發放以工代賑薪資與管理供應之農資材等活動產出，節省紙本作業並有效結合銀行與供貨商等私人部門，無須再另外聘僱人員或租用物資發放站等，除可促進地方經濟，亦可降低計畫行政管銷費用（國合會，2020a）。

（3）供水、環境衛生及衛生促進（WASH）領域

①約旦校園及社區雨水集水計畫

約旦原為全球水資源最缺乏的國家之一，於敘利亞危機後收容約 140 萬敘國難民，其中 8 成以上之難民與約國人民同住於社區中安置在社區當中，且有 5 成之難民為學齡兒童，近年因孩童以及社區難民暴增，讓校園與社區有限的資源更加捉襟見肘，特別是用水方面。為協助提升約國校園及社區用水安全，並呼應約旦政府發布之「約旦敘利亞危機回應對計畫（The Jordan Response Plan for Syria Crisis）」與約國「2016 年至 2025 年之國家水資源策略（National Water Strategy）」，國合會與美慈組織合作「約旦校園及社區雨水集水計畫」，協助學校及社區透過供水與衛生（Water Sanitation and Hygiene, WASH）基礎設施升級，而提高節水能力，其內容包括於計畫結束後提升節水資源保護意識，以及使用節水措施等，總受益人數共計約 136,620 人。

②印尼中蘇拉威西 WASH（供水與衛生）支援計畫

印尼中蘇拉威西省於 2018 年 9 月 28 日發生芮氏規模 7.5 級強震

並引發海嘯，逾 2 千人死亡，1 千 3 百多人失蹤，災情嚴重。希吉縣（Sigi）為本次重災區之一，該縣居民因供水管線受地震破壞而面臨用水危機，且因房屋與廁所毀損，露天便溺比例提高，影響環境衛生。本案協助希吉縣 Sigi-Biromaru、Gumbasa 及 Dolo Selatan 三鎮受災區居民之基本用水及衛生需求獲得改善。本計畫全程內容：（1）興建 8 處乾淨水源；（2）1,000 家戶獲得飲用水過濾設備；（3）興建 120 座社區公廁；（4）3 個計畫目標鎮 1,000 家戶能瞭解用水及衛生相關知識（國合會，2019b）。

由於第一階段執行成效良好，且災區其他地區仍有用水之迫切需求，應印尼政府之請求，自 2020 年起國合會與美慈組織印尼分會（Mercy Corps Indonesia）合作推動第二階段「印尼中蘇拉威西 WASH（供水與衛生）恢復計畫」，以滿足更多災民基本供水及衛生需求。本計畫全程內容：（1）興建／修復 10 個社區水源設施；（2）興建／修復 88 座社區公廁；（3）在 4 個目標村達到降低戶外便溺行為（國合會，2020b）。

2. 與友邦合作辦理

糧食安全及 WASH 跨領域

海地政府於 2010 年 1 月發生重大地震，當地超過 20 萬人在此災害中喪生，超過 1 百萬人無家可歸。我國公開宣布協助海地重建，為配合我國援建之「新希望村」，國合會負責災民職業訓練與就業輔導，2010 年 5 月起派遣計畫經理執行「海地沙萬迪安地區災民糧食生產暨職業訓練計畫」，主要提供農業輔導與職業訓練，以協助當地居民解決生計問題，該計畫於 2011 年底結束後，為配合新希望村整體開發，且海地在農業輔導與職業訓練層面上仍有請我國協助之需要，因此自 2012 年 1 月起執行第二期計畫，推動農業增產、蔬菜推廣、蛋雞飼養及推廣、竹工藝職業訓練、強化農民組織及鄉村基礎建設等子計畫。2012 年 8 月間新希望村落成，國合會發現當地居民有無水可用之困擾，即與中華民國紅十字會總會合作，於 2013 年在計畫項下新增「海地新希望村供水子計畫」，協助新希望村 215 戶受益戶解決生計問題及當地居民

無水可用之困擾，使居民能安居樂業。

四、結論與建議

（一）慎選具規模與執行力之 INGO 合作執行計畫，係計畫推動之關鍵

國合會為我國官方專業援外機構，亦均須遵守受援國之規範，因此當地合作單位對國合會而言至為重要。而國合會執行人道援助之國家，經常未派有長期駐地人員，須仰賴深耕當地設有駐地辦公室之 INGO 執行計畫，且此類 INGO 必須是參與 UN 系統國際人道援助協調機制之成員。以尼泊爾地震為例，在計畫初期，該國因與印度關係緊張、國內政治不安定、政府對災後重建主導性強，加上天候及路況等各種因素，硬體建設推動窒礙難行，加以世界展望會震災回應團隊係由國際員工主導，一開始在掌握當地情況、外部環境時略顯不足，以致前半段期程進度落後頗多，惟該組織均能適時提出有效解決方案；且執行後期經費需求增加，也因其具財務實力，有能力挹注額外經費至合作計畫，最終計畫得以如期完成，實應歸功於世展會之投入。

（二）搭配計畫派員參與，有助於組織交流及本會人員專業能力之提升

為強化國合會參與度，國合會或派遣專案志工或技術專家在第一線瞭解並學習推動人道援助計畫之方法及架構，也以自身之專長協助計畫推動，可藉以精進我國人道援助計畫管理及監督。

（三）人道援助計畫仍受政治因素影響

國際人道援助原為較不受政治因素影響可實質展現我人道關之場域。惟國合會尼泊爾糧食安全與生計計畫相較於第一期計畫能見度，合作機構

CARE Nepal 能將我國國旗顯示於計畫看板上方，第二期計畫 CARE Nepal 表示受中國政治力影響，僅能放置本會 LOGO 於計畫相關看板與發放物品，足見即便是人道援助計畫，亦與計畫執行期間國際政治及外交局勢息息相關。

（四）糧食安全與生計計畫注意事項

1. 園藝作物耕種及微型企業生產能有效提升家戶糧食安全及生計

近期國際趨勢多將糧食安全與生計結合納入同一計畫推行，該類計畫建議可加強受災家戶園藝作物技術訓練，可大幅提升受災家戶收益。 此外，相較於園藝作物耕種為家戶於短期內帶來可觀收益，微型企業生產能夠提供家戶中長期穩定收入，或藉由商品換取其他農民生產之作物，對於無土地或土地面積極小之家戶幫助十分顯著。

2. 計畫設計之指標與期程規劃，應將夥伴國與鄰國關係、受災區地方環境及作物生長期等因素納入評估

災後復原計畫指標因係在災後緊急階段進行設計，致使部分計畫指標之設定與實際施行時有所落差，應避免指標訂立過高，考量鄰國政策、地區性環境及作物生長期等相關風險，納入計畫時程規劃參考。

參考文獻

外交部（2015）。外交部因應重大災害提供及接收外國援助作業要點。取自 http://www.rootlaw.com.tw/LawContent.aspx?LawID=A040050021005000-1040130

國合會（2019a）。尼泊爾廓爾克縣（Gorkha）糧食安全及生計支援計畫。取自 https://www.icdf.org.tw/ct.asp?xItem=33256&CtNode=29683&mp=1

國合會（2019b）。印尼中蘇拉威西 WASH（供水與衛生）支援計畫。取自 https://www.icdf.org.tw/ct.asp?xItem=54045&ctNode=29914&mp=1

國合會（2020a）。尼泊爾廓爾克縣（Gorkha）糧食安全及生計支援計畫。取自 https://www.icdf.org.tw/ct.asp?xItem=53229&CtNode=29683&mp=1

國合會（2020b）。尼泊爾廓爾克縣（Gorkha）糧食安全及生計支援計畫。取自 https://www.icdf.org.tw/ct.asp?xItem=58461&ctNode=29914&mp=1

國合會（2021a）。印度新冠肺炎數位健康創新回應計畫。取自 https://www.icdf.org.tw/ct.asp?xItem=60045&ctNode=30432&mp=1

國合會（2021b）。印度新冠肺炎數位健康創新回應計畫。取自 https://www.icdf.org.tw/ct.asp?xItem=59948&CtNode=29683&mp=1

European Commission (2015). *10 Common Principles Formulti-Purpose Cash-Based Assistance to respond to Humanitarian Needs.* Retrieved from: https://ec.europa.eu/echo/files/policies/sectoral/concept_paper_common_top_line_principles_en.pdf

OCHA-United Nations Office for Coordination Humanitarian Assistance (2015). *Humanitarian Pooled Fund Annual Report 2015.* Retrieved from: http://data.ochaopt.org/documents/hpf_annual_report_2015.pdf

OCHA (2019). *OCHA's country-based pooled funds (CBPFs) in 2019.* Retrieved from: https://www.unocha.org/our-work/humanitarian-financing/country-based-pooled-funds-cbpfs

OCHA (2021). Global Humanitarian Overview2021, OCHA, 2021, pp1-8.

OCHA (2021a) Financial Tracking Service- Humanitarian aid contributions. Retrieved from: https://fts.unocha.org/

OCHA (2021b). *What is the Cluster Approach?* Retrieved from: https://www.humanitarianresponse.info/en/coordination/clusters/what-cluster-approach

OCHA (2021c). Humanitarian Programmed Cycle. Retrieved from: https://www.humanitarianresponse.info/en/programme-cycle/space

WFP (2014). *Cash and Vouchers Manual SECOND EDITION 2014*, https://documents.wfp.
org/stellent/groups/public/documents/newsroom/wfp274576.pdf?_ga=2.3722616.9966644
02.1609920575-2136138257.1604300087

青年人才培育——
外交替代役、志工及
大專青年海外實習

一、人才培育

　　人才是國家發展的根本，從各國有關人力資源的文獻中亦可發現，人才培育更是維持國家生產力及競爭力的重要指標。不論是政府、組織、機構、學校乃至私人企業，通常都是透過教育或訓練的方式進行人才的培育（Liyakasa, 2012）。

　　傳統上由於受到科學典範的影響，有關人才的培育往往誤以為數量的擴充即代表效能的提升，殊不知品質才是價值和尊嚴的起點。過度偏重量能的展現而忽略品質的追求，結果只會導致量多質不精，不僅耗損資源，也模糊了特色，這在高等教育人才的培育上如是，在專責培育人才的培訓機構更是如此。

　　從人力資源的觀點而言，人才培育最重要的是成員能力的提升及觀念的改變。換言之，除了涵養知識、鍛鍊技能並能解決所面臨的問題外，還有一個關鍵的因素就是要有願意接受改變的心。尤其在全球競爭的壓力下，組織和成員正面臨來自工作性質的改變，以及社會責任需求所產生的挑戰，如何讓成員有能力、具備新觀念與態度以面對隨時變遷的環境，便成為人才培育的思考重點。此外，良好的人才培育制度也必須要做好人力資源管理，如此不僅有助於個體職能提升，也有利於達成組織發展目標與願景。

　　以企業發展為例，目前國外企業組織對於社會企業責任的承諾包括產品、服務、觀念，以及解決方案等方面。能夠橫跨所有市場並按照一致性的模式成功地傳送產品及服務，就需要員工在被僱用的過程及產品中有良好的訓練，訓練因而成為一種企業生活方式。例如美國銀行，將受過良好教育訓練的員工視為其最大的資產，因此，它快速地發展成學習型組織以應付市場的競爭性並且成為全世界都受到讚賞的組織。同時它也透過鼓勵提升軟實力（如人際溝通和關係的技巧、批判思考能力）的個人發展而採取了廣泛的學習觀點，使工作夥伴能夠更快地適應多元及快速的變遷環境，使團隊可以快速地形成並工作以便處理新的問題。在組織的所有層級中採取行動，提升員工對學習機會的瞭解，以確保員工已準備好使用他們所需要的訊息並執行他們的

角色及責任（Packer and Sharrar, 2003）。

　　然而，如何進行人才的培育？以下試著從人力資源發展的角度提出個人看法：

（一）建構明確的能力指標

　　全球化時代，工作性質已不同以往，以服務為導向的產業將成為市場新寵。在美國，SCANS（Secretary's Commission on Achieving Necessary Skills），清楚定義了在所有層級裡成功所必須要的問題解決能力，包括：擬定計畫、使用及傳達訊息、選擇並應用科技、瞭解並掌控系統、以及人與人之間的互動。

（二）營造終身學習的情境

　　組織成員需要發展新的技能並且適應工作場所改變的要求。在組織外部，成員需要透過 e 化學習、網路基礎訓練以及同步學習時事等管道進行學習；在組織內部，則需要充分利用正式以及非正式的學習機會，持續轉化個體生命以面對新的挑戰並保持競爭力。

（三）透過策略聯盟的方式

　　結合屬性相近的機構或教育人員一起合作，預測未來工作，做什麼？如何做？有關未來技能需求的相關資訊也應該放入課程設計裡。不斷地重新檢視人才培育的目標，否則成員所學與工作需求之間將會產生嚴重落差。

（四）發展成 CRM 管理模式

　　所謂 CRM 即客戶關係管理，它是改善機構與客戶間關係的一種管理機制，一般多實施於企業的市場行銷、銷售、服務以及技術支援，目的是要提供快速和優質的服務以吸引更多客戶。用在人才培育機構上，主要在於能針對客戶的需求，提供適當的課程和服務以滿足其需求，最後透過友善關係的建立，確保學員滿意並建立口碑。好的 CRM 模式，不但能獲得學員高的滿意

度，同時也可以透過對業務流程的全面管理來降低風險並提高成效。

（五）發展創新思維與態度

不論組織對人才培育的目標是要拓展客源或提供服務，很重要的是成員必須願意接受改變。成功最大的瓶頸之一就是改變員工有關創新的態度與行為，因此，成員要有開放的心、不斷學習探索的心，這是很重要的。

總之，未來充滿變數與挑戰，工作性質的改變，也使得人才要有相應的培訓。從事人力資源管理以及人才培訓者，可透過思考企業要如何訓練員工以及組織應如何培訓人才，以便將我們目前的處境轉化成未來的機會。

二、國合會年輕世代培育的發展歷程

年輕世代的培育是國合會永續發展的重要憑藉，1960 年代，由當時中非技術合作委員會（中非會）在國內培育一批 20 多歲高農畢業的年輕人成為農耕隊的隊員，前往非洲地區從事農業技術合作工作，計畫名稱為「赴非農耕示範隊員儲備班」，每年訓練約 30 位農技人員，12 年共計訓練約 300 位專業技術人員，由海外會與臺大農場合作，在國內訓練項目主要為農機操作、土壤肥料、農園藝作物栽培技術及病蟲害防治等，為期 6 個月，該等人員後來均成為農耕隊成員的重要主幹。

1970～1980 年代，國合會的前身海外技術合作委員會（海外會）負責駐外農技人員之派遣，常須向行政院農業委員會、臺灣省政府農林廳、臺灣省水利局及臺糖公司等單位借調專業技術人員前往海外農業技術團服務，為填補渠等所隸屬 4 個單位技術人員外派後所留之遺缺及維持業務之正常運作，乃推動「外派技術人員儲訓計畫」，其執行之方式為每借調 1 位資深技術人員則分配 2 位年輕的儲訓人員予借調單位，由借調單位公開對外招考農業相關科系之大專畢業生，經錄取之儲訓人員在上揭借調單位所屬各農業試驗改良場所接受專業儲備訓練 2～3 年，待資深技術人員借調期滿返國歸建後，再改

派儲訓人員遞補前往海外服務，每年約培訓 60 名儲訓人員，本項計畫實施的目的主要在培育優秀的儲訓技術人員，可謂一石二鳥之計，目前在駐外技術團服務的團長（如潘團長生才、姜育展等）或團員，有一部分係由儲訓計畫而來，對當時海外會培育青年人才赴海外農技團工作助益甚大。

1996 年，國合會於 7 月正式成立後，仿照美國和平工作團（peace corps）之模式，於同年 11 月推動「海外服務工作團計畫」（海外志工計畫），12 月首派 5 人海外志工前往史瓦帝尼（舊名史瓦濟蘭）財政經濟部門，從事中小企業之諮詢服務。

2001 年，為提升國內青年國際視野、培訓專業駐外人才，強化並活絡我國駐外人力資源，並善用役男推動全民外交與拓展國際活動空間，外交部自民國 2001 年起委託國合會推動外交替代役計畫，外交替代役役男初期的任期為 2 年 2 個月，目前則縮短為 10 個月，役男派駐在駐外技術團擔任助理技師，跟著技術團團長與資深技術人員學習田間實務，退伍後可參與甄選成為技術團正式團員，本項計畫已成為駐外技術團最主要的人才庫。

2006 年，國合會與國內臺灣大學、中興大學、嘉義大學及屏東科技大學等 4 所大學農學院所合作推動建教合作計畫，名為「國際合作發展基金會種籽獎學金計畫」，本項計畫的招募對象主要為就讀上揭 4 所大學農學院（農藝、園藝、植病、農經及農化）研究所的研究生，由國合會每月提供新臺幣 1 萬元的獎學金，為期 2 年，畢業後，男生成為外交替代役之役男，退伍後在會內或在國內農業改良場實習半年後，視職缺狀況參與駐外技術人員甄選後成為正式團員，在外服務年限最少須 2 年；女生於研究所畢業後，首先赴海外技術團實習 9 個月，期滿返國後再到國內農業改良場所實習 3 個月，合計 1 年，亦視職缺狀況參與駐外技術人員甄選後成為正式團員，在外服務年限最少亦須 2 年，本項計畫自 2006 年開辦至 2011 年止，共計辦理 5 屆核錄 22 人。

2019 年，為因應我國役政制度改變，由國去的徵兵制改為募兵制，國內替代役相應只保留警察與消防役，役期亦由 1 年縮短為 4 個月，考量外交替代役對於我國國際合作人才培育與國際合作事務辦理有其正面意義，為繼續落實「擴大役男國際視野，推動全民外交，並培養我國外交及援外技術人才」之目標，國合會員建議繼續推動外交替代役赴海外服勤之必要。爰兵分兩路，

一方面考量倘外交替代役確需停辦時，則須著重校園向下扎根，與國立屏東科技大學、國立嘉義大學、國立政治大學、國立陽明交通大學等合作推動「大專青年海外技術協助服務計畫」，讓大三至研二在校生有機會前往駐外技術團實習 6 個月，本案業經行政院核定同意；另一方面則續與內政部役政署聯繫，最終獲得該署同意續辦外交替代役，役男服勤役期為 10 個月，最終「大專青年海外技術協助服務計畫」及「外交替代役計畫」兩案併行，對培育青年從事國際合作事務應屬正面。

2021 年，在國合會既有之「大專青年海外技術協助服務計畫」架構下，規劃辦理「海外服務工作團——大專青年實習志工專案」，同樣以向下扎根的方式讓大學在學學生可以超前實習國際志工事務，首批實習志工預定於 8 月派遣，待該等實習志工自學校畢業即可正式參與國合會的國際志工行列。

三、國合會執行中的青年人才培育計畫

（一）海外服務工作團（海外志工）

1. 背景說明

全球雙邊志工派遣組織以美國和平工作團（peace corps）、青年海外協力隊（JOCV）最為知名，並成為後續其他雙邊組織如韓國 KOICA、國合會等志工派遣仿效之對象。美國和平工作團於 1961 年成立，當時係因甘迺迪總統為重拾美國開拓精神而提倡的行動，立即在全世界獲得讚譽。美國甘迺迪政府 10924 號行政命令明列：「促進世界和平和友誼，為感興趣的國家和地區，提供有能力，且願意在艱苦環境下在國外服務的美國男性和女性公民，以幫助這些國家和地區的人民獲得訓練有素的人力資源。」2001 年，聯合國宣布為國際志工年。根據 2021 年 4 月資料，和平工作團志工分布：46% 在非洲，17% 在加勒比海及中南美，14% 在東歐與中亞，9% 在亞洲（在亞洲以菲律賓為大宗）（Peace Corps, 2021）。日本協力隊事務局創建於 1965 年，是國際協力機構（JICA）前身，由日本外務省管轄，日本青年海外協力隊（JOCV）隸屬

該組織，截至目前為止，志工的分布：美洲 26.4%、28.5% 在非洲、28.6% 在亞洲、6.6% 在中東、28% 在亞洲、1.6% 在歐洲、8.7% 在大洋洲等（JOCV, 2021），日本青年海外協力隊於 2017 年獲頒麥格塞塞獎的政府服務獎（亞洲的諾貝爾獎），可見其在亞洲地區的社會貢獻。

2. 海外服務工作團發展

國合會配合我國國際合作發展政策，以協助友我合作國家之發展，增進國人與當地人民之相互瞭解，建立雙邊人民長遠友誼為目的，籌設類似美國和平工作團之國際志願工作計畫。國合會海外志工派遣地區為與我國簽署志工派遣協定，或依合作國家法令得提供海外志工人身及財產安全保障之友好國家，志工服務項目涵蓋農業、資通訊、公衛醫療、環境、教育及其他各類項目。國合會志工派遣採「需求導向」，係由合作國政府或單位向我駐館或代表處提出需求，分梯次進行長期志工招募及派遣，另配合國合會計畫或合作國家提出之需求招募專案志工階段性參與計畫執行。近年來開啟與國際非政府組織（INGOs）之合作模式，例如與舊鞋救命基金會、臺灣好鄰居協會（Good Neighbors Taiwan）及臺灣兒童暨家庭扶助基金會等合作，與非邦交國合作志工派遣。志工服務內容配合國合會六大優先領域涵蓋教學、電腦資訊、公衛醫療、農業、環境及中小企業等項目。舉例而言，在教育文化交流方面，赴友邦及友好國家從事一般學科（英文、數學、物理、化學、經濟等學科）教學服務或其他文化技藝（如民俗舞蹈、手工藝、文化活動規劃及文物保存等）交流；在資通訊方面，赴友邦或友好國家之教育機構、資通訊相關機構服務，提供資通訊系統建置、電腦軟體運用、電腦操作與修護、電腦繪圖或網頁設計等各項教學或訓練；在公衛醫療方面，赴友邦及友好國家協助當地醫療或社會福利機構執行公共衛生、巡迴診療或護理工作等公衛醫療服務。在專案部分，參與國合會計畫評估、執行及事後評核問卷調查的活動（國合會, 2021）。

自 1996 年 12 月派遣第一批海外志工赴史瓦帝尼服務起，至 2021 年 5 月底止，累計派遣 793 人次志工，分赴中南美洲暨加勒比海地區、非洲地區及亞太地區等 43 個友邦及友好國家服務。如同其他志工派遣機構的研究類似，

2011～2021 年志工性別比例女性約占 80%，學歷大學畢業為大宗占 66%。在派遣類別部分，教學志工如同其他志工派遣機構占大宗 38.5%，公衛醫療志工次之 18.4%，資訊 19.01%。

國合會對志工的支持比照美國和平工作團、日本國際協力機構（JICA）之作法，提供派遣前後教育訓練、生活津貼、赴離任機票及保險。要求志工必須在服務期間應秉持奉獻精神，遵守相關之各項規章，並須配合繳交各類報告（如季報、離任報告等），除配合國內、外服務單位及駐外機構作業外，不得有違反國家政策及國家利益之行為，並應遵守派駐國當地法律及尊重其風俗習慣，維護團體榮譽 。為達志工派遣之目的並提高服務成效，縮短志工適應駐在國文化及環境所需時間。國合會相較於國內其他志工派遣機構，提供志工派遣前、後分階段安排教育訓練，並要求所有志工均須完成「志工基礎教育訓練」並取得證明後，方能參加「特殊教育訓練課程」，以確保志工具備足夠之海外服務認知、觀念技能。許多返國志工對於這項訓練的反饋均認為是派遣前非常重要的起步。

國合會提供志工生活津貼及住宿津貼（如合作單位無法提供住宿，則由國合會提供志工住宿）。依各駐在國物價水準不同而有所差異，派遣成本中以志工直接費用占成本最高，如志工津貼（生活、住宿及調適津貼）、赴離任機票、保險等，幾乎占總體支出 90%，其餘則是招募訓練等間接費用（國合會，2019）。

國合會對於海外志工的期待是站在培養國際人才，在志工服務任期結束後，期許志工能夠深化自身世界公民的責任和跨文化的服務能力，帶著更寬闊的國際合作發展視野回到臺灣，分享自己的海外服務經驗、相關知識、文化、新技能，思索分析臺灣自身社會發展的各項挑戰，以及關注參與區域性、全球性等發展議題，厚植臺灣多元文化價值及世界公民意識，持續為臺灣福祉及世界和諧而努力。國合會曾於 2019 年針對 2015～2018 年期間派遣之志工進行返國後調查（國合會，2018），扣除重複擔任國合會海外志工者，共計發送 99 份問卷，填答時間為 2019 年 11 月 6 至 22 日實際回覆人數為 75 人，問卷回收率為 75.76%。問卷題目包含擔任志工前狀態、現職、志工經驗對其個人返國後發展之助益以及未來是否願再次擔任本會志工。根據此次調查，

志工返國後計有 81.33% 就業，9.3% 就學，8% 為退休或待業中，1.3% 屬於其他。就業者當中計有 54.1% 回歸原領域，45.9% 選擇轉換職場領域（含創業或擔任不同職務）。以工作性質分析，就業者計有 34.43% 於私人部門工作，16.3% 於學校或學術研究機構工作，14.75% 選擇創業或成為接案自由工作者，12% 從事與公益或援外相關工作，其餘則係在政府相關部門、國營事業或醫院工作。

　　以志工性別分析，在轉換職場領域者當中，女性比例較男性為高；另以工作性質而言，女性創業或成為自由工作者比例亦較男性高，顯示女性志工對於就業選擇相對開放、彈性，工作選擇上風險承受度及自由度均較男性為高。志工認為經驗對返國後的發展最有幫助的面向以「態度與價值觀轉變」居多，其次為「跨文化溝通」、「認識自我」。計有 90.67% 填答者表示未來有機會願意擔任國合會技術合作、人道援助等相關計畫之專案志工。此項調查顯示近 4 年之返國志工對於國合會之情感與向心力頗高。且從實際數據顯示，不計續約志工人數，近 4 年的回流率 6～12% 之間，更是最佳例證。

　　國合會志工派遣的領域相當多元，許多志工因在友邦政府單位服務如衛生部、觀光部、教育部等，服務過程中實際投入部門議題分析、提供執行建議或是運用創新提升工作效率等，在服務的過程也賦權自己，與當地人員建立夥伴關係，返國後亦以成為國際人為職涯規劃。根據本會調查返國志工的職涯發展，有些人選擇回歸原專業領域，如前聖克里斯多福及尼維斯志工王蕙婷原先即在旅行社工作，服務結束後帶著在海外歷練過的經驗繼續回到原崗位，成為該旅行社的海外業務重要成員；也有不少人是在服務過程中發現自身對於國際發展領域懷抱熱情與興趣，故選擇研讀相關學位或是報考外交特考，如前尼加拉瓜志工黃元婷（HUANG, YUAN-TING）成為外交官，為我國外交盡一份心力。有些志工則是選擇至國合會與其他非政府組織服務，如前巴拿馬志工鄭坤木（ZEN, KUEN-MUH）、前宏都拉斯志工邱筱筑（CHIU, HSIAO-CHU），之後均任職國合會駐外人員，至今仍持續運用自身專業投入援助發展領域；此外亦有不少人找到派外工作機會，如前帛琉志工林青樺（LIN, CHING-HWA），目前擔任帛琉衛生部派駐臺灣的公衛協調人，協助帛琉與臺灣間的轉診醫療相關業務等。

3. 優秀志工案例探討

經歷資源匱乏的環境，體會臺灣的好與學習樂天知命的態度

　　曾在林口長庚兒童醫院與埔里基督教醫院工作，具有多年新生兒及兒科臨床照護經驗的柏漱娟，2016 年擔任國合會派駐吐瓦魯的志工，協助該國中央醫院提供產房、產後病房、新生兒重症照護技術協助，現在是臺灣醫療計畫協調人。她於志工服務期間發現吐國嬰幼兒罹患呼吸道疾病個案數有增加的趨勢，於是，她主動提出與助產士合作，透過嬰幼兒肺部聽診評估，初步篩檢嬰幼兒呼吸道感染情況，以期及早發現受感染的嬰幼兒，並做必要的治療。而當她與吐國護理人員分享自身處理新生兒緊急介入處置照護經驗時，才發現照護此類個案對他們而言是一大挑戰並備感壓力。因此，柏漱娟提醒自己在教學時應放慢速度，製造學習機會，讓他們樂於參與。除此之外，柏漱娟在吐瓦魯參與新生兒急重症個案的經驗，也讓她深切體會到臺灣的新生兒真的很幸福。吐國因受限於環境設備，「預期死亡」似乎成為面對新生兒急重症個案臨床首要課題。她同時也觀察到，吐瓦魯人面對死亡這個嚴肅議題時，所抱持「盡人事，聽天命」的坦然態度與勇氣，值得我們參考與省思。雖然吐瓦魯當地醫療資源不若臺灣充沛，但柏漱娟認為這反而促使她在照護專業上的成長，也期許身為醫療志工的自己，在吐瓦魯的服務不僅僅是技術與經驗分享，亦能進一步協助提升該國醫護人員專業能力。

每個國家都是好國家，保持探索環境的好奇心及熱情

　　現在國合會任職的王思蘊曾於 2014～2016 年間擔任聖露西亞服務的圖書資訊志工，擁有 8 年圖書館工作經驗的她，協助聖露西亞圖書館資訊化，她與其他幾位國合會派駐露國的資訊志工合作，包括圖書分類及編目、圖書館管理、資訊概論、資訊儲存與檢索及多媒體技術與應用等，這些在臺灣我們習以為常的圖書館行政作業，對於聖露西亞來說都是嶄新的經驗。令人欣慰的是，到 2016 年 5 月底系統內已有超過 1 萬 3 千筆圖書資料。此外，在與圖書館臉書（Facebook）搭配宣傳之下，新建置的圖書館網站瀏覽量已突破 6 千人次。先由資訊志工協助建置圖書資訊網站及資料庫系統，她則提供圖書資訊管理相關的專業知識。另外為了讓聖露西亞圖書館館員在志工離任後可以獨立維持圖書資訊系統的運作，志工們也在露國辦理多項教育訓練工作坊。現

在，露國民眾即使在家也能上網查詢館藏或相關資訊。從聖露西亞回來後，她又投入聖多美普林西比腸道寄生蟲防治計畫，擔任 3 個月的資訊志工建置寄生蟲追蹤平臺，經過這兩次的服務後，她體認到不管是在臺灣或是聖露西亞、聖多美普林西比的生活，都要把自己調適到最佳狀態，盡情揮灑專業及展現光芒，並常保探索環境的好奇心及熱情，這是一堂不能間斷也不會間斷的人生必修課。

在地化是計畫融入當地體系的祕訣

2014 年 4 月索羅門群島因伊塔（Ita）颶風侵襲所帶來的豐沛雨量，引發該國歷來最嚴重的洪災事件，國合會與世界展望會合作，在瓜島東南部的 Weathercoast 地區進行「索羅門洪災衛生計畫」，國合會同時派遣專案志工黃一中參與計畫。在推動計畫的過程中，他覺得最有趣的部分就是傾聽在地居民的想法，討論出最適合的方案，而非以既定的模式套用在居民身上，例如他參與畜舍設計，若以臺灣經驗而言，因多有企業化經營的概念，會傾向將豬隻集中管理，並以配方飼料餵養，但在索國養豬通常是供自給為主，且無配方飼料的概念，直接將臺灣經驗複製的可能性不大，於是透過居民與工作人員的討論，決定以最適合當地木造的小型豬舍，作為計畫建造的標的，也獲得居民的認同。

另外，為了計畫能更周延、順暢，社區基礎調查亦是一項大工程，不僅將目標群體的需求、樣貌透過　次次的討論勾勒得更清晰，也因為有臺灣志工的參與，讓當地居民除了鄰近澳、紐、巴紐等國家志工之外，多了臺灣印象。

（二）外交替代役計畫

為提升國內青年國際視野、培訓專業駐外人才，強化並活絡我國駐外人力資源，並善用役男推動全民外交與拓展國際活動空間，外交部自民國 2001 年起委託國合會推動外交替代役計畫，迄今已逾 20 年，第 1 屆至第 19 屆共計派遣 1,508 名役男至海外各駐外技術團服勤，上（2020）年第 20 屆外交替代役原錄取 100 名役男，惟後因受 COVID-19 疫情影響，經外交部核示暫緩派遣並協助役男轉服國內其他役別，其中計 46 名役男選擇於外交部及本會服勤，至本（2021）年 3 月退役；另本年預計招募第 21 屆外交替代役男 100 名，

目前共計有 91 名役男報名，後續將由外交部評估各駐在國疫情發展情形核示是否如期派遣（國合會，2021）。

歷屆役男優異表現介紹

役男透過服勤發揮自身所學，協助駐團進行各項合作計畫，並透過海外生活歷練，精進外語及專業能力，亦使役男熟悉許多不同國家的風土民情，瞭解開發中國家之發展契機，增加役男退役後加入我國駐外工作意願，截至 2020 年 12 月底止，已有 132 位役男於退役後曾參與本會援助計畫及相關工作，另於現行之駐外人員中，更有 36% 以上的人員曾為外交替代役男，並且已有多人擔任團長或計畫經理之管理要職，如第 1 屆外交替代役水產養殖專長役男蘇信彰及農業經濟專長役男歐文凱，於退役後加入我駐外技術團行列，目前擔任駐厄瓜多技術團團長及駐瓜地馬拉技術團計畫經理。

另兩位第 1 屆醫學專長役男連加恩及羅一鈞，則於前友邦國家馬拉威及布吉納法索醫療團隊服勤，於服勤期間至偏鄉進行義診，其中連加恩更以「垃圾換舊衣」及蓋孤兒院等義舉獲得外交部頒發睦誼外交獎章，該服勤經歷開啟連加恩退役後轉而投入公共衛生領域並從事醫療外交工作，由外交部派至南非擔任衛生署駐非洲專員，更於上年返臺進行新冠病毒疫苗研發，另羅一鈞則現任疾病管制署副署長，為疾管署最年輕的副署長，並投身新冠肺炎防疫工作，成為我國醫療後盾。

而近年退役的第 17 屆外交替代役西班牙語文專長李德洋，則於前友邦國家薩爾瓦多服勤期間遭遇連環地震，造成當地多數房屋毀損倒塌，考量薩國政府能提供的物資有限，因此發起當地賑災公益活動，並透過社群網路發動捐款、募集生活所需物資供災民領取，更自製影片期外界能提供薩國更多協助，獲我國媒體報導，李德洋亦於本（2021）年度考上外交特考，未來將加入我國外交及駐外人員的行列。

（三）大專青年海外技術協助服務計畫

「大專青年海外技術協助服務計畫」係為因應我國役政制度改變，及落實蔡總統英文於「同心永固專案」指示，以「外交事務志工」方式填補外交替代役停派後造成援外計畫之人力缺口。然 2019 年募兵制後本會外交替代役招

募成效良好，暫時無人力斷層問題，因此本會執行「大專青年海外技術協助服務計畫」時，更加著重校園向下扎根，呼應國內大學加強產學合作、以專業實習抵免學分，培育學生回饋社會，另一方面則是藉此讓國內大專男女青年提前參與外交、改變對於援外的觀念，同時激發學生擴大個人職涯的思考可能性，並建立在海外獨立生活與貢獻專業的自信。

本會於 2019 年派遣首批 10 名海外實習生赴海外服務 6 個月（2019 年 8 月至 2020 年 1 月），7 個服務國家包含史瓦帝尼、巴拉圭、聖文森、聖露西亞、貝里斯、帛琉、斐濟；4 大實習類別包含農園藝、畜牧、水產養殖、企管行銷。其中並有 4 位女同學參與此計畫，打破了過去外交替代役只有男生可以參與的情形。

2020 年第二屆「大專青年海外技術協助服務計畫」原已召募 12 名實習生，惟因受新冠肺炎（COVID-19）疫情影響，外交部考量派任風險及駐地實習安全爰核示實習生暫停派遣，並有 6 名實習生保留其實習資格至本（2021）年。

本計畫至今年已與國立臺灣大學、國 政治大學、國立陽明交通大學、國嘉義大學、國 屏東科技大學、國立東華大學、靜宜大學、文藻外語大學 8 所國內大學簽署合作備忘錄，計畫配合大專院校學制及畢業時間，規劃大專青年於當年度 5 月辦理甄選，6 月公布錄取名單，8 月第一週參加本會辦理之派遣前訓練，8 月第二週派赴駐地進行為期 6 個月實習，至隔年 1 月底返國。

參與學生優異表現介紹

嘉義大學動物科學系賴楷韻參與「貝里斯種羊計畫」，主動連結計畫工作與鄉村女性培力發展議題，開發支線計畫。賴楷韻發現，貝里斯畜牧業以男性為主，家事及職業分工也較為傳統，當地政府部門亦未針對畜牧業進行性別研究，賴楷韻認為，若要做畜牧業婦女培力，應提升女性參與率及決策率。故她透過國宴場合認識當地女羊農組織 Ladies Involve in Nature and Knowledge（LINK），後續進行農戶羊隻調查並提供技術協助，檢視是否適合作為計畫核心羊農；另在貝里斯女性領導力會議上（LeadHerShip Conference, 2019）代表簡報貝羊計畫以尋找當地可能合作組織，希望能讓更多女性參與計畫得到更多資源。

政治大學企業管理學系韓翔宇參與「巴拉圭中小企業輔導計畫」，計畫目標為協助巴國工商部進行重點產業現況調查，以規劃巴國微中小企業輔導政策，並與巴國重點發展產業之公會及合作社合作，進行個別廠商輔導。韓翔宇除搜集整體市場資訊，並實際與臺灣輔導專家走訪當地廠商瞭解經營實況，並協助計畫輔導創立之當地品牌進行行銷、存貨、財務管理。他運用臺灣所學企管知識實際投入巴國商業市場，並學習如何與當地政府、產業工會、非營利組織合作，創造輔導效益最大化。透過本次實習機會，韓翔宇也開啟對於南美洲商業市場的興趣，除利用國合會補助之語言費用學習西文，並已獲得政治大學巴西交換學生機會。

（四）大專青年海外實習志工計畫

1. 背景說明

國合會於 2021 年起為創造在學學子海外志願服務契機，以我國教育部鼓勵大專院校開發產學合作關係作為規劃基礎，在國合會既有之「大專青年海外技術協助服務計畫」架構下，規劃辦理「海外服務工作團——大專青年實習志工專案」，拓展學子參與國際事務之管道。本專案對於本會、合作大學及學生實為三贏局面，對於國合會而言，海外志工的目的在培育國際人才，實習志工完成服務後可成為國合會志工人才庫儲備志工，未來可優先參與「海外服務工作團」，提高國合會志工甄選效率，且進一步推廣海外服務工作團之精神；對於合作大學而言，實習是各校鼓勵學生進入職場的熱身，國合會的實習志工讓大學院所提供學生海外實習新的機會，亦可作為大學推動「大學社會責任實踐（University Social Responsibility, USR）計畫」的一環，強化大學國際參與及連結；對於學生而言，實習志工在求學期間可藉由海外服務與學習，參與當地社經發展，亦可同時增進專業能力，運用理論與知識解決實務問題，培養獨立自主的精神，拓展國際視野，對於未來職涯發展卓有助益。

2. 執行方式

有關大專青年實習志工專案已於 2021 年 5 月、6 月起分別與中興大學及

文化大學農學院開始合作，未來將派遣實習志工到烏干達愛女孩國際關懷協會（Love Binti International）參與農業永續發展的服務；另外與淡江大學外語學院西班牙語系合作，未來將派遣實習志工到尼加拉瓜教育部參與小學資培訓。派遣期程將以半年為準，原則上為本年 8 月至明（2022）年 1 月。如同前述海外服務工作團之執行，國合會提供的支持除生活津貼較低外，其餘比照辦理，並在實習服務期間比照一般志工，原則上由國合會技術團擔任督導單位，惟倘派遣實習志工赴無技術團之國家，將由合作單位直接擔任督導。另國合會海外服務工作團一般志工將作為實習志工工作上的導師，確保大專青年志工順利完成志工實習。各合作學校得以遠端教學方式對實習志工進行輔導追蹤。實習期滿後，由合作單位與本會技術團（倘有）針對實習志工整體服務表現進行評量，再提供評量結果予合作學校，作為課程評分之依據。評量結果，優良之實習志工將列入本會儲備志工人才庫，渠等倘於畢業後報名本會海外志工，將列為優先志工人選。

四、結論與建議

（一）掌握人力資源發展趨勢

2020 年疫情衝擊臺灣，推動在職場全方位的數位轉型。面對因疫情回流的人才，人資可以說是站在轉型的最前線。現在 2021 年到來，組織的工作模式、溝通習慣將不復以往，帶來新的機會以及新的挑戰。以下乃人力資源（Human resources）在人才管理、招募流程以及徵才方式的五大新趨勢。

1. 人資將延伸至 CSR（企業社會責任）

2020 年美國總統大選，科技巨頭紛紛選邊站。有鑑於美國前總統川普使用社交媒體恐會破壞美國政權的和平轉移，為化解拜登的上任危機，臉書在宣布封鎖川普的帳號後，眾多公司也紛紛跟進、制裁川普。由此可見，企業對社會的影響力已經超越產品和服務，而人資也將在社會責任的部分扮演重要的角色。

倫理式領導（Ethical Leadership），代表領導者除了要向員工說明對其工作態度的期許，還需要以身作則。現在，員工及社會對組織的期待在逐漸轉變，國合會需承擔更多責任、發揮自身的影響力改變社會。如果企業本身的工作環境不良，那便難以期待它為社會帶來正向的回饋。

在未來，人資有機會承擔更多責任、做起倫理式領導。人資看到不應該被容忍的行為，就該馬上制止，同時自己以身作則，並確保求職者除了可以勝任工作，也能負起相關的企業責任。

2. 導入人資分析，更精準的招募年輕人

人資分析（People Analytics）結合了人力資源和資料分析，是一種數據化且目標導向的人才管理方式，也是現在人資管理全方位的潮流。國合會每年的人才流動率是多少？其中有哪些是國合會自認的人才流失？現在又有哪些員工在一年後很有可能離開？在過去，這些問題可能被視為只能用「直覺」來回答，但人資分析可以提供一個明確的答案。人資分析就是將人才管理量化，包括招募流程、工作效率，甚至是投入工作的熱情等，除了可以更有效管理人才以外，還可以協助國合會做重要的決定。要讓國合會保有豐沛的創新動力，就必須導入人資分析，好以不斷優化招募過程，他利用數據分析發現，以更精準的招募人才。

3. 比起薪水，年輕人更在乎職涯成長

員工如何評估自己要留任？近幾年，員工願意留在公司的理由已經漸漸改變。更高的薪水報酬以及福利制度固然吸引人，但穩定性以及未來的發展機會也越來越被重視。

2020 年的疫情讓求職者比以前更加重視工作的穩定性。同時，遠端協作使得員工更加渴望在工作中尋找意義並從中成長。比起高薪，求職者更希望對組織、甚至社會帶來改變，而當員工發揮影響力並且感受到工作的成果，他們也會獲得成就感，轉而更加願意工作。

面對求職者需求的眾多考量，2021 年人資應當思考：「如果是我，會希望擁有什麼樣的工作體驗？」並協力打造一個讓求職者願意提供反饋的招募

流程。唯有傾聽並觀察想法和反饋，才能打造更好的工作體驗，為團隊帶來創新和成長。

4. 後疫情時代，依據技能而非學歷徵才

富比士指出，疫情使得美國高等教育的重要性以及地位有所動搖。當線上教學成為常態、學費水漲船高，學貸的問題又遲遲無法解決，越來越多人轉向大學以外的管道培養自己的工作力。

當高等教育面臨轉型，人資勢必也得做出相對應的改變。學歷的重要性將逐漸降低，依照技術徵才（skill-based recruiting）在未來反而會成為新的常態。舉例來說，美國白宮在近期發布了通知，請所有的公家機關重新檢視人才招募流程，並且在徵才時強調能力的重要性更勝於學位。雖然學歷依然有它的指標性，但美國人事管理局表示，檢視學歷並不是招募流程的必要環節，能夠完成手邊工作的能力才是最重要的事。

5. 員工心理健康比以前更加重要

所謂「The Future of Work is the Future of Worker Wellbeing.」，員工的幸福感才是未來工作的核心。最後，人才可以說是機構最重要的資產。在新的一年，企業不只應該關心員工的效率和產能，還必須將心理健康納入考量。因應疫情，美國有許多公司把維繫員工的心理健康從「員工福利」提升至「必要投資」。萬豪酒店集團甚至為員工建立了完整的心理健康計畫，協助員工養成運動習慣、提供心理諮商服務，並更加重視 teambuilding，確保員工間有良好的人際關係。

人資必須瞭解，對年輕族群來說，選擇工作不只在替職涯做選擇，也是在為生活方式做選擇。組織應該瞭解自己在職員生活中扮演的角色，把維護員工的心理健康作為一種投資，因為當員工健康且熱情的投入工作，才能為公司帶來最大的效益。

（二）持續儲備國際人才

國合會推動海外志工與替代役的初衷都是培養國際人才，全世界超過

190 國家有 2/3 都是開發中和低度開發國家，透過提供國人海外服務的經驗，拓展國際視野，不以重北輕南的角度看世界，培養正確的國際觀，期許國合會持續精進業務的推動，為臺灣培養更多優秀的國際人才，倘藉此經驗認同國合會的海外工作加入駐外團隊，更能為團隊注入新血，為發展合作的傳承盡一份心力。

（三）拓展多元志工派遣管道及需求類型

　　海外服務工作團近年面臨因邦交國減少影響可派遣志工國家數變少，志工需求數相應衰退之挑戰，且友邦提出志工需求內容也與往年雷同，較少見新合作單位與新需求，故難以開拓新的目標族群。有鑑於此，國合會派遣志工的作法也應該尋求創新與突破，除因人道援助計畫的推動與國內外 INGOs 合作志工派遣已擴大到與國內外 INGOs 單純的志工派遣，拓展多元管道，如救鞋救命基金會、好鄰居協會等合作，增加志工派遣管道到非邦交國，也因所提志工需求非以往友邦政府部門，報名情況較以往踴躍，國合會未來應持續發掘具合作潛力之 INGOs，讓有興趣從事國際事務的國人，瞭解國際運作實務，在國際舞臺上發光發熱。

（四）大專青年加入實習行列，援外業務向下扎根

　　外交替代役在發展合作的業務裡一直是服役青年的熱門選項，這幾年因為服役期越來越短，國合會從 2020 年起陸續運用大專青年實習人力來補充可能因為外交替代役而減少的駐外人力，派遣大專青年參與技術團的計畫，因成效良好，2021 年起擴大到實習志工，派遣大專青年到友邦合作單位或 INGO 服務，這是非常重要的里程碑，透過向下扎根讓援外工作成為顯學，才能敞開國際發展合作的大門。

參考文獻

呂春嬌（2012）。人力資源發展 human resource development。臺北：國教育研究院。取自 http://terms.naer.edu.tw/detail/1679121/。

國合會（2021a）。海外服務工作團簡介。取自 https://www.icdf.org.tw/ct.asp?xItem=328&ctNode=30432&mp=1。

國合會（2021）。外交替代役專案計畫。取自 https://www.icdf.org.tw/ct.asp?xItem=10772&ctNode=30431&mp=1。

國合會（2019）。海外服務工作團 108 年度業務執行績效報告。臺北：國合會，頁 1-3。

國合會（2018）。海外服務工作團 104 年至 107 年派遣之志工職業調查分析報告。臺北：國合會，頁 1-10。

JOCV (2021). *Global East Asia: Into the Twenty-First Century.* Retrieved from: https://www.jica.go.jp/volunteer/outline/publication/results/index.html.

Liyakasa, Kelly (2012). Transforming into a social CRM Enterprise, *Customer Relationship Management,* Jun2012, Vol. 16 Issue 6, p38-42.

Packer, Arnold and Sharrar, Gloria K. (2003). Linking lifelong learning, corporate social responsibility, and the changing nature of work, *Advances in Developing Human Resources5.* 3 (Aug 2003): 332-341.

Peace Corps (2021). *Fast Facts.* Retrieved from: https://www.peacecorps.gov/news/fast-facts/

第 *11* 章

臺灣援外的起點——
非洲

一、非洲大陸簡介

阿非利加洲（拉丁語：Africa），簡稱非洲，位於地球東半球西部，歐洲之南，亞洲以西，地跨赤道南北，世界面積第二大洲，僅次於亞洲，面積為 30,221,532 平方公里，占全球總陸地面積的 20.4%（Sayre, 1999），人口約為 12 億（截止到 2016 年），目前約占全球總人口 16%（UNdata, 2019），同時也是人口第二大洲和第三世界國家主要區域。目前有 54 個獨立國家，依地理行政區分為北非、南非、東非、西非及中非等五個，非洲的東北端有 163 公里長的蘇伊士運河，使之與亞洲相隔（地緣政治學上，有時蘇伊士運河以東的埃及西奈半島也會被視為非洲的一部分）；北面則是地中海和與其隔海相望的歐洲（Drysdale et al., 1985）。

（一）地形

非洲的地形以高原為主，因高原面積廣大而被稱為「高原大陸」，海拔 500～1000 米的高原占全洲面積的 60% 以上，東南部從北向南有衣索比亞高原、東非高原等。其中，衣索比亞高原的海拔在 2500 米以上，號稱「非洲屋脊」。全洲只有大陸的西北和東南邊緣分布著高大山脈。非洲還分布有許多盆地，如被赤道橫貫的剛果盆地，就是一個典型的大盆地。西部沿海還有面積不大的平原。非洲東部的東非大裂谷是世界陸地上最長的裂谷帶。位於非洲北部的撒哈拉沙漠，是世界最大的沙漠，約占全洲總面積的 1/4。

（二）氣候

非洲 3/4 的面積都分布在南、北回歸線之間，赤道更是穿其而過，全洲年平均氣溫在 20℃ 以上的地方約占全洲面積 95%，其中一半以上的地區終年炎熱，有將近一半的地區有著炎熱的暖季和溫暖的涼季。氣候普遍暖熱，其特點是高溫、少雨、乾燥，氣候帶分布呈南北對稱狀。赤道橫貫中央，氣候一般是從赤道隨緯度增加而降低。衣索比亞東北部的達洛爾年平均氣溫為 34.5℃，

是世界年平均氣溫最高的地方之一。利比亞首都的黎波里以南的阿齊濟耶，1922 年 9 月 13 日測量氣溫高達 57.8℃，為非洲極端最高氣溫。吉力馬札羅山（坦桑尼亞境內）位赤道附近，但因海拔高，山頂終年積雪。

　　非洲氣候主要分為五區：（1）熱帶沙漠氣候：北非撒哈拉沙漠，和西南非的奈米布沙漠、喀拉哈里沙漠；（2）亞熱帶沙漠氣候：位於撒哈拉沙漠外側；（3）地中海型氣候：包括北非的阿爾及利亞、摩洛哥、突尼西亞沿海和南非一帶；（4）熱帶雨林氣候：主要分布在剛果盆地；（5）熱帶草原氣候：位於熱帶雨林邊緣。

　　非洲的降水分布很不平衡。赤道附近和幾內亞灣沿岸是世界上年降水量最豐富的地區之一，南北回歸線兩側的熱帶沙漠氣候區則降水很少。非洲是世界上乾旱區面積最大的大洲。

　　非洲多樣的氣候是豐富生態資源與礦產資源的寶地，同時也是世界古人類和古文明的發祥地之一。目前世界上最古老的人類化石就是在東非發現的，而非洲北部的埃及是世界文明發源地之一。

（三）經濟

　　長期的種族衝突又熱帶疾病叢生，工業化引發的環境破壞，從前西方的殖民主義，獨立後的腐敗政權，教育、人民自律的不力，使非洲成為世界上經濟發展水平最低的一個洲。根據聯合國在 2009 年發表的人類發展報告，人類發展指數排名最低的 24 個國家中，其中有 22 個都是非洲國家（第 159 位至第 182 位）。

　　同樣在大量的投資與輔導下，中國、印度和拉丁美洲經濟快速增長使數以百萬計的人得以脫貧，但非洲在對外貿易、投資和人均收入等方面的發展都比其他地區緩慢。貧窮在非洲造成很嚴重的問題，包括低人均預期壽命（史瓦帝尼人均預期壽命不足 33 歲）、暴力等。

　　非洲的一些地區，特別是波札那和南非，經濟的發展比較成功。前者超過四分一的財政預算用於改善首都哈博羅內的基建，使其成為世界上發展得最快的城市之一。後者則有豐富的天然資源，與完善的西方體系，是世界上最

主要的黃金和鑽石生產國之一。其他國家如迦納、肯亞、加彭、喀麥隆和埃及等，許多仰賴旅遊業與石油業，因而在外國協助下建立的治安與基礎建設等達到了一定程度，經濟發展也較理想。

農業是非洲經濟的重要部門。糧食作物中玉米的種植面積最廣，是農村居民的主食；小麥和稻米的產量不能自給，需要大量進口。供出口的經濟作物主要有咖啡、可可、花生、棉花和劍麻等。

採礦業和輕工業是非洲工業的主要部門。黃金、金剛石、鐵、錳、磷灰石、鋁土礦、銅、鈾、錫、石油等的產量都在世界上占有重要地位。輕工業以農畜產品加工、紡織為主要。木材工業有一定的基礎，製材廠較多。重工業有冶金、機械、金屬加工、化學和水泥、大理石採製、金剛石琢磨、橡膠製品等部門。

二、非洲不是一個神祕的地方

一般人對於非洲的印象是相對比較落後的地區，也把非洲稱之為「黑暗大陸」，其實是殖民國家如英國、法國、葡萄牙及荷蘭等所刻意誤導外界所產生的錯誤印象，主要是因為非洲的物產非常豐盛，以及促進該等國家經濟發展所需的原物料，例如咖啡、可可、菸草、棉花、花生、芝麻、鑽石、黃金、石油、鈾、鐵及其他各種礦產等，這些殖民國家將被殖民國家（非洲國家）的豐富資源視為己有或擁有該等資源之特權（及所謂的殖民遺產），將非洲大陸醜化為民智未開、疾病叢生充斥大量致命病毒（例如瘧疾、登革熱、伊波拉、霍亂、愛滋病、腦炎等）、貧窮、資源缺乏的非洲黑暗大陸，甚至目前還是有許多人仍抱持這種錯誤印象而裹足不前。

非洲仍有相較其他區域如美洲、亞洲及歐洲等地區發展程度相對遲緩的地方，主要是非洲長期接受外來援助，養成了依賴的特性，由於非洲人民接受教育程度不高，人力素質普遍不佳，再加以政府部門貪汙嚴重，行政效率不彰，基礎設施投資不足形成經濟發展上的障礙，目前非洲人口約 12 億。生育率非常高，撒哈拉以南非洲的人口出生率依然保持在 4.6，聯合國和 NGO 都

曾警告，再不控制人口成長，可能會在未來面臨極大的艱難處境（科學人雜誌，2016）。預測非洲人口到 2100 年至少將翻三番，達到 31 億人，甚且達到 57 億人，尤其是中、南非洲國家由於生育率過高導致人口爆炸、營養不良又疾病叢生，再者教育文化水平、人口知識程度普遍低落等因素，發展遲緩，雖然各地皆有豐富礦產，如金、銅、鐵、錳、鈾及非金屬礦如石油等，但只有少部分被有效開發，出售礦產的微薄利潤又被貧富差距所稀釋，且過去都屬於歐洲殖民地，經濟結構並不健全的情況在獨立後因為政治腐敗依舊未能改善；加以自然環境惡劣，不是太乾熱就是太過潮濕，而許多小國政治未臻穩定，治安方面毒品走私、黑槍搶劫橫行，且又種族複雜，遂造成中、南非洲各國普遍處於貧窮狀態。

非洲國家的種族相當複雜，非洲語言多達 700 餘種，隨著歐洲殖民主義國家的入侵，大多數非洲國家皆採用非洲以外語言作為官方語言，如阿拉伯語、法語、英語、葡萄牙語、南非語、和馬達加斯加語等語言，種族間常爆發內戰，其主要目的係為爭奪政治權力，如在盧安達、賴及利亞、賴比瑞亞、中非共和國、莫三鼻克、利比亞、象牙海岸、獅子山、幾內亞比索等國，由於政治不穩定，造成數百萬非洲人民流離失守，造成聯合國與國際組織在處理非洲難民問題上的一項重大的負擔。

然而，自 2000 年至今由於聯合國陸續推動 MDG 及 SDG，有鑑於非洲地區歸類於相對弱勢及貧窮的地區，並將非洲納入優先協助的國家與地區，因此包括聯合國系統、國際雙邊與多邊援助機構以及國際非政府組織的大量資源投入非洲，協助非洲國家經濟發展以脫離貧窮，特別是農業與鄉村之基礎建設、公衛醫療、資通訊產業以及觀光事業之發展，特別光旅遊業非洲國家與歐美旅遊業者合作，設計套裝行程（歷史景點、文化古蹟、野生動物及特色美食），吸引歐美遊客前往非洲觀光及旅遊，儼然已將落後貧窮的非洲一躍而成為進步發達的景象，尤其是南非、肯亞、埃及、迦納、塞內加爾、阿爾及利亞、突尼西亞、安哥拉、喀麥隆、波札那、坦尚尼亞衣索匹亞、奈及利亞及貝林等國在近 20 年各方面的發展可謂一日千里，所謂「非洲黑暗大陸」在這些國家而言已成為歷史名詞，再也不是一個神祕地方了。

三、三十多年來之非洲行蹤

筆者自 1987 年參與國際技術合作以來至今已屆 34 年，我國在非洲地區的邦交國於 1950 及 1960 年代曾高達 29 個，自我國於 1971 年退出聯合國後，由於國際現實對我較為不利，該等國家相繼與我國斷絕外交關係，迨至 1980 年代我國在非洲地區僅剩餘南非、馬拉威及史瓦帝尼（舊名史瓦濟男蘭等）等 3 國。惟我國自 1989 年開始在外交上迭有突破，部分西非及中非地區國家陸續與我國復交，例如 1989 年與賴比瑞亞、1990 年與幾內亞比索、1991 年與中非共和國、1992 年與尼日、1994 年與賴索托及布吉納法索、1995 年與甘比亞、1996 年與塞內加爾、1997 年與聖多美普林西比及查德等 10 國復交。

1991 年，筆者第一次接受非洲出差任務踏上非洲大陸幾內亞比索及中非共和國兩國開始，迨至 2020 年執行索馬利蘭之評估任務建議設立臺灣駐索馬利蘭代表處及駐索馬利蘭技術團為止，已超過 100 次前往非洲地區（包括北非、南非、東非、西非及中非等五區）從事技術合作之工作任務，在這 30 多年馬不停蹄的工作任務中，也伴隨著一些耐人尋味的有趣故事，由於受限於篇幅僅能略舉一二，無法盡述。

（一）西非窮小國——幾內亞比索

幾內亞比索位於非洲西部，人口約 160 萬人，首都是比索市，是聯合國所認定的最低度開發國家之一。該國經濟以農業和漁業為主。但在 1998 年至 2000 年間，幾內亞比索經濟和基礎建設因內戰遭嚴重破壞，2013 年以來，幾內亞比索的腰果生產有顯著的增加，現為全球第六大腰果生產國。稻米是幾內亞比索的主要作物和食糧。中華民國與幾內亞比索共和國之間於 1990～1998 年建立有官方外交關係，1990 年 6 月，成立中華民國駐幾內亞比索醫療團，負責支援首都比索郊區的卡松果醫院門診與行政管理工作。11 月，成立農業技術團，示範推廣稻米、雜糧、蔬菜等作物，以及農業機械修護及竹工藝等（外交部，1997）。斷交後，目前沒有在對方首都互設具大使館性質的代表機構。對幾內亞比索的相關事務由駐葡萄牙臺北經濟文化中心兼轄。

1. 令人感動的達拉墾區

1990～1998 年我國與幾比有農業合作關係期間，筆者曾造訪幾比多達 10 次，當時駐幾比農技團吳生松技師推廣的達拉墾區其所採取的陸稻推廣模式深受達拉墾區農民的信任，願追隨吳技師稻米種植工作，此期間筆者擔任海外會第一組組長及國合會技術合作處處長，主要負責援外農業技術團規劃與監督執行之工作，每次前往達拉墾區監督稻米計畫之推廣情形時，當地的推廣區農民必定揪集全家大大小小以歌聲與舞蹈夾道歡迎我，我也一定與每一個人（從 1 歲到 70 多歲老年人）握手，農民口中高喊「VIVA, VIVA, VIVA Republic of China（中華民國萬歲）」，農民對於中華民國與吳技師的協助表達無盡的感激，讓他們的生活得以獲得改善。

2. 駐幾比醫療團遠近馳名

在幾比首都比索市郊區卡松果醫院從事門診與行政管理工作的駐幾內亞比索醫療團，在團長余慕賢及陳志福相繼領導下，所提供的醫療服務遠近馳名，幾比的政要僅對醫療團的醫術有信心，一些較複雜的病情與開刀均前往醫療團診治，鄰國的國際組織人員亦常專程前往卡松果醫院接受診療，即使當地老百姓彼此間有任何爭執，只要有醫療團成員出面就可「大事化小，小事化無」迎刃而解，可見當時駐幾比醫療團對當地人民而言，地位是何等之崇高。

（二）戰火不斷──中非共和國

中非共和國，通稱中非，是位於中部非洲的國家。作為一內陸國家，中非從西邊起依順時針方向，分別與喀麥隆、查德、蘇丹、南蘇丹、剛果民主共和國和剛果共和國相接壤。中非成立於 1958 年 12 月，初期為半自治的政府型態，後於 1960 年 8 月 13 日正式宣布獨立。首都班基（Bangui）位於烏班基河（Oubangui）沿岸的邊境城市。

中非前身為法屬烏班基－夏利領地（Territoire d'Oubangui-Chari），是法國位於非洲的殖民地之一。1960 年獨立後，中非共和國被一連串專制領導人

所統治，包括一次失敗的君主專制體制（The Guardian, 2010）。1993 年，在日益高漲的民主呼聲下，中非迎來第一次民主選舉，昂熱－菲利克斯・巴達賽（Ange-Félix Patassé）當選為總統。2003 年，中非發生軍事政變，巴達賽被弗朗索瓦・博齊澤將軍罷免。2004 年，中非爆發內戰，儘管參戰雙方於 2007 年簽訂了和平協議，以及在 2011 年又簽訂了另一項和平協議，但在 2012 年衝突再次爆發。連綿不絕的戰爭持續 10 年，至今已造成 20 萬中非人民流離失所，以及參與戰爭的各武裝團體普遍和日益增多的侵犯人權的行為（如任意囚禁、酷刑和限制新聞自由及行動自由等），導致該國長期保持糟糕的人權紀錄。

　　儘管中非共和國擁有大量的礦藏和自然資源，如鈾儲量、原油、黃金、鑽石、鈷、木材、水電（CIA, 2020）以及大量的耕地等，其仍然是世界上最貧困的十個國家之一。截止 2017 年，中非共和國的人均 GDP（以購買力平價計算）居世界倒數第一。2019 年，中非的人類發展指數位於世界倒數第二，僅高於尼日（IMF, 2021）。有研究證明，中非是世界上最不健康的國家和最不適宜年輕人的國家（Tribune, 2021）。中非共和國曾於 1991 年與我國復交，並於同年派駐醫療團，次（1992）年再派遣農技團，在距離首都班基 26 公里 PK26（M'Poko）處設立團部，執行稻作、玉米、養豬及養魚，1998 年斷交。

1. 臺灣養蝦技術堪稱世界首屈一指

　　1993 年，筆者陪同行政院農業委員會副主任委員（兼海外會主任委員）林享能先生前往中非考察，在拜會中非總統巴達賽時，巴達賽總統盛讚我國養蝦技術堪稱世界首屈一指，希望我國能協助中非養蝦，必能技術移轉及外銷，渠並聲明已在中非地區聯盟元首會議中宣布中華民國將協助中非養蝦，席間巴達賽總統提到「我要養蝦」四個字多達 23 次，考察團在巴達賽總統之要求下勉予同意，並覆以由於中非係屬內陸國家，海蝦養殖不易，應以生產淡水蝦（泰國蝦）較為可行，初期將於 PK26 農場進行試驗及示範，並繁殖蝦苗供推廣農民養殖。該計畫執行初期曾從臺灣空運 2 次 20 對種蝦前往中非，惟種蝦因耐不住空運期間之空中零下 40 度低溫抵達中非時均已死亡，嗣後經農技團謝逢更技師冒險前往剛果河上游取得淡水長臂大蝦 20 對種蝦回團部試養，總算解決了種蝦的困難問題，經過駐團專家努力研發後，蝦苗總算孵化出

來，然而第二個問題緊接而來，由於蝦苗的早期階段（larvae）必須養殖在鹹水環境，因而須向法國巴黎訂購海鹽（5,000 公斤）來混合淡水，另外還得進口草蝦生長各階段所需之不同種類的飼料，就以養蝦之成本效益而言實為負值，亦不具推廣的價值，後來因中非發生內戰，叛軍占據 PK26 農場，本計畫被迫停止而無疾而終。

2. 中非總統與臺灣林小姐的羅曼史

有一則發生在早期農耕隊時期令人聽了為之莞爾的故事，中非前總統博卡薩曾訪問臺灣，在臺訪問期間，外交部同仁晚間為舒緩其工作壓力，遂安排博總統到北投飲酒作樂，酒店內某位林小姐陪同博總統一夜春宵，博總統返回中非後對林小姐念念不忘，盼外交部能安排林小姐嫁到中非，經徵得林小姐同意後嫁到中非，1976 年，博卡薩總統自封皇帝，改國名為中非帝國，並在次（1977）年 12 月舉行盛大的加冕禮。1979 年 9 月 20 日，前總統達科趁博卡薩出國訪問利比亞之際，在法國軍隊協助下發動政變推翻博卡薩，達科再次出任總統，並恢復國名為中非共和國。此時，林小姐遂跟著農耕隊某位隊員遠走中非，此段充滿羅曼帝克的故事一時曾傳為美談。

3. 可惡的中非共和國

1998 年，中非與中華民國斷交，中非共和國政府在中國的壓力下，限定我國大使館及農技與醫療團必須要在 48 小時內離開中非，所有在農技團團部的設備與資產全歸中非政府一件均不能帶走，中非政府派兵包圍整個團部，當時農技團團員楊技師隨同其太太要離開團部時，被士兵搜出一部照相機欲強行沒入，然而楊太太認為相機係個人所有不同意交出，楊技師並協助太太試圖搶回相機，在一陣推擠下，中非士兵竟舉起槍托朝楊技師頸部攻擊，楊技師受創倒地，頸部已明顯斷裂，消息傳回國內，筆者立即連繫法國 Corps 保險公司，Corps 依與海外會所簽訂之後送條款，派遣專機將楊技師自中非後送巴黎，歷經 3 個月的診治後幸運的撿回一條命。從中非與我國斷交的案例而言，此種罔顧道義的作法實時令人嗤之以鼻，建議未來我國不要再與中非共和國建立任何外交關係。

（三）非洲的第一個獨立國家——賴比瑞亞

賴比瑞亞共和國（Republic of Liberia），通稱賴比瑞亞（Liberia），是位於西非，北接幾內亞，西北接獅子山，東鄰象牙海岸，西南瀕大西洋的總統制共和國家，全國總面積 111,369 平方公里，人口為 3,476,608 人，其中 30% 生活在首都蒙羅維亞（Liberia Institute of Statistics and Geo-Information Services, 2009）。19 世紀初，一些美國黑奴解放後有計畫地移居到現在稱作賴比瑞亞的地區，所以國名在英文有「自由」（liberty）和「解放」（liberated）的意思。20 世紀初期，與衣索比亞為非洲僅有的兩個未被殖民的獨立國家。

賴比瑞亞地近赤道；雖然也屬熱帶氣候，但卻沒有熱帶通常有的炎熱和瘴濕及不適於健康的氣候。最熱的月份是二月和三月，氣溫可達 32.2 度（華氏 90 度）。最冷的月份是八月和九月，白天的氣溫可降到 18.3 度（華氏 65 度）。賴比瑞亞是一個農業國，是聯合國公布的世界最低度開發國家之一。農業人口占總人口的 70%，全國可耕地 380 萬公頃，目前已開發的不足 15%，主要農產品為米、橡膠、樹薯、咖啡、甘蔗、香蕉、可可、棕櫚油、棕櫚仁、玉蜀黍、稻米、落花生、鳳梨、檸檬、柑橘和蔬菜等糧食不能自給。天然橡膠、木材和鐵礦砂的生產為其國民經濟的主要支柱，均供出口，是賴比瑞亞外匯所得的主要來源。工業不發達，僅有少數企業生產日用消費品。1989 年底至 1997 年，由泰勒（Charles Ghanday Taylor）前總統所挑起的 8 年內戰期間，經濟陷於癱瘓。我國與賴比瑞亞於 1989 年及 1997 年兩度復交，並派駐大使館與農技團，惟仍於 2003 年斷交。

1. 殘酷的種族屠殺

1997 年底，當我國與賴比瑞亞第二度復交時，由當時國合會副秘書長謝順景博士與筆者所籌組的 7 人評估團，前往賴比瑞亞國從事設團的評估工作，在賴國評估期間，曾參訪我國於 1960 年第一個的駐外技術團隊——駐賴比瑞亞農耕隊在 Bong county 分團及當時所蓋建的攔水壩，該灌溉系統仍保持良好並 使用中，然而抵達村莊中心位置時，才驚覺到整個村莊已空無一人（全村已遭屠殺），經四處查看後，才在一處廣場發現十幾具已被曬乾的屍

體，他們的臉全部朝下，頭皮已被割開後釘在地上一段時間了，這個景象充分顯現戰爭是何等殘酷。

2. 第一個遭國際法庭判刑的前中非總統泰勒

由於賴國才剛從內戰中平息下，內戰造成 80 萬難民四處遷徙，在首都蒙羅維亞（Moravia）市各個主要大樓或政府大樓，幾乎被難民所占住，市區千瘡百孔，百廢待舉，泰勒總統曾向我駐賴國大使館請求金援，讓交戰雙方士兵能回到家鄉重建家園，泰勒總統已取得我方的金援，事經數月後士兵因仍未取得補助款而有所鼓動，然而泰勒總統仍欺騙士兵金援尚在我國大使館，致激怒士兵並放話只要碰到臺灣人就要「見一個殺一個」，我國大使館在萬分緊急之下只好向國內申請第二筆款項，並親自分配予士兵才平息這個事件。查爾斯‧泰勒前總統，他不僅挑起賴比瑞亞共 8 年內戰，還操縱鄰國獅子山打了 11 年內戰，讓西非大地狼煙四起，儼然成為一個殺戮戰場。泰勒性格多變、行為狡詐，手段極其殘暴，且貪汙嚴重，因此獲得了一個西非「混世魔王」的綽號。2012 年 5 月 30 日，國際刑事法院認定他犯有戰爭罪和危害人類罪，判處泰勒 50 年監禁。他因此成為二戰後，首位遭國際法庭判刑的前國家元首。

3. 第一個獲頒外交獎章的外交部同仁──林茂勳

2000 年，當筆者再度重回賴比瑞亞參加外交部在賴國所召開的「非洲區域會報」時，駐館林秘書茂勳告訴筆者，他曾在內戰期間曾被叛軍抓走，當叛軍手持槍枝對著林秘書太陽穴即將扣板機之同時，林秘書在萬般危急之下高喊一句話，叛軍立即將林秘書釋放，原來林秘書所喊出的那句話竟然是叛軍日常在講的話，因而將林秘書視為友軍，也在無意間救了自己一命，事後外交部並頒贈外交獎章乙枚以表彰林秘書在艱難的環境下仍堅守工作崗位實屬難得，本事件至今在外交部仍傳為美談。

（四）西非君子之國──布吉納法索

布吉納法索（法語：Burkina Faso）是西非內陸國家，與馬利、象牙海岸、

迦納、多哥、貝南和尼日為鄰，全部國土都位於撒哈拉沙漠南緣。舊稱上伏塔（法語：Haute Volta），1960 年 8 月 5 日脫離法國獨立，1984 年 8 月改為現在國名。面積約 27 萬平方公里，人口約 2,000 萬，首都瓦加杜古位於國土的正中央，人口一百萬餘人，是布吉納法索最大城市，也是文化、經濟中心。布吉納法索為全球識字率最低的國家之一，只有約兩成三的國民識字。低度開發國家之一。布吉納法索以熱帶草原氣候為主，年降水量介於 500～1,000 公釐，南多北少，全境並無沙漠，但西部有廣大地區土壤多沙，十分貧瘠。在經濟上，以農牧立國，占了全國近八成的勞動力。由於境內資源匱乏，且地處沙漠邊緣，可耕地面積較少，布吉納法索一直是個非常貧困的國家，也是周邊非洲國家主要的外來勞工輸出國，純賴微弱的農牧經濟並不能支持其國民的生活，因此每年布吉納法索均有大批勞工外流，主要移向南方各鄰國如迦納、象牙海岸和幾內亞。目前布吉納法索所用的貨幣西非法郎（Franc CFA）也是這幾個國家所共同成立西非經濟貨幣聯盟（Union économique et monétaire ouest-africaine, UEMOA）所發行。布吉納法索的前身上伏塔曾在 1961 年與中華民國建立外交關係，但在 1973 年 10 月 23 日斷交。1994 年 2 月 2 日，雙方復交，並派遣農技與醫療團在布國服務。但在 2018 年 5 月 24 日與中華民國二次斷交至今。

1. 永續發展的最佳典範——姑河及巴格雷墾區墾區

1994 年，我國與布國復交的同時，國合會前身海外會隨即派遣評估團前往布國從事設團之評估工作，經布國農部安排下首先參訪位於布國第二大城附近於 1967 年由駐上伏塔農耕隊所開墾的姑河墾區，墾區面積計約 1,260 公頃，40 年來稻作仍持續栽種中，所蓋建之 U 型灌溉渠道至今依舊完好如初，在與管理渠道閘門的一位年輕人言談得知，原來管理這個閘門的是他的父親，父親過世後就由他來接手，此外當地農民在我農耕隊侯新智隊長等人之指導下，除了水稻田之分配外，並協助當地農民蓋建清真寺、衛生所、學校及衛生設施等，農民依據農耕隊所移轉稻作栽種技術而能自行採種，即自行設立氣象站並留下氣象資料，以建立水稻栽種的最佳模式，公頃產量更可高達 5 噸，與臺灣的農民比較毫不遜色，由於收入增加，姑河墾區農民較之鄰近村莊

言也顯得富裕，是當地最為成功的大規模開墾計畫。

布國農部基於我國農耕隊協助布國開墾姑河墾區的巨大貢獻，要求評估團再選定另外一個地點開墾成為第二個姑河墾區，依據布國推薦的地點經連日來的評估規劃，最後選定巴格雷墾區進行 5 年 1,200 公頃開發計畫，我國遂於同年 5 月派遣農技團協助該國進行該計畫，在劉春雄團長的領軍下，將尖硬的磐石以炸藥炸開後，建構引水道渡漕與倒虹吸工程，成功引進巴格雷水庫的水源進行稻作灌溉，開發一年二期稻作生產，連同左岸 600 公頃共開闢了廣達 1,800 公頃的土地，創造了化荒漠為良田的奇蹟（國合會，2003）。2002 年 8 月聯合國在南非召開的「永續發展高峰會」期間，法國電視臺 TV5 特別報導將姑河及巴格雷墾區列為「永續發展的最佳典範」，當地農民在接受 TV5 訪問時特別強調「上帝不在布吉納法索，只有臺灣人在這裡」。

2. 蒼蠅雞

1995 年，我國與布國在首都瓦加杜古召開「第一次中華民國與布吉納法索混合委員會議」，雙方針對政治、經濟、文化與教育等議題進行廣泛討論並獲致共識，臺布雙方並簽署合作備忘錄，會後在酒店後院舉行慶功宴，與會貴賓邊喝飲料邊聊兩國的各項合作議題，就在這個時候飯店侍者端上一盤全是黑色的東西放在桌上，正當大家摸不著頭緒這到底是何物的同時，只見一位服務生手持捕蠅拍在盤子上方一揮，奇蹟出現，竟然有幾百或上千隻的蒼蠅飛走，大家這才驚覺那是一隻烤雞，兄弟們！這道菜要吃嗎？為了表現我方的高度誠意下，決定將雞的皮剝掉後，大家分食將這隻雞吃完，直到現在，筆者就將這一道菜稱之為「蒼蠅雞」。

（五）西非的明日之星——塞內加爾

塞內加爾共和國（法語：La République du Sénégal），簡稱塞內加爾，西非國家，位於塞內加爾河的南岸，首都達卡。它的西邊是大西洋，北邊是茅利塔尼亞，東邊是馬利，南邊是幾內亞和幾內亞比索。甘比亞在塞內加爾的包圍之中，維德角群島（the Cap-Vert Peninsula）在距離其海岸約 560 公里處，是生物演化論的熱門地方。1960 年 6 月 20 日獨立，面積有 196,190 平方公里，為一

個總統制的國家，總統任期 5 年，人口 1,585 萬（2017 年），塞內加爾經濟活動以農業（花生、棉花、稻米）、漁業、礦業（磷礦）、工業為主，工業化程度較其他西非國家來得高。西非國家中央銀行總部設於首都達喀爾。中華民國與塞內加爾於 1960～2005 年有官方外交關係，期間兩國多次斷交與復交。第 3 次（2005 年）斷交後，目前沒有在對方首都互設具大使館性質的代表機構。

1. 差一點成為非洲女婿

　　我國與塞內加爾最近一次復交是在 1996 年，我國派有農技團在首都達卡執行有花卉及蘆筍計畫，北部的聖路易及南布卡薩芒斯吉甘秀（Ziguichor）執行稻作計畫，其中北部塞內加爾流域所執行的稻作計畫，駐塞國農技團專家劉文力研發深水直播法，徹底解決當地因鳥害嚴重導致發芽率差與缺株問題，並自臺引進臺中秈 10 號水稻品種，大大的提升稻米品質與產量。2002 年，筆者在乙次監督任務時，與聖路易省長相談甚歡，他盛情邀請我到他家作客，當酒過三旬後兩人已經爛醉如泥，省長主動提起：「我要把我的最漂亮的女兒嫁給你」，我竟不經意的回答：「Why not!」隔天清晨省長駕著馬車，載著女兒、2 頭羊及 2 捆稻穗來到旅館敲我的門，當我打開門一見到省長，我知道自己闖禍了，並向省長解釋「以臺灣法律我們只能一夫一妻制」，省長竟回答說「在非洲我們可以有好幾個老婆，沒有問題的！」在一來一往重複了好幾回後，最後當然是沒有結果，省長非常不高興，悻悻然離開，從這件事告訴我「凡事不能太隨便、輕承諾，否則將付出慘痛的代價」。

2. 令人哀悽的奴隸島

　　在塞內加爾首都達卡外海有一個名為「奴隸島」的地方，據當地文獻資料顯示，奴隸島過去是關非洲黑奴的地方，凡是從非洲大陸所抓來的奴隸都會先關在這個地方，然後再賣到歐美國家，為使奴隸能賣到好價錢，所挑選來的男孩都長得高壯帥氣，女孩則是高䠷美麗，只要跟歐美買家談好價錢後，隨之由奴隸島將黑奴以船隻運出，只要由奴隸島運出的黑奴就再也無法回到非洲大陸了，後來黑奴制度終止，該批黑奴都留在塞內加爾結婚生子，因此塞國經種族優化後，男人的平均身材較高，女人大多身材姣好，在法國服裝秀的模

特兒多數係來自塞內加爾。

（六）被塞內加爾環繞之國——甘比亞

甘比亞共和國（英語：Republic of the Gambia）通稱甘比亞（英語：The Gambia），是位於西非的國家，陸上被塞內加爾環繞，面積 11,295 平方公里，是非洲大陸最小的國家。甘比亞河貫通國家中央，流往大西洋。1965 年甘比亞脫離英國獨立。甘比亞人口 191 萬（2014 年），是世界上最低度開發國家之一。

甘比亞資源貧乏經濟較落後。主要以旅遊業為主，其次為轉口貿易和農業，僅有少量的工業零星分布在塞爾昆達市至班竹市的公路兩側。旅遊業是甘國的支柱產業，但隨著近年來周圍國家的關稅不斷降低，甘比亞本國關稅不斷提高，已失去了低稅港的優勢，貨物轉運量嚴重萎縮。農業主要以種植水稻和玉米為主。土地利用率很低，大片土地空閒荒蕪，有限的耕地也僅在雨季種植，糧食不能自給自足，主要依靠進口。

1965 年甘比亞與中華民國建立外交關係，隔（1966）年派遣駐甘比亞農耕隊，1974 年臺甘兩國斷交，農耕隊撤離，1995 年 7 月 13 日，甘比亞和中華民國恢復外交關係，我國再派遣農技團前往甘國協助稻作與蔬菜之生產，2013 年斷交，技術團撤回。

1. 乾煸四季豆

1995～2013 年期間，我國派遣技術團（農技團）協助首都班竹（Banjui）拉明（Lamin）地區婦女團體從事蔬果生產，以供應大班竹地區市民所需要的蔬果消費，其中以四季豆、番茄、高麗菜、南瓜及西瓜為大宗。2000 年 8 月前總統陳水扁率領經濟部長、農委會主委、立法委員及企業領袖等重要人士之龐大訪問團，前往甘比亞、布吉納法索及查德等三個非洲友邦，進行「民主外交、友誼之旅」，參訪我協助該等友邦完成之各項合作建設，並與各該國元首會晤，簽署聯合公報，對增進我與該等國家邦誼、宣揚我民主成就及提升我國際能見度極有助益，訪問團抵達甘國時，由甘國前總統賈梅親自接待，甘國官

方安排陳前總統一行視察 Laming 蔬菜專業區，由當地婦女準備中式餐點來歡迎陳前總統及訪問團，其中有一道菜最為有名，那就是「乾煸四季豆」。

2. 栗達銅像

甘比亞的經濟除仰賴轉口貿易外，觀光旅遊業為主要收入來源之一，1969 年 11 月，我國前農耕隊隊長栗達終年為公務繁忙導致肝癌過世，甘國為表彰渠對甘國農業的貢獻，為栗達豎立了一個銅像以茲紀念，銅像下並有中英文之說明，目前栗達銅像已成為甘國重要的觀光景點之一。

3. 獨特的觀光產業

首都班竹靠海濱區域開發有數間 6 星級的連鎖酒店如 Novotel、Marriot、Hayatt 等，主要的旅客係來自北歐與西歐的旅行團，另有一些自由行的尋芳客，他們會在甘國旅館停留一個禮拜，經由某個管道找來 18～25 歲的男孩或女孩陪他（她）們過著一星期非常逍遙的生活，並給予男孩或女孩一筆可觀的報酬，此中獨特的旅遊型態已行之多年，絲毫未曾褪色。

（七）因石油而經濟逆轉——查德

查德共和國，通稱查德，是非洲中部的一個內陸國家，北接利比亞，東接蘇丹，南接中非共和國，西南與喀麥隆、奈及利亞為鄰，西與尼日交界。該國以查德湖的名字命名，國內最高山峰是位於撒哈拉的庫西山，首都和最大城市是恩加美納。查德國內共有超過 200 個民族，法語和阿拉伯語是官方語言，伊斯蘭教是最多人信奉的宗教。面積為 1,284,000 平方公里，人口估計為 10,146,000 人，聯合國公布的人類發展指數查德排名倒數第三，國內 80%人民生活在貧窮線以下。2005 年，該國的人均國內生產總值（購買力平價）只有 1,500 美元。查德是中非國家銀行和中部非洲關稅和經濟聯盟的成員國之一，法定貨幣是中非法郎。超過 80% 的查德人靠自給耕作或畜牧維生，查德最南 10%的土地是該國最肥沃的可耕地，主要農作物有高粱和小米。查德是世界上最貧窮、貪汙情況最嚴重的國家之一。2000 年，外資開始大規模投入查德的石油業，這有助於推動該國的經濟發展，自 2003 年起，石油已取代傳統的棉

花工業，成為查德最主要的出口收入來源。

1. 農業與石油的合作

1964 年，兩國簽署《農業發展技術合作協定》，1965 年，中華民國派遣農耕隊、獸醫隊、榨油技術隊前往查德，其中農耕隊至 1972 年兩國斷交後撤離。1997 年 8 月 12 日，兩國恢復外交關係後，根據所簽署《經濟暨技術合作協定》、《醫療合作協定》立即展開合作計畫。農業技術考察團赴查德考察，並決定派遣農技團，協助該國發展稻米與蔬菜作物，以增加農業產量；另派遣醫療人員進駐首都恩加美納的自由醫院，展開技術援助工作，2006 年兩國斷交後，農計與醫療團撤回。

臺灣中油公司赴查德探勘石油，自 2006 年 1 月 25 日起透過轉投資子公司 OPIC（海外石油及投資公司）與查德政府正式簽署礦區合約及聯合經營合約，取得查德 BLTI、BCSII、BCOIII 共 3 礦區的探勘專屬權，並由中油擔任礦區經營人，查德政府則為合夥人。2011 年 1 月，中油在查德礦區發現重大油藏，是近 40 年來日產量最多的油井。2015 年，中油為分散風險將持股 70% 探勘權益出售一半給中國企業華信能源子公司的海南華信國際控股公司，交易案在 2016 年 9 月完成交割後公告。2020 年 3 月 5 日，該礦區產出第一桶原油，首批 95 萬桶於 12 月運抵臺灣。

2. 大自然的鬼斧神工——查德湖

1997 年 8 月，我國與查德復交後，筆者隨即率領由外交部、農委會與國合會人員組成的評估團前往查德，進行設立技術團與醫療團之規劃與評估工作，最後選定南部 Bongor 地區設立技術團，在首都恩加美納（N'Djamena）自由醫院設立醫療團。評估團抵達中部查德湖地區，當地省長率領一個駱駝隊到機場來迎接我，在飛機即將降落前從飛機的窗戶向外望，看到駱駝隊的景象實在非常壯觀，飛機降落後，省長在機艙門口迎接筆者，立即將指揮刀遞交給筆者並由筆者來指揮這個駱駝隊，這是筆者第一次騎駱駝且要指揮一個駱駝隊，實在是非常刺激。晚間接受省長款待並下榻省長寓所，臨睡前我對著窗戶看到一個雄偉的清真寺，可是當我早上醒來時再對著窗戶一看清真寺不見

了，當時，我感到非常的神奇，早餐時，我跟省長提起這件事時，他解釋說他的房子是蓋在查德湖上，房子會跟著湖面游動，因此昨天所看到的景象自然會今天不一樣了。

在一片驚訝聲中結束了智慧的早餐後，隨即在省長的陪同下前往查德湖附近參訪，其中最令人印象深刻的是在查德湖沿湖一帶的某一個劃成井字型的區塊，他們將 1 及 5 相對的兩個區塊的水以虹吸原理排入其他區塊，以這些原來是湖底肥沃土壤的區塊來種植小麥，據省長說明這是由義大利的灌溉專家所設計，事實上，全世界有許多知名的水利灌溉專家會聚集在查德湖從事一些令人佩服的水利灌溉計畫，真可謂大自然的鬼斧神工。

（八）非洲小瑞士──史瓦帝尼

史瓦帝尼王國（Kingdom of Eswatini），通稱史瓦帝尼（史瓦濟語：eSwatini，英語：Eswatini；舊稱 Swaziland），是位於非洲南部的一個內陸國家。史瓦帝尼北、西、南三面均為南非所包圍，東北面則與莫三比克接壤。該國舊英語官方國名為「Swaziland」，其拼寫與歐洲的瑞士（Switzerland）相近，且同屬內陸國，因而有「非洲小瑞士」之稱。然而，也因為拼寫相近的關係，英文國名已經於 2018 年 4 月 19 日改為現名。史瓦帝尼面積 17,364 平方公里，人口 1,087,200，恩史瓦帝 3 世 1986 年執政至今，境內幾乎皆為同一種族的住民。與南非經貿關係密切，南非是史瓦帝尼主要的進口國，史瓦帝尼半數以上的出口亦皆銷至南非。境內偶有糧食匱乏之事發生。

史瓦帝尼於 1968 年獨立建國時即與中華民國建交至今，未與中國建交，自布吉納法索在 2018 年 5 月 24 日與中華民國再次斷交後，史瓦帝尼成為中華民國在非洲唯一的邦交國，使館位於墨巴本。

1. 全世界最幸福的國王

1986 年 4 月 25 日現任國王恩史瓦帝 3 世即位，依照史瓦帝尼的習俗有三大傳統節日，勇士節（Incwala）、馬魯拉節（Marula Festival）和蘆葦節（Umhlanga）。

勇士節是屬於男人的節日，也是屬於國王的節日。每年的 12 月中到 1 月，全國男性都會遵循傳統進行活動慶祝，日行近百里只為了祈禱國王的身體強健及福壽安康，男人會在身上加一層毛草披肩，右手持長矛武器、左手拿牛皮盾牌，就跟史瓦帝尼國徽如出一轍。

2 月中，馬魯拉節則是慶祝豐收以及已婚婦女的節日，全國婦女都會獻上新鮮蔬果給王母，並且跳舞祈禱王母一切安康。蘆葦節大家可能有點陌生，「選妃節」相信大家就多少有些印象了，對吧？蘆葦節可以說是史瓦帝尼最大的慶典活動，每年的 8 月底舉行，由王母與國王共同主持。一連 8 天的慶典活動，來自全國各地的未婚少女會齊聚在王母皇宮的大草原上，事實上根據史瓦濟蘭的習俗，未婚女子在結婚前一定得保持處女之身，因此所有參加這一個盛大節日的女孩必須是未婚的處女，而剛好這個季節也是蘆葦花開的時節。

節慶的最後一天是慶典的高潮，也是唯一對外國遊客開放的一天，這天全部的少女們會穿著特別的傳統服裝，五顏六色的下襬，上身則毫無遮攔全裸著，並隨著音樂與歌聲跳舞入場。

通常第一支隊伍都是國王的女兒或皇室成員，頭上會有鮮紅色的羽毛，頭上插的羽毛愈多，代表和國王的關係愈近。少女們右手持劍、左手拿盾牌，手持盾牌是女生專用，尺寸大概跟一個盤子差不多大小。

國王恩史瓦帝 3 世目前已有 16 個妃子，此種傳統習俗還會再持續下去，您覺得國王很幸福嗎？聽說他父親的妃子超過 100 個。

2. 史瓦帝尼愛滋病情況嚴重

史瓦帝尼的首宗愛滋病毒感染／愛滋病個案於 1986 年被報告，後來開始廣泛感染，很大原因是由於當地文化並不鼓勵安全性行為。再加上高結核病感染率，人均壽命在 2000 年後的第一個 10 年已減半。在 2016 年，史瓦帝尼的 15 至 49 歲人口愛滋病患病率是全世界最高，達 27.2%。根據統計，約有 40% 人口感染愛滋病毒，平均壽命為 32 歲；每 4 個史瓦帝尼人中，僅一人可活到 40 歲。史瓦帝尼 19 至 49 歲的人口中，超過四分之一對 HIV 呈陽性反應，是全球愛滋病問題最嚴重的國家。而當地所有愛滋病患者中，有 83% 同

時患有肺結核。結核的死亡率為 18%。2009 年 6 月 4 日，美國和史瓦帝尼簽署了史瓦帝尼夥伴關係，框架愛滋病毒和愛滋病（2009～2013 年）。該總統推動愛滋病緊急救援計畫，將有助於史瓦帝尼的多部門實施愛滋病毒／愛滋病國家戰略框架。

（九）非洲新希望——索馬利蘭

索馬利蘭共和國（Republic of Somaliland），通稱索馬利蘭，是位於非洲之角東北部的一個未受國際普遍承認的國家，1991 年獨立，該國東部和索馬利亞邦特蘭州接壤，西部和南部與衣索比亞接壤，吉布地在其西北方，北面隔著亞丁灣和葉門相望。面積 176,120 平方公里，人口約 390 萬，首都哈格薩（Hargeisa）。

1. 未受承認的國家

索馬利蘭是世界上實際控制領土面積最大的未受國際普遍承認的國家，國際間與索馬利亞有官方關係的國家，因索馬利亞的反對而仍將索馬利蘭視為索馬利亞的聯邦成員州之一，但事實上索馬利蘭政府的運作是一個「獨立政治實體」。索馬利蘭與一些國家有政治上的往來，包括英國、衣索比亞、比利時、迦納、南非、瑞典以及吉布地等，索馬利蘭目前未被任何聯合國會員國承認，僅得到同為未受國際普遍承認國家的中華民國的正式承認（AFROL News, 2021）。

索馬利蘭和索馬利亞比起來，因為政治較穩定，所以經濟的情況也較好，但依舊是世界上最貧困的國家之一。索馬利蘭先令雖然穩定但卻不是國際間認可的貨幣，目前還沒有官方匯率，由作為中央銀行的索馬利蘭銀行調控，對外貿易在索馬利蘭經濟中占有重要位置，還擁有位居交通要衝的良港柏培拉（Berbera），但連年逆差。其中最大宗出口貨物是家畜，估計可達 2,400 萬頭。單在 1996 年就有 300 萬隻家畜出口到中東地區，其他的出口商品包括牲畜皮、皮革、沒（末）藥、乳香，農業被認為是一個前景光明的行業，特別是糧食和園藝的生產。礦產業也很有潛力，雖然目前只包括沙石場，但是

各種礦產儲量豐富（WebCite, 2012）。最近一次在索馬利蘭附近的調查顯示，該國擁有豐富的海上和內陸石油及天然氣儲量。在過去幾年中已經有一些油井被開採，但是鑑於該國不被承認的現狀，外國石油公司尚未與索馬利蘭交涉。

2020 年 2 月 26 日中華民國的外交部部長吳釗燮，與來臺訪問的索馬利蘭共和國外交部部長穆雅辛在臺北賓館共同簽署「中華民國政府與索馬利蘭共和國政府雙邊議定書」，6 月 30 日，索馬利蘭媒體報導其總統繆斯・比希・阿卜迪將向中華民國派遣代表。7 月 1 日，中華民國外交部正式宣布雙方互設代表處。2020 年 10 月，技術團薛團長烜坪在我駐索國羅大使震華之見證下，與索國農業部秘書長簽署「技術合作架構協議」，我駐索國技術團正式成立。

2. 以索馬利蘭作為我國前進非洲的踏板

2020 年 2 月，國合會接受外交部的委託，由筆者率領 3 人評估團前往索馬利蘭從事設立技術團之評估與規劃，經拜會索國副總統、外交、農業、衛生及科技部長，現地評估雙方可行的合作項目與地點，最後選定農業（蔬果）、孕產婦與嬰兒保健功能提升及電子化政府等 3 項計畫，經由與索馬利蘭建立的外交與技術合作關係，再度勾起了我國與其他非洲國家恢復實質關係的一線希望，我們會將臺索雙方的合作計畫做到最好，充分展現臺灣經驗並以此為模板，再拓展至鄰近的非洲國家。近幾年來，中國在非洲地區所執行之「一帶一路計畫」，非但沒有帶給非洲地區國家任何實質的利益，反而使非洲地區國家徒增外債壓力，對人力建構也沒有幫助，凡此對我國而言應屬一項利基。

四、結論與未來展望

以目前全球的發展趨勢而言，21 世紀是亞洲人的世紀，您會相信 22 世紀是非洲人的世紀嗎？您會相信到 2100 年整個非洲大陸的人口將達 60 億，其中奈及利亞人口將超過 25 億，亦即將會超越中國成為全世界人口最多的國家

嗎？

從各種跡象顯示，有些非洲國家的發展與進步的確讓人刮目相看，1996年，塞內加爾實現了網際網路的全部連接，創造了訊息技術服務的繁榮發展，私營經濟現在占塞國 GDP 的 82%。

1. 如果我說非洲很進步，您會相信嗎？

2019 年 2 月，在巴塞隆納的世界行動通訊大會（MWC），南非的電信公司 Rain 發表了商用 5G 通訊網路，並承諾今年底正式上路。這消息讓在場媒體一片譁然。第一世界的國家都還沒有正式迎接 5G 網路的時代，非洲憑什麼站上這個舞臺？大家心裡都在納悶，非洲國家的行動網路普及了嗎？他們有 4G 網路嗎？又為什麼需要用到 5G 呢？

現在積極推動 5G 網路部署的國家，除了南韓、美國和瑞典以外，大部分的國家都還在觀望，等技術成熟，等市場需求出現。號稱比 4G 網路快上百倍、下載一部高畫質電影只需要 1 秒鐘……聽起來華麗的新科技，除非真的有物聯網、工業 4.0 等需求，若只用在手機通訊上，豈不是太浪費了？而這些工業不發達的非洲國家，怎麼會用得到 5G 呢？

其實，非洲國家過去 20 年來，一直都是「跳躍式」的發展，在市話線路還不普及的時候，就跟上了手機的潮流，家庭裡幾乎沒有人有裝室內電話，卻是人手一支手機。就連公司行號、政府機關也都是使用手機。您要跟市政府某承辦人員聯絡，就是打他的手機，要跟醫生預約，也是打醫生的手機。如果打公司的總機呢？就是總機小姐的手機。

非洲在 3G 網路都還未完全普及的時候，直接挑戰 5G 技術，是很大膽。但從這些年來的發展軌跡看來，卻又不那麼意外。非洲正在用快速跳躍的方式迎頭追趕第一世界，然而第一世界卻渾然未覺。歐美國家對非洲的印象仍然停留在落後與貧窮，這樣的認知偏誤，可能會讓人低估非洲的發展潛力，錯失了未來跟著非洲起飛的機會。

2. 真實的非洲，不是只有貧窮、飢荒與恐攻

Hans Rowsling 寫的《真確：扭轉十大直覺偏誤，發現事情比你想的美

好》一書就直接指出：由於我們對事實的不解，而時常對現況產生認知的偏誤。作者生前也常駐非洲多年，對於這塊大陸有著深刻的體悟，寫這本書無非是想要扭轉大家對於黑色大陸、未開發國家的刻板印象，透露未來的機會，其實非洲的發展不像我們想的這麼悲觀。

不僅僅是對於非洲，我們生活的周遭，充斥了假新聞、情緒性散播消息、網路瘋狂轉發的影片，名嘴的談話……在在影響了我們對這個世界的認知。這些大量的資訊，在事實難以一一求證、無法一窺事件全貌之下，左右我們接收訊息方向的就是主觀的感受，大家只相信自己願意相信的版本，卻都自認為自己是最客觀公正的一方，生活在同溫層裡面卻又都不承認。2016 年德國的年度詞彙是「後事實時代」，到了邁入 2021 年的今天，我們看事情的角度，依然常常把事實放在後面，把自己的主觀認知放前面。

一般閱聽大眾對於非洲的感受，如果一直停留在貧窮落後的印象，加上新聞版面的文章都是糧食危機、疾病、戰爭和恐攻，自然在心中形塑了一個強化的認知，就是非洲仍然處於黑暗落後的年代，是一個發展停滯，現代化程度極低的地區。非洲國家也許自身也有意無意地散發著這樣的訊息，如此比較容易向西方國家請援；或許媒體也偏向報導這些負面的新聞，因為這些內容符合讀者對非洲的認知，這樣才會有人看，才會有人相信。

新聞報導許多戰爭、疾病等各種非洲的問題，這些資訊並非不是事實，但卻不是非洲現況的全貌。這些新聞讓我們對於非洲的認知產生偏差，無助於大眾更加瞭解非洲的發展狀況。在臺灣，我們對自己生長的環境，都會產生認知偏誤了，更何況對於一個遙遠且生活沒有直接相關的非洲大陸？我們的認知與實際情況，時常出現很大的落差。

3. 只把非洲當作一個地區，就無法真正認識它

然而，要清楚闡述非洲的真實發展現況，卻是一件不可能的任務，因為非洲實在太大了。北非比美國的領土更大，西非比阿根廷大，中非和東非加起來比整個西歐連同英國的面積大、南部非洲經濟發展共同體（SADC）16 個國家加起來比中國還要大……當西非發生伊波拉疫情的時候，很多旅行社收到客戶的電話，要求取消去東非看動物大遷徙的行程，這樣的擔憂，就是源自

於將非洲視為單一地區的偏誤。賴比瑞亞和獅子山（伊波拉疫情發生處）與肯亞、坦尚尼亞（東非大草原）的距離，比法國巴黎到俄國莫斯科還遠，但應該不會有人因為巴黎發生恐攻，而取消去俄羅斯的行程吧！

大家把非洲視為一個地區，就永遠無法真正認識它。好比早些年，臺灣習慣以「東南亞」泛指印尼、越南、泰國等各個國家，在這種語彙之下，各國的差異性就被抹平了，我們一直很難分得清楚每一個國家、種族特有的語言和文化。直到近年來，臺灣對於東南亞國家的認識逐漸提升，大家的言語中，才逐漸減少了「東南亞」一詞的使用，而是直接說出那一國家名字，我的朋友是緬甸人就說是緬甸人，不會說他是東南亞人；我要去馬來西亞出差就是去馬來西亞，而不會說我要去東南亞。

所以當有人問我為什麼要去非洲？我覺得這題很難回答，因為我去的是史瓦帝尼等這些國家，不是整個非洲。又有人問我是不是會說非洲話？這題更難回答了。根據不同學派對於語言與方言有不同的分類方式，非洲語言的數量以最嚴格的定義來說，超過 1,200 種，寬鬆一點的認定，則超過 3,000 種，南非光是官方語言就有 11 種，奈及利亞的方言將近 500 種……在看好萊塢電影時，有時出現黑人交談的場景，下方字幕打出「非洲土語」時，我不禁覺得莞爾，因為這樣寫並無任何意涵，跟打出「他們正在交談」的字幕是一樣的。

4. 他們可能對您瞭如指掌，您卻連他們在地球哪個角落都不知道

我們對非洲國家的連結，大多來自於電視節目或觀光旅遊，即使真正到了當地，眼見也不一定是真實的全貌。探索頻道上播出的草原動物，大象、斑馬、羚羊，的確是非洲的野生動物沒錯，但卻不是當地人生活中的重要動物。如果您去非洲買了大象、獅子的雕塑藝術品，那是做給觀光客的。如果您要挑一種象徵在地的動物，您問當地人送禮都買什麼藝品，或是他們生活中有沒有吉祥祝福之意的圖騰，他們的回答會讓您意外，不是那些大型的野生動物，而是蜥蜴、壁虎、變色龍。

的確，要取得非洲的資訊不容易，在 2015 年之前，想用 Google 的街景瞧瞧非洲大城的市容，幾乎是不可能的。直到這 3、4 年間，街景服務才擴及到

一些觀光比較熱門的國家，例如南非、波札那、坦尚尼亞、肯亞、埃及、摩洛哥等；2 年前才進入西非沿海國家：迦納、塞內加爾、奈及利亞……至今不過 10 多國的部分城市有街景。整個非洲的 Google 地圖資料量，比一個東京市的資料量還少。您認為是他們落後，我認為是我們吃虧。因為一個非洲的年輕人，有了網路之後，可以輕易地搜尋到東京的所有資料，大街小巷一覽無遺；而我們，即便有發達的網路，卻仍然對非洲一知半解。

　　或許是非洲地理位置太過遙遠，或許是媒體報導非洲的篇幅太有限，讓我們難以一窺廣大非洲的全貌。但若能保持探究事實的好奇心，用多方角度看新聞，同時去除閱聽時的直覺偏誤，認識非洲就像是拼一幅巨幅拼圖一樣，收到每一個資訊時都能不偏頗地保留下來，就可以慢慢建構出一幅完整的畫面。

參考文獻

外交部（1997）。八十六年外交年鑑 第三章中外關係 第一節對外關係概況 第三項我國與非洲地區國家關係。取自 https://multilingual.mofa.gov.tw/web/web_UTF-8/almanac/almanac1997/3-1-3.html

科學人雜誌（2016）。60 億人擠爆非洲。取自 https://sa.ylib.com/MagArticle.aspx?Unit=featurearticles&id=2979。

財團法人國際合作發展基金會（2003）。西非荒漠上的臺灣奇蹟。臺北：格林文化，頁 14-23。

AFROL News (2021). *Somaliland closer to recognition by Ethiopia*. Retrieved from: http://www.afrol.com/articles/25633

CIA-Central Intelligence Agency (2020). *The Central African Republic*. Retrieved from: https://www.cia.gov/library/publications/the-world- factbook/geos/ct.html

Drysdale, Alasdair & Gerald H. Blake.(1985). The Middle East and North Africa, Oxford University Press US. ISBN 978-0-19-503538-4.IMF (2021). World Economic Outlook Database. Retrieved from: https://www.imf.org/en/Publications/WEO/weo-database/2021/April

Liberia Institute of Statistics and Geo- Information Services (2009). Republic of Liberia 2008 National Population and Housing Census Final Results. Retrieved from: https://www.webcitation.org/6JBqGELBs?url=http://www.emansion.gov.lr/doc/Population_by_County.pdf

Sayre, April Pulley (1999). *Africa, Twenty-First Century*. Retrieved from: https://kknews.cc/world/lpqyeq2.html

The Guardian (2010). *The Central African Republic*. Retrieved from: https://www.theguardian.com/world/2010/dec/03/jean- bedel-bokassa-posthumous-pardon

Tribune (2021). *These are the world's unhealthiest countries*. Retrieved from: https://tribune.com.pk/story/1188069/worlds-unhealthiest-countries

UNdata (2019). *World Population Prospects: The 2019 Revision*. Retrieved from: http://data.un.org/Data.aspx?q=africa+population&d=PopDiv&f=variableID%3a12%3bcrID%3a710%2c903%2c910%2c911%2c912%2c913%2c914%2c947#PopDiv

WebCite (2012). *REPUBLIC OF SOMALILAND - COUNTRY PROFILE*. Retrieved from: https://www.webcitation.org/65OZMIcYr?url=http://www.somalilandgov.com/cprofile.htm

第 *12* 章

最具文化律動的
拉丁美洲

一、拉丁美洲地區概況

　　拉丁美洲，簡稱拉美，是美洲的一部分，狹義上包括了以拉丁語族語言（主要是西班牙語、葡萄牙語和法語為官方語言）的美洲國家和地區；廣義上包括了美國以南的全部美洲國家與地區，包括墨西哥、中美洲、西印度群島及南美洲，總計有阿根廷、安地卡及巴布達、巴貝多、巴西、玻利維亞、厄瓜多、哥倫比亞、蘇利南、法屬蓋亞那、秘魯、千里達及托巴哥、巴哈馬、委內瑞拉、烏拉圭、牙買加、智利、海地、墨西哥、薩爾瓦多、尼加拉瓜、哥斯大黎加、宏都拉斯、瓜地馬拉、巴拿馬、多明尼加共和國、聖露西亞、巴拉圭、貝里斯、古巴、多米尼克、格瑞那達、聖文森及格瑞納丁、聖克里斯多福及尼維斯等 33 國，其中與我有邦交的國家計有海地、尼加拉瓜、宏都拉斯、瓜地馬拉、聖露西亞、巴拉圭、貝里斯、聖文森及格瑞納丁、聖克里斯多福及尼維斯等 9 國。本章討論重點著重於墨西哥、中美洲及南美洲。

（一）地理環境

　　拉丁美洲東臨大西洋，西靠太平洋，南北全長 11,000 多公里，東西最寬處 5,100 多公里，最窄處巴拿馬運河寬約 48 公里，擁有占地球陸地表面積將近 13% 的 2,070 萬平方公里陸地面積（World Bank, 2014）。截止 2018 年，拉丁美洲的人口估計超過 6.51 億（CIA, 2019），主要是印歐混血種人和黑白混血種人，其次為黑人、印第安人和白種人。在 2018 年，拉丁美洲有著 5,573 萬億美元的國民生產總值，如果以購買力平價來計算則是 7.532 萬億美元（IMF, 2021）。

（二）氣候

　　拉丁美洲四分之三的熱帶範圍之內，在世界各大洲中，它的氣候條件最優越。從氣溫來看，大部分地區年平均氣溫 20 攝氏度以上，對比其他洲，具有暖熱的特點，它既沒有亞洲和北美洲那樣寒冷，也不像非洲那樣炎熱。從

濕潤來看，全洲年降水量平均多達 1,342 公釐，相當於大洋洲的 3.2 倍，是世界上最潮濕的一洲。 氣候類型主要是熱帶雨林和熱帶草原氣候。 熱帶雨林氣候主要分布在亞馬遜平原，熱帶草原主要分布在巴西高原。

（三）自然資源

1. 農業物產

　　拉丁美洲許多地區氣候適宜， 雨水充足，土壤肥沃，農產豐富，主要糧食作物有稻米、小麥和玉米。 經濟作物以甘蔗、咖啡、香蕉、棉花最重要。糖產量約占世界糖產量的四分之一，加勒比海地區有「世界糖罐」之稱，古巴是世界上出口糖最多的國家。 咖啡產量已遠遠超過非洲，國際市場上的咖啡，60% 以上來自拉丁美洲，巴西生產和出口的咖啡，均居世界首位。拉丁美洲香蕉產量也大，出口量約占世界總出口量的 80%，巴西產量居世界第 1 位，厄瓜多是世界上最大的香蕉出口國，宏都拉斯、巴拿馬、瓜地馬拉等國也有大量出口。 棉花產量增長很快，不少國家出口棉花，以巴西和墨西哥的出口量最大（李晶等，2016）。巴西的木薯產量居世界第 1 位，大豆產量居世界第 2 位，可可產量居世界第 3 位。此外，南美洲有大面積的草場、牧場，草原面積約 4.4 億公頃，約占全洲總面積的 25% 和世界草原總面積的 14% 以上，適宜大規模發展畜牧業。 阿根廷的牧場面積達 1.4 億公頃，潘帕斯草原（Pampa）是拉美著名的天然牧場，生產的大量優質牛、羊肉馳名於世。秘魯沿岸海域是世界著名大漁場之一。

2. 林業

　　拉美地區林業資源豐富，是森林覆蓋面積較大的大陸。 南美洲森林面積達 920 萬平方公里，占全洲總面積的 50% 以上，約占世界森林面積的 23%。這一地區的熱帶雨林是現今世界最大的、保存最完整的，總面積 550 萬平方公里，其中 330 萬平方公里在巴西境內，占地區熱帶雨林面積的 60%，拉美地區動植物資源也極為豐富，據統計，亞馬孫熱帶雨林中的動植物品種之多是世界上獨一無二的，僅植物品種就多達 8.6～9 萬種。 生長著許多可供食用、

藥用和具有經濟價值的資源，例如紅木、檀香木、桃花心木、香膏木、蛇桑木、肉桂、金雞納樹和各種椰樹、棕櫚樹等。

3. 礦產

拉美地區礦業資源豐富，現代工業所需最基本的 20 多種礦物資源的絕大部分都有，有些礦物儲量居世界前列。例如墨西哥已開採石油儲量達 103 億噸，委內瑞拉的石油儲量為 80 多億噸，均居世界前列。拉美地區天然氣已探明儲量約 3 萬億立方公尺，主要分布在墨西哥和阿根廷。其他如巴西的鐵礦，智利銅儲量，哥倫比亞煤蘊藏量，蘇里南和牙買加的鋁土，墨西哥的銀、硫磺，智利的硝石，古巴的鎳，哥倫比亞的綠寶石等均居世界前列（張昀辰，2018）。

二、拉丁美洲古文化特色

在前哥倫布時期，美洲大陸上就已經發展了數百種文化和數十種原始文明。其中，在中部美洲和安第斯山脈是公認的前哥倫布時期的較高文明。從北到南，我們可以命名為墨西哥文化、阿茲特克文化、托爾特克文化、特奧蒂瓦坎文化、薩波特克文明、奧爾梅卡文明、馬雅文明、穆伊斯卡文化、卡納里斯文化、莫切文化、納斯卡文化、基穆文化、印加文化和蒂亞瓦納科文化。其中以馬雅、阿茲特克及印加等三大美洲古文明最著名，這些文明都發展了複雜的政治和社會組織體系，並以其藝術傳統和宗教而著稱。

（一）馬雅文明

馬雅文明（西班牙語：Cultura maya）是中部美洲古文明，主要分布於墨西哥東南部、瓜地馬拉、貝里斯、宏都拉斯和薩爾瓦多西部地區，以馬雅人而得名。其分布區域大致分為三部分：北部的低地，包括猶加敦半島在內；中部的高地，分布在恰帕斯馬德雷山脈；南部的太平洋海岸平原。馬雅文明的技術

基本上處於新石器時代和銅石並用時代的水平，但卻在天文學、曆法、數學、藝術、建築及文字等方面有極高成就，其中馬雅曆法最引人稱奇。

馬雅文明最早形成於約西元前 2000 年之前，當時農業得到最初發展，出現了早期聚落。根據中部美洲斷代史的劃分，馬雅文明在前古典期（約西元前 2000 年至西元 250 年）發展出最早的複雜社會，出現定居的農業生活，玉米、豆類、南瓜和辣椒是其主要作物。前 750 年前後，出現早期的城市，至前 500 年已經建成祭祀建築，建起外牆經精心粉刷的大型神廟；前 3 世紀出現象形文字系統。到前古典期晚期，佩滕盆地和瓜地馬拉高地上已建立起多個大型城市。馬雅文明在古典期（約 250 至 900 年）步入繁盛，各地較大規模的居民點數以百計，部分城市形成城邦，其間以複雜的貿易網相聯繫，北部低地的提卡爾和卡拉克穆爾城邦逐漸崛起。不過，分布於今墨西哥中部的特奧蒂瓦坎文明也在此時期對馬雅城邦展開侵略。9 世紀，馬雅文明的中部地區突然出現集體性的政治崩潰，是為古典期衰落，引發連年內亂，大量城市陷入廢棄，人口開始北移。到後古典期（1000 至 1520 年），來自墨西哥腹地的托爾特克人征服了馬雅地區北部的猶加敦半島，建立起強大的奇琴伊察城邦，後又有好戰的馬雅潘和基切王國建立霸權統治，好戰之風導致戰亂頻仍，馬雅文化趨於衰敗。16 世紀，西班牙殖民帝國征服中部美洲，逐步征服馬雅各邦，1697 年，最後一個馬雅城邦諾赫佩滕陷落，馬雅文明就此滅亡。

在馬雅文明興盛的古典期，各城邦的領袖稱為「聖主」（k'uhul ajaw），聯繫人神兩界，地位世襲，長子是首要繼承人；王位的有力候選人通常善於作戰。馬雅城邦政治架構主要為互相制約的緊密體系，不過具體情況依不同城邦而有所分別。到古典時代晚期，貴族影響力加大，聖主不再大權獨攬。馬雅城市大多沒有規則的發展方式，城市中心既是祭祀中心，亦為行政中心，周圍被不規則的居民區包圍。城市的不同區域由路網連接。城市的主要建築包括宮殿、金字塔寺廟、蹴球場和天文觀測臺等。馬雅文明發展出了高度複雜的藝術形式，廣泛運用各種工藝原料，如木材、玉石、黑曜石、陶器和石碑等。馬雅精英富於涵養，其創制的象形文字體系馬雅文字是前哥倫布時代美洲唯一成熟的書寫系統，常見於石碑和陶器。馬雅人主要使用折頁書本記錄其歷史和文化，稱為馬雅手抄本，但大部分書籍都被西班牙人摧毀，現存且

不具有爭議的馬雅書面史料僅餘 3 冊。馬雅人發展出了高度精密的曆法系統，且在數學領域也有較高造詣，先於歐洲人引入「零」的概念。

18 世紀末，馬雅文明開始得到傳統學術界注意，19 世紀末，一批重要遺址得到發掘，馬雅文明的現代考古學研究拉開序幕。到 20 世紀 30 年代以後，馬雅文明的研究進展較快，形成專門的馬雅學學科。現今有數百處馬雅文明遺址，分布在貝里斯、薩爾瓦多、瓜地馬拉、宏都拉斯和墨西哥五個國家。其中，墨西哥的奇琴伊察（Pre-Hispanic City of Chichen-ITZAAA）、帕倫克（Pre-Hispanic City and National Park of Palenque）、烏斯馬爾（Pre-Hispanic Town of Uxmal）和亞斯奇蘭（Yaxchilan），以及瓜地馬拉的提卡爾（Tikal）和宏都拉斯的果邦（Copan）是尤為重要的六大著名遺址，有著傑出的建築遺蹟。

1. 讓人流連忘返的馬雅遺蹟

筆者 30 多年來曾造訪墨西哥境內猶加敦半島（Yucatan Penesula）北部猶加敦州的奇琴伊察（Chichen-ITZAAA），瓜地馬拉的提卡爾（Tikal）和宏都拉斯的果邦（Copan）。

2. 墨西哥奇琴伊察

奇琴伊察古城遺址是猶加敦半島最重要的馬雅文明中心之一，距離坎昆（Cancun）約 1.5 小時車程，是世界新七大奇蹟之一，在從西元前 6 世紀到馬雅古典時期（西元 2 世紀到 10 世紀早期）的時間裡，奇琴伊察是馬雅的主要城市，而在中部低地及南方的城市衰敗後，奇琴伊察更到達了其發展和影響力的頂峰。到了後古典時期，奇琴伊察的建築主題中明顯增加了墨西哥中部托爾特克的風格。這一現象的最初被解釋為來自中部墨西哥的直接移民甚至入侵，但當代的多數說法認為這些非馬雅風格是文化傳播的結果。1221 年的起義和內戰，如考古發現的燒毀的建築所顯示，導致了奇琴伊察的衰落，統制中心也轉移到了瑪雅潘。西班牙征服者弗朗西斯科・德・蒙泰喬曾在 1531 年短期占領過這裡。許多民族都曾在這裡留下足跡。從當地的石製遺跡和藝術作品中，可以看出馬雅人、托爾特克人和阿茲特克人的世界觀和宇宙觀。馬雅人的建築技巧和墨西哥中部地區的新元素的融合，使得古城成為展示猶加敦

半島馬雅和托爾特克文明最主要的地方之一。

3. 瓜地馬拉的提卡爾（Tikal）

　　提卡爾（Tikal）是前哥倫布時期馬雅文明中最大的遺棄都市之一。它座落於瓜地馬拉北碇（Peten）省的雨林中，位於瓜地馬拉的提卡爾國家公園，並於 1979 年成為世界遺產。提卡爾曾是古代馬雅時期最強盛國家之一的首都。提卡爾的紀念碑可追溯至西元前 4 世紀，而它在約西元 200 到 900 年間到達了頂峰。在這段期間，馬雅城邦從政治、經濟、軍事上控制了馬雅地區，同時它也和位於中部美洲墨西哥谷的特奧蒂瓦坎等大都市。有證據顯示，提卡爾在 4 世紀時遭到特奧蒂瓦坎的占領。後經典時期結束後，提卡爾沒有再出現新的紀念碑，宮殿也被燒毀。這些事件和人口的逐步下降一起，導致 10 世紀末時提卡爾遭到廢棄，這也是古典期馬雅文明崩潰的一部分。提卡爾是低地馬雅城邦中探索程度最高的城邦，它有著長長的統治者列表，許多統治者的陵墓、紀念碑、神廟和宮殿（CyArk, 2021）。

　　筆者 30 多年來曾造訪提卡爾 4 次，每次均由瓜國首都瓜地馬拉市搭乘國內班機於清晨 5 點 50 分飛往北碇再驅車前往提卡爾，抵達後沿明顯小徑直奔往大廣場（Great Plaza），那裡是提卡爾的標誌，兩座高峭的神廟東西相對而立。兩座神廟建於西元 700 年左右的 Ah Cacau 王（又稱「巧克力王」）時代，其中 1 號神廟（Temple I / Temple of the Great Jaguar）高 38 米，正面階梯坡度超過 70 度，但因太破爛不准攀爬；2 號神廟（Temple II / Temple of the Masks）高 47 米，正面階梯已經修整。遊人可走上這神廟，一面俯瞰大廣場四周和對面的 1 號神廟，一面感受四周鳥語帶來的大自然氣氛，從馬雅金字塔型的建築，其子民必須爬相當高的階梯晉見王者，充分顯示領導者的王者風範。其他尚有 3、4、5、6 號神廟，「迷失世界金字塔」，「七廟廣場」及「中部建築群」，相當雄偉壯觀，令人印象深刻流連忘返。

4. 宏都拉斯果邦（Copán）

　　果邦（Copán）遺蹟位於宏都拉斯西部的果邦省，靠近瓜地馬拉邊境。果邦是馬雅文明古典時期最重要的城邦之一。在當時，它是馬雅諸邦中最靠南

的一個。1980 年被聯合國教科文組織認定為世界遺產。果邦王國的歷史可以追溯至西元 2 世紀，在西元 5 世紀到西元 9 世紀達到鼎盛，然後同其他古典時期各個馬雅城邦一樣，步入古典期崩潰，突然衰落並被徹底遺棄在叢林之中。古代，果邦可能稱作「Xukpi」。

筆者 30 多年來曾造訪果邦 3 次，果邦距離宏國北部大城汕埠（San Pedro Sula）約 2.5 小時車程，每年到果邦觀光的國外旅客約 100 萬人，目前已成為宏國最主要的觀光據點之一，從果邦的馬雅遺蹟可串聯墨西哥、瓜地馬拉、貝里斯及薩爾瓦多的馬雅文化的歷史演進，至於馬雅文化為何會在 16 世紀一夕消失實耐人尋味。

（二）印加文化（印加帝國）

印加帝國（奇楚瓦語：Tawantinsuyu）是 15 世紀至 16 世紀時位於南美洲的古老帝國，亦是前哥倫布時期美洲最大的帝國，印加帝國的政治、軍事和文化中心位於今日秘魯的庫斯科。印加帝國的重心區域分布在南美洲的安地斯山脈上，其主體民族印加人也是美洲三大文明印加文明的締造者（McEwan, Gordon F., 2010）。

印加人的祖先生活在秘魯的高原地區，後來他們遷徙到庫斯科，建立了庫斯科王國，這個國家在 1438 年發展為印加帝國。印加帝國在 1438 到 1533 年間，運用了從武力征服，到和平同化等各種方法，使得印加帝國的版圖幾乎涵蓋了整個南美洲西部（地跨秘魯、厄瓜多、哥倫比亞、玻利維亞、智利、阿根廷），是一個幅員遼闊的美洲原住民帝國。

除了印加帝國的官方語言奇楚瓦語，印加人還使用數百種美洲原住民語言和各種的奇楚瓦語方言。印加人稱印加帝國為 Tawantinsuyu，意為「四方之地」，或是「四地之盟」。印加帝國內部存在著多種原始信仰，但是印加的統治階級推崇印加宗教，信仰太陽神因蒂、創世神維拉科查、大地女神帕查瑪瑪等神明。印加帝國的君主稱薩帕‧印卡，意為「獨一無二的君主」，同時薩帕‧印卡亦被印加人當作「太陽的兒子」。

印加帝國的國力在君主瓦伊納‧卡帕克統治期間達到頂峰。1526 年，西

班牙征服者法蘭西斯克・皮薩羅帶領一支有 168 人的軍隊從巴拿馬南下，發現了印加帝國。1529 年，在瓦伊納・卡帕克感染天花而意外去世後，兩位繼承人選瓦斯卡爾與阿塔瓦爾帕為了爭奪王位，而爆發血腥內戰，大大地削弱了印加帝國的實力。1533 年，西班牙人施計殺掉了贏得內戰的阿塔瓦爾帕，皮薩羅的軍隊與數十萬名原住民盟軍成功將印加征服，印加帝國滅亡，淪為西班牙帝國的殖民地。印加人的最後抵抗勢力比爾卡班巴王國亦在 1572 年滅亡。

三、30 多年的拉美行蹤

（一）世界上治安最差的國家——宏都拉斯

宏都拉斯共和國（西班牙語：República de Honduras，英語：Honduras），通稱宏都拉斯，西鄰瓜地馬拉，西南接薩爾瓦多，東南毗尼加拉瓜，東、北方濱加勒比海，南臨太平洋的世加灣。面積 112,090 平方公里，人口 9,587,522 人（CIA, 2018），宏都拉斯於 1821 年 9 月 15 日宣布獨立，至 1978 年，共發生 139 次政變，是拉丁美洲政變最頻繁的國家之一。氣候包括從低地的熱帶氣候到山地的溫帶氣候。濱海地帶和山地向風坡年降水量可高達 3,000 公釐。宏都拉斯經濟狀態在中美洲算中下，2016 年估計宏都拉斯的人均 GDP 為 3,567 美元，產值最高前五種產業為咖啡栽種業、香蕉栽種業、養蝦及吳郭魚養殖業、棕櫚油業及成衣加工業（經濟部投資業務處，2012），農產出口以咖啡、香蕉為大宗，其中美國即占宏都拉斯農產品出口值約 6 成，係該國重要創匯來源之一，2012 年農業產值占 GDP 比重 12.6%，製造業及服務業則分別占 26.7% 及 60.5%（中國輸出入銀行，2016）。宏都拉斯的工業基礎較為缺乏，宏都拉斯長期面臨高額貿易赤字、財政赤字及外債之問題，致國際貨幣基金將之列為高負債貧窮國。駐我國與宏都拉斯自 1941 建交至今已有 70 年的歷史，並於 1972 年起開始派遣農漁業技術團從事多項技術合作計畫。

由於宏國執法資源不足，宏都拉斯內的犯罪活動猖獗，犯罪分子逍遙法

外。 因此宏都拉斯是世界上謀殺率最高的國家之一。宏都拉斯國家暴力觀察站（Honduran Observatory on National Violence）的官方統計數據顯示，2015 年宏都拉斯的殺人率為每 10 萬人中有 60 人，其中大部分殺人案件未被起訴。在宏都拉斯，公路襲擊和路障或檢查站劫車事件經常發生，這些事件常常由身穿警察制服的犯罪分子所 。雖然關於外國人綁架事件的報導並不常見，但綁架受害者的家人因害怕報復經常寧願支付贖金而不會為犯罪行為報案，因此綁架人數可能會少報。國合會黃團長天行於擔任駐宏國技術團團長期間曾被綁架過 2 次，然而黃團長憑藉其長期在拉美服務的經驗，冷靜地以道德勸說綁匪，最後被釋放，也成功救了自己一命。另技師王正隆於 2011 年初抵達宏國時，開著技術團工作車於路上行走時，突遭匪徒攔下近距離射殺 7 槍，消息報回國內，大家認為必死無疑，所幸吉人自有天相，最後平安無事，類此事件在宏都拉斯時常發生，真是名符其實的「世界上治安最差的國家」。

1. 吳郭魚為宏都拉斯創造了新興外銷產業

　　駐宏國技術團在團部科馬亞瓜（Comayagua）西北面 Yojoa 湖區執行「吳郭魚箱網養殖計畫」，該紅色吳郭品品種與臺灣鯛相同，技術團專家周俊賢等人採取單性（雄性）養殖方式，在吳郭魚苗時期飼養變性飼料，有 92% 的吳郭魚會變性為雄性，後來又研發以雜交方式可以 100% 獲得雄性魚苗，經 9 個月的飼養後，魚苗可長大為約 1 公斤的成魚，再加工以魚排的方式外銷到美國市場，為何必須要單性養殖？主要是雌雄性共池下一年要自然交配好幾次，雌魚終年在懷孕生小魚自然就無法長大。現在吳郭魚排外銷北美洲已成為宏國外銷農產品的第四位，僅次於咖啡、香蕉、蝦，這是技術團輔導宏國從無到有最成功的案例之一，Yojoa 湖區同時也成為宏國觀光據點，為宏國帶來可觀的觀光收入。

2. 臺灣芭樂成為宏都拉斯家喻戶曉的水果

　　國合會住宏都拉斯技術團多年來在科馬亞瓜（Comayagua）所執行之「園藝蔬果計畫」及「東方蔬菜外銷計畫」，其中「東方蔬菜外銷計畫」主要在協助農民種植茄子、絲瓜、苦瓜、芹菜、青椒、胡蘿蔔及辣椒等，其主要通路為

美國東岸城市如紐約、芝加哥及邁阿密華人市場，本項產業已成功轉移至當地農民與外銷商。有關「園藝蔬果計畫」執行方式，主要係由技術團專家與技師為農民成立產銷班並設立，農民所生產之農產品可共同送到包裝場進行分級與包裝，再以共同運銷的方式送到國內市場，其中以臺灣芭樂最具著名，可謂名聞遐邇，過去宏國一些青少年會在各大城市主要街道路口，每當交通路口紅燈亮時所有車輛停下來時，這些青少年都會為駕駛擦拭前面擋風玻璃然後索取小費，每天所得不多，但自從技術團所推廣的芭樂在市場銷售後，這些青少年竟改賣臺灣芭樂，所得比拿小費時多很多，過去宏國沒有生產芭樂，這也是從無到有的成功計畫實例。

（二）最具馬雅文化的律動——瓜地馬拉

瓜地馬拉共和國（西班牙語：República de Guatemala），通稱瓜地馬拉，位於中美洲，西瀕太平洋，東臨加勒比海，北與墨西哥接壤，東北鄰貝里斯，東南鄰宏都拉斯和薩爾瓦多。面積 108,889 平方公里，人口 17,576,000 人（IMF, 2021），43% 的人口是當地馬雅人的後裔，在加勒比海岸也有非洲人的後裔。農業占國民經濟總值的 1/4，占出口的 2/3。半數的工作力是農業工作人員。咖啡、糖、香蕉與荳蔻是主要產品，其中又以咖啡為大宗，為全世界第六大生產國，臺灣 Starbacks 咖啡係自瓜國採購。瓜地馬拉的甘蔗種植面積廣大，為全國第二大農產品，目前臺灣臺糖公司均向瓜國採購蔗糖。香蕉則居第三位。另外瓜地馬拉也是全世界最主要的荳蔻生產國及出口國，主要出口至中東各國。瓜地馬拉陸上交通以公路為主，其中 CA9 號公路連接瓜國位於太平洋沿岸城市聖荷西港的港口奎特札爾港（Puerto Quetzal），及位於加勒比海沿岸的巴里奧斯港（Puerto Barrios）兩大商港，CA9 號公路拓寬與整建工程目前由我國海外投資公司（OIDC）及其子公司海外工程公司（OECC）負責承包，目前筆者 兼任 OIDC 董事長。

臺瓜雙方自 1933 年 6 月 15 日建立外交關係自今已有 88 年，雙方在經貿投資、教育文化、產業技術、基礎建設、軍事、衛生等方面均有合作項目（外交部，2019）。瓜地馬拉亦是目前中華民國邦交國中人口最多的國家。我國於

1973 年派遣農技團至今仍執行多項合作計畫。

1. 國合會第一個農企業計畫——北碇木瓜輸美計畫

2005 年，國合會將過去僅著重生產與推廣的傳統農業合作計畫，轉型為以生產、收穫後處理、包裝、運輸、通路、分配、市場及消費等農業價值鏈的農企業合作計畫，由技術團與自由市政府簽訂合作協議，向自由市政府租賃 100 公頃農地，種植臺灣的臺農一號木瓜，所生產之農產品主要目標市場為美國亞特蘭大量販店與超級市場，所有種植木瓜的各個程序均依照美國外銷檢疫規定進行規劃生產，每週約一個 40 呎貨櫃輸往亞特蘭大，目前北碇地區種植木瓜總面積已達到 2,000 公頃，木瓜在北碇地區已經形成一項產業，技術團示範農場經私有化由臺商接管繼續經營，本項農企業合作計畫並已成功地技術移轉予瓜國農業部。

2. 具有馬雅遺產的安地瓜

安地瓜（Antigua），全稱 Antigua Guatemala（舊瓜地馬拉），是位於中美洲國家瓜地馬拉的一個著名古城，於 1543 年建城，曾作為西班牙瓜地馬拉殖民地（包含今大部分中美洲地峽區域的首府，以保存當時大量的巴洛克式建築而聞名，現為瓜地馬拉重要的觀光景點之一）。1979 年該城被聯合國教科文組織列入世界文化遺產。安地瓜位於首都瓜地馬拉市以西大約 40 公里處，車程約 40 分鐘，位於海拔 1,530 公尺，四周山脈環繞，有多座火山，其中以水火山（Volcán de Agua）最為著名。安地瓜主要產業為旅遊業，擁有中美洲數量最多的各類飯店、青年旅館與西班牙語言學校，以及各式餐廳、酒吧、咖啡廳、紀念品店、玉店、銀行等。安地瓜同時也是咖啡盛產地之一。安地瓜的聖卡洛斯大學創立於 1687 年 6 月，是瓜國唯一的國立大學，當地並設立有多家私人補習班，主要是教授西班牙語，過去本會曾與當地補習班簽約，凡派駐於中南美洲志工均先在安地瓜接受 3 星期的西班牙語進階訓練，期滿後再分發至擬派駐的拉丁美洲國家。

（三）中美洲最貧窮的國家──尼加拉瓜

尼加拉瓜共和國（西班牙語：República de Nicaragua），通稱尼加拉瓜，是位於中美洲的一個國家，為中美地峽面積最大的國家，北鄰宏都拉斯，南邊是哥斯大黎加，東臨加勒比海，西面太平洋。尼加拉瓜國土可分為三個主要地理區，分別為太平洋低地區、較為濕涼的中部高地區以及加勒比海低地區。尼加拉瓜近太平洋地區有中美洲最大的 2 個淡水湖──馬那瓜湖及尼加拉瓜湖。溫暖的熱帶氣候、生物多樣性及活火山等為尼加拉瓜主要的旅遊景點（UNDP, 2019）。尼加拉瓜面積 130,370 平方公里，人口 6,283,200 人，首都是馬那瓜，主要經濟來源依靠農業，工業基礎則相對薄弱，2018 年人均國內生產總值為 2,094 美元，在中南美洲國家中排名墊底，1997 年密契（Mitch）颶風重創尼國，一度被巴黎俱樂部列為高度負債貧窮國家（Highly Indebted Poor Countries, HIPC），迨 2014 年始解除。尼加拉瓜於 1970 年代前農林漁牧及礦業發達，享有中美洲穀倉盛名，後經地震及內戰摧殘，社經發展相形落後；惟近年來政情穩定，積極運用國際援助發展基礎建設，致力保護勞工、改善民生醫療、開放市場、拓展出口、吸引外資及增加就業而其農業產值比例為中美洲國家中最高者，外匯亦占尼加拉瓜國內生產總值 15% 以上，居住於外國的尼加拉瓜人每年約匯近 10 億美元回尼加拉瓜（MPI, 2010），

尼加拉瓜農業產品占出口總額的 60%，每年產值約 20 億美元，主要農產品包括咖啡、香蕉、蔗糖、玉米、稻米與棉花，其中咖啡是最重要的農作物，約占出口總值 20%，居第 1 大出口產品。畜牧業亦為尼加拉瓜重要產業，牛肉出口為重要外匯收入來源之一，僅次於咖啡出口，排名居尼國主要出口產品第二位，臺灣亦從尼加拉瓜進口咖啡（經濟部投資業務處，2016）。尼加拉瓜天然景觀豐富，且尚有未經開發之海灘、湖泊、熱帶島嶼、火山湖、殖民時期古城及特有野生動植物，因此觀光事業為尼國主要外匯來源之一。2012 年尼加拉瓜觀光客人數已突破百萬人次，達 123 萬人，較 2011 年 106 萬人增加9.9%，其中以中美洲國家、美國及歐洲國家觀光客為主；觀光收入達 4 億美元。2013 年 6 月 13 日，尼加拉瓜國會批准了合約，允許中資的香港尼加拉瓜運河開發投資有限公司（HKND）用 5 年時間開鑿尼加拉瓜運河，2014 年已

正式動工。棒球是尼加拉瓜最受歡迎的運動，雖然現在的整體實力尚無法和中美洲的傳統棒球強權如古巴、多明尼加相提並論，但尼加拉瓜也曾出產過數名出色的美國職棒大聯盟球員，其中最著名的是投手丹尼斯‧馬丁尼茲，他是第一名在大聯盟投出完全比賽的拉丁裔球員。臺尼於 1930 年 5 月建交，1972 年我國派遣農技團進駐尼國，1985 年桑定黨執政時與我斷交，1990 年復交，至今仍進行多項合作計畫。

1. 具備生態特色的千島湖

　　尼加拉瓜近太平洋地區有中美洲最大的 2 個淡水湖——尼加拉瓜湖及馬那瓜湖，其中馬那瓜湖由於受都市化影響，人煙聚集，居民將大量垃圾往湖裡傾倒造成嚴重汙染，整體湖泊生態體系亦遭受嚴重破壞難以再恢復。尼加拉湖則能倖免於遭汙染的命運，湖中自然形成許多小島，小島擁有亞熱帶動植物資源，並發展成為尼加拉瓜的重要觀光據點，而有「千島湖」美稱，由於尼加拉瓜湖具有調解氣候的重要功能，尼加拉瓜政府實有將之劃歸為「自然保護區」的必要。

2. 地理資訊系統協助尼加拉瓜科技防災

　　國合會與中央大學陳繼藩教授多年來在中美洲尼加拉瓜及宏都拉斯等國合作執行的「中美洲地理資訊系統應用能力提升」計畫，以臺灣先進的福衛 5 號及 7 號衛星協助尼國國土規劃外，並進行環境監測如天然災害、森林火災、病蟲害防治等，尼加拉瓜受地理位置、地質特性與氣候變遷影響，受極端氣候及自然災害危害甚鉅，是中美洲脆弱度最高的國家之一，國合會在尼國建立的「地理資訊系統」為基礎，進一步在 2018～2020 年所執行之「尼加拉瓜天災應變能力提升計畫」，即是發展尼國地理資訊元數據（Metadata）之製作與管理能力，提升國家災防體系應變效率及建構風險管理與災害應變技術人員能力。另外，執行（2021～2024 年）中的「尼加拉瓜水災預警能力強化計畫」，即是以上揭兩項基礎，建立馬納瓜市水災潛勢區之早期預警系統、推動風險管理教育及防災意識、成立防災圖資開放資料平臺及其應用等，未來在中美洲地區面對颶風威脅，科技防災將成為計畫執行之重點。

（四）中美洲觀光重鎮──貝里斯

貝里斯（英語：Belize），又稱伯利茲，前身為英屬宏都拉斯，是中美洲東海岸的一個獨立國家。貝里斯北部與墨西哥接壤，南部和西部與瓜地馬拉接壤，東部瀕臨加勒比海。它的領土長約 290 公里（180 英里），寬約 110 公里（68 英里），是中美洲唯一沒有太平洋海岸線的國家。

貝里斯的面積為 22,800 平方公里（8,800 平方英里），人口為 408,487 人（2019 年）。它是人口和人口密度最低的中美洲國家。該國人口增長率每年為 1.87%（2015 年），人口增長率是該地區的第二高，也是西半球人口增長率最高的國家之一。

貝里斯擁有由多種文化和語言組成的多元化的社會，這反映了其豐富的歷史。英語是貝里斯的官方語言，而貝里斯克里奧爾語是當地人非官方的母語。超過一半的人口能夠掌握多種語言，西班牙語同樣是常見的非官方語言。

貝里斯經濟在傳統上以林業為主，近年來更依靠農業收入，特別是糖、柑橘類水果、可可、稻米、菸草、香蕉、牛肉。漁業也頗為重要。工業有造船、食品加工、紡織、家具、電池和捲菸。

有關瓜國與貝里斯的邊界的領土糾紛，英國與瓜地馬拉在 1859 年簽訂的艾西內那－威克（Aycinena-Wyke）條約，訂立出當時的英屬宏都拉斯邊界，此界線即為今日貝里斯之國境範圍，因在十八世紀時英國與西班牙即簽訂合約，根據該條約，從西奔河（Sibun River）以下的土地及外海的島嶼等現今貝里斯南部 4,627 平方英里的國土，均為當年英國強行非法占領。此瓜地馬拉宣稱貝里斯是其領土的一部分，1981 年貝里斯獨立時，瓜地馬拉宣布不予承認，直到 1991 年 9 月 6 日瓜地馬拉承認貝里斯為主權國家，並在同日正式建交，但兩國的邊界問題尚未解決。2003 年 10 月兩國在美洲國家組織總部就同年 2 月簽署之「過渡程序及信心機制」協議之相關措施執行情形舉行檢討會議，積極尋求以和平之方式解決爭端。2018 年 4 月 15 日瓜地馬拉舉行公投。貝里斯政府於 2019 年 5 月 8 日舉行對應公投，公投結果兩國多數民意均同意把領土爭議送交國際法院（ICJ）審議，待國際法院裁決。

貝里斯被認為是中美洲國家和加勒比海沿岸國家，是加勒比共同體

（CARICOM）、拉丁美洲和加勒比國家共同體（CELAC）以及中美洲一體化體系（SICA）的成員。貝里斯是一個大英國協國家，英國女王伊莉莎白二世是其君主和國家元首。貝里斯以其九月慶典，廣泛的礁石珊瑚礁和蓬塔音樂而聞名。

我國與貝里斯於 1989 年 10 月 13 日正式建交，並於 1991 年 1 月派遣農技團進駐，從事稻作、蔬菜及海蝦養殖的示範與推廣，至今我國仍有多項合作計畫在進行中。

1. 全世界最凶悍的蚊子島──聖佩德羅

2007 年，筆者會同國合會投融資處龔處長琪惠及謝沁蓉小組參加中美洲經濟整合銀行（CABEI）的年會，會議場所安排在貝國位於加勒比海知名的觀光勝地聖佩德羅（San Petro），其位置在貝里斯北方安伯格里斯島上的城鎮。以小海峽海洋生態保護區和查克巴蘭馬雅遺址聞名，當地加勒比海風光明媚，陽光與沙灘令人心曠神怡，然而當地卻出產一種非常不友善的動物──蚊子，由於我們三人都是外來種，這批傢伙會在極短的時間內前仆後繼地把我們叮得滿頭包，筆者雖號稱常跑非洲對付瘧疾均能安然無恙，但對付這些傢伙真是一籌莫展，晚間住進飯店後，由於這是一個度假飯店沒有紗窗，蚊子們更是大肆攻擊，為了對付這些蚊子在沒有蚊香、蚊帳及捕蚊燈的情況下，如要徒手與它們搏鬥必須整晚不能睡覺，其實要打都打不完，在靈機一動下，將浴室浴缸的水放滿脫光衣服身體泡在水裡，嘴巴含著一根吸管作為呼吸之用，就這樣安然度過一個晚上而毫髮無傷，早餐時我看到兩位小姐已經被這些毒蚊叮得全身（臉部及手腳）多處紅腫，返國後住院 3 天才痊癒，她們都問筆者說：「李先生，您是如何辦到的？」我就把這個妙招娓娓地敘述了一遍，她們異口同聲地說：「不可思議！」

2. 貝里斯城市防災為重中之重

2019 年，筆者在紐約參加聯合國高階政治論壇（HLPF）期間，曾與貝里斯環境部長舉行雙邊會談，席間特別提及貝里斯城市淹水問題請求我方協助，由於貝里斯因氣候變遷而易受極端降雨威脅，加上都市的快速發展，改變

水文循環的特性尤其衝擊內陸低窪以及人口密集區，造成人民生命與財物損失。為減緩極端氣候與人為建設所造成之衝擊。舉貝里斯市（Belize City）為例，貝里斯市位於貝里斯河河口，加勒比海沿海。該市是貝里斯最重要的港口、金融和工業重鎮。1961 年，貝里斯市幾乎被颶風哈蒂（Hurricane Hattie）夷為平地，直至 1970 年遷都貝爾墨潘（Belmopan），然而貝國每逢颶風均嚴重受創，並導致城市嚴重淹水，據此，國合會應貝里斯政府之請推動「貝里斯城市韌性防災計畫」，協助貝里斯政府在水患重災區，運用地理資訊系統技術，建構貝國水災早期預警系統，提升貝國水災災前及災中應變效率，並於示範點進行基礎工程改善措施，預期整合水災預警系統於貝國災害防救體系，並實質減少因水災所導致貝國人民生命及財產損失。

（五）世界上最幸福的地方——巴拉圭

　　巴拉圭共和國（西班牙語：República del Paraguay），通稱巴拉圭，是南美洲內陸國家，地據巴拉圭河兩岸。其南邊國境完全與阿根廷接壤，東北與西北角則分別是巴西與玻利維亞，為南美洲國家聯盟和南方共同市場的成員國。首都和最大城市為亞松森。面積 406,752 平方公里，人口 7,025,763 人（CIA, 2019），巴拉圭河將該國分為東西兩部分。西半部是廈谷地區（Chaco），面積約 247,000 平方公里，占全國總面積 61%，這個區域是大片草原，與鄰國阿根廷、巴西、玻利維亞的草原地區構成大廈谷大草原。東半部則以起伏的地形著稱，在一些河川下游區域多沼澤地及肥沃土地，並提供林業、農業與牛隻養殖業的優良環境。儘管巴拉圭是內陸國家，但巴拉那河和巴拉圭河沿岸港口的船隻也可以通過巴拉那河－巴拉圭河水路通往大西洋。

　　巴拉圭經濟結構是 11.4% 為農業和畜牧部門，33.5% 為工業部門，47.5% 為服務業，金融業為 7.6%，巴拉圭是世界第六大大豆生產國。儘管有貧窮和政治壓迫的歷史，但根據全球民意測驗數據，巴拉圭經常被評為「世界上最幸福的地方」。內陸國巴拉圭有一個龐大的非正規因素分化市場經濟，把進口消費品轉口到周邊國家，包括數以千計的微型企業和城市攤販的交易。1970 到 2009 年以每年 7.2% 的平均增長率成為經濟增長最快的南美國家。該國還

擁有世界上第三大自由商業區：「東方市」，緊隨邁阿密和香港之後，然而此種優勢以不復存在。

巴拉圭是一個開發中國家。巴拉圭是南方共同市場、聯合國、美洲國家組織、不結盟運動以及利馬集團的成員及創始國之一。此外，位於亞松森大都會區的盧克市是南美洲足球協會的總部所在地。

自烏拉圭於 1988 年 2 月 4 日與中華民國斷交後，巴拉圭成為南美洲唯一與中華民國擁有外交關係的國家，也是中華民國目前 15 個友邦中面積最大者（人口最多者是瓜地馬拉），而中華民國是繼日本之後，第二個與巴拉圭建交的亞洲國家。雙方是於 1957 年 7 月 8 日締結邦交，1988 年 7 月，中華民國政府在東方市設立總領事館，1972 年派遣農技團，至今尚有多項合作計畫執行中，如早期的農牧示範區計畫，園藝蔬菜，蘭花及淡水吳郭魚、淡水白鯧、鴨嘴魚等計畫。

南美洲最大的水力發電廠——伊瓜蘇

伊瓜蘇瀑布是由位於巴西巴拉那州和阿根廷邊界上的伊瓜蘇河從巴西高原輝綠岩懸崖上落入巴拉那峽谷形成的瀑布，現已成為聯合國世界自然遺產的一部分。伊瓜蘇瀑布與東非維多利亞瀑布及美加的尼加拉瀑布是世界三大瀑布。由於旅遊業帶旺經濟，由伊瓜蘇瀑布地區附近的伊瓜蘇河口一帶輻射開去的三國邊境地區：包括巴西的伊瓜蘇市（Foz do Iguaçu）、阿根廷的伊瓜蘇港市（Puerto Iguazú）及巴拉圭的東方市（Ciudad del Este），都有受惠於日漸增長的旅客量。巴拉圭運用伊瓜蘇豐沛的水源來進行發電，所產生的電量除供巴國全國所需的電能外，尚可賣給臨國巴西，其所得約占巴國經濟收入的 30%。該電廠係由世界銀行所提供之貸款建置的，貸款期限長達 50 年，是目前筆者多年來所見過貸款年限最長的計畫。

（六）香蕉王國——厄瓜多

厄瓜多共和國（西班牙語：República del Ecuador）通稱厄瓜多，是一個位於南美洲西北部的國家，北與哥倫比亞相鄰，南接秘魯，西濱太平洋，另轄有

距厄瓜多本土 1,000 公里的加拉巴哥群島。厄瓜多於 1809 年 8 月 10 日時宣告脫離西班牙的統治獨立建國。由於赤道橫貫了厄瓜多的國境，所以西班牙文中以赤道（ecuador）作為國名，因此該國又擁有「赤道國」的別稱，或因為盛產香蕉而又被稱為「香蕉之國」。首都基多位於皮欽查火山的山麓，海拔高達 2,850 公尺，使該市成為全世界第二高的首都（僅次於玻利維亞首都拉巴斯）。

厄瓜多西境瀕臨太平洋，國土的一半以上為山區，靠近海岸的東部地區為平原地形，高原盆地相間分布。中部海拔較高，其中海拔 6,310 米的欽博拉索山屬於安地斯山脈的一部分，是座死火山。它除了是全國最高點（海拔 6,267 公尺），也是地球表面上離地心最遠之處（因為自轉的離心力，使地球成為一個南北縱軸較東西橫軸略短的微扁球體，因此欽博拉索山（Chimpu Rasu）雖然不是地表上最高的山，卻因位置正處赤道上而成就此第一頭銜）。厄瓜多境內多火山，有 20 多座 5,000 米以上的火山錐。厄瓜多總面積為 28 萬 3,520 平方公里，含加拉巴哥群島。其中，土地面積 27 萬 6,841 平方公里，水域面積 6,720 平方公里，人口 17,174,000 人，境內人種複雜，其中印歐混血人口（麥士蒂索人，Mestizos）占總人口的 41%，印第安人占 34%，白種人占 15%，除此之外，還有被從非洲送至南美洲作為勞動人力的黑人與黑白混血人口。如同拉丁美洲人部分國家，厄瓜多的居民信奉的是一種融入部分印第安文化色彩的天主教，官方語言是西班牙語，但印第安族群間則通用克丘亞語。厄瓜多屬於中等收入的開發中國家，經濟高度依賴於類似石油，農牧業產品的原物料。2000 年時，該國推行貨幣美元化政策，雖然導致人民激烈的反抗讓當時的執政者被迫下臺，但仍成功地用美元取代掉因為嚴重的通貨膨脹而價值極低的舊貨幣蘇克雷。厄瓜多以白花修女蘭為國花，以安地斯神鷹為國鳥。

中華民國與厄瓜多關係是指中華民國與厄瓜多共和國之間的關係。1946～1971 年，兩國有官方外交關係，斷交後，中華民國政府於厄瓜多首都基多（Quito）設立具大使館性質的代表機構，所用名稱為「中華民國駐厄瓜多代表處」。1978 年 12 月 6 日，恢復派駐厄瓜多農業技術團，提供稻米、蔬菜、竹工、養豬、蘭花、小型農機運用、資訊教育、水產養殖、食品加工、穀

物生產與行銷等方面合作。因應國際合作趨勢和情勢變遷、多邊和雙邊的合作需求、以成果及符合民生為導向。近年來，厄瓜多政府受制於中國的外交壓力，臺厄雙方的技術合作關係已由中央層級降為省級。

1. 世界上第一個世界遺產——加拉巴哥群島

科隆群島，又稱加拉巴哥群島（西班牙語：Islas Galápagos，官方名稱 Archipiélago de Colón），位於太平洋東部，接近赤道，為厄瓜多領土，屬火山群島，面積 7,976 平方公里，離厄瓜多本土 1,100 公里，是加拉巴哥省所在地，西班牙語中 Galápagos 指為龜。群島由 7 個大島，23 個小島，50 多個岩礁組成，其中以伊莎貝拉島面積最大，聖克魯茲島人口最多。群島全部由火山堆和火山熔岩組成，赤道橫貫北部，因受秘魯寒流影響，氣候涼爽並極乾旱，這些島上有著加拉巴哥象龜、加拉巴哥陸鬣蜥、加拉巴哥企鵝及加拉巴哥雀鳥等奇特的動物棲息，許多動植物更是全世界獨有。

這些群島上的生物獨特性，啟發了 1835 年 9 月來訪的達爾文，當時他發現島上的雀鳥，原本係來自於南美洲大陸，經過一段時間的演變，有些喜歡啄食昆蟲、有些喜歡啄食松子、有些喜歡啄食草籽等遂演變成不同的嘴型，使他對物種可能的真正起源重新深思，進而成為二十多年後達爾文發表《物種起源》的開端。由於島上的自然環境獨一無二，厄瓜多政府於 1959 年將群島列為國家公園加以保護。1978 年，被列為世界上第一個世界遺產。每年到訪的觀光客源源不絕。

（七）世上最危險的國家——哥倫比亞

哥倫比亞共和國（西班牙語：República de Colombia），通稱哥倫比亞，面積 1,138,910 平方公里，人口 49,939,000 人（CIA, 2019），是拉丁美洲第三大國（僅次於巴西與墨西哥），為南美洲西北部的一個國家，為南美洲國家聯盟的前成員國（2018 年 8 月退出）。它的北部是加勒比海，東部與委內瑞拉接壤，東南方是巴西，南方是秘魯和厄瓜多，西部是巴拿馬和太平洋。哥倫比亞為總統制國家，共由 32 個省（Departmento）及波哥大首都特區組成。古代為

奇布查族等印第安人的居住地。西班牙探險者大約在 1500 年左右到達這個地區，通過戰爭、勞役、戰利品和疾病徵服當地的奇布查人（Chibcha）。他們很快建立定居點，並於 1717 年發展成為包括了西班牙在南美洲西北部的所有地區的殖民地「新格拉納達（New Granada）」。哥倫比亞的獨立運動於 1810 年爆發，7 月 20 日宣布脫離西班牙獨立。

　　哥倫比亞屬於生物地理分布區中的新熱帶界，為世界上由 17 個國家組成的「超級生物多樣性國家同盟」成員國，境內擁有極為豐富的生物資源。儘管哥倫比亞的領土面積僅占全世界的 0.7%，卻有超過 54,649 種動物和維管束植物，是全球生物多樣性第二豐富的國家，僅次於領土比哥倫比亞大七倍的巴西。目前哥倫比亞境內有 12 個州級自然保護區、38 個國家公園，占全國面積 9%，然而每年全國約有 280,000 公頃的森林被砍伐，也有 16 個州進行非法採礦，對國家生態保育，已經造成嚴重的破壞。2020 年，哥倫比亞被《富比士》雜誌列於退休宜居國的名單中。

　　哥倫比亞的經濟長期以來受到國內需求短少、政府預算減少，以及社會、政治秩序不穩定等因素的影響。現今，哥倫比亞政府推動養老金改革，以及各種減少失業率的政策，因應當前各種挑戰。哥倫比亞的兩大出口產業：石油和咖啡前景不明朗，咖啡的收穫量與價格，前景並不樂觀，石油則日益減產，需要持續探勘、開發新的油田。公眾安全是哥倫比亞商業領導者非常關心的問題，他們要求政府在與哥倫比亞革命武裝力量——人民軍（FARC）的和平談判中，必須取得進展。哥倫比亞正向國際社會尋求支持，致力推動國內的經濟及和平進程。因政治軍事動亂，以及舉世聞名的毒品貿易，使得哥倫比亞蒙上恐怖陰影，成為世界上最危險的國家之一。

　　中華民國與哥倫比亞共和國之間的關係。1941～1980 年，兩國有官方外交關係，斷交後，雙方在首都互設具大使館性質的代表機構，但哥倫比亞於 2002 年關閉。我國曾於 1976、1979 及 1980 年 1 月分別派駐有漁業技術團、農業技術團及竹工藝技術團，惟均於 1980 年 2 月斷交後撤離，最近一次則是於 2010 年，由國合會與美國慈善組織合作「哥倫比亞索阿查省土石流災害防治計畫」，2013 年計畫期滿後結束。

1. 波哥大的炮竹聲

2008 及 2014 年筆者有兩次參與中美洲銀行經濟整合銀行年會，兩次的開會地點恰巧都在麥德林（Medellín），M 市是哥倫比亞第二大城市，位於南美洲安地斯山脈北部，人口超過 300 萬。要到 Medellín，通常須從首都波哥大轉機，2008 年第一次出訪哥倫比亞，在波哥大轉機的當天夜晚，在下榻的旅館區睡到半夜一點時，突然聽到一陣爆竹聲且砲聲隆隆，一時間誤以為當天波哥大會有什麼重要慶典要在半夜舉行，隔天早餐時我問了服務生為何哥倫比亞會放爆竹（firework），這裡是華人街嗎？服務生回答說那是黑道火拼，依據今天報紙報導昨夜有 5 人喪命、多人掛彩，他還說這類事件在當地是司空見慣，主要都是毒品的問題，難怪代表處的秘書跟筆者說如果沒有特別事情盡量不要外出。從這次經驗讓筆者串起美洲毒品之通路問題，也就是毒品在哥倫比亞生產後，一路經由中美洲、墨西哥抵達目的地美國，途中有時會發生黑吃黑及黑道火拼的事件，造成治安嚴重敗壞。

2. 國際熱帶農業研究中心（CIAT）是我們忠實的夥伴

國合會與「國際農業研究諮商集團」（Consultative Group on International Agricultural Research, CGIAR）所屬國際稻米研究所（International Rice Research Institute, IRRI）、國際熱帶農業研究所（International Center for Tropical Agriculture, CIAT）及拉丁美洲灌溉稻米基金（Latin American Fund for Irrigated Rice, FLAR）於本 2017 年 10 月 17 日至 27 日，在哥倫比亞卡利（Cali）市 CIAT 總部合辦「優良稻種系統評估與分析」訓練課程，該課程係為國合會駐外技術人員量身定做的客製化訓練課程，期望透過國際農業專業機構的協助，累積我國援外計畫之技術能量，同時也為國合會派駐在外的技術團隊建立專業諮詢管道。此乃源自筆者於 2015 年代表國合會與國際稻米研究所（IRRI）合作簽署 5 年合作協議後，雙方同意在「能力建構」、「諮商推廣」與「種原交換」等項目共同合作。本次所辦之訓練課程即建立在此基礎上。

隨後筆者再與 CIAT 進一步合作並簽署備忘錄，2018 年續在 CIAT 總部辦理國合會專業研習班「菜豆專業研習班」，計有來自拉丁美洲地區友邦及友好國家的 15 名學員參加。2019 年與 CIAT 合作在尼加拉瓜推動「稻作與菜

豆種子因應氣候變遷韌性建立研究計畫」。目前在菲律賓尚有新計畫在洽談中，由於我國並非聯合國的會員國，國際地位特殊，然而 CIAT 不理會中國的壓力持續與我國維持密切合作關係，可說是我國最忠實的夥伴。

四、結論與未來展望

拉丁美洲係我國外交重鎮，尤其在中美洲瓜地馬拉、宏都拉斯及尼加拉瓜及等之外交關係超過 80 年，與巴拉圭之外交關係亦超過 60 年，渠等國家與我國均有共同的反共信念，然而，中國自 2008 年崛起後發展一日千里，現在已能與美國抗衡即所謂的「中美兩強」，使我國在國際的地位受困於中國的打壓而日漸邊緣化，面對此種情勢，我們更不能坐以待斃，在對外援助方面必須釐訂可行的戰略，俾使我國在國際的舞臺上持續生存下去。

（一）加強與美國合作

本（2021）年 5 月 10 日晚間宏都拉斯衛生部在推特上發表文章表示，「薩爾瓦多將幫助我們打破地緣政治的封鎖，能從中國購買疫苗。宏都拉斯將盡可能為我國人民付出一切購買疫苗。」為此，我國外交部重申，面對COVID-19 疫情蔓延，疫苗取得是人道議題，攸關宏國人民的生命與健康，不應該淪為政治操作的工具；我國政府反對任何一方以隱含附帶條件的方式提供疫苗，作為破壞臺宏邦誼的手段。我國也將繼續秉持同舟共濟精神，結合理念相近國家的力量，共同捍衛民主自由制度，協助宏都拉斯對抗疫情及促進國家的永續發展。爰此，我國乃與美國合作，提供疫苗予宏都拉斯，此事件終告平息。

本（2021）年 6 月 2 日瓜地馬拉總統賈麥岱（Alejandro Giammattei）接受路透社獨家專訪時指出，他將支持友邦臺灣，不尋求與中國建立外交關係。賈麥岱告訴路透社，有別於鄰國薩爾瓦多及宏都拉斯，瓜地馬拉對從中國獲取疫苗不感興趣，因為中國疫苗效力低。賈麥岱表示，基於對長年友邦臺灣的忠

誠，他的政府不會尋求與北京建立關係。對此，外交部吳部長釗燮重申，身為瓜國堅實友邦，臺灣正透過各方管道並結合理念相近國家，設法協助瓜國取得疫苗。一旦臺灣國產疫苗進入量產階段，也將在相關條件允可下，盡速提供包括瓜國在內的友邦抗疫。

據此，由於目前我國在取得國外疫苗不順利之情形下，再加以國產疫苗尚處於 2 階試驗階段，預定於 7～8 月後始得以開打，在這一段空窗期，唯有加強與美國合作取得疫苗，以協助我國的友邦國家對抗疫情。

（二）善用我國的軟實力以協助友邦國家能力之建構

中國近年來利用其巨額之外匯存底及一帶一路計畫，炫耀其硬實力與銳實力，然而世界各國對中國的作法並不認同，主要是因為讓這些開發中國家徒增額外的外債，再加上中國係採用人海戰術，每一項基礎建設計畫，如公路、鐵路、港口、機場等工程施工所需的勞力均由中國直接派遣，無法為當地國創造就業的機會，另中國並沒有落實技術移轉，造成工程後續維修的重大問題，爰此，對我國而言應是一個絕佳的機會，由於開發中國家人員素質普遍不高，倘能運用我國的軟實力來培養友邦及友好國家人員專業技能，以提高其人員素質，對該等國家的發展應有莫大的幫助。

（三）加強與拉美國家之合作計畫

拉美國家近幾年之經濟成長有目共睹，對於技術與管理層面要求亦逐漸提升，舉農業為例，從過去傳統農業轉型為農企業，現今則進一步發展為智慧農業、精準農業及數位農業等，以解決糧食安全之問題，另拉美國家由於受到氣候變遷影響，天然災害（地震、火山爆發、颶風、淹水等）層出不窮，因此利用科技防災，以建立早期預警系統及韌性，以降低災害之損失。此外，在 COVID-19 疫情期間，除了提供防疫物資（口罩、防護衣）外，並提供當地醫護人員訓練，以建立當地正確的防疫觀念，類此公衛醫療計畫將逐漸成為常態。有關我國與夥伴國家所進行之各項合作計畫，必須與時俱進並切合夥伴國家的需要。然後再以這些合作計畫為基礎，在國際適當場域如 WHA、

HLPF 及 UNFCCC 等與夥伴國家合作共同發表出來，對提升我國在國際能見度當有相當助益。

（四）持續加強與本地區國際組織／國際非政府組織合作

多年來，我國與拉美地區區域發展銀行如美洲開發銀行（IDB）及中美洲經濟整合銀行（CABEI）合作，進行中小企業轉融資、社會企業轉型、緊急災害救助及 COVID-19 防疫等融資計畫；與區域性國際學術研究機構合作如加強與中美洲農牧組織保健組織（OIRSA）轄區「柑橘黃龍病（HLB）防治及落實病蟲害綜合管理（IPM）計畫」，與國際熱帶農業研究中心（CIAT）合作「尼加拉瓜稻作與菜豆因應氣候變遷韌性建立研究計畫」；與國際非正政府組織如糧食濟貧組織（Food for the Poor, FFP）、美慈組織（Mercy Corps）、世界展望會（World Vision）等合作進行多項技術協助與人道援助計畫，藉由摃桿原理創造共增效益，對提升我國在本地區的國際能見度助益甚大，宜持續加強與該等機構合作。

參考文獻

中國輸出入銀行（2016）。宏都拉斯國情摘要。取自 https://www.eximclub.com.tw/

中華民國外交部（2019）。107 年外交年鑑　第三章對外關係。臺北：中華民國外交部，頁 33-46。

李晶、李海燕、王立慶、李斌（2016）。拉丁美洲及加勒比地區農業發展現狀與中拉農業合作前景分析。世界農業，2016（08）：110-116。

張昀辰（2018）。拉丁美洲城市化歷史的研究綜述。世界近現代史研究，2018（01）：189-204。

經濟部投資業務處（2012）。宏　斯投資環境簡介。取自 http://fta.trade.gov.tw/pimage/20140320154457023.pdf

經濟部投資業務處（2016）。尼加拉瓜投資環境簡介。取自 https://fta.trade.gov.tw/ftapage.asp?k=6&p=3&n=177.

CIA-Central Intelligence Agency (2019) *The World Factbook*. Retrieved from: https://www.cia.gov/library/publications/the-world-　factbook/fields/2119.html?countryName=&countryCode=&reg ionCode=%C5%BE

CyArk (2021). *Tikal*. Retrieved from: https://web.archive.org/web/20080930055432/http://archive.cyark.org/tikal-info

IMF (2021). *World Economic Outlook Databases*. Retrieved from: https://www.imf.org/en/Publications/SPROLLs/world-economic-outlook-databases#sort=%40imfdate%20descending

McEwan, Gordon F. (2010). *After Collapse: The Regeneration of Complex Societies*. University of Arizona Press. 2010: 98.

MPI-Migration Policy Institution (2010). *Migration Information Source-Remittance Trends in Central America* . Retrieved from: https://www.migrationpolicy.org/programs/migration-information-source.

UNDP (2019) *Human Development Indices and Indicators*. Retrieved from:　http://hdr.undp.org/sites/default/files/2018_summary_human_development_statistical_update_en.pdf

World Bank (2014) *World Development Indicators: Rural environment and land use*. Retrieved from: https://web.archive.org/web/20160617212909/http://wdi.worldbank.org/table/3.1

第 *13* 章

世界最美麗動人的
加勒比

一、加勒比海概況

加勒比海（英語：Caribbean Sea；西班牙語：Mar Caribe；法語：Mer des Caraïbes）是位於西半球熱帶大西洋海域的一片海域，西部與西南部是墨西哥的猶加敦半島和中美洲諸國，北部是大安地列斯群島，包括古巴，東部是小安地列斯群島，南部則是南美洲。1492 年，克里斯多福·哥倫布發現西印度群島，西班牙語名稱「安地列斯」，在哥倫布發現加勒比群島之後，這一區域迅速被西方文明殖民（最初為西班牙，此後為葡萄牙、英格蘭、荷蘭共和國、法國和丹麥）。由此，加勒比海成為了歐洲海運和海上貿易的要地，也最終引來了海盜。依照聯合國地理分區裡的地理亞區來判定，加勒比地區的範圍為加勒比海上的諸島──西印度群島，面積為 2,754,000 平方公里，人口 43,163,817 人，今日的加勒比海區域包括安地卡及巴布達（Antigua and Barbuda）、巴哈馬（The Bahamas）、巴貝多（Barbados）、古巴（Cuba）、多米尼克（Dominica）、多明尼加（Dominican Republic）、格瑞那達（Grenada）、海地（Haiti）、牙買加（Jamaica）、聖克里斯多福及尼維斯（Saint Christopher and Nevis）、聖露西亞（Saint Lucia）、聖文森及格瑞那丁（Saint Vincent and the Grenadines）、千里達及托巴哥（Trinidad and Tobago）等 13 個獨立國家及阿魯巴（Aruba）、安吉拉（Anguilla）、百慕達（Bermuda）、英屬維京群島（British Virgin Islands, BVI）、開曼群島（Cayman Islands）、古拉索（Curaçao）、蒙哲臘（Montserrat）、波多黎各自由邦（The Commonwealth of Puerto Rico）、聖馬丁（Sint Maarten）、土克凱可群島（Turks and Caicos Islands）、美屬維京群島（Virgin Islands of the United States）、瓜地洛普（Guadeloupe）、法屬圭亞那（Guyane française）及馬丁尼克（Martinique）等 14 個屬地，由於陽光充足，全年溫暖加上信風調節，以及諸多風景名勝，在 20 世紀下半葉至 21 世紀，加勒比海成為了頗受歡迎的旅遊目的地。

加勒比海大部分位在加勒比板塊上，和大西洋之間由幾個不同年代的島弧相隔。最年輕的島弧從小安地列斯群島、維京群島、千里達及托巴哥的東北角到委內瑞拉的北海岸。這個島弧是由南美板塊和加勒比板塊碰撞而成，上面有許多活火山和休眠火山，包括培雷火山、在荷蘭加勒比區聖佑達修斯的

奎爾火山,以及多米尼克的三峰山。海的北邊較大的島包括古巴、海地、牙買加、波多黎各,是年代較久的島弧,本(2021)年 4 月 9 日聖文森及格瑞那丁大爆發的蘇弗里耶爾火山(La Soufrière)位於聖文森島北端,標高 1,234 公尺,過去有多次爆發,但上一次是在 1979 年 4 月,亦即它已沉寂逾 40 年,火山噴出大量火山灰,煙流(plume)更高達 8 公里,全島陰霾籠罩,近 2 萬名島民緊急撤離。

　　加勒比海水文特性的同質性高。以海面的月平均溫度為例,各年的變化不超過 3℃(25～28℃),氣候受到墨西哥灣暖流及秘魯寒流等洋流的影響(Silverstein, 1998)。由於地處熱帶,因此海的溫度維持在較溫暖的溫度,各季的最低溫在 21～29℃ 之間。加勒比海是西半球常出現熱帶氣旋的地區。一連串的低壓系統從非洲西部海域生成,越過大西洋來到加勒比海。低壓系統中大部分都不會發展為熱帶氣旋,只有少部分會,即為北大西洋熱帶氣旋,多半會在東加勒比海的氣壓較低區域。熱帶氣旋出現在每年的 6 至 11 月,主要是在 8 月和 9 月。平均每年會有 9 個熱帶氣旋,有 5 個到達颶風的等級。颶風的破壞力強大,除造成生命及財產的損失外,對加勒比海的島嶼而言,是每年都可能出現的潛在威脅,因為強烈的海浪會破珊瑚礁,若颶風將沙或泥搬運過來,會使珊瑚窒息而死亡,最後珊瑚礁會崩解。

　　加勒比海是世界上 9% 珊瑚礁的棲息地,面積約 20,000 平方英里(52,000 平方公里),大多分布在加勒比海上的各島,以及中美洲的海灣(World Resource Institute, 2014)。最近幾年異常溫暖的加勒比海海水對珊瑚礁的威脅日益嚴重,珊瑚礁是世界上最具多樣性的海洋環境之一,但其生態系非常脆弱。當熱帶地區的海水異常溫暖的時間變長,和珊瑚共生的蟲黃藻會死亡,蟲黃藻提供珊瑚食物,也是珊瑚礁有顏色的原因。這種小型植物死亡及消失的結果是珊瑚白化,會造成大面積珊瑚礁的破壞。超過 42% 的珊瑚礁已經完全白化,95% 的珊瑚礁已經有部分的白化(IPS, 2021)。

　　自從殖民時代起,加勒比海的人類活動顯著增加。此海域是世界上產油最多的區域之一,每年約一億七千萬噸。許多加勒比海附近的國家也有大型的漁業,一年約有五百萬公噸。加勒比海區域也有許多的旅遊產業。加勒比海旅遊組織計算每年約有一千二百萬人造訪此區域,包括約八百萬人是坐遊

輪前來。在許多加勒比海的島上都有以水肺潛水及珊瑚礁浮潛為基礎的旅遊業，是當地經濟的一大貢獻（World Resources Institute, 2009）。

二、加勒比海觀光、文化及體育

（一）加勒比海的觀光

　　前往加勒比海觀光旅遊除搭機前往外，大部分均搭乘郵輪（cruise）居多，亦即所謂的「愛之船」，由美國邁阿密或紐約啟程，由郵輪公司搭配不同的行程任遊客選擇，一般每一個行程約 10～12 天，涵蓋 6～8 個國家或地區，但最長行程可包含 18 個加勒比海國或地區，共計 28 天，郵輪所到之處讓遊客可以下船觀光旅遊各國的景點，晚間則須回到船上過夜。例如巴哈馬首都拿索（Nasou）的白色貝殼沙灘勝過美國邁阿密，在加勒比海地區普遍生產龍蝦，龍蝦大餐讓遊客嚐到新鮮美味的海產，另有大型海螺（Conch）肉所熬煮的海螺湯堪稱人間美味，大型海螺殼含粉紅色或橘色之貝殼質適合製作成各種裝飾品，如鑲戒指或項鍊等非常細緻漂亮，我國與巴哈馬於 1989～1997 年間曾建立有外交關係，期間曾協助巴哈馬海螺飾品之製作。波多黎各首都聖胡安（San Juan）擁有獨特的黑色海灘，與巴哈馬白色貝殼沙灘呈現黑白對比，聖胡安老城區展現西班牙建築造型，古色古香，是遊客必遊景點，聖費利佩海角城堡（西班牙語：Castillo San Felipe del Morro），座落在聖胡安老城區的西北角，1983 年，該城堡作 聖胡安國家歷史遺址一部分，入選聯合國世界文化遺產。牙買加蒙特戈貝（Saint James Parish） 是春假度假勝地，牙買加、多明尼加及海地所生產的咖啡，可與拉丁美洲所生產的咖啡相抗衡，尤其是南山咖啡更是遠近馳名。

　　古巴每年外國遊客 250 萬人次，其中加拿大遊客達 94.5 萬人次，其次為美國與歐洲國家，哈瓦那舊城有著各個時期的建築，從西班牙殖民時期的巴洛克建築，到受美蘇影響而出現的新古典主義建築和裝飾主義建築，這使其被列入世界文化遺產，巴拉德羅（Varadero）擁有超過 20 公里的白沙灘，每年

來訪的國際遊客均超過 100 萬，該地旅遊業收入占全國旅遊總收入的 42%，現有 49 家酒店，86.9% 的酒店都是四星級或五星級水準，古巴生產的雪茄普遍被認為是雪茄中的極品，每年創造產值在 4 億美元左右，約占據國際市場頂級雪茄銷售的 70%。

多明尼加的觀光客每年達到 400 萬人之多，每年帶給多國 10 億美元以上的外匯，多國是哥倫布 1492 年著名航海之旅的登陸地點，也是西班牙開啟殖民史的首站，首都聖多明哥城仍保留有許多百年建築以及文物，其中科爾托納舊城區聖多明尼克教堂值得一覽究竟，古城所生產的雪茄，其品質並不亞於古巴，此外在加勒比海端 Punta Cana、Puerto Plata 等海岸風景秀麗，遊客絡繹不絕；海地北端的海地角（法語：Cap-Haïtien），係 15 世紀哥倫布最先進入海地的一個重要海港，是海地第二大城市，也是海地最主要的旅遊觀光據點。在聖里斯多福及尼維斯，硫磺石山要塞國家公園及尼維斯的植物園等；在聖露西亞，首都卡斯翠港、維約堡（Vieux Fort）、鴿子島（Pigeon Island National Park）及皮通山（Pitons）；在聖文森及格瑞納丁，多巴哥灣（Tobago Cays）、小聖文森特島（Petit Saint Vincent）、馬斯蒂克島（Mustique）等均值得一遊。

（二）文化

多明尼加 2 月份 La Vega 的嘉年華（鬼節）會在多國最受到矚目，2 月和 3 月份的週末在全國各地大城市都會有類似的節慶。多明尼加盛產咖啡和可可，多國人喜歡喝小杯咖啡，放入許多白糖，為拉美及加勒比國家特有的文化。由於多明尼加盛產甘蔗，當地由甘蔗加工出來的朗姆酒也非常有名。多明尼加以兩種音樂風格聞名，一個是默朗格舞曲（Merengue），另一個則是巴恰塔舞曲（Bachata）。這兩個音樂風格各不相同，但是都風靡了整個加勒比海地區（特別是鄰近的波多黎各）和拉丁美洲。

牙買加雖然是一個小國，但文化卻在全球擁有強大的影響力。雷鬼、斯卡、曼托、搖滾、配音，以及最近的舞廳和拉加音樂流派都起源於島上充滿活力、廣受歡迎的城市唱片業。牙買加也經常被用作電影取景地，例如詹姆士·

龐德的電影《第七號情報員》（1962 年）、湯姆克魯斯主演的《雞尾酒》（1988 年），以及 1993 年迪士尼喜劇《癲瘋總動員》，大致是根據牙買加第一個雪橇隊試圖在冬季奧運會上取得成功的真實故事改編。

電影《神鬼奇航》的拍攝地點是聖文森及格瑞納丁，它位處小安地列斯群島，小安地列斯群島的島嶼大多窄小，港口水淺，殖民時期本就是海盜出沒所在。英國和海盜合作，搶奪在大安地列斯群島活動的西班牙人貨物，也時有所聞。由於英國和法國都覬覦加勒比海的利益，暗中勾結海盜，因此橫行的海盜簡直像有抽稅許可證一樣在加勒比海地區活動，海盜出身的亨利・摩根（Henry Morgan）後來甚至變成國王認可的牙買加總督。

（三）體育

古巴棒球代表隊是代表古巴參加國際棒球賽事的國家代表隊，目前公認為全球實力最為堅強的球隊之一。隊中所有的球員都是來自古巴國家聯盟的業餘球員，因為古巴並沒有職業棒球賽事。雖然古巴隊陣中皆是業餘球員，但是實力卻是不可否認的。自 1992 年巴塞隆納奧運開始，古巴連續五屆參加夏季奧運的棒球賽，至今已拿下 3 面金牌與 2 面銀牌，世界盃棒球賽也已經蟬聯了 9 屆冠軍，因而贏得「紅色閃電」之稱。至於在世界棒球經典賽中，古巴則是在首屆冠軍賽當中輸給了日本，獲得亞軍，第二屆賽事則於八強賽連續兩場被日本完封而遭到淘汰，創下隊史首次未能晉級準決賽的紀錄。

和古巴、波多黎各、委內瑞拉、巴拿馬一樣，多明尼加是傳統的棒球強國，在美國職棒大聯盟球員中最多的國外球員就是多明尼加。自 1956 年後、有將近 800 位選手在美國大聯盟打過棒球、其中包括最有名的紐約洋基艾力克斯・羅德里格斯、安那漢天使 Albert Pujols、波士頓紅襪大衛・歐提茲、洛杉磯道奇亨利・拉米瑞茲、西雅圖水手羅賓森・坎諾，退役傳奇球星包含舊金山巨人 Juan Marichal、曼尼・拉米瑞茲、佩卓・馬丁尼茲、弗拉迪米爾・葛雷諾等。2007 年美國職棒票選最有價值球員前 4 名選手當中，來自多明尼加的選手就占了 3 名。多明尼加每年出口棒球選手甚多，2019 年季賽有 102 位多明尼亞選手在大連盟登場、每年都有新秀選手在美國發光。

牙買加「黑色閃電」波特，是世界上跑得最快的男人。2008 年 6 月 2 日，在紐約田徑大獎賽中刷新了 100 公尺短跑的世界紀錄，以 9.72 秒，成為世界上跑得最快的人。2016 年 8 月 15 日在里約奧運田徑 100 米決賽總，牙買加選手波特以 9 秒 81 奪得金牌，實現個人三連冠的偉業。超越美國卡爾‧劉易斯，成為奧運會男子 100 公尺短跑的三連冠得主。波特曾在自傳中透露，他罹患脊椎側彎，脊椎向右彎曲，導致右腳比左腳短半吋。他於 2017 年正式高掛釘鞋，這位生涯摘下奧運 8 金與世田賽 11 金的一代名將，為自己劃下完美句點。

三、三十多年的加勒比海行蹤

（一）拉美及加勒比海最貧窮國家——海地

海地共和國（法語：République d'Haïti；海地克里奧爾語：Repiblik Ayiti），通稱海地，是位於加勒比海的島國。全境位於加勒比海第二大島伊斯帕尼奧拉島（法語：Île d'Hispaniola，又稱海地島）西半部，東與多明尼加共和國接壤。海地人的原生種族為印第安土著民族—阿拉瓦克人。1492 年哥倫布航行至此，將該島命名為伊斯帕尼奧拉島（西班牙島），1502 年正式成為西班牙殖民地。自西班牙入侵並屠殺土著居民後，當地的阿拉瓦克人便急速減少到完全滅絕。而西班牙白人殖民主為了補充勞力並自非洲引進大量黑奴，成為島上主要的勞動力，海地從此變成黑人國家，開展農業經濟。海地為世上第一個非裔黑人主導，奴隸起義建國的國家，美洲在被殖民地化後第二個獨立的國家，和加勒比地區第一個獨立的地區。在 2012 年，海地更宣布其有意尋求在非洲聯盟的準會員地位。海地是美洲地區黑人口比例最大（95% 以上）的獨立共和國。然而，該國與人口以拉丁裔為主的鄰國多明尼加發展上卻有著天壤之別，海地是美洲最貧窮國家，2016 年人均年所得 752 美元、處於低人類發展指數，是世界上最低度開發國家之一。2019 年，海地的人均預期壽命為 64 歲。

海地位於伊斯帕尼奧拉島西部，國土面積 27,750 平方公里，其中 27,560 平方公里是陸地，190 平方公里是內水，人口 11,244,000 人（CIA, 2019），分布非常稠密，大多數人居住在沿海地區和山谷的平原。大約 95% 的海地人是西非黑人的後裔，剩餘大多是穆拉托人。93% 的海地人住在農村和 2,000 人以下的小城鎮。85% 的人口從事農業。穆拉托人地位高，多數住在太子港從事政治和工商業，黑人住在叫康拜特的西非式小村。法語是政府語言之一，但只有 10% 的人講法語。所有的海地人都會說另外一種官方語言——海地克里奧爾語。

海地是世界上最低度開發國家之一。聯合國開發計畫署的人類發展指數評價中，海地在 177 個國家中名列第 153 位，與鄰近普遍是評級為高的多明尼加形成鮮明對比。2016 年，海地的 GDP（按購買力計算）為 81.60 億美元，排名第 137 位；人均 GDP 為 752 美元，排名第 161 位，通貨膨脹率為 22%，外債為 14 億美元。十分之七的海地人每天所得只有 1 至 2 美元。1987 年之前，海地國內生產的稻米仍能供給國內需求，因此當時海地人以稻米為主食，但美國前總統柯林頓任內（1992～2000 年），柯林頓政府施壓海地政府調降美國稻米進口關稅從 35% 到 3%，美國產稻米過於強勢，竟占海地民眾稻米年消費總量 40 萬公噸的 4 分之 3，農業生產基礎完全被摧毀。現在海地的主要糧食作物為玉米（種植面積約 30 萬公頃）和高粱。北方有少量旱稻，阿迪波尼特區有 7 萬公頃的水稻田，目前由我駐海地技術團輔導中。海地的主要經濟作物是咖啡，其種植面積約 14 萬公頃，其出口量在 2.2 萬噸至 4 萬噸之間浮動，次要的經濟作物包括甘蔗和劍麻。

海地與中華民國保持外交關係，未與中國建交，但是與中國互設商貿辦事處，1972 年 6 月臺海簽訂農技合作協定，由我國派遣農技團前往海地從事水地、雜糧及蔬菜等種植技術之改進，1986 年 2 月海地暴動，我農技一度撤離，直到 1990 年才重新進駐，目前執行中的計畫有「海地全國稻種生產強化計畫」，包括北部與東北省、阿迪波尼省及南部省等 3 個子計畫，以及「海地緊急醫療應變能力強化計畫」等，另國合會轉投資之「海外投資公司（OIDC）」與子公司「海外工程公司（OECC）」歷年來在海地共執行 74 項計畫，堪稱 OIDC 在海外最主要的工區。

1. 2010 年大地震重創海地

2010 年 1 月 12 日，海地發生芮氏規模 7.0 的地震，震央距離首都太子港 16 公里，震源較淺破壞力極強。地震發生在當地時間週二 16 時 53 分。隨後又相繼發生了規模 5.9 和 5.5 兩次餘震。太子港大量建築倒塌，初步估計死亡規模將達到 10～20 萬人。官方收殮了約 15 萬具遇難者屍體，但相信還有 20 萬人埋在廢墟中，這意味著死亡人數可能高達 35 萬。地震發生後，國際社會迅速展開救援，並向海地提供經濟援助。爭取投資和援助、協調各國參與重建是海地外交重點之一。

我國隨即派遣「臺北市災難救助隊」前往海地協助搜救，3 天下來共協助搜救出 3 個埋在瓦礫中的海地人，我國外交部及國合會前後派出 3 團緊急醫療團協助醫治傷者，進入災後重建階段，我國外交部、國合會、國際紅十字會臺灣分會，以及世界展望會等共同參與房屋重建、農業復甦及職業訓練等計畫，希望海地在最短時間內重建恢復。然而，重建初期，海地爆發霍亂，再加以全國將舉行大選，所有重建工作大多停頓下來，全國動亂幾近於無政府狀態，迨至 2016 年 6 年下來，由於海地行政效率不佳且缺乏領袖人物主導重建工作，整體重建計畫各國承諾約 20 億美金，但執行率卻低於 20%，美國、法國、加拿大及國際多邊與雙邊組織已無意再繼續，重建工作就此終止，海地並沒有在此次重建計畫受惠。

本（2021）年 8 月 14 日再度發生規模 7.2 級強震，震央位於南部的路易斯杜蘇德（Saint-Louis-du-Sud），震源深度 10 公里，連鄰近的加勒比海國家如牙買加、巴哈馬、多明尼加及古巴等國都可以感覺其震度，目前死傷人數尚在統計當中，總理已宣布未來 1 個月進入緊急狀態，海地 2010 年地震至今仍未完全恢復，這次規模 7.2 強震，國內再次受到嚴重衝擊。

2. 永不休止的動亂

海地每逢大選時就會造成社會的動亂，燒殺擄掠樣樣都來，全國時常在選舉期間進入緊急狀態，這是讓外界無法理解的現象，根據相關的統計顯示，海地近 300 年來共選出 200 位總統，每位總統的任期平均僅一年半，其政治不安定可見一斑。1986 年 1 月底海地暴動，暴民到處搶劫財物，焚燒房舍，農

技團亦遭波及，物料被搶劫一空，為安全計，農技團全體團員於 2 月 1 日撤離海地返國，臨走前尚有一位團員還在浴室洗澡，當暴民即將衝進團部時，在情急之下僅穿著一條內褲隨即由窗戶爬出前往機場，抵達機場後所幸 AA 航空小姐貼心地給他一條毯子禦寒，抵達寒冷的紐約甘迺迪機場後再轉機回國。

本（2021）年底海地將再度舉行大選，依據海地的憲法，總統由選民通過直接選舉產生，總統的任期只有一任五年，亦即現任總統摩依士（Moïse）本年任期屆滿後必須下臺，由於大選將至，在過去一年多以來，社會已明顯動亂不已，摩依士總統於本（2021）年 7 月 7 日遇刺身亡，所幸於遇刺前已指派一位新總理組閣，社會勉強獲得平靜，總統選舉將延至 11 月 7 日舉行，惟我國駐海地技術團及海外工程公司（OECC）人員，身家遭受嚴重威脅，各項計畫之執行亦受到相當程度的干擾，這一切預計須等到選舉結束後才會歸於平靜。

（二）觀光資源豐富──多明尼加

多明尼加共和國（西班牙語：República Dominicana），通稱多明尼加，是位於加勒比海的島國，與西側的海地共處於西班牙島，陸地面積 48,670 平方公里，占據島上四分之三大，面積大約為臺灣島的 1.33 倍，人口 10,914,354 人，首都與最大都市為聖多明哥，人口 91 萬 3 千人，為多國主要的商業、政治和文化中心，市區東邊的古城區為主要觀光地帶。官方語言為西班牙語，貨幣為多明尼加比索。據美國中央情報局的統計，2016 年人均生產總值（以購買力平價計算）約為 18,419 美元，美元和歐元在多明尼加算是強勢貨幣，可以在許多觀光地點、飯店，甚至是搭計程車和小店鋪都可以使用。多明尼加原為泰諾族等阿拉瓦克人世居之地，哥倫布於 1492 年踏上西班牙島後，現今多明尼加的部分被西班牙統治了三百多年，並在 1795 至 1801 年間被法國統治，當地主要種族為西班牙殖民者與當地原住民混血的後代。1821 年 11 月 30 日，多明尼加脫離西班牙統治，宣布獨立；才過了 9 星期，於 1822 年 2 月卻被島上西邊的海地吞併。不過兩者的文明差異太大而難以聯合，多明尼加人於 1844 年重新脫離海地統治，再度宣布獨立，這也是現代多明尼加的國慶

日。1865 年，擊退西班牙入侵。現任總統是路易斯‧阿比納迪爾（Luis Abinader）。

1. 礦業出口為大宗

　　多明尼加長久以來是以蔗糖出口國聞名，1980 年代受到國際糖價大跌影響，加上美國經濟保護主義興起，曾造成蔗糖出口的數量大為減少，此時多國開始大量開採國內礦產出口到國外，1980 和 1990 年代之間，黃金、銀、鎳和鋁氧石等礦產出口量曾經占了多明尼加全國 38% 的生產毛額。1990 年代初期，多國的海岸線開始興建度假旅館，觀光服務業的就業人口開始取代了其他傳統產業。多明尼加的地理位置得天獨厚，加上目前政府和民間積極開發觀光發展業，海岸線上到處都可以看到外國投資的度假休閒旅館。主要吸引了來自美國、加拿大和西歐的觀光客。

　　目前多國服務業的工作機會有逐漸領先傳統農業，但是傳統農業（糖、咖啡、菸草）仍為國內消費主要經濟，多明尼加主要出口貿易項目以礦業為主，農業次之。美國為多明尼加出口的主要國，占總出口貿易金額 75%。2004 年多國的成衣出口額達到 20 億 7 千 6 百萬美元，占了全國出口總額 36%，其中 98% 銷往美國市場。多明尼加為美國紡織品成衣第 7 大供應國，占美國紡品總進口量的 19%，在中美洲國家中僅次於宏都拉斯與薩爾瓦多。由於多明尼加進出口貿易主要國為美國，美國經濟的好壞也直接影響到多國的經濟狀況，多明尼加於 2007 年簽訂了中美洲自由貿易協定後，提供多明尼加更多對美出口的契機，預計兩國貿易金額每年將達到 320 億美元以上。目前多明尼加的外匯存底主要來源為農業和紡織業出口，觀光服務業和來自海外僑民的匯款。

　　觀光業是近年來多明尼加主要經濟發展的項目，2018 年估計 14.4% 的工作機會（74 萬 3 千人）跟觀光服務業有關。多明尼加政府目前正努力開發首都聖多明哥（多京）古城旅遊發展，東北部 Samana（山美納）半島的國家公園和賞鯨休閒活動（每年 1 到 3 月），南邊和東邊海岸線度假觀光，內地山谷區的農業還有西南邊正待開發的野生旅遊區。多國所產琥珀以及水淞石等寶石品質優良，在國際上享有名聲，常是受觀光客歡迎的購買物品。多明尼加被

《富比世》列於 2020 年退休宜居國的名單中。

　　海地雖為多明尼加鄰國，但是卻貧窮許多。2018 年統計海地有 80% 人生活在貧窮線以下（多明尼加 42.2%），47% 人口不識字（多明尼加 13%）。海地國民生產毛額約為 1,400 美元（2018 年），只有多明尼加的 1/6，這樣的經濟狀況下，造成了許多海地人前往多明尼加尋求工作。目前估計大約有 80 萬到 100 萬合法和非法的海地人口生活在多明尼加，大多數從事農作物種植（砍甘蔗），搬運工人等非專業和低收入的工作。由於海地人在語言、膚色、文化方面和多明尼加人不同，許多海地人在多明尼加受到歧視，並常有海地人遭受到虐待甚至淪為奴隸的新聞出現。

　　1941 年 4 月 9 日，多明尼加共和國同中華民國建交，雙方互設大使館，1962 年 4 月 17 日簽訂農業技術合作協定，我國派遣趙連芳擔任顧問，隔（1963）年正式派遣農技團，協助稻米育種工作。2018 年 5 月 1 日多明尼加與中華民國終止長達 77 年的外交關係，技術團撤回。

2. 臺灣對外援助唯一的稻米育種計畫

　　1962 年 4 月，我國稻米專家趙連芳博士與多明尼加駐華大使簽訂合約，前往多國擔任稻米生產改進與發展工作顧問，臺多農技合作於焉開始，趙博士評估多國稻作種植環境，建議設立稻米試驗中心，選定在博腦（Bonao）附近的瑚瑪（Juma）作為試驗中心場址，而成為多國第一個農業試驗機構——瑚瑪稻米試驗所，隨後為考量稻作的長期發展，多國再接受趙博士的建議，臺多農技合作協定於 1963 年 11 月 8 日正式簽署，首批 6 名駐多農技團團員在臺大王教授啟柱之領導下，於同年 11 月 20 日抵達多國瑚瑪稻米試驗所，正式展開稻種生產繁殖工作。

　　第 3 任團長謝英鐸博士於 1967 年抵任後，與瑚瑪稻米試驗中心主任 Narciso Castillo 配合良好，潛心投入稻種研究與發展工作，截至 1996 年渠退休離開農技團時已成功培育出 66 個稻米品種（Juma 1～66 號），其中 Juma 32、57 及 58 等三個品種已大量推廣，並大受農民歡迎，其栽培面積涵蓋全國 85%（國合會，2020），使多明尼加由稻米進口國一躍而成為稻米輸出國，該等育成之水稻品種公頃產量在秘魯曾達 9.5 公噸，比拉丁美洲稻作生產國如

墨西哥、厄瓜多、委內瑞拉及哥倫比亞等國所採用 CIAT 之 CICA 品種高出甚多，甚受拉美國家的喜愛，多國政府有感於謝博士對多國農業貢獻，除頒授勳章外，並聘請渠為農部顧問，創立稻作種子公司，在多國的地位非常崇高，至今大家均尊稱他為多明尼加「稻米之父」。

（三）東加勒比海之珠——聖克里多斯及尼維斯

聖克里斯多福及尼維斯聯邦，又稱聖基茨和尼維斯聯邦（英語：Federation of Saint Kitts and Nevis 或 Federation of Saint Christopher and Nevis），簡稱聖克，位於中美洲加勒比海地區小安地列斯群島北部背風群島，是一個由聖克里斯多福島和尼維斯島組成的聯邦制島國，在 1983 年 9 月 19 日獨立，成為一個大英國協王國。首都巴士地位於較人的聖克里斯多福島上，較小的尼維斯島位於聖島東南 3 公里處，兩者相隔納羅斯海峽（The Narrows，意為「窄塹」）。聖克里斯多福及尼維斯原本的住民為加勒比人（Caribs）。1493 年哥倫布在他的第二次航海中登上聖克里斯多福島（聖基茨島），並且以自己的守護聖人聖克里斯多福（西班牙文：San Cristóbal，英文：St. Christopher）命名該島。哥倫布也在同一次的航海中發現比較小的尼維斯島，其命名則是源自西班牙文裡的「雪」（Nieves），因為哥倫布認為該島狀似一座山頂頂著皚皚白雪的山頭。1983 年 9 月 19 日克國正式脫離英國獨立，並於同月 23 日加入聯合國，但仍奉伊莉沙白二世為國家的名義元首，並由女王指派總督塔普利·西頓作為她在該國的代表，但一般不行使實權。該國實行議會制，由國民議會多數黨領導人出任總理大臣一職，而現任總理為提摩西·哈里斯（Timothy Harris）。此外，尼維斯島自設議會和政府，並享有部分自治權。該國副總督名義上負責監督島上事務，實際上由當地議會支持的尼維斯總理大臣行之。

聖克里斯多福及尼維斯面積 261 平方公里，人口 52,715 人（2017 年），黑人占 94%，另有少量英國人、葡萄牙人和黎巴嫩人（CIA, 2018）。兩個主要島嶼均為火山島，島上中部地區叢林密布，有數條河流自此發源流向大海，人跡罕至，居民多居住於沿海地區。最高峰利亞穆伊加山，海拔 1,156 米。熱帶海洋性氣候，年平均氣溫 26℃，年降水量 1,400～2,000 公釐。

聖克里斯多福及尼維斯政府為使經濟多樣化，重視發展輕工業和旅遊業。直到 20 世紀 70 年代，製糖業一直是聖克里斯多福及尼維斯經濟的支柱。然而反覆的虧損導致糖廠的不斷關閉。現在旅遊業、離岸銀行業務和製造業日趨重要。聖國擁有東加勒比地區最大的電子組裝業。2016 年工業帶來的總收入達到 2,700 萬美元。主要有加工、軋棉、電子元件和食品生產等產業。2016 年農業帶來的總收入達到 1,800 萬美元。農業以種植甘蔗和棉花為主。其他農產品有椰子、香蕉等。從事農業人口占所有勞動力的 13.4%（2016年）。尼維斯島的農業規模小，主要生產海島棉、水果、蔬菜和牲畜，供自用。

聖克里斯多福及尼維斯旅遊收入為 6,720 萬美元。2016 年共接待遊客約 40 萬人次。遊客大多數都是來自美國、歐洲和加拿大。 旅遊業是聖國經濟發展最迅速的部門，每年以 18% 的速度增長。旅遊業是國民經濟主要支柱產業，外匯收入的主要來源。遊客大都來自美國、歐洲和加拿大。其著名景點有硫磺石山要塞國家公園、威爾斯王子城堡、海國風光等。

克國於 1983 年 9 月獨立後，同年 10 月 9 日由行政院孫運璿院長與克國總理賽夢滋在臺北簽署建交公報，雙方互設大使館，1984 年 10 月 23 日雙方簽署農技合作協定，我國承諾派遣農技團前往克國執行稻作、雜作及蔬菜等技術合作計畫，目前執行中的計畫有：海岸景觀公園計畫、地政業務資訊化提升計畫、農業因應氣候變異調適能力提升計畫，以及尼島小企業發展轉融資計畫等。

1. 配合克國觀光業發展，推動觀光農場計畫

聖克里斯多福及尼維斯於糖業結束並實施土地釋放措施後，將發展觀光視為其國家發展願景，致力於非糖農業生產之產業建構與強化農作物多樣性，惟該國缺乏相關之經驗。近年克國已發展成郵輪觀光景點，據統計每年前來觀光人數約 15 萬人次並持續成長中，爰克國盼透過「2011～2014 年新觀光示範農場合作計畫（Agro-Tourism Demonstration Farm, ATDF）」，將農業與觀光業作一結合，以期吸引更多觀光人潮，增加其觀光收入並間接創造更多就業機會。經評估後，克國擬結合農業與觀光之最大挑戰來自其缺乏相關經驗，

且亦無適合之農場可直接接受輔導與轉型，爰本計畫將從打造一全新之農場開始，再進一步導入觀光發展元素、確立此觀光農場之營運模式，以符合克國之需求。本計畫主要協助克國建立觀光示範農場，由國合會派遣計畫經理、各項專業技術人員及克國派遣相關人員組成工作團隊執行：建立營運體制、規劃觀光農場區域、景觀設計，以及克國營運團隊工作配置與能力建構，提升克國在休閒農業及觀光發展上之實際營運能力及概念，協助克國農業發展自一級產業的生產面提升至三級產業的服務層面，至 2014 年底已完成農園藝作物植栽、各項硬體建置及初步正式開放營運，以強調景觀規劃、體驗感受與活動設計，強化農業、觀光與綠能的結合，藉此增加克國觀光產業多元化，提升克國觀光總體收入。

觀光示範農場進入第二階段（2015～2016 年）之兩年時程輔導克國經營管理團隊，提供更多的實地經驗及營運中人員訓練與活動規畫調整，由人員能力建構、行銷策略應用、行政管理、專業技術等多面向輔導，並與克國整體觀光產業進行異業結盟，進而融入克國觀光系統內，以確保本計畫農場邁向永續經營之目的。

以克島觀光示範農場為樣版複製至「2019～2021 年尼維斯海岸景觀公園計畫」，尼維斯島 Pinney's 海灘為當地民眾及觀光客熱門遊憩區，克國提出於此建置一座具休閒遊憩功能之景觀公園，共同見證臺克兩國 35 年友好關係，使政府與民間銘記兩國合作成果。援引我國在海岸景觀及公園設計具豐富經驗，本計畫以友善環境、涵容多元社群原則，整合各類資源進行規劃與施作，另將成立公園管理委員會並尋求創收機制，建構景觀公園永續維運體系。

2. 六星級觀光度假飯店──四季酒店

從克島搭船前往尼維斯島，在即將抵達尼島時即可看到一座非常豪華的度假酒店──四季酒店（Four Seasons Hotels），這是一家世界性的豪華連鎖酒店集團，四季酒店被《旅遊休閒》雜誌及 Zagat 指南評為世界最佳酒店集團之一，並獲得 AAA5 顆鑽石的評級，在旺季（10～4 月）時每日房價美金 1,000 美元起跳，淡季（5～9 月）也要 800 美元，而且必須要在半年前預訂，酒店內配有一個美國高爾夫球俱樂部（PGA）標準的球場，四季酒店除為尼維斯島當

地人創造就業機會外，尼島政府每年歲收 45% 來自四季酒店。目前技術團執行中的「尼維斯海岸景觀公園計畫」即位於四季酒店附近，可供遊客多一個遊憩的據點。

3. 農業因應氣候變異調適能力提升及韌性建立計畫

　　聖克里斯多福及尼維斯於 2015 年發生嚴重旱情，農作物總產量相較於 2014 年減少達 31.2%，影響國家糧食安全與農民生計，爰向我國請援。透過文獻研究與實地考察，確認氣候變異（climate variability）衝擊及氣候變遷（climate change）趨勢係克國農業發展重要議題，初步評估克國農業脆弱度（vulnerability）後，將核心問題定義為「聖克里斯多福及尼維斯農業應對氣候變異之資訊預警與調適能力不足」，本計畫自「建立早期預警資訊蒐集機制」、「研發或引介作物防減災技術」、「提升農業資訊普及率」三面向提升克國農業系統韌性（resilience），計畫結束時克國農政部門將建立作物防減災資訊傳播機制，農民可應用資訊降低災損。本計畫亦將提升我國對全球氣候變遷因應之努力與貢獻，落實「巴黎協定」第 11 條有關「能力建構」（capacity building）之「締約國應協助氣候脆弱國家氣候因應的能力建設，包括減緩與調適行動、技術移轉與發展、氣候財務、提供氣候認知之教育與訓練」實際行動，有助於提升我國的國際參與。

（四）最羅曼蒂克的國家──聖露西亞

　　聖露西亞（Saint Lucia）是東加勒比海鄰近大西洋的島國。它在聖文森及格瑞那丁之北和法屬馬丁尼克之南，是小安地列斯群島的一部分。首都為卡斯翠（Castries），面積 616 平方公里，人口 184,401 人（CIA, 2021）。聖露西亞是大英國協王國中的獨立國家，也是大英國協成員國，實行君主立憲制。聖露西亞總督是其在該國的代表。康普頓（Sir Emmanuel Neville Cenac）曾經創立聯合工人黨並領導聖露西亞邁向獨立。聖露西亞總理是該國的政府首腦，通常是議會多數黨的領袖，由議會選出。現任總理艾倫‧查士納（Allen Michael Chastanet）。

聖露西亞的火山島比許多其他的加勒比海的島有更多山，最高峰峻峭的山為吉米山（Mount Gimie），海拔 950 米。富礦泉和地熱資源，硫磺泉是聖露西亞島上的一個地熱。它位於 Soufriere 區的西南部，這個名字在法語中意為「硫磺礦」，因為該鎮靠近該地點。它是聖露西亞最受歡迎的旅遊目的地，每年約有 200,000 名遊客來到公園，被稱為「世界上唯一的免下車火山」。熱帶氣候，科本氣候分類下的熱帶雨林氣候，受東北風影響，旱季為 12 月 1 日至 5 月 31 日，雨季為 6 月 1 日至 11 月 30 日（當地人稱為颶風季節），年降水量沿海 1,400 公釐，內部高地 3,500 公釐以上。

聯合國將聖露西亞歸類為小島嶼開發中國家，但由於聖露西亞的島嶼性質而存在一些實質性差異。服務業占 GDP 的比重為 82.8%，其次是工業和農業，分別為 14.2% 和 2.9%。近年來，歐盟對於拉丁美洲香蕉的進口政策改變和其他競爭因素增加，使聖露西亞經濟多元化（diversification）的發展成為逐漸重要的議題。聖露西亞已經能夠吸引外國企業和投資，尤其銀行業和觀光業是主要收入來源。製造業在東加勒比地區最為多樣化，政府正努力振興香蕉產業。2011 年雖出現負增長，但經濟基本面依然穩固，GDP 產值為 17.7 億美元，人均所得為 9,780 美元（IMF, 2016）。聖露西亞的貨幣是東加勒比元（EC$），這是東加勒比貨幣聯盟（ECU）成員共享的一種區域貨幣。東加勒比中央銀行（ECCL）發行 EC$，管理貨幣政策，並監管和監督成員國的商業銀行活動。2003 年，政府開始全面重組經濟，包括取消價格管制和國有香蕉公司私有化等。

旅遊業對聖露西亞的經濟至關重要。隨著香蕉市場競爭加劇，預計旅遊業經濟的重要性將繼續增加。在旱季（1～4 月），通常被稱為旅遊季節，旅遊業往往更加活躍。聖露西亞因其熱帶氣候和風景，以及海灘和度假村而備受青睞。其他旅遊景點包括汽車火山、硫磺泉（位於 Soufrière）、索瀑布（Sault Falls）的高空滑索、丹尼里（Dennery）、植物園、雄偉的雙峰「The Pitons」、世界遺產、熱帶雨林、多種選擇乘船遊覽、護軍艦島自然保護區（由聖露西亞國民託管組織營運）、丹納里（Dennery），和鴿子島國家公園，這裡是英國古老的軍事基地羅德尼堡（Fort Rodney）的所在地，大多數遊客作為遊輪的一部分訪問聖露西亞。他們大部分時間都在卡斯翠（Castries）度過，儘管蘇弗里耶

爾（Soufriere）、馬里戈特灣（Marigot Bay）、羅德尼灣（Rodney Bay）和格羅斯島（Gros Islet）也是旅遊目的地。

露國非常重視與鄰國之關係，並於美、英、加拿大、古巴及我國均有設立大使館或領事館維持外交關係。另有包含我國在內之 25 國在露國設有大使館或名譽領事。目前露國所加入最重要之區域性組織分別為「東加勒比海國家組織」（OECS，秘書處在露國）、「加勒比海共同體」（CARICOM，秘書處在蓋亞那）及美洲國家組織（OAS），並刻正加速推動加入「加勒比海單一市場經濟體」（CSME）及「美洲自由貿易協定」（FTAA）。聖露西亞與我國於2007 年 4 月 30 日恢復全面外交關係，成為中華民國邦交國，同年 8 月簽署技術合作協定，目前進行中的計畫有：「香蕉產量提升計畫」、「資訊科技融入教學發展計畫」、「蔬果產銷供應鏈效能提升計畫」等。聖露西亞並於 2015年 6 月在我國設立亞洲地區第一個大使館。

1. 香蕉是露國的經濟命脈

香蕉係聖露西亞最主要之出口產品與當地重要食物，許多農民以此為生計，露國香蕉外銷於 1990 年度外銷歐洲高達 16 萬公噸，由於受到 WTO 貿易自由化之影響，英法等國不再提供補助，迨至 2009 年外銷量僅餘 2 萬公噸。然而，露國香蕉產業自 2010 年起面臨葉斑病（Black sigatoka）威脅，約有 70%之香蕉遭到感染，嚴重影響香蕉產業發展，且多數蕉農缺乏資金與技術防治病害，露國政府農業部門亦無防治技術以維持香蕉產業，爰露國盼透過本計畫引進我國在香蕉葉斑病之豐富防治經驗，輔導農戶落實防治措施，恢復香蕉產業產能。經委請香蕉研究所長趙博士治平評估後，露國欲維繫國內香蕉產業免受葉斑病威脅之主要挑戰在於缺乏葉斑病防治策略與技術，分析其核心問題成因在於農業試驗單位缺乏防治葉斑病所需之硬體設施與檢驗技術，無法落實病害監控與預警機制。另露國亦乏香蕉品種試驗能力，無法引進抗病品種以抵抗病害，又現有農業技術人員並無足夠培訓以輔導農民落實病害防治措施。為協助露國恢復香蕉產業之產能，推動「聖露西亞香蕉葉斑病防治計畫」，計畫主要執行內容包含：（1）協助建立葉斑病防治模式，建立土壤分析實驗室、病理分析實驗室及氣象站各乙座，俾使露國建立病害分析、監

控與預警機制；（2）引進抗病新品種；（3）建立蕉農提升田間病害管理技術及病害防治標準作業程序，使農業推廣人員可有效輔導蕉農提升田間病害管理能力（國合會，2014）。

聖露西亞於 2016 年 9 月遭受馬修熱帶性風暴（Matthew）侵襲，重創香蕉產業，露國農業部爰盼我持續提供技術協助蕉農進行災後復原工作，並協助增加香蕉產量，以創造就業機會及改善農民收益，應露國之請求推動「聖露西亞香蕉產量提升計畫」（國合會，2018）。目前露國蕉農平均產量約 12.5 公噸／公頃，遠低於國際標準 25 公噸／公頃，而露國香蕉產量低落受多重因素影響，本計畫排除短期天災影響、天然環境及國際貿易條件等面向，透過技術指導提升單位產量。計畫的主要內容將包括：（1）改善露國香蕉栽培基礎設施；（2）推廣矮性香蕉栽培；（3）提高栽培管理技術。期盼透過本計畫的執行讓露國的香蕉產業能恢復往日榮景。

2. 最具羅曼蒂克的婚禮

在露國首都卡斯翠（Castries）有一項非常蓬勃發展的產業——婚禮企劃，舉凡結婚禮服、鑽戒手飾、結婚典禮、酒店宴會與住宿以及蜜月旅行等一應俱全，露國每星期會為來自北美洲如美國及加拿大 10 對新人辦理結婚典禮，筆者每逢前往露國的飛機上就可以感受到每對新人在機上那股親親我我的羅曼蒂克氣氛，返程時亦是同樣的情形，此種充滿羅曼蒂克的氣氛著實令人羨慕，未來您的婚禮可以考慮在露國舉辦。

（五）聖文森及格瑞那丁

聖文森及格瑞那丁（Saint Vincent and the Grenadines），簡稱聖文森，是拉丁美洲的一個小國家，位於加勒比海的小安地列斯群島中的向風群島南部，聖露西亞及格瑞那達之間。居民主要是黑人和黑白混血種人。聖文森和格瑞那丁由聖文森本島及一部分的格瑞那丁群島組成，面積共 389 平方公里。聖文森本島面積 346 平方公里，格瑞那丁群島則包含三十二個小島，面積 43 平方公里，人口約 11 萬（2018 年估計），主島為一火山島，多火山，最高峰蘇

弗里耶爾火山，海拔 1,234 米，經常噴發，例如蘇弗里耶爾（La Soufrière）火山於 1902 年 5 月 6 日的大爆發，造成 1,680 人死亡；1970 年曾噴發 20 多次，上一次是在 1979 年 4 月爆發但並未造成傷亡，最近於 2021 年 4 月 9 日爆發，亦即它已沉寂逾 40 年，政府已從火山周遭地區疏散近 2 萬人。聖文森和格瑞那丁是議會民主制和君主立憲制國家，伊麗莎白二世為聖文森和格瑞那丁女王。她不住在這些島嶼上，由聖文森和格瑞那丁總督代表該國的國家元首，現任蘇珊‧杜根（Susan Dougan）自 2019 年 8 月 1 日起上任。總督辦公室主要有儀式性職能，包括群島議會的開幕和任命各種政府官員。 政府的控制權在於當選的總理及其內閣。 現任總理是龔薩福（Ralph Gonsalves），他於 2001 年當選為團結工黨領袖。

雖然地處熱帶，但有海風調節，氣候溫和，年降水量 2,540 公釐，夏秋多颶風。聖文森及格瑞那丁最主要的產業為農業和國際金融業，主要作物為香蕉，以香蕉生產為主的農業是這個中低收入經濟體中最重要的部門，多年來，熱帶風暴摧毀了大部分香蕉，因此對單一作物的持續依賴是這些島嶼發展的最大障礙，因此推動農業多元化政策（diversification）實刻不容緩。主要以不斷增長的旅遊業為基礎的服務業也很重要。 政府在引進新產業方面相對不成功，失業率一直居高不下。國際金融業也是聖文森及格瑞那丁經濟重要收入來源。有一個小型製造業部門和一個小型離岸金融部門，為國際企業服務，文國對證券交易所和金融中介金融活動等國際金融服務的需求不斷增加。旅遊業也是聖文森及格瑞那丁的經濟重要收入來源，旅遊業發展潛力巨大。 在島上拍攝加勒比海盜電影有助於讓該國接觸更多潛在遊客和投資者。 建築業的強勁活動和旅遊業的改善刺激了經濟的增長。

我國與聖文森及格瑞那丁於 1982 年建立外交關係並互設大使館，同年 8 月簽署農業技術合作協定，首批 4 名團員於 10 月抵達，這是我國在東加勒比海之所派第一支農技團，至今已有 39 年的歷史，目前尚有「香蕉復育計畫」、「智慧公車管理及監控系統計畫」等計畫執行中。

1. 聖文森衛生部長布朗曾在 WHA 為我仗義執言令人動容

聖文森衛生部長布朗（Luke Brown）於 2019 年 5 月 20 日 WHA 會議期間

為我國仗義執言，他表示：

「期待未來某日將可達成吾等所追求的目標宗旨、臺灣人民的適切渴望得獲實現，且世界衛生大會將以衛生為首要考量。沒有任何原則性的基礎足以解釋臺灣的缺席，而支持臺灣以觀察員身分參與世界衛生大會的立論至為直接明確。吾人均瞭解中國政府並未對臺灣行使權力及控制，亦無法合理證明在此代表臺灣。臺灣從未被定義為中國的一部分，即使做此設想亦極不合適。蓋兩地為各自分開、自治、獨立且為不同體制的政府。

臺灣以觀察員身分參與本次大會並非如中國代表所言為非法，亦未與任何決議不一致，因為吾等曾親睹臺灣過去曾以觀察員身分與會。臺灣無法在此的唯一理由係北京政府不喜目前的臺北政府。難道不是這樣嗎？應該將 2 千 3 百萬臺灣人的正當健康利益因某政府的偏好而遭挾持為人質嗎？有趣的是，臺灣先前獲允以觀察員身分出席本大會的事實，凸顯中國公開承認自身不足以在本大會適切代表臺灣利益。倘臺灣確係中國的一部分，那麼過去即不可能獲允以觀察員身分參與大會。聖文森及格瑞那丁的一部分領土能否以觀察員為身分獲邀在座？」

聖文森及格瑞那丁認為：

「讓臺灣至少以觀察員身分受邀參與世界衛生大會並不違背『一個中國原則』，如同數個加勒比國家參與此論壇一般，與吾等珍視與重視的『一個加勒比海地區』觀念是一致的。『一個中國』如同『一個加勒比海』，此一概念應被解釋為共享歷史、文化及傳統。

最後請求大會主席留心聆聽理性與智慧，並用心理解，根據 2 千 3 百萬臺灣人的健康與福祉利益及全球健康覆蓋，同意將『邀請臺灣以觀察員身分參與世界衛生大會』的補充議程項目納入議程之上。」

布朗部長對臺灣的情深義重，全體國人均為之動容，至表感謝。

四、結論與未來展望

拉丁美洲與加勒比海地區向為我國外交重鎮，也是美國本土的後院，近

幾年中國在本地區的經營甚深，例如在巴西、阿根廷、委內瑞拉、哥倫比亞、厄瓜多及哥斯大黎加等國投資石油業、礦業、資訊科技等，美國亦知之甚詳，另一方面拉丁美洲與加勒比海地區國家近幾年來之進步也非常快速，為鞏固我國在本地區國家的邦交關係，有關與本地區國家合作關勢必須進行轉型，以迎合本地區國家發展之需要。

（一）協助東加勒比海地區國家農業多元化政策

東加勒比海聖克里斯多福及尼維斯、聖露西亞及聖文森與格瑞納丁等三國，除了聖克里斯多福及尼維斯傳統上種植甘蔗生產蔗糖外，另聖露西亞及聖文森與格瑞納丁則仰賴香蕉，舉聖露西亞為例，露國於 1990 年香蕉外銷量達 16 萬公噸，為露國賺進可觀的外匯，然而受 WTO 貿易自由化之影響，英法等國不再提供香蕉補貼，由於露國所生產的香蕉無法與拉丁美洲厄瓜多、哥斯大黎加、宏都拉斯等國競爭，使露國每年香蕉外銷量降為不足 2 萬公噸，在聖文森與格瑞納丁近幾年更是不再有外銷，為因應此種情勢，在東加勒比海執行農業多元化政策，發展高價園藝作物，建置設施園藝與數位農業，穩定產量及品質並外銷北美與歐洲國家。

（二）協助加勒比海國家因應氣候變遷調適與韌性建立

加勒比海地區每逢 10 月至翌年 4 月雨季期間常伴隨著大西洋颶風侵襲，造成當地人民與財產的重大損失，例如 2010 年元月 12 日海地發生大地震之前一年就發生 4 次颶風，2018 年於東加勒比海地區發生柯克（Kirk）颶風，另在聖文森與格瑞納丁於本（2021）年 4 月 9 日蘇弗里耶爾（La Soufrière）火山爆發，政府已從火山周遭地區疏散近 2 萬人。在東加勒比海地區因氣候變遷造成的颶風、地震與火山爆發等天然災害，造成生計與財產的重大損失。因此，以地理資訊系統（GIS）協助加勒比海友邦國家，因應氣候變遷推動調適與韌性建立計畫時有其必要，其執行內容包括：建立早期預警資訊蒐集機制、研發或引介防減災技術、加強資訊普及人員之訓練等、提升我國對全球氣候變遷因應之努力與貢獻，落實「巴黎協定」第 11 條有關「能力建構」

（capacity building）之「締約國應協助氣候脆弱國家氣候因應的能力建設，包括減緩與調適行動、技術移轉與發展、氣候財務、提供氣候認知之教育與訓練」實際行動，有助於提升我國的國際參與與能見度。

（三）擴大對加勒比海國家經貿投資

加勒比海地區與美洲其他地區的貿易往來十分密，其中又以與北美洲的依存度最高，特別是美國在加勒比海盆地振興方案以及加勒比海國家貿易夥伴法案之下，成為其最重要的貿易國家。再者，加勒比海地區具有地緣上的優勢，可當作我國與南美洲市場貿易之跳板。此外，CARICOM、ACS、OECS的經濟整合程度並 高，彼此之間的經濟往來 算活絡；在加勒比海地區推動RTA或是關稅同盟的主要著眼點在於創造足夠的市場規模來吸引外來資本，進而逐步改變當地經濟結構。

在產業布局之總體策略方面：（1）以區域經濟的角度出發，將加勒比海地區視為一個經濟體；（2）積極培養當地經商管理人才；（3）制定區域投資計畫，加強各部門之間的橫向聯繫；（4）健全廠商協助體系。在個別國家策略方面：（1）海地：鼓勵臺商利用美國與歐盟給予的貿易優惠措施投資設廠；可策略性鼓勵的產業：紡織與成衣、食品加工；向臺商積極介紹已經成形且運作良好的工業區或聚落；善用臺商組織結合臺商力量。（2）聖克里斯多福、聖文森、聖露西亞：觀光業是招攬臺商前往三聖投資時應首先考慮的相關產業；遊艇廠商與酒店集團是優先考慮鼓勵前往三聖投資的產業；先由國內經濟相關部會針對海外直接投資輔導遊艇廠商；可優先鼓勵有國際經驗之酒店集團前往三聖投資。（3）貝里斯：強調貝里斯同時加 CARICOM 與中美洲共同市場兩個關稅同盟的特殊地位及其英語環境；水產養殖與加工產業與民生工業可以美洲地區作為目標市場；資訊硬體業與 業可針對貝里斯本身的市場發展；針對中小企業進行兩階段輔導對外直接投資相關事宜。最後，在結合政府民間力量前進古巴之策略方面，主要建議結合國合會、中華民國國際經濟合作協會、外貿協會、邁阿密貿易中心和中國輸出入銀行等團體的力量，促進文化交流與各領域之合作、推動與古巴國營企業合作、促進雙邊貿易往來及提供協助廠商的貿易金融機制。

參考文獻

財團法人國際合作發展基金會（2020）。臺灣國際農業合作 60 年之回顧與展望〉。國際開發援助現場季刊 1（1）：20-23。

國合會（2018）。聖露西亞香蕉產量提升計畫。取自 https://www.icdf.org.tw/ct.asp?xItem=48126&ctNode=29929&mp=1

國合會（2014）。聖露西亞香蕉葉斑病防治計畫。取自 https://www.icdf.org.tw/ct.asp?xItem=18082&ctNode=29929&mp=1

Central Intelligence Agency (CIA) (2018). CIA Factbook. Retrieved from: https://www.cia.gov/library/publications/resources/the-world-factbook/geos/sc.html

CIA (2021). *CIA Factbook*. Retrieved from: https://www.cia.gov/library/publications/resources/the-world-factbook/geos/ha.html

IMF (2016). *World Economic Outlook Databases*. Retrieved from: https://www.imf.org/en/Publications/SPROLLs/world-economic-outlookdatabases#sort=%40imfdate%20descending

IPS-Inter press service (2021). *Mesoamerican Coral Reef on the Way to Becoming a Marine Desert*. Retrieved from: http://www.ipsnews.net/2012/03/mesoamerican-coral-reef-on-the-way-to-becoming-a-marine-desert/

Silverstein, Alvin (1998). Weather and Climate (Science Concepts), 21st Century,pp.17.

World Resource Institute (2014). *Status of coral reefs in the Caribbean and Atlantic Ocean*. Retrieved from: https://web.archive.org/web/20060621003446/http://marine.wri.org/pubs_content_text.cfm?ContentID=744

World Resources Institute (2009). *Economic Valuation Methodology*. Retrieved from: https://web.archive.org/web/20120227165202/http://www.wri.org/publication/content/7909

第 14 章

自由開放的印度－
太平洋——
東南亞及南亞地區

一、印度－太平洋地區

（一）印度－太平洋地區概況

印度－太平洋（Free and Open Indo-Pacific）是一個地緣政治概念，由作為地理概念的印度洋－太平洋海域演化而來，被美國、日本、印度、澳洲等國領導人使用，並在部分場合用於取代亞太地區的概念，將內涵自亞太地區向西拓展並包括了印度等南亞國家，使印度的重要性凸顯。印度太平洋地區（印太地區）也是中國倡建「一帶一路」的必經之地，這一地緣政治空間的出現，反映了全球經濟和政治重心不斷東移的趨勢。

印太地區的範圍繼承於印太海域，通常包括印太海域附近的國家和政治實體（Vivek, 2013）範圍比亞太地區更廣。印太海域原本是一個生物地理概念，包括印度洋的熱帶水域、太平洋的西部和中部，以及在印度尼西亞連接兩洋的水域，但不包括兩洋的溫帶和極地水域。在隨後作為地緣政治概念出現時，其範圍與生物地理概念略有區別：通常包括太平洋西岸溫帶及以北的國家（如日本），但通常不包括印度洋西岸的非洲國家。

亞太地區狹義上指東亞、東南亞等太平洋西岸的亞洲地區、大洋洲、以及太平洋上的各島嶼；而印太地區則在亞太地區的基礎上納入了印度洋沿岸和印度次大陸國家。有學者認為，使用「印太地區」將改變人們傳統上對地區的概念。

「印太地區」作為地緣政治概念最早出現在 1924 年德國地政學家豪斯霍弗（Karl Haushofer）的《太平洋地政學》（*Deutsche Kulturpolitik im indopazifischen Raum*）等書當中。據政治理論和思想史學者考證，豪斯霍弗「印太」概念旨在聯合中國、印度、日本等國家，形成反殖民主義勢力，遏制英國等老牌殖民國家。「印太」隨著豪斯霍弗地政思想在日本被接受，並流傳於日本（李漢松，2020）。2007 年，印度海軍上校 Gurpreet S Khurana 在《戰略分析》期刊中提及此詞（Khurana, 2007）。2007 年 8 月，日本首相安倍晉三在訪問印度時提過類似的概念。安倍晉三在印度國會發表的演講時提到，「印太交匯之處」是「兩大洋的自由和繁榮有機地相融合的地方」（Shinz,

2007）。

從 2011 年起，一些來自澳洲、美國、日本等國的戰略分析師、政府官員和軍方領袖開始使用「印太地區」這個詞，並在《2013 澳洲國防白皮書》中第一次被正式寫入政府公文（Department of Defense, 2013）。2016 年 8 月，安倍晉三在肯亞召開的第六屆「非洲發展國際研討會」（The Sixth Tokyo International Conference on African Development, TICADVI）演講發表《自由開放的印度太平洋》演說，提倡「自由開放的印度－太平洋」（Free and Open Indo-Pacific）理念。其旨在透過自由開放的印度太平洋，提升亞洲與非洲的「連通性」，促進整個地區的穩定和繁榮。唐納·川普（Donald Trump）就任美國總統後，美國政府開始頻繁使用「印太地區」來取代「亞太地區」（BHAVAN, 2017）。2017 年 6 月 26 日，印度總理納倫德拉·莫迪（Narendra Modi）訪美後雙方發表的聯合聲明中指出：「作為印太地區相關的兩大國，川普總統和莫迪總理贊同雙方緊密合作有助於地區實現和平穩定。」同年 11 月，川普在越南峴港出席 APEC 峰會時提出了「自由開放的印太戰略」（Free and Open Indo-Pacific Strategy, FOIPS），用以取代其前任巴拉克·歐巴馬（Barack Obama）的「亞太再平衡」戰略。美國副助理國務卿黃之瀚（Alex Wong）隨後表示，該戰略致力於促進印太地區國家的政治自由，以及在航運、基礎設施、投資和貿易領域上的開放。2018 年 5 月，美軍的原美國太平洋司令部（United States Pacific Command）更名為美國印太司令部（United States Indo-Pacific Command）。12 月，美國政府和國會正式通過概括印太地區長期戰略的《2018 年亞洲再保證倡議法》。2019 年 6 月 22 至 23 日，在曼谷舉行的第 34 屆東協峰會正式通過了《東協印太展望》（*ASEAN Outlook on Indo-Pacific*）。這是東協發布的首份關於印度洋－太平洋地區秩序的區域架構倡議，目標是「發揮東協的集體領導作用，形成和塑造更密切的印太合作」，標誌著東南亞國家協會作為一支重要的區域力量正式接受了「印太」這個地緣概念。2021 年，喬·拜登政府上臺後繼承和發展了自由開放的印太理念。2021 年 4 月 16 日，美國總統喬·拜登（Joseph Biden）在白宮接見日本首相菅義偉，是拜登上任以來首位面對面會晤的外國領導人。為應對來自中國和北朝鮮的威脅，兩國同意重新確立「美日印太統一戰線」，打造「自由開放的印太

地區未來」。

（二）亞太地區

　　亞太地區，全稱為亞洲及太平洋地區，縮寫為 APAC，是西太平洋地區周邊國家包括島嶼的總稱。有時，亦被稱之為亞大地區；寓意為亞洲和大洋洲地區。亞太地區在狹義上，是指東亞（中國、日本、南韓、北韓、臺灣及蒙古）、東南亞（東協 10 國）等太平洋西岸的亞洲地區、大洋洲（澳洲、紐西蘭），以及太平洋上的各島嶼國家。

　　亞太地區在自然和經濟方面具有豐富的多樣性。經濟發展上有世界國民總產值上排前的國家是中國和日本；南半球第一位的國家是澳洲。韓國、新加坡、臺灣和香港自 1980 年代開始發展成為「亞洲四小龍」。香港和新加坡為全球最重要的國際金融中心及港口，也是人口相當稠密的高度發展城市。日本和韓國為重要的技術策源地。臺灣在全球半導體與電子產業中占有重要地位，其流行文化作品豐盛。日本的動漫及電子遊戲作品、韓國的流行音樂作品、臺灣的華語流行音樂及香港的電影作品皆有相當規模的產量及出口量。澳洲、中國和印尼蘊藏著豐富的自然資源。中國、印度正快速走上工業化發展之路，擁有豐富的人力資源。澳洲和紐西蘭有生產水準極高的農業和畜牧業。該區包括澳洲、紐西蘭、日本、韓國、新加坡、臺灣、香港和澳門皆被識別已達到已開發國家的水準。但同時該區包括寮國、柬埔寨、緬甸、東帝汶、不丹、尼泊爾、孟加拉、吐瓦魯、索羅門群島、萬那杜和吉里巴斯則被認為最低度開發國家。

　　本章僅就發展援助政立場之對象國家，包括：印尼、菲律賓、泰國、馬來西亞、新加坡、汶萊、越南、緬甸、柬埔寨、寮國、印度、巴基斯坦、孟加拉、不丹、尼泊爾、斯里蘭卡等東南亞與南亞地區國家共 16 國（經濟部國貿局，2016）。至於太平洋島嶼國家將留作下一章探討。

二、30 餘年東南亞及南亞地區行蹤

筆者 30 多年來在東南亞及南亞地區的行蹤，應溯自 1992 年，首先與外交部李伯芬、朱玉鳳等人共同籌組監督團前往印尼，視察我國駐印尼兩個農技團計畫執行成效開始，至今曾多次前往東爪哇、中爪哇暨日惹以及西爪哇茂物大學、萬隆與卡拉旺地區，進行農技與農企業合作計畫之規劃與評估工作，2003、2009、2013 及 2016 在印尼籌辦亞太地區團長會議，2012 在印尼雅加達辦理亞太地區國合之友會，2018 年率團前往中蘇拉威西評估因地震與海嘯所造成天然災害提供災後人道援助計畫。在泰國部分，由於我國與泰國「泰王山地計畫」合作關係密切，於 1992 年首次視察該計畫後，自 1994 年起與該計畫（2009 年更名為皇家計畫基金會）間密切往來，其中泰國畢沙迪親王來臺訪問更多達 20 次，泰方亦派遣計畫主持人及技術人員來臺接受專業訓練，截至 2019 前筆者藉著每 3 年臺泰雙方技術合作備忘錄換約時機前往皇家計畫基金會，進行由該基金會所提新計畫之評估工作及與畢親王簽署合作備忘錄，或由泰方主辦農業國際研討會時前往主持，雙方互動頻繁。在印度部分，2004 年奉派前往印度北面西藏流亡政府所在地達蘭薩拉執行「X 光車贈送計畫」，2010 年接受亞非農村復興組織（Afro-Asian Rural. Reconstruction Organization, AARRO）之邀請，前往印度中部海德拉堡 AARRO 總部擔任計畫審查委員；在菲律賓部分，2014 年 3 月前往菲國雷伊泰（Leyte）省進行海燕風災災後重建計畫之評估與規劃，乃建議與世界展望會印尼分會合作「衛生站重建計畫」，2015 年筆者代表國合會與國際稻米研究所尼行政院農業委員會簽屬三邊合作備忘錄，從事相關稻米之合作計畫至今；在緬甸部分，2017 年 11 月前往緬甸馬圭省，由國合會所提供之融資進行「鄉村微集中式太陽能供電站先鋒計畫」之移交儀式。在尼泊爾部分，2015 年 11 月，率團前往尼泊爾因地震進行災後重建計畫，乃建議與國際關懷協會（Care International）合作進行糧食安全與衛生站重建計畫；在孟加拉部分，2019 年 11 月赴孟加拉出席亞太工商總會（CACCI）所主辦 33 屆國際研討會並擔任講者。茲舉其要者說明如下。

（一）萬島之國——印尼

印度尼西亞共和國（the Republic of Indonesia），通稱「印度尼西亞」或簡稱「印尼」，為東南亞國家；由 17,506 個島嶼組成，是世界上最大的群島國家，疆域橫跨亞洲及大洋洲，別稱「萬島之國」。印度尼西亞面積 1,919,440 平方公里，人口超過 2.8 億，為世界上人口第四多的國家，僅次於中國、印度及美國（IMF, 2016）。國體屬共和國，國會及總統皆由選舉產生。印度尼西亞首都為雅加達。印度尼西亞的國界分別在新幾內亞島與巴布亞紐幾內亞、在帝汶島與東帝汶，以及在婆羅洲與馬來西亞相接，另有新加坡、菲律賓及澳洲等國家隔海相望。印度尼西亞為東南亞國家協會創立國之一，且為 20 國集團（G20）成員國。在 2017 年，依國際匯率計算，印度尼西亞為世界第 16 大經濟體，以購買力平價計算（PPP）則為世界第 7 大經濟體。

印度尼西亞群島自 7 世紀起即為重要貿易地區，古代王國三佛齊及之後的滿者伯夷曾與中國和印度進行貿易。印度尼西亞當地統治者逐步吸收外國文化、宗教和政治型態，曾出現興盛的佛教和印度教王國。外國勢力因天然資源而進入印度尼西亞，穆斯林商人帶入伊斯蘭教，歐洲勢力則帶來了基督宗教，並於地理大發現後壟斷香料群島摩鹿加群島的貿易。在經過 350 年的荷蘭殖民統治時期後，印度尼西亞至第二次世界大戰後於 1945 年始告獨立，但獨立後仍面臨天災、貪汙、分離主義、民主化進程、經濟上劇變等挑戰。

由於島嶼遍布，印度尼西亞人分屬數百個不同民族及語言，最大的族群為爪哇族，並在政治上居主導地位。國家語言與種族具多樣性，穆斯林占多數人口，惟峇里島卻屬印度教。印度尼西亞國家格言「Bhinneka Tunggal Ika」（存異求同）闡明了多樣性及國家的型態。國家的天然資源豐富，但貧窮仍相當普遍，因而在世界各地有不少的印尼籍移工，但也有針對該地天然資源保育或收穫而來的西方人，國際交流程度不低。

印度尼西亞地處赤道周邊，大部分屬熱帶雨林氣候，由於季風而降水有季節變化，平地年雨量介於 1,780～3,175 公釐，山區最多可達 6,100 公釐，山區以蘇門答臘、西爪哇、加里曼丹、蘇拉威西、巴布亞西部為最高；濕度一般而言相當高，平均約 80%；年溫差小，雅加達日均溫介於 26 至 30℃，屬典型的熱帶型氣候。由於印度尼西亞地處熱帶，加上面積、群島地形因素，而得以支持世界第二高的生物多樣性，僅次於巴西，動植物混和了亞洲及澳大拉西

亞品種。其他陸棚上的島嶼（蘇門答臘、爪哇、婆羅洲和峇里島）曾與亞洲大陸相連，而有許多亞洲動物相，如虎、犀牛、猩猩、亞洲象及豹等，曾大量棲息於東至峇里島的區域，但現今數量及棲息地已大幅減少。森林覆蓋率約60%。在蘇門答臘及加里曼丹以亞洲物種占優勢；爪哇島面積較小且人口密度高，大多數森林因人類居住及農業開墾需要而被砍伐。蘇拉威西、努沙登加拉、摩鹿加等地長期與大陸分離，演化出特殊的動植物物種；巴布亞的特有種與澳洲較為相近。印度尼西亞大量人口及快速工業化造成嚴重的環境問題，由於政府貧困且依賴資源開發，因而環境問題不受重視。相關問題包括大規模森林開伐（大多數為非法）、森林大火引發遍及西印度尼西亞、馬來西亞、新加坡的霾害、過度捕撈海洋資源等；快速都市化及經濟發展造成空氣汙染、交通堵塞、水資源、垃圾及廢水處理等問題。

印度尼西亞是開發中國家，歷史背景與南亞洲各地一樣，產業結構落後，國內工業未開發。初期，印度尼西亞通過開發石油和其他資源，實現了糧食自給和生產自立。印度尼西亞經濟上由私人部門及政府共同主導，屬混合經濟。印度尼西亞為東南亞最大經濟體及 20 國集團成員國，印度尼西亞經濟以國民生產總值分析，工業占了 46.4%，其次是服務業（37.1%）和農業（16.5%）。但在國民就業結構中，服務業自 2010 年起是印度尼西亞最多人從事的產業，占 48.9%，其次為農業（38.3%）和工業（12.8%），而農業則是過去數世紀最多人從事的產業。

蘇卡諾時期，採行獨立自主和積極不結盟的對外政策，並反對帝國主義，曾與馬來西亞關係緊張。至蘇哈托時期，開始與西方國家在經濟及政治上合作。印度尼西亞與周邊亞洲國家關係密切，為東南亞國家協會及東亞峰會創立會員國。於 1990 年起恢復由於肅清共產黨而與中國中斷了外交關係。印度尼西亞自 1950 年起為聯合國會員國，亦為不結盟運動及伊斯蘭會議組織會員國，也加入東協自由貿易區、凱恩斯集團及世界貿易組織。曾經為石油輸出國家組織會員國，由於不再是石油淨出口國而於 2016 年 12 月退出該組織。印度尼西亞自 1966 年起接受發展與人道援助，資金主要來自美國、西歐、澳洲

及日本。

1. 協助印尼農企業發展成為臺印兩國合作的主軸

　　1976 年 5 月臺印雙方簽署農業技術合作協定，我國派遣「駐印尼泗水農技團」前往印尼東爪哇地區協助稻作與雜作、蔬菜、果樹、水產養殖、養羊及特用作物之示範與推廣之工作。嗣後，我國與印尼於 1979 年 10 月再簽署第二個農技合作協定，我國派遣「駐印尼日惹暨中爪哇農技團」前往印尼日惹及中爪哇地區協助稻作、雜作、園藝蔬菜與菇類、果樹等示範與推廣工作。

　　自 1990 年開始，駐印尼兩個農技團也逐漸發展出新的協助內容，建立循環基金，邁向農企業經營，例如印尼的菇類生產，便在駐印尼日惹暨中爪哇農技團專家余業璇先生的細心指導下，由菇類進口國，轉變為菇類出口國，不僅為當地人民帶來了大量的工作機會，且帶動了當地的經濟發展，我駐印尼農技團不僅協助印尼農民種植菇類，也指導當地農民種菌技術及太空包製作方法，另也指導當地農民產銷，當地所生產的鮑魚菇廣受歡迎，並為農民賺取更多的利潤。

　　2005 年，駐印尼兩個農技團完成階段性任務，兩團合併成為駐印尼技術團，工作地點亦由與東爪哇與中爪哇地區轉移至西爪哇的茂物大學（Bogor University），執行「印尼農企業經營計畫」，建立「茂物農企業經營推廣中心」，協助農民改善栽培技術管理，推廣以有機蔬菜、非有機蔬菜（生態栽培法）及水晶番石榴為主之業務，並配合中心之蔬果產品分級、包裝及儲運等設施，以及行銷企劃、倉儲物流管理等管理系統，以期建立效率化產銷體系，並進一步提升農民收益（國合會，2013）。自 2011～2014 年在印尼峇里省 Bangli 縣及 Badung 縣，分別以「提升當地農民農產品生產技術」及「導入一鄉一特產（OVOP）之概念」為目標，協助其推動地方特色產業之發展。印尼峇里省 Bangli 縣及 Badung 縣在地方特色產業方面之發展程度不同，Bangli 縣已有大規模生產之農作物（柑橘），惟缺乏後端加工、行銷設計之能力，將其形塑為地方特色產業；Badung 縣則缺乏大規模生產之農作物，因此須從提升農民栽培技術（蘆筍）做起，俟生產規模達一定程度後，方能導入地方特色產業之元素（國合會，2013）。

2015 年，「印尼農企業經營計畫」結束後，技術團隨即轉往萬隆地區，執行 2015～2019 年「印尼萬隆地區強化農企業培育發展計畫」。萬隆地區為印尼農業發展重點區域，並於該地設立國家級的「倫邦國家農訓中心」，輔導萬隆地區農民整合成立農企業經營模式以提升收益（國合會，2015），並自 2020～2021 年執行「印尼萬隆地區強化農企業培育發展計畫（第二期）」，本計畫以「印尼萬隆地區強化農企業培育發展計畫」期間建立之臺印尼雙方合作模式及軟硬體設施為基礎，協助倫邦企業育成中心（Lembang Agriculture Incubator Center, LAIC）之溫室及集貨場進行商業化經營。計畫內容包含四項重點：提升生產穩定度、提升集貨場運作效能、開拓產品銷售通路、強化印尼方人員執行能力等（國合會，2021）。借助我駐印尼技術團以往輔導農企業經營計畫的成功經驗，與印尼農業部合作推動 2020～2022 年「印尼卡拉旺地區園藝發展計畫」，提供卡拉旺地區農民完整之技術引導，並運用技術團共同運銷體系為農民建立穩定銷售通路，以期達成印尼政府盼提升卡拉旺地區農民收入之目標（國合會，2020a）。

2. 因應天然災害推動人道援助計畫

印尼中蘇拉威西省於 2018 年 9 月 28 日發生芮氏規模 7.4 級強震並引發海嘯，總經濟損失估計約為 28 億美元，逾 2 千人死亡，1 千 3 百多人失蹤，影響超過 240 萬人，災情嚴重。希吉縣（Sigi）為本次重災區之一，該縣 8 成家戶務農，以生產稻米為主，因灌溉設施及農具嚴重損害，生計面臨困境。爰國合會與世界展望會（World Vision）合作推動「印尼中蘇拉威西生計支援計畫」，本計畫協助希吉縣 Lolu 村受災民眾生計恢復獲得改善。 本計畫全程內容包括：（1）透過水井協助受災民眾生計恢復。（2）透過以工代賑的方式協助受災社區及農地清除地震殘礫，農地整地準備復耕。（3）提供社區農業資材及技術協助，鼓勵農民改種高價園藝作物（國合會，2018）。

由於當地多數供水管線與水源受地震破壞，造成供水危機，除民生用水難以取得且廁所無水可用，導致露天便溺比例提高，影響環境衛生。國合會與美慈組織印尼分會（Mercy Corps Indonesia）合作 2018～2019 年推動「印尼中蘇拉威西 WASH（供水與衛生）支援計畫」，協助希吉縣 Sigi-Biromaru、

Gumbasa 及 Dolo Selatan 三鎮受災區居民之基本用水及衛生需求獲得改善。鑑於該計畫執行成效良好,且災區其他地區仍有用水之迫切需求,爰規劃持續推動「印尼中蘇拉威西 WASH(供水與衛生)恢復計畫」,以滿足更多災民基本供水及衛生需求(國合會,2020b)。

(二)東南亞旅遊勝地——泰國

　　泰王國,通稱泰國,舊名暹羅,是東南亞的君主立憲制國家,首都及最大城市為曼谷,人口 5,692,284 人。泰國國土東臨寮國和柬埔寨,南接暹羅灣和馬來西亞,西靠緬甸和安達曼海,東南亞國家協會創始國之一。面積 513,120 平方公里,人口 69,000,000(UNDESA, 2015),以產業結構來分析,泰國的人口主要為農業人口,集中在稻米產地,即泰國的中部和東北、北方。隨著全球化進程,泰國也在工業化過程中,有大約 31.1% 的泰國人口集中在曼谷等大城市,而且在持續增長中。泰國大部分地區屬於熱帶季風氣候。常年溫度不下攝氏 18℃,平均年降水量約 1,000 公釐。11 月至翌年 2 月受較涼的東北季候風影響比較乾燥,3 月到 5 月氣溫最高,可達攝氏 40~42℃,7 月至 9 月受西南季候風影響,是雨季。10 月至 12 月偶有熱帶氣旋從南海經過中南半島吹襲泰國東部,但在暹羅灣形成的熱帶氣旋為數甚少且弱。泰國是世界上知名的佛教國家之一,大多數泰國人信奉佛教,佛教徒占全國人口 95% 以上。不過泰國憲法中並未規定國教,而是保證公民的信仰自由。但憲法規定泰國君主必須是佛教徒。早在清朝時,華人就已經來到泰國謀生,並漸漸融入當地。泰國歷史上建立吞武里王國的就是具有潮汕血統鄭昭。如今,鄭王像仍被泰國民眾虔誠地供奉。泰國華商主要來自於廣東潮汕地區。泰國的重要經濟支柱都由華人把持,不少大型企業都是由華商創辦。華人的經濟地位相比當地泰族原住民較為優越。但因為泰國是個佛教國家,民風淳樸,對華人沒有太多的種族對立。

1. 首都曼谷是國際遊客最多的觀光城市

　　一般認為,泰國經濟體是新興市場及新興工業化國家,依照購買力平價

標準（PPP），泰國於 2013 年國內生產毛額達到 6,730 億美金，泰國在東南亞國家是僅次於印尼的第二大經濟體。依照人均國內生產總值，泰國在東南亞國家排名在新加坡、汶萊與馬來西亞之後，位居中間為第四名，對於寮國、緬甸與柬埔寨周邊鄰國來說，泰國是該區域的經濟體系中心。作為世界稻米市場的其中一個主要出口國，水稻是泰國最重要的農作物，其他主要農產品有魚類、木薯、橡膠、穀物和蔗糖。而加工食品如罐裝鮪魚、鳳梨和冷凍蝦的出口量也在上升。該國北部是黑象牙咖啡（Black Ivory coffee）出產地。泰國成為東南亞國家協會市場的汽車製造中心，豐田和福特是在泰國活躍的汽車製造商。汽車業擴張導致本地鋼鐵生產蓬勃。泰國的電子產業面對馬來西亞和新加坡的競爭，而紡織業面對中國和越南的競爭。泰國的旅遊業比重高於其他亞洲國家，通常占國內生產總值 6% 左右，遊客前往該國的主要原因是海灘娛樂。雖然南部持續叛亂，但曼谷的遊客在過去數年大幅增加，在 2018 年吸引了 2,200 萬遊客，是世界上國際遊客最多的城市。孔劇是泰國傳統舞蹈文化的代表。在古代，只有男性才能演出孔劇，並且只在王宮內才有演出。舞蹈演員會戴上華麗的假面面具，在解說員的解說後起舞，矯若游龍。現在也有由女性擔任主角的孔劇，這種孔劇被稱為「女孔劇」，深受遊客喜愛。泰國菜的特點，講究酸、辣、鹹、甜、苦五味的互相平衡，通常以鹹、酸、辣為主，而帶著一點甜，而苦味則隱隱約約在背後。首次嘗試泰國菜的人都會覺得味道很獨特，因為五味同一時刻顯現在舌頭上，而且有很多調料是東南亞特有的。泰國菜用調料的特點，整體來說善用椰奶，九層塔，香茅，泰國青檸（又稱青檸菜），和辣椒。泰國人的正餐是以米飯為主食（米飯可以是泰國香米，也可以是糯米）。泰拳不僅是泰國的傳統國技，也是泰國最為流行的體育運動項目之一。在曼谷及芭達雅等地有一種特殊的表演藝術——人妖秀，亦是國外旅客到泰國必安排的行程。

2. 友誼永固——臺泰農技合作五十年

泰、緬、寮交界地帶，叢山峻嶺、森林密布，居民生活貧苦，煙梟利誘山民，廣植罌粟，震撼國際。泰王蒲美蓬陛下，為解救人民及肅清煙毒，爰於1970 年於華新行宮接見我駐泰沈大使昌煥請我政府協助，並派遣專家協助發

展山地農業。我政府爰委請行政院國軍退除役官兵輔導委員會所屬福壽山農場，派遣宋場長慶雲率團於 1970 年 8 月赴泰考察研訂支援計畫，是我政府支援「泰王山地計畫」之殷始，由於宋場長長年在泰北的貢獻，至今大家都尊稱他為「宋爸爸」。1973 年，由退輔會首派果樹、蔬菜及森林育苗人員赴泰正式展開支援計畫，之後以每四年為一期，迨至 1993 年 6 月已完成 5 期後達成階段性之任務，本計畫以高價農作物取代罌粟之理想終成事實，「泰王山地計畫」因而於 1988 年榮獲菲律賓拉蒙・麥克塞塞獎（Ramon Magsaysay Award），樹立我農援山地之模式。1993 年退輔會任務完成後計畫理應結束，惟 1994 年當時前總統李登輝「亞洲行」，由於泰國遵守一個中國政策，李前總統無法得到正規行政體系接待進入泰國，最後在畢沙迪親王之安排下，讓李前總統得以進入泰國，並拜會泰王及行政部門重要官員，李前總統返國後指示本計畫不能中斷，遂由國合會之前身海外技術合作委員會（海外會）自 1994 年接手「泰王山地計畫」。

海外會自 1994 年起接手「泰王山地計畫」後，以每 3 年為 1 期，至 2003 年共完成 3 期，派遣農技團從事森林研究與發展、茶作栽培與改良、蔬菜與果樹研究與發展、健康食品與蔬果加工、蔬果殘毒檢測、花卉栽培研究及皇家計畫人員訓練計畫等，此期間國合會於 1996 年正式成立後續接管「泰王山地計畫」。本計畫曾於 2004 至 2009 年間中斷 6 年，2009 年泰國成立皇家計畫基金會，仍由畢沙迪親王擔任主席，隨後在當時我駐泰國烏元彥大使及畢沙迪親王及筆者之運籌帷幄下，自 2010 年恢復兩國之農業合作關係，並重簽技術合作備忘錄，仍以每 3 年為 1 期，第 1 期 2011～2013 年執行「協助泰國皇家計畫基金會執行園藝發展計畫」，主要作物種類為柑橘、百香果、香菇及澀柿等 4 種；第 2 期 2014～2016 年執行「泰國皇家計畫基金會柑橘及百香果植病防治計畫」及「泰國皇家計畫基金會澀柿及菇類生產計畫」等 2 項計畫；第 3 期 2017～2019 年執行「泰國皇家計畫基金會健康種苗生產計畫」及「泰國皇家計畫基金會蔬果病蟲害綜合防治計畫」等 2 項計畫，目前執行第 4 期 2020～2022 年「泰國農民園產品競爭力提升計畫」。臺泰 50 年來之合作關係，完全是建立在誠摯的友誼上，此種友誼誠可謂歷久彌新。

（三）強大的外籍移工——菲律賓

　　菲律賓共和國（Republic of the Philippines），通稱菲律賓，是位於東南亞的一個群島國家。其地理位置處於西太平洋，北隔呂宋海峽與臺灣相望，雙方群島最近的距離為 99 公里，南隔西里伯斯海與印度尼西亞相望，西隔南海與越南相望，東邊則為菲律賓海。作為一個座落於環太平洋地震帶上的熱帶國家，菲律賓常年飽受地震與颱風侵襲，然而其氣候環境也造就了豐富的自然資源與生物多樣性。菲律賓群島由 7,641 個島嶼組成，可分為呂宋島、維薩亞斯群島和民答那峨島三大島群。其國內人口約 9,300 萬人，加上約 1,100 萬海外菲律賓人，2015 年時總人口破億（世界第 12 名），成為東南亞第二個人口破億的國家，僅次於印尼。菲律賓群島上的種族與文化為數眾多，史前的尼格利陀人可能是該地區最早的居民，隨後南島民族的遷徙帶來了馬來文化，隨著宗教與貿易的發展，各地分別受到了印度文化、中華文化與伊斯蘭文化的影響。

　　1521 年麥哲倫探險隊航海抵達此地，隨後西班牙人於 1565 至 1571 年期間開始陸續占領菲律賓群島，其中航海家洛佩茲更以王太子的名字命名為費利佩群島（西班牙語：las Felipinas），展開長達 300 多年的統治。19 世紀末期，菲律賓經歷了對西班牙革命、美西戰爭及美菲戰爭之後，成為美國殖民地，於第二次世界大戰期間被日本占領，並在戰後的 1946 年 7 月 4 日獨立，惟美國仍在菲律賓保留軍事基地。美國在當地留下了英文的主導地位以及對西方文化的認同。獨立至今，菲律賓經歷過數次的經濟快速成長，然而，政局動盪、貪污問題及社會不安成為了阻礙其發展的一大因素。此外，其國內還有嚴重的貧富差距。但是，近年來菲律賓的經濟有所改善，海外打工移民陸續歸國，特別是北部各島嶼、馬尼拉的建設達到新興國家水準，該國在金融風暴之前曾獲得過亞洲四小虎的稱號。

　　菲律賓由 7,107 個島嶼組成，面積 30 萬平方公里，海岸線總長 36,289 公里，居世界第五位，菲律賓各島多丘陵，僅呂宋島中部有較大平原。全國有200 多座火山，其中活火山 21 座。民答那峨島的阿波火山是菲律賓的最高峰，海拔 2,954 公尺；呂宋島的馬榮火山是菲律賓最大的活火山，貝湖是全國

最大湖泊。地震頻繁。菲律賓海岸線長 18,533 公里，多天然良港，森林占地 40%以上，礦藏有金、銀、鉻、銅、錳、鐵等。

　　菲律賓是東南亞國家協會主要成員國，也是亞洲太平洋經濟合作組織（APEC）21 個成員國之一；1945 年 10 月 24 日聯合國建立之時，菲律賓也是其中參與國家。菲律賓華人，幾乎遍布全菲各地。據統計，目前在菲律賓人口的華人約有 1 百萬人，其中先祖來自福建閩南者（泉州、漳州、廈門）十之八九，當中又以泉州為最。菲律賓被世界銀行依購買力平價列為第 36 大經濟體。目前，菲律賓經濟規模居世界第 39 位，2015 年時的國內生產總值（國際匯率）為 2,924.51 億美元，是新興工業國家及世界的新興市場之一。首都馬尼拉為國際第 24 大購買力城市。菲律賓人均所得大約為 2,991 美元（IMF, 2016 年），為開發中國家，貧富差距較大。菲律賓在二戰後的 1950 至 1970 年代之間，曾與日本、新加坡同屬亞洲最富國之一，但在獨裁者馬可仕主政期間，由於裙帶資本主義的腐化與權力尋租行為的橫行，菲律賓的貧富差距不斷擴大，從 1966 到 1971 年，菲律賓儘管字面上失業率從 7.2%下降到 5.2%，實際上貧困卻進一步加劇，至今菲律賓的貪汙問題仍根深柢固，亦冠絕全東南亞，使得全國 1/3 人口處於貧窮線下，每日生活費不足 1 美元。現今菲律賓的產經結構以農業及工業為主，尤其著重於食品加工、紡織成衣，以及電子、汽車組件等輕工業。大部分的工業集中於馬尼拉大都會的市郊。此外，宿霧大都會近來也成為吸引外國及本地投資的另一個地點。菲律賓的礦業有很大的潛力，擁有大量儲備的鉻鐵礦、鎳及銅。近來在巴拉望外島發現的天然氣，也是菲律賓豐富的地熱、水力及煤炭等能源儲備的一部分。每年約有 1,100 萬的海外勞工將從世界各地打拚所得資產帶回菲國，金額高達 250 億美元，造就菲律賓當地經濟蓬勃發展。旅遊業是菲律賓的重要產業之一。國內有大量自然風光，加上曾受殖民統治，興建大量建築，故旅遊資源豐富。漁業是菲律賓重要的產業。菲律賓漁業產值占農業產值的 16.27%。菲律賓與臺灣因專屬經濟海域與重疊問題，曾發生多次漁業糾紛。

1. 從風災後復甦——菲律賓海燕風災健康中心重建計畫

　　海燕颱風於 2013 年 11 月 8 侵襲菲律賓並帶來嚴重災情，Leyte 省為重災

區之一，多數位於村里間之基層衛生站皆在風災中毀損，衛生人員亦大量流失，且缺乏測量或藥品等相關醫療用品的情況下，運作相當困難。當地社區居民因無法得到妥善的醫療服務，爰傳染病爆增（如急性呼吸道、腹瀉及皮膚病等），而女性及嬰幼兒等弱勢族群之處境將更為困難。經筆者率團前往當地評估，乃決定與臺灣世界展望會合作推動「菲律賓海燕颱風災後復甦方案──健康中心重建計畫」，由國合會派遣具備護理與公衛背景的志工到社區服務，協助重新招募與訓練第一線衛生人員，共同提升菲國 Leyte 省社區醫療人員之能力，提供相關支持（如器材與藥品等），進而恢復當地原本之基層醫療服務，使當地民眾可以獲得良好之基礎醫療照護。由於海燕風災波及的範圍極大，備受國際媒體重視，國合會與在菲國深耕多年的世展會合作，讓國際看見臺灣的參與，而國合會志工與世展會當地人員亦受到外界高度肯定。

2. 克服營養不均衡──菲律賓兒童營養整合行動計畫

菲律賓東維薩亞地區（Eastern Visayas）為菲國最貧窮之地區之一，該區 5 歲以下兒童營養不良盛行率高，且營養改善係國際間近來積極推動之主要議題。國合會與世界展望會合作推動「菲律賓兒童營養整合行動計畫」，本案協助計畫目標地區 Leyte 省與 Samar 省 35 村中之 5 歲以下兒童能被適當餵養，提升其營養狀況，並改善當地家庭（包括兒童）取得健康與營養服務之可近性。本計畫全程內容包括：（1）進行以社區為基礎的母乳哺餵支持團體（BFSGs）之能力建構，提供照護者適當餵養之訓練。（2）提供照護者包括兒童照護、公共及個人衛生等訓練。（3）協助體重過輕之營養不良兒童恢復正常。

3. 與國際接軌──國際稻米研究中心（IRRI）合作

國際稻米研究所（International Rice Research Institute, IRRI）設立於 1960 年，總部位於距離菲律賓首都馬尼拉約 1.5 小時車程的 Los Banõs，為國際農業諮詢集團（CGIAR）成員之一，係亞洲歷史悠久且規模完善之國際農業研究機構；其成立目標為藉由稻作試驗及品種改良以減少貧窮與飢餓，並透過國際合作推展農業研究，提供相關訊息成為稻米知識之入口平臺，同時設置有

全球最大的稻米基因庫，以協助與提供相關之遺傳材料供稻作人員試驗研究用等。

　　2015 年，筆者代表國合會在我國駐菲律賓代表處林代表松煥之見證下，與 IRRI 及行政院農業委員會簽署三邊稻米合作備忘錄，依據該備忘錄，國合會將與 IRRI 進行有關「能力建構」、「諮商推廣」與「種原交換」等項目共同合作。2016 年 5 月，我國與 IRRI 合作在 IRRI 總部辦理「稻作收穫後處理暨市場行銷研習班」，計有來自汶萊、印尼、緬甸、菲律賓、索羅門群島、奈及利亞、巴布亞紐幾內亞、及海地等 9 國 17 名學員參加，為期共兩週。2017 年 10 月，國合會與 IRRI、CIAT 及拉丁美洲灌溉稻米基金（Latin American Fund for Irrigated Rice, FLAR），在哥倫比亞卡利（Cali）市 CIAT 總部合辦「優良稻種系統評估與分析」訓練課程，該課程係為國合會駐外技術人員量身定做的客製化訓練課程，期望透過國際農業專業機構的協助，累積我國援外計畫之技術能量，同時也為國合會派駐在外的技術團隊建立專業諮詢管道。未來為能與世界接軌，有關我與 IRRI 之合作關係將建立在三邊合作的基礎上持續進行。

（四）為民主奮戰——緬甸

　　緬甸聯邦共和國，通稱緬甸，是一個位於中南半島西部的單一制共和國（雖然名為聯邦但實質上徒具虛名），亦為東南亞國家協會成員國；其西北毗連印度和孟加拉、東北接壤中國、東南緊鄰泰國與寮國，國土面積約 67.65 萬平方公里，是世界上第 40 大國家、東南亞第二大國，森林覆蓋率超過 50%。人口約 5,567 萬，世界排名第 25 位（IMF, 2016）；南臨安達曼海，西南瀕孟加拉灣，海岸線總長 2,832 公里，占國境線總長約二分之一。首都為奈比多，2005 年以前設於最大城市仰光。

1. 尋找和平的政治方案

　　2010 年 10 月 21 日，緬甸國家和平與發展委員會頒布法令，緬甸正式啟用《緬甸聯邦共和國憲法》確定的新國旗、新國徽，國歌保持不變。2010 年

11 月 7 日，緬甸依據新憲法舉行了一次多黨制全國大選，共有 37 個政黨參加大選。大選選舉出聯邦和省、邦各級議會代表，聯邦議會由上院民族院（224席）和下院人民院（440 席）組成，然後計畫再選舉出總統、副總統，組成新政府。其後，軍政府將向新政府移交國家權力。由於反對派及其領袖翁山蘇姬未能參選，所以這次選舉在國內外備受批評，被指普遍存在舞弊行為。最終聯邦鞏固與發展黨在人民院、民族院分別獲得 259 席與 129 席成為第一大黨。2015 年 11 月 8 日，舉行議會選舉。依據緬甸聯邦選舉委員會在 11 月 13 日公布最新計票結果，由翁山蘇姬（Aung San Suu Kyi）領導的「全國民主聯盟」（NLD）取得合共 390 個席次，跨越了過半數的門檻（總共 664 個議席），取得緬甸聯邦議會兩院的控制權，成為執政黨，全民盟於 2016 年與軍方組建政府。2021 年 1 月 26 日，緬甸軍方舉行發布會對大選中選民名單出現的問題提出質疑，軍方認定去（2020）年底大選存在大規模「選舉舞弊」的情況，並表示不排除存在接管政權的可能性。2021 年 2 月 1 日，緬甸總統溫敏和國務資政翁山蘇姬被軍方扣押，緬甸軍方表態權力已移交給國防軍總司令敏昂來。並宣布實施為期一年的緊急狀態。緬甸多地民眾搶購生活必需品。2021 年 3 月 2 日，東協（ASEAN）外長召開視訊會議後發表聲明，呼籲各方避免激起更多暴力，尋找和平方案解決問題；印尼、新加坡、馬來西亞、菲律賓外長都呼籲釋放緬甸國務資政翁山蘇姬及其他被拘押領袖。新加坡總理李顯龍就局勢發表意見，稱緬甸政府向平民使用致命武力是不可接受。2021 年 3 月 14 日，示威轉趨暴力，發生流血衝突，3 月 27 日，緬甸民眾於建軍節在仰光和曼德勒多個城市上街示威，軍隊武力鎮壓，造成至少 114 人死亡，遇難者包括兒童。共有十二個國家的國防部長發表聯合聲明譴責緬甸軍政府武力鎮壓示威者，聯合國秘書長古特雷斯呼籲國際社會強硬回應緬甸軍政府的行為。

緬甸位於南亞季風區，屬熱帶季風氣候，3～5 月是暑季，6～10 月是雨季，11 月～翌年 2 月是涼季；山地多雨區年降水量達 3,000～5,000 公釐，內陸乾燥區 500～1,000 公釐。緬甸是一個以農業為主的國家，人民每年所得平均約 1,180 美元，從事農業的人口超過 60%，農產品有稻米、小麥、甘蔗等等。其國土的森林覆蓋率達 50%，林區產硬木和貴重的柚木。工業有碾米、木材、石油開採、小型機械製造、礦產等部門。礦產有錫、鎢、鋅、鋁、石油、鋼玉

及玉石，其中紅寶石及翡翠之質素居全球最高。官方語言為緬甸語（緬族的母語），緬甸境內各個少數民族都使用自身的語言。漢語除了在緬甸華人內部外，在緬甸北部少數民族地區也較為通用。許多社會上層人士懂英語。89%的緬甸人信仰上座部佛教，5% 的緬甸人信仰原始宗教，其他則是信仰漢傳佛教、伊斯蘭教、基督新教、天主教、印度教等等。

2. 歡迎光臨——緬甸鄉村微集中式供電站先鋒計畫

緬甸能源使用率和電網普及率甚低，鄉村地區更為窘迫，至 2016 年，仍有 2/3 家戶無法連結電網，故緬甸政府將鄉村供電及照明列為重要的扶貧策略及國家發展目標。本會應緬甸政府請求，依據當地日照充足穩定的特色，搭配我國在太陽光電技術完整且具產業鏈的優勢，與緬甸農業、畜牧暨灌溉部鄉村發展司合作，推動「緬甸鄉村微集中式供電站先鋒計畫」，協助緬甸發展適合的鄉村電力照明計畫。本計畫位置係由緬甸政府指定的中西部馬圭省（Magway Region）及實皆省（Sagaing Region）數個偏遠村莊，並由本會委託工業技術研究院（以下簡稱工研院）專家評估，量身訂作適合當地環境的獨立（off-grid）且集中式（centralized）太陽光電供電站。全村總動員歡迎「光」臨，本計畫歷經顧問團隊工研院 3 次實地勘查，於 2016 年 12 月開始啟動，除規劃 3 座太陽光電系統，並依據當地村民需求規劃適宜村莊電網及省電燈具，提供村莊家戶、寺廟、街道、學校等照明電力。供電站系統及照明設施施工由臺灣專業公司得標，關鍵零組件皆採用業界高規格產品，以高效穩定供電。在計畫建置階段，從桿距測量、電桿製作及電網架設，到電力管理委員會籌組、付費機制設計，以及供電站操作與維護等，皆鼓勵村民參與，確保其習得用電知識與維運要領，以建立村民對供電站的自主營運能力。以座落在離緬甸第二大城曼德勒（Mandalay）超過 12 個小時路程的實皆省村莊為例，村民從開始就積極投入全程參與，協助我國施工團隊克服環境，以牛車接力並渡河運送設備材料。另外，每當開辦教育訓練課程時，村長及幹部就會透過全村廣播，請在農田工作的村民們回到寺廟上課，不僅農民戴著斗笠攜著鐮刀趕來，家中的婦女也是扶老攜幼熱烈參與。本計畫所有硬體工程於 2017 年 6 月中旬檢測竣工，歷經近半年試俥運轉，已穩定提供 560 個偏鄉家庭夜間照

明，讓孩童有更好的閱讀學習環境，村民得以從事夜間農務與家庭副業等經濟活動，並節省購買蠟燭或煤油的支出，2017 年底筆者偕同駐緬甸代表處張參事均宇辦理移交儀式，當地居民對我國協助本項太陽能光電計畫表達無盡感激，充分達成包容性成長及環境保護雙重永續發展目標。

（五）全世界發展最迅速的國家——印度

　　印度共和國（Republic of India），通稱印度（India），是位於南亞印度次大陸上的國家，印度西北部與巴基斯坦和阿富汗接壤，北部與中國、不丹和尼泊爾接壤，東部與緬甸接壤，印度西孟加拉國邦的東面是孟加拉國。印度南面是斯里蘭卡、馬爾地夫等島國。印度西南部與阿拉伯海接壤，東部和東南部與孟加拉灣接壤。面積位列世界第七，是亞洲面積第二大的國家，而實際控制領土面積 316 萬平方公里，印度從北到南全長 3,214 公里，從東到西全長 2,993 公里，印度半島亦是南亞的主體。印度人口眾多，截至 2020 年 11 月印度擁有 13.6 億人口，位列世界第二，按國內生產總值計算，印度現為世界第五大經濟體。印度並非單一民族及文化的國家，民族和種族繁多，印度人中的印度斯坦族占印度總人口的大約一半，各族群都擁有各自的語言文字，僅憲法承認的官方語言就有 22 種之多，其中印第語和英語被定為印度共和國的聯邦官方語言，並且法院裁定印度沒有國語；英語作為共同語言使用在印度非常流行，尤其在南印度地位高於印第語，但受限於教育水準普通民眾普遍不精通英語。印度也是一個多宗教多信仰的國家，號稱「宗教博物館」，世界主要宗教中的佛教和印度教都源自古印度，而大部分印度人信仰印度教；伊斯蘭教作為印度的第二大宗教也有 1 億 8 千萬信徒，自西元 8 世紀隨著阿拉伯帝國的擴張而傳播到印度次大陸，西元 10 世紀後北印度的大多數王朝統治者都信奉伊斯蘭教，其中的莫臥兒王朝（Mugliyah Salṭanat）幾乎征服整個次大陸。印度也是眾多正式和非正式的多邊國際組織的成員，包括聯合國、世界貿易組織、大英國協、金磚五國、四國聯盟、南亞區域合作聯盟和不結盟運動等。

　　印度全境炎熱，大部分屬於熱帶季風氣候，而印度西部的塔爾沙漠則是熱帶沙漠氣候。夏天時有較明顯的季風，冬天則較無明顯的季風。印度氣候分

為雨季（6〜10 月）與旱季（3〜5 月）以及涼季（11〜翌年 2 月），冬天時受喜馬拉雅山脈屏障影響，較無寒流或冷高壓南下影響印度。印度南方是熱帶季風性氣候，北方則是溫帶氣候。乾旱、季風性氣候造成的下雨形成的突發性洪水，嚴重的雷暴雨、地震等是印度的主要自然災害。

　　印度是世界上發展最快的國家之一，經濟增長速度引人矚目。2017 年國際貨幣基金組織評估印度經濟國內生產總值為 2.611 兆美元，是世界第五大經濟體，和英國與法國相差無幾；2017 年世界銀行評估印度經濟國內生產毛額為 2.59 兆美元，印度同樣評比為世界第五大經濟體。印度以耕種農業、城市手工業、服務業以及其支撐產業為主的部分行業已經相對取得了進展，印度有 5.137 億勞動人口，居世界第 2 位，其中 50% 從事農業或農業相關行業，28% 從事服務業及相關產業；從事工業的占 18%。以占 GDP 比例來看，農業占 GDP 的 18.1%，主要農作物包括大米，大麥，油菜籽，棉花，黃麻，茶葉，蔗糖和馬鈴薯。服務業和工業分別占 55.6% 和 26.3%，服務業是世界上發展最快的，從業者人數占全國就業者總數的 28%，主要工業包括軟體、汽車、水泥、化工、消費電子、食品加工、機械、採礦、石油、製藥、鋼鐵、運輸設備和紡織品。印度的海外勞工約兩千五百萬人，所賺取的外匯交易額在 2014 年達到 700 億美元，是全世界第一大外匯交易金額。印度有世界上第四大蘊藏量的煤炭。其他主要的自然資源還有鐵礦、錳、雲母、鐵礬土、鈦礦、鉻鐵礦、天然氣、石油、鑽石、石灰石和可耕地等。除了民族文化與北方地形的豐富使印度旅遊業頗受歡迎之外，由於時差，大批能說英語的人才也投入外包行業（即是外國企業把客戶諮詢，電話答錄等等服務轉移到印度）。另一方面，寶萊塢電影的文化輸出在英語圈乃至全球的影響力不亞於世界主流。同時印度還是很多專利過期藥物的生產地，以低價提供可靠的醫療。近年來，印度政府還大力投資本國高等教育，以利於在科學上與國際接軌，例如自主太空研究、南亞半島生態研究等。印度最重要的貿易夥伴是美國、歐盟、日本、中國和阿拉伯聯合大公國。

　　印度是一個聯邦共和國，多達 7.14 億選民，1,000 多個政黨參與國會選舉，包括 7 個全國性大黨（政黨聯盟）、40 個地區政黨，以及 980 個小黨，號稱全球最大規模的民主選舉。印度總統是國家元首、武裝部隊統帥。總統實

權有限，總理平日掌握實權，總統及副總統任期 5 年，由一個特設的選舉機構間接選舉產生，行政權力主要控制在以總理為首的部長會議（即印度的內閣），議會多數黨向總統提名總理人選，由總統任命總理，然後再由總理向總統提名其他內閣成員，現任總理納倫德拉·莫迪（Narendra Modi），印度國會實行兩院制，包括了上院聯邦院和下院人民院，部長會議對人民院負責。

1. 印度新冠肺炎數位健康創新回應計畫

自 2019 年 12 月底以來，新冠肺炎疫情開始全球蔓延，造成大量人口染疫與死亡。迄至目前為止，印度新冠肺炎確診病例為亞洲第一高、全球第三高之國家，疫情非常嚴峻，已對印度健康照護體系造成嚴重負擔，而當地醫護人員也缺乏足夠支持及相關能力與知識，以適當因應新冠肺炎並減低相關風險。為回應前述情況，爱國合會與世界兒童權利組織（Tdh）合作，推動「印度新冠肺炎數位健康創新回應計畫」，本計畫有效運用數位健康科技，協助印度賈坎德（Jharkhand）邦蘭契（Ranchi）縣 75 所初級醫療機構醫護人員運用數位科技以提供優質醫衛服務並遵循防疫與感控準則以回應新冠肺炎。

2. 令人難忘的達賴喇嘛

2004 年 6 月，筆者奉命前往印度北部達蘭薩拉（Dharamśālā）執行「X 光車贈送計畫」，達蘭薩拉是印度北部喜馬偕爾邦坎格拉縣（Kangra）的一個城鎮。從 8 世紀開始，已有吐蕃人移民至此。在第十四世達賴喇嘛流亡印度後，達蘭薩拉成為了流亡藏人的政治中心，藏人行政中央及西藏議會亦設於此。因此，時常以「小拉薩」聞名；在中文語境中，達蘭薩拉往往是西藏流亡政府的代名詞。達蘭薩拉位於海拔 1,457 公尺山上，甚少與外界接觸，然而當地人得到肺結核（TB）比率很高，為解決藏人肺結核之問題，我國政府同意贈送兩部 X 光車，一部配置於達蘭薩拉，另一部配置於大吉嶺，筆者在達蘭薩拉執行任務期間，達賴喇嘛特別接筆者，對我國提供 X 光車供其人民能防治 TB 散播表達至深感謝，渠得知筆者從事農業，詢問在達蘭薩拉推動有機農業的可能性，筆者復以達蘭薩拉位居山上，推展有機農業係對本地自然環境提供最佳保護，有利於當地之永續發展，並述及兩國政治現狀，對於蔣經國及李

登輝兩位前總統表達印象深刻，筆者亦藉機簡介陳前總統水扁及呂前副總統秀蓮，渠表達過去常努力爭取西藏獨立，但每講一次西藏獨立則藏胞就會遭受屠殺，因此，為保護藏胞，他將爭取西藏獨立主張改為爭取西藏自治，其結果果然奏效，席間雙方相談甚歡，結束時雙方留影，並贈送筆者一尊佛像及一條白色絲帶，象徵友誼永固。

（六）喜馬拉雅山脈區——尼泊爾

尼泊爾是南亞喜馬拉雅山脈地區的一個內陸國家，北與中國相接，其餘三面與印度為鄰，與孟加拉國僅隔 27 公里的走廊。尼泊爾的土地面積為 14 萬 7,181 平方公里，人口 2,972 萬人，加德滿都是尼泊爾的首都，也是尼泊爾最大的城市。加德滿都的海拔約 1,400 公尺（4,600 英尺），三面環山，市區即於山間的加德滿都谷地之中，氣候宜人，有「山中天堂」之美譽。尼泊爾語是尼泊爾的官方語言，尼泊爾的民族分二種，一種是印度教徒（卡斯人），另一種是非印度教民族。由於地處高海拔地區，世界上最高的十座山峰中有八座位於尼泊爾境內或交界，包括最高峰聖母峰，因此也是登山好手的觀光勝地。尼泊爾擁有古老的文化遺產，佛教創始人佛陀釋迦牟尼即出生在尼泊爾。國家主體宗教信仰為印度教，另有少數群體信仰藏傳佛教、伊斯蘭教等。尼泊爾還以驍勇善戰的廓爾喀人士兵聞名於世。18 世紀中期建立了尼泊爾王國，並曾入侵西藏，後成為清朝藩屬國。在 19 世紀初英尼戰爭後尼泊爾割地予英屬印度並與其結盟。尼泊爾為印度教君主制國家。2006 年，國會凍結了國王賈南德拉的權力，2008 年 5 月 28 日，尼泊爾制憲會議正式通過憲法修正案，廢除君主制改國號為尼泊爾聯邦民主共和國。尼泊爾與印度關係特殊，所以不用簽證即可到達對方國內，因此德里、孟買有大量尼泊爾娼妓，尼泊爾也有大量印度工人。1947 年 6 月兩國正式建交。尼印兩國高層往來頻繁。印度是尼最大貿易夥伴和重要援助國。全國近 80% 人口務農。尼泊爾南部為平原，公路設施發達，與印度經濟交流密切。在山區，觀光收入則變得很重要。尼泊爾北部與中國接壤，但北部為喜馬拉雅山脈，山高谷深，交通極為不便。尼泊爾期待與中國加強經濟聯繫，但糟糕的地理狀況（邊境山脈眾多）制約了雙

方人員及物資的交流，這也限制了雙方貿易額的進一步擴大。2006 年之前，尼泊爾是世界上唯一一個印度教王國，其文化也是典型的印度教文化。尼泊爾人不吃牛肉，因為黃牛神聖；不吃豬，因為太汙穢。尼泊爾人死後，由婆羅門主持儀式，用白布包裹屍體，並於 24 小時內火化，骨灰投入河中。尼泊爾人講究送終守孝，雙親去世要刮去全身毛髮，用白布圍身，開始齋戒，所謂守孝是吃齋禁慾 13 日，之後一年不能參加娛樂、飲酒和進廟，一年後才可脫孝服。

1. 災後重建——尼泊爾糧食安全與衛生站重建計畫

2015 年 4 月及 5 月，尼泊爾發生地震規模 7.3 級強震，最大規模達 7.8 級，造成境內 8,673 人死亡，約 2 萬人受傷，農業損失超過 1 億美元，包括 13 萬噸食物與儲備糧食、牲畜及農具毀損，其中廓爾喀縣為本次重災區之一。國合會為協助尼泊爾災後重建，經筆者率團前往現地評估後，乃決定與國際關懷協會尼泊爾分會（CARE Nepal）合作，於 2015～2016 年間推動「尼泊爾廓爾克縣（Gorkha）糧食安全及生計支援計畫」，本計畫旨在協助該縣中至少 850 戶受地震影響之脆弱家戶得以恢復基本生計；並提供耕種訓練、強化目標區域之市場連結，改善市場機制及強化社區恢復能力，以維持糧食安全（國合會，2015）。

2. 糧食安全及生計強化計畫

在前揭計畫所奠定之基礎上，為進一步強化該縣居民之糧食安全與生計，國合會於 2016～2017 年間續推動「尼泊爾廓爾克縣糧食安全及生計強化計畫」。本計畫全程內容包括：（1）透過能力建構協助脆弱家戶（特別是女性、窮困及社會邊緣化之人口），強化糧食安全及以永續農業為基礎之生計；（2）增進農民參與農業價值鏈及與市場之連結，以促進受地震影響社區之農業商業化；（3）輔導脆弱家戶取得資金及市場之管道，以強化微小型企業發展（國合會，2016）。透過此兩項計畫之輔導，除鼓勵農民將種植傳統作物改種為園藝高價作物，並輔導農敏設立農產品包裝場，所有產品直銷當地超級市場，另輔導農民從事打鐵、製鞋、裁縫及手工藝品製作等生計副業，讓農民

的收入較地震前增加約 60%，已明顯改善當地人民之生活。

　　此外，由於受到地震之影響，導致尼泊爾多數衛生站倒塌毀損，無法發揮應有之診療及衛生教育功能，亦增加民眾就醫困難，其中本次地震重災區廓爾喀縣（Gorkha）、辛杜帕爾喬克縣（Sindhupalchowk）、達定縣（Dhading）與多拉卡縣（Dolakha）設有 258 所衛生設施，因震災全倒或部分受損的有 231 所。本案將協助該四縣重建 4 座衛生站及 1 座診所，以提供災民更具品質之健康照護服務。　本計畫全程內容如後：（1）建設配有足夠 WASH（Water, Sanitation, and Hygiene）設施的抗震衛生站，（2）加強社區與健康工作者對災後衛生、疾病與災難風險管理之知，（3）提高社區與健康工作者對疾病爆發管理、防災和 WASH 的管理能力（ICDF, 2015）。

三、結論與未來展望

（一）加強印太戰略下的臺美關係

　　近幾年來由於中國在印度－太平洋地所推動的「一帶一路」計畫，已觸動了美國、日本、澳洲及印度等國之敏感神經，過去我國將本地區稱之為亞太地區，例如亞太經濟合作會議（APEC）等，惟就印度洋－太平洋地區當前情勢已引起激烈的地緣政治競爭，加劇貿易和供應鏈以及技術、政治和安全領域的緊張局勢。此外，人權也受到挑戰，情勢已日益威脅到區域穩定與安全，我國自當有所體認，尤其當中美之競爭關係日益白熱化情形下，常常造成共機擾臺事件，相對造成我國在防衛上的壓力。面對美中關係的重大轉變以及日、韓等國對美國「印太戰略」的支持或和諧合作等主張，我國應可就「印太戰略」中有利我國之戰略目標與利益，搭配「新南向政策」的推動，加強與美國及其他印太國家在經貿及投資領域的實質合作，俾利因應當前國際政經的變動衝擊與風險。至於，在經貿上的因應對策與作法方面，則可持續貫徹包括推動產業升級；加強吸引臺商回臺投資；策略性引導臺商布局全球；分散出口市場與加強貿易監測及出口管理等具體措施因應。國合會可考慮在本地區加

強與臺商的合作，如為臺商訓練所需經貿人才，及推薦來臺就讀高等人力獎學金之新南向國家學生畢業後到臺商經營的公司任職等。

（二）與印太地區國家之發展合作計畫轉型為商業化永續　　　經營策略模式

　　我國自 1959 年首派農技團赴越南至今，農業類型計畫一直是我國重要之援外項目，隨著各國經濟發展，合作項目亦擴展至公衛醫療、職訓、資通訊、農企業、環境及中小企業等類型計畫。近年來，國際間逐漸將發展援助計畫轉型為永續性及商業化發展，例如將過去採用無償援助模式轉型為與當地機構（組織）或私人企業合作模式，應用股權投資方式，待計畫經營穩定後我方再行退出（phase out），而轉由當地組織（機構）或私人企業接手，進而創造成功的公私夥伴關係（Public-Private-People Partnership, 4P），在此種架構下，一方面可真正落實所謂在地化之原則，另一面可扶持當地之產業發展，創造就業機會及促進夥伴國家之經濟發展。就以本地區而言，如印尼、泰國、菲律賓、越南、緬甸、馬來西亞及印度等作為先驅計畫之重點國家，以後視執行成效再考慮予以擴大。

參考文獻

李漢松（2020）。重思「印太」概念的前世今生。私家歷史。取自 https://www.thepaper.cn/newsDetail_forward_10533218

國合會（2021）。印尼萬隆地區強化農企業培育發展計畫（第二期）。取自 https://www.icdf.org.tw/ct.asp?xItem=61975&ctNode=29914&mp=1

國合會（2020）。印尼卡拉旺地區園藝發展計畫。取自 https://www.icdf.org.tw/ct.asp?xItem=58513&ctNode=29914&mp=1

國合會（2018）。印尼中蘇拉威西生計支援計畫。取自 https://www.icdf.org.tw/ct.asp?xItem=53229&ctNode=29914&mp=1

國合會（2016）。尼泊爾廓爾克縣糧食安全及生計強化計畫。取自 https://www.icdf.org.tw/ct.asp?xItem=39276&ctNode=30808&mp=1

國合會（2015）。尼泊爾衛生站重建計畫。取自 https://www.icdf.org.tw/ct.asp?xItem=33603&ctNode=30808&mp=1

國合會（2015）。印尼萬隆地區強化農企業培育發展計畫。取自 https://www.icdf.org.tw/ct.asp?xItem=29570&ctNode=29914&mp=1

國合會（2015）。尼泊爾廓爾克縣（Gorkha）糧食安全及生計支援計畫。取自 https://www.icdf.org.tw/ct.asp?xItem=33256&ctNode=30808&mp=1

國合會（2013）。印尼 OVOP 農企業計畫。取自 https://www.icdf.org.tw/ct.asp?xItem=6420&ctNode=29914&mp=1

國合會（2013）。印尼農企業經營計畫。取自 https://www.icdf.org.tw/ct.asp?xItem=5611&ctNode=29914&mp=1

經濟部國貿局（2016）。新南向政策。取自 https://web.archive.org/web/20170517115310/http://www.newsouthboundpolicy.tw/index.aspx

BHAVAN JAIPRAGAS (2017) *WHY IS THE US CALLING ASIA-PACIFIC THE INDO-PACIFIC? DONALD TRUMP TO CLARIFY*, This week in Asia

Department of Defense, Australian Government(2013) *Defending Australia and its National Interests*, Defence White Paper.

IMF-International Monetary Fund (2016). *World Economic Outlook Database-Indonesia*, https://www.imf.org/en/Publications/SPROLLs/world-economic-outlook-databases#sort=%40imfdate%20descending

Khurana, Gurpreet S. (2007). Security of Sea Lines: Prospects for India-Japan Cooperation, *Strategic Analysis*, Volume 31(1):139-153.

Shinz   Abe (2007). Confluence of the Two Seas, Speech by H. E. Mr. Prime Minister of Japan at the Parliament of the Republic of India, August 22,2007, Ministry of Foreign Affairs (MOFA) of Japan. Retrieved from: http://www.mofa.go.jp/region/asia-paci/pmv0708/speech-2.html

UNDESA--United Nations Department of Economic and Social Affairs (2015). *World Population Prospects: The 2012 Revision*. Retrieved from: https://web.archive.org/web/20140320035709/http://esa.un.org/unpd/wpp/unpp/panel_population.htm

Vivek Mishra (2013). India and the Rise of the Indo-Pacific，*The Diplomat*. Retrieved from: https://thediplomat.com/2013/09/india-and-the-rise-of-the-indo-pacific/

第 *15* 章

帶有原始風味的太平洋島嶼國家

一、太平洋島嶼國家概況

　　太平洋島嶼國家是指分布在太平洋的島嶼國家。太平洋地區幅員遼闊。這裡，除澳洲和紐西蘭外，共有 27 個國家和地區，包括：帛琉（Palau）、巴布亞紐幾內亞（Papua New Guinea）、北馬里亞納群島（Northern Mariana Islands）、法屬波里尼西亞（French Polynesia）、斐濟（Fiji）、關島（Guam）、赫德島和麥克唐納群島（Heard Island and McDonald Islands）、吉里巴斯（Kiribati）、科科斯群島（Cocos Islands）、庫克群島（Cook Islands）、馬紹爾群島共和國（Republic of Marshall）、美國本土外小島嶼、美屬薩摩亞（American Samoa）、密克羅尼西亞聯邦（Federated States of Micronesia）、諾魯（Nauru）、紐埃（Niue）、諾福克島（Norfolk Island）、皮特凱恩群島（Pitcairn Islands）、薩摩亞（Samoa）、聖誕島（Christmas Island）、索羅門群島（Solomon Islands）、東加（Tonga）、吐瓦魯（Tuvalu）、托克勞（Tokelau）、瓦利斯和富圖納（Wallis and Futuna）、萬那杜（Vanuatu）、新喀里多尼亞（New Caledonia）。這些國家和地區由 1 萬多個島嶼組成。這些島嶼分屬美拉尼西亞、密克羅尼西亞、波利尼西亞三大群島區，它們或大或小，宛如一顆顆璀璨的珍珠鑲嵌在浩瀚蔚藍。其中帛琉、馬紹爾群島、諾魯及吐瓦魯等 4 國與我有邦交。

　　太平洋島國是名副其實的袖珍國，它們國小人少，其陸地總面積僅 55 萬平方公里，總人口為 750 多萬。其中，巴布亞新幾內亞面積最大，陸地面積為 45.28 萬平方公里，人口 730 萬；最小的國家諾魯，陸地面積僅 21 平方公里，人口約 1.08 萬。太平洋島嶼國家環境優美，擁有得天獨厚的旅游資源。海天一色的自然風光、獨具特色的熱帶風情吸引著世界各地的遊客，使旅遊業呈現蓬勃發展趨勢。此外，太平洋島國擁有豐富的水產資源和礦產資源。這裡的鮪魚（tuna）產量占世界總產量的一半以上，世界大約有 55% 的鮪魚罐頭產自太平洋地區。

　　巴布亞紐幾內亞漁業資源十分豐富，盛產鮪魚、對蝦和龍蝦，其中鮪魚的儲量占世界總儲量的 20%，年潛在捕撈量為 40 萬噸。此外，巴布亞新幾內

亞的礦藏也很豐富，除了擁有豐富的海底天然氣和石油等資源外，它的銅礦儲量達 9.44 億噸，黃金儲量達 1,831 噸。太平洋島國中最小的國家諾魯曾經是這些島國中的首富。儘管這個國家 21 世紀經濟和財政形勢都比較困難，嚴重依賴外援，但它仍擁有較為豐富的磷酸鹽資源及漁業資源。在諾魯的 200 海里專屬經濟區內，鮪魚的年潛在捕魚量約為 4 萬多噸。

二、太平洋島嶼國家論壇

太平洋島國論壇（Pacific Islands Forum）是一個由太平洋諸國參加的國際組織。該組織的秘書處位於斐濟蘇瓦（Suva），旨在加強太平洋獨立國家之間合作的政府間組織。該組織成立於 1971 年 8 月名為「南太平洋論壇」。2000 年 10 月改名為「太平洋島國論壇」；地理範圍更加上大洋洲——包括澳洲在內的北太平洋島和南太平洋島嶼國家。它是聯合國的觀察員。論壇包括紐澳在內的 18 個成員國，托克勞（Tokelau）1 個準會員，包含聯合國、世界銀行及亞洲開發銀行在內的 12 個觀察員、包含美國、中國、日本、歐盟及南韓在內的 18 個會後對話夥伴及中華民國 1 個發展夥伴。論壇每年由成員國輪流辦理年會，會後再與對話夥伴舉行會後對話會議（post-dialogue），我國 4 個邦交國及部分理念相近國家再與中華民國舉行會後對話會議。

太平洋島嶼論壇的使命是「支持論壇成員國政府，通過促進政府之間和國際機構之間的合作，以及通過代表各方利益，促進南太平洋人民的經濟和社會福祉。論壇成員以論壇同意的方式」。其決定由太平洋島嶼論壇秘書處（PIFS）實施，該秘書處由南太平洋經濟合作局（SPEC）發展而來。論壇秘書處除了在協調各種政治和政策問題的區域立場方面的作用外，還制定了經濟發展、運輸和貿易方面的技術方案。太平洋島嶼論壇秘書長是太平洋區域組織理事會（Council of Regional Organizations in the Pacific, CROP）的常任主席。

澳洲和紐西蘭通常比論壇成員的其他國家更大、更富裕，澳洲的人口約為其他 17 個成員國的兩倍，其經濟規模是其五倍多。澳紐是重要的援助捐助者，也是其他國家出口的重要市場。軍事和警察部隊以及論壇國家的文職人

員，主要是澳洲和紐西蘭，最近參加了其他州的區域維穩行動，特別是在索羅門群島（2003 年～）和諾魯（2004～2009 年），論壇贊助。這項區域努力是由比克塔瓦宣言授權的，該宣言於 2000 年 10 月在吉里巴斯舉行的第 31 屆太平洋島嶼論壇領導人會議上通過。

2011 年 9 月，美屬薩摩亞、關島和北馬里亞納群島的領土獲得了太平洋島嶼論壇的觀察員地位，而 2016 年 9 月，法國領土法屬玻里尼西亞和新喀里多尼亞獲得正式成員資格。

三、30 多年來之太平洋島嶼行蹤

30 多年來在本地區之行蹤，首先於 1996 年參與由當時擔任行政院院長蕭萬長所籌組之慶賀團前往東加、索羅門群島及巴布亞紐幾內亞等三國之 10 週年獨立慶典活動。1999 年組團前往索羅門群島辦理亞太地區團長會議，至此，定期在亞太地區國家及國內輪流舉辦「亞太地區團長會議」建立制度，以定期檢視技術團之工作效益。2002 年前往斐濟首次參與「太平洋島嶼論壇會後對話會議」，之後 2003～2017 年間曾多次參與在諾魯、紐西蘭、吐瓦魯、密克羅尼西亞、萬那杜、庫克群島及帛琉等之論壇會後對話會議。

2004 年 7 月，由筆者（時任海外會第一組組長）與外交部陳俊賢大使（時任專門委員）陪同李源泉、李友吉、陳建民及陳錫章等 4 位立法委員，以及莊光明、徐金錫、盧榮祥與甘俊二教授等 4 位水利會會長所組成的「中華民國國會暨技術合作訪問團」，前往帛琉視察駐帛琉農技團之工作執行情形。同年 9 月率團前往馬紹爾群島舉辦的「太平洋島嶼地區永續漁業與水產養殖國際研討會（International Conference on Fishery and Aquaculture Development in Pacific Islands）」，計有來自馬紹爾群島、帛琉、吉里巴斯、斐濟、密克羅尼西亞、諾魯及中華民國等 7 國 50 餘位專家與學者參加。

2005 年 5 月組團前往索羅門群島、斐濟及巴布亞紐幾內亞等三國，視察駐斐濟農技團、駐斐濟糖業技術顧問團、駐索羅門群島農技團及巴布亞紐幾內亞農技團工作概況與成果。

2006 年 2 月筆者會同人道援助處長王宏慈前往澳洲墨爾本，出席由澳洲援助機構 AusAID 總部分享國合會與 AusAID 在太平洋島嶼地區所進行各項合作計畫之執行情形，出席人員上包括我國駐澳洲代表林松煥大使；隔（2007）年再前往紐西蘭開發援助機構（NZAID）及 AusAID，建立「臺紐澳三邊對話機制」，達到資訊共享，並明瞭臺紐澳三國對太平洋島嶼國家之區域援外活動，及尋求共同合作之可能性，自 2008 年後，由臺紐澳三國輪流舉辦「臺紐澳三邊對話」會議，2009～2019 年間筆者亦多次參與本項會議。

2011 年 2 月，筆者率同稽核人員前往吐瓦魯首度執行「吐瓦魯家戶廢棄物減量」技術協助計畫事後評核任務，甚具指標性之意義，國合會過去在「計畫循環」的方法論上，從計畫界定（Identification）、準備（Preparation）、現地評估（Appraisal）、核定（Approval 及執行（Implementation）等步驟大致可以運用良好，唯事後評核則從未做過，透過本次任務讓研考處同仁得以有參考模式，往後的事後評核之執行得以順遂，並將稽核報告轉化為學術論文，並有多篇論文在學術期刊刊登，本次任務可謂意義非凡。

（一）與美國關係密切的馬紹爾群島

馬紹爾群島共和國通稱馬紹爾群島、馬紹爾（Republic of Marshall Islands），是位於北太平洋的島嶼國家。馬紹爾群島是密克羅尼西亞群島的一部分，土地面積為 181 平方公里（CIA, 2018），海域面積達兩百多萬平方公里，人口為 68,480 人（IMF, 2016），分散定居在由 1,156 個島嶼組成的 34 個珊瑚環礁上。與之在海上相鄰的地區分別是北部的威克島、南部的諾魯、西部的密克羅尼西亞聯邦和東南部的吉里巴斯。人口最多的環礁為馬久羅（Majuro），亦為馬紹爾群島的首都，人口有 37,141 人，全國三分二人口住在馬久羅和伊拜（Ebeye）兩環礁的島上。海岸線長 370.4 公里。屬熱帶氣候，年均氣溫 27℃，年均降水量為 3,350 公釐，5～11 月為雨季，12 月～翌年 4 月為旱季。

日本在第一次世界大戰中占領了馬紹爾群島，並於 1919 年由國際聯盟將其正式移交日本，馬紹爾群島因此受日本南洋廳管轄。第二次世界大戰中，美

國在吉爾伯特（Gilbert）及馬紹爾群島戰事（Marshall Islands campaign）中占領了該群島。戰後，馬紹爾群島與其他的太平洋群島一同受美國治理的太平洋群島託管地管轄。1979 年馬紹爾群島實現自治，並於 1986 年和美國簽署《自由聯合協定》而於同年 10 月 21 日宣布獨立，1991 年，聯合國終止美國託管，接納馬紹爾群島共和國為聯合國會員國。

馬紹爾群島是一個總統制共和國，並與美國達成自由聯合關係。美國提供馬紹爾群島的國防、資金和社會服務。由於島上天然資源並不豐富，馬紹爾群島的經濟依賴於服務業以及部分漁業和農業。其國內生產總值的很大一部分來自美國的援助。馬紹爾群島採用美元作為貨幣。馬紹爾群島的大多數公民具有馬紹爾血統，小部分移民來自菲律賓及其他太平洋島嶼。馬紹爾群島的兩種官方語言是馬紹爾語和英語。幾乎全體國民信仰宗教，約四分之三的國民加入聯合基督教會－馬紹爾群島公理會（United Church of Christ-Congregational in the Marshall Islands,　UCCCMI）或神召會。

馬紹爾群島國內約有 6 萬人，以漁業和農業為主，海域內富有鈷殼和錳結核等資源，魚產豐富。出口貨品主要為冷凍魚、椰子產品及加工品和土產的手工藝品等。馬紹爾群島被美國託管近 40 年，至今仍與美國關係密切。馬紹爾群島使用美元，各種現代商品均相當依賴美國進口。根據《自由聯繫條約》規定，馬紹爾群島軍事防衛任務交由美國執行，國民也可參加美國軍隊。另外，馬紹爾群島國民也可自由進出美國和在美居住、就業和就學，無需簽證（但犯事者可被美國驅逐）。《自由聯繫條約》也規範美國對馬紹爾群島政府的各項財政支援，以及美國陸軍租借瓜加林環礁的條件等。因為各項的支援和撥款項目，美國對馬紹爾群島的事務主要由內政部的島嶼事務辦公室（而非國務院）負責。

馬紹爾群島迄今與全球 90 個國家保持正式外交關係，美國、日本、中華民國在馬紹爾群島設有大使館，菲律賓、以色列、土耳其在馬紹爾群島設有榮譽領事，馬紹爾群島亦於美國、日本、斐濟、中華民國設置大使館。1980 年我國曾派駐有農業技術團，協助馬紹爾群島蔬果試種與栽培示範及家畜禽飼養示範與推廣（海外會秘書處，1997），1990 年馬國與中國建交後，我駐馬農技團撤離。1998 年 11 月 20 日馬紹爾群島與中華民國建交，1999 年 8 月，駐

馬紹爾技術團再度進駐至今。

1. 糧食安全與營養為臺馬雙方合作的主軸

　　馬國民生物資長年仰賴進口，尤其是便宜、且易飽足之罐頭及肉類、澱粉食品；進口之生鮮蔬果不易保存，相對售價高，供銷量少。不均衡的飲食習慣，是生活形態疾病（lifestyle diseases）的溫床，造成糖尿病、肥胖等之罹患率偏高。慢性疾病及相關併發症引發之死亡成為馬國人民主要死因之一，加上馬國醫療資源不發達，照護成本及轉診耗費甚鉅。馬紹爾政府意識到此問題嚴重，積極鼓勵馬國農民提高當地作物生產，尤其首都，及確保外島糧食安全，倘能增產當地蔬果，希冀能讓民眾較有能力負擔，並透過教育行為，改善膳食內容偏頗之情形。有鑑於此，國合會與馬紹爾群島共和國資源發展部及外島市政府等單位合作，於 2011～2014 年推動「馬紹爾群島園藝計畫」，營運蘿拉示範農場，提供育苗、資材、堆肥供應及代耕服務，舉辦農業講習訓練，輔導推廣戶擴大蔬果生產，協助增加馬紹爾之蔬果產量，集結產銷班進行技術及農產品共同運銷輔導，應用技術團合作農場生產之種苗，提供推廣戶及學校等單位生產蔬果，建立校園菜圃；同時輔導外島蔬果栽培，協助外島農業資材之取得，於外島推廣容器栽培及建立育苗場等，藉此提升蔬果產量。舉辦烹飪示範，推廣民眾食用蔬菜，以提高馬國人民蔬菜攝取量，倡導均衡飲食觀念（國合會，2014a）。

　　由於馬國食品進口量約占總進口物資量的 30%，糧食價格易受國際波動影響；且馬國各環礁分布廣闊，運輸費用高昂，使外島食物價格較首都更為昂貴。近年受氣候變遷的影響，外島經常發生旱災，導致食物減產。馬國傳統作物能適應當地貧瘠土壤，穩定糧食供應。爰國合會與馬國資源發展部合作推動 2015～2020 年「馬紹爾群島園藝計畫」（第二期），盼透過本計畫提升在地傳統作物生產量，在蘿拉農場設立種苗供應中心，供應馬國傳統作物種苗需求，提高馬國傳統作物產量，減輕外島人民糧食支出負擔，提升生活品質，強化糧食供應安全（國合會，2015a）。另配合馬國國家發展策略並銜接上一階段計畫推廣蔬果生產與食用的成果，進一步強化馬紹爾人民對均衡營養之正確觀念與飲食習慣，藉此逐步降低罹患慢性病風險。爰推動 2021～2024 年

「馬紹爾運用農業生產促進營養均衡計畫」，本計畫主要內容包括：（1）提升蔬果生產方式的多元性及效率，並增設外島衛星農場以擴大蔬果生產量；（2）改善馬國人民食用蔬果的意願；（3）提高合作校園之團膳蔬果供應量以提升學童營養攝取；（4）整合跨部門／組織資源建立國民健康管理機制（國合會，2021）。

在蛋白質供應方面，馬紹爾群島共和國總人口數 68,480 人，豬肉總消耗量約為 124 公噸（2011 年馬國農產品進口資料及生鮮屠宰概估），自給率約占 27.8%，每年人均豬肉消耗量僅 1.6 公斤，豬肉攝食量極低於一般開發中國家，達成糧食安全目標仍有相當距離。當地大多以放牧飼養方式，豬隻營養不均衡，生長緩慢；且由於豬隻品種不良，生育頭數少等因素，以致國內生產的豬隻數量不敷所需。馬國自產養豬飼料原料闕如，飼料需依賴國外進口，平均養豬商業飼料成本每公斤約為 0.78 美元；農民養豬飼料取得管道及成本，成為影響養豬發展重要因素。爰國合會與馬紹爾共和國資源發展部外島市政部合作，於 2011～2014 年推動「馬紹爾群島畜牧計畫」，期透過本計畫協助馬國改善當地豬隻體型與生長性能、提升當地養豬頭數與飼養技術、改善小農經濟，實施教育訓練、技術指導，建構馬方自主永續經營能力（國合會，2013）。另考量馬國外島普遍缺乏電力等基礎設施，新鮮的食材無法長時間保存，使進口的未加工冷凍肉類無法運送至外島。依據報導外島居民蛋白質攝取超過 80% 依賴當地食物供應，遠高於馬久羅地區（約 22% 依賴當地生產的食物）。爰國合會續推動 2015～2020 年「馬紹爾群島畜牧計畫」（第二期）。以提供仔豬，協助外島居民飼養及繁殖，除可以穩定供應蛋白質食物來源，亦可以提高家戶收入，改善生活品質（國合會，2015b）。另因全球氣候變遷及過度捕撈的情況不斷惡化，馬國人日常為食的近海沿岸捕撈魚獲逐漸減少，因此馬國政府基於該國糧食安全政策向我駐館提出計畫概念，經與我方初步審查後將所提內容擬定為 2021～2024 年「畜牧擴展計畫」，希望透過此計畫提升當地國產豬肉質量來彌補逐漸不足的海洋蛋白質。本計畫將延續上期畜牧計畫成果並開始於本島培養核心養豬戶增加豬隻供應，並在該國人口第二多的瓜加蓮（Kwajalein）環礁拓展豬隻生產據點，進一步強化馬國兩大經濟區的養豬產業，並逐步連結生產者與當地正式市場以期提升計畫成果的永續性。

2. 能源效率提升與再生能源使用對馬國能源政策仍屬重要

國合會與馬國財政部於 2016 年簽訂合約，推動「馬紹爾家戶能源效率及再生能源貸款計畫」，本計畫包含能源效率及再生能源二大項目。受益家戶可向馬紹爾開發銀行（Marshall Islands Development Bank, MIDB）申請 2 種類型之子貸款：（1）能源效率子貸款——替換耗能家電設備與燈具以及更新老舊線路，以改善家戶能源效率；（2）再生能源子貸款——裝設家戶型太陽光電系統，以減少使用以化石燃料發電為主之電網供電。

欲申請能源效率子貸款之家戶須先經馬紹爾電力公司（MEC）進行能源稽查（energy audit），檢視應汰換之電器設備並確認是否具成本效益後，由 MIDB 依其授信原則核貸。一旦家戶之能源效率經 MEC 稽查後確認符合標準，家戶即可向 MIDB 申請再生能源子貸款。

本案於 2017 年 11 月在德國波昂舉行之聯合國氣候變化綱要公約第 23 次締約方大會（COP23）之周邊會議上發表，經以國際認可之 CDM 方法學估算，預期可達每年 992 噸之二氧化碳減量成效，獲得包括聯合國氣候變化綱要公約秘書處代表及各國專家之關注。

（二）以觀光發展為導向的太平洋島國——帛琉

帛琉共和國（Republic of Palau），通稱帛琉（Palau），是位於西太平洋的島嶼國家。全國有約 340 座島嶼，屬於密克羅尼西亞群島中加羅林群島（Caroline Islands）的西鏈，總面積為 459 平方公里，人口 21,516 人（CIA, 2018）。人口最多的島嶼是柯羅（Koror）。首都恩吉魯穆德（Ngerulmud）位於臨近島嶼巴伯爾道布島（Babeldaob），隸屬於美麗坵州。帛琉的海上鄰國包括印度尼西亞、菲律賓和密克羅尼西亞聯邦。約 3,000 年以前，來自菲律賓的移民最先在這裡定居；直到約 900 年以前，當地人種都屬於尼格利陀人（Negrito 矮黑人）。群島在 16 世紀初被歐洲人發現，1574 年成為西屬東印度群島的一部分。1898 年，西班牙在美西戰爭中被擊敗；1899 年，根據德國－西班牙條約，群島被出售予德意志帝國，隸屬於德屬新幾內亞（德語：Deutsch-Neuguinea）。第一次世界大戰期間，帛琉被日本帝國海軍占領，隨後

被國際聯盟交由日本「委任統治」，歸入南洋諸島。第二次世界大戰期間，作為馬利安納群島及帛琉戰事（Mariana and Palau Islands campaign）的一部分，美軍與日軍在此進行過多次小規模戰鬥，包括主要的貝里琉戰役（Battle of Peleliu）。1947 年，帛琉同其他幾個太平洋群島一起成為美屬太平洋群島託管地的一部分。1979 年，帛琉公投反對加入密克羅尼西亞聯邦；帛琉於 1978 年開始尋求獨立，並獲得了菲律賓、中華民國與日本的支持。1981 年 1 月 1 日成立帛琉共和國，根據與美國之間的自由聯合協定（Compact of Free Association），以及 1993 年 11 月第 8 次公民投票始獲通過，帛琉在 1994 年完全獨立。

帛琉總統為國家及內閣組織的最高元首，每四年由帛琉人民選舉產生。現任總統為惠恕仁，於 2021 年 1 月 21 日就任，任期 4 年。內閣設 8 部，分別為國務部、財政部、基建工商部、社區暨文化部、教育部、衛生部、司法部及自然資源環境暨觀光部，部長由總統任命並須經參議院同意。帛琉國會實行兩院制，分參（Senate）、眾（House of Delegates）兩院。參議員共 13 名，按人口比例由全國選區（Senatorial District）選出，眾議員共 16 名，由 16 個行政區各選出 1 名，兩院議員任期均為 4 年。

截至 2019 年，帛琉共和國已與 90 個國家及政治體建立外交關係，詳見帛琉建交列表。並在美國華盛頓與紐約、中華民國、日本、菲律賓等地設立外交代表機構；中華民國、日本及美國也在帛琉設館，並派駐大使。帛琉共和國與中華民國於 1999 年年底建交，雙方緊密友好的外交往來。1984 年 6 月，臺灣與帛琉簽訂農技合作協定，依據該協定由我方派遣農技團協助帛琉從事稻作、蔬菜與果樹栽培示範，並提供養豬、養雞技術，以協助帛琉發展。

帛琉係由一個大堡礁和無數小島和較少堡礁構成。主島本身其實也由多個小堡礁構成，較大的有安加爾、Babeldaob（Babelthuap）、Koror、Peleliu。亦因為當地有大量珊瑚，故其有大量來自海洋生物的屍體沉降累積而成的石灰岩，甚至成為其附近雅浦島，雅浦島石幣的製作原料。全國有 2/3 人口在舊都柯羅居住。帛琉的氣候屬熱帶雨林氣候，全年平均溫度約 28.9℃。全年皆為雨季，平均全年降雨量為 380 釐米，平均濕度為 82%。雖然降雨主要集中在 7～10 月，但這段期間也經常陽光普照。帛琉偏離颱風主要路徑範圍，因此鮮少

受到熱帶氣旋影響，僅有 2013 年颱風海燕以極高強度直襲帛琉，所幸未在當地造成嚴重傷亡。在帛琉，熱帶雨林覆蓋大多數的島嶼，有黑檀木、孟加拉榕樹、麵包樹、椰子樹、露兜樹等，這些熱帶雨林形成綠意盎然的樹海。同時帛琉還有野生紅樹林與熱帶大草原生態可以探訪。

帛琉海底生物形形色色，場面壯觀包括超過 1,500 種的多樣魚類、700 種的珊瑚和海葵。帛琉政府指定了洛克群島（Rock Islands）中 70 個無人居住的島嶼作為海洋生態保護區，禁止民眾進入，以充分保護海龜與海鳥的生態環境。2020 年 1 月 1 日起帛琉政府為了保護珊瑚礁與海洋生態，禁止使用有害珊瑚礁的防曬乳。

旅遊業是經濟的支柱，除此之外還有農業和漁業。每年約有共 120,000 外國人來帛琉經商或觀光。政府是本國最主要的雇主，但國家經濟很大程度上依賴美國的經濟援助。儘管如此，人均國民收入是菲律賓和大多數密克羅尼西亞國家的兩倍。帛琉的旅遊市場正在傾向於吸引更多來自東亞的遊客，並希望外國投資可以幫助他們興建更完備的基礎設施。帛琉全國共有 3 個機場，分別位於主島、貝里琉和安加爾島上。其中帛琉國際機場為唯一的國際機場，位於主島南部，埃拉伊州境內。 日本航空、大韓航空、聯合航空、中華航空等提供連接東京、首爾、關島、臺北等航班。

1. 糧食安全與營養計畫是臺帛兩國合作的重點

帛琉國民因飲食西化與新鮮蔬果攝食不足等因素，有營養不均與肥胖的健康問題，可能成因與國 進口食品便宜、蔬果生產力低、飲食習慣不佳、及健康觀念不足等因素有關。概因上述問題非短期內能解決，為能永續建構帛琉國民的蔬食習慣，並在脆弱島嶼環境下持續生產當地蔬果，達成健康營養改善的願景，國合會與帛琉資源環境暨觀光部合作，推動 2016～2018（3 年）「帛琉園藝生產與營養提升計畫」，本計畫擬由學校教育環節切入，培養學童蔬菜生產與健康營養，另外在示範農場發展多種類蔬果生產技術，逐步達成永續的行為改善目標。計畫主要活動包括：（1）協助校園農場季節性生產至少 15 種有機蔬果供應學童團膳；（2）示範農場發展推廣至少 30 種蔬果暨根莖作物生產技術；（3）每年從廚藝競賽佳作製作在地蔬食譜一份；（4）製

作符合受益人（學童、消費者、推廣農戶與零售商）需求的有機蔬果週年栽培技術手冊一份；（5）完成符合區域市場需求的園藝暨營養調查報告一份（國合會，2016）。

另考量帛琉係屬島國，其日常生活與消費，多仰賴進口；復加上近來全球暖化的影響，油價上升，糧價高漲，糧食安全議題已成帛琉政府目前最重視的問題之一。另外，由於帛琉國人長期學習美國式飲食習慣，放棄原有耕作與主食，導致營養失調，進而造成過度肥胖，心血管、糖尿、腎臟以及癌症疾病比例偏高，帛琉總統亦因此頒布緊急命令，以降低國人肥胖比例作為全國施政重點。因此，在配合帛琉政府的發展政策之下，臺帛雙方續推動 2019～2023年（4 年）「帛琉園藝推廣計畫」，本計畫係以協助帛琉政府達成「糧食安全」與「營養均衡」為目標計畫，另為增加農民收入，將研發相關蔬果加工產品來提高附加價值。

2. 協助帛琉發展微小中企業是一項新的嘗試

帛琉銀行業之貸放總額僅為該國 GDP 之 16.5%，遠低於太平洋島國平均之 47.6%，此係帛國商業銀行吸收之存款資金大多流向海外，僅少部分用在國內貸放之故，致當地私人部門不易取得營運及成長所需資金。國合會與帛琉國家發展銀行（NDBP）於 2020 年 3 月簽約，推動「帛琉婦女、青年暨中小企業轉融資計畫」，本計畫係提供長期資金予帛琉國家發展銀行（NDBP），以強化 NDBP 之資本結構，增進該行對婦女、青年和中小企業之貸放能量，讓帛琉之經濟發展更具包容性（國合會，2020）。

3. 椰子蟹及水果蝙蝠是帛琉特有的生物

2004 年，當筆者首次拜訪帛琉時，曾到當地知名的餐廳用餐，我駐館秘書為大家點菜後，不久後餐廳服務生送來一盅湯品，第一口品嚐其湯頭後，感覺湯含有中藥味還蠻不錯的，隨之用筷子夾起內容物來享用時，其肉質與骨頭均與臺灣的烏骨雞十分相似，不疑有它迅速將整盅湯吃完，餐後駐館秘書帶著筆者到餐廳後花園，對著一顆大樹上面倒掛著一隻隻的動物，說剛剛吃的湯品就是這個東西去熬煮的，趨前仔細一瞧猛然發現竟是蝙蝠，煞時整個

人幾乎傻住不知如何自處，原來它是一種水果蝙蝠（果蝠），是帛琉的特產，牠們更跟一般肉食性的恐怖蝙蝠不同，而是草食性的，體積也較大，目前帛琉政府已將果蝠列為保育類動物。此外，椰子蟹的兩隻螯足相當鋒利，在剪起椰子時又快又準因而得名，由於椰子蟹的肉質鮮美，常為當地餐廳的桌上佳餚，遠近馳名，由於過度捕捉，帛琉政府亦將椰子蟹列為保育類動物。

（三）世界上最難抵達的國家──吐瓦魯

吐瓦魯（Tuvalu）是一個由九個環形珊瑚島群組成的島國，位於南太平洋，屬於大洋洲。由於地勢極低，最高點僅海拔四公尺，因此溫室效應造成的海平面上升對吐瓦魯造成嚴峻威脅，是全球遭受全海平面上升威脅最嚴重的國家。吐瓦魯是世界上最低度開發國家之一。吐瓦魯面積狹小，僅有二十六平方公里的國土（IMF, 2016），位居全球主權國家中倒數第四，僅大於諾魯、摩納哥與梵蒂岡，人口 11,147 人（CIA, 2018），三分之一居住在首都富納富提（Funafuti）。由於地方偏僻且缺乏旅遊資源，吐瓦魯是全世界最少遊客到訪的國家。1974 年，基於種族紛爭，屬於玻里尼西亞人（Polynesians）的埃里斯群島居民要求投票，和密克羅尼西亞人（Micronesian）為主的吉爾伯特群島（Gilbert Islands）分開。之後，吉爾伯特群島宣告獨立，並將國號以本國語言改稱吉里巴斯（Kiribati）；埃里斯群島在 1975 年改稱吐瓦魯群島，並於 1978年獲英國准許獨立。

吐瓦魯氣候屬熱帶海洋性氣候，最高溫度叮達攝氏 40 度，最低溫約攝氏22 度，一般平均氣溫約介於攝氏 26 至 32 度之間。全年雨量在 3,000 至 3,500公釐之間。11～翌年 3 月降水較多，月降水量達 300 公釐以上。4～10 月降水較少，月降水量在 200～300 公釐（Commonwealth Scientific and Industrial Research Organization，2011）。

1. 天然資源缺乏的小國

吐瓦魯幾乎沒有天然資源，它的主要收入來自外國的援助，主要產業為捕魚業及旅遊業，但因為它地處遙遠，所以每年只有少數旅客到達。另出售

郵票亦為吐瓦魯財政來源之一。吐瓦魯陸地小，土地貧瘠，幸海產豐富，盛產鮪魚，是世界魚翅的主要產地，但技術落後，開發不足。依賴與外國漁業合作，出售捕魚許可證為重要經濟來源；與日本、韓國和中華民國簽有漁業協定，每年可獲捕魚費 30 萬澳元。吐瓦魯長年依賴英國、澳洲、紐西蘭、中華民國、日本、歐洲發展基金和聯合國開發計畫署提供財政援助。吐瓦魯經濟尚屬「自然經濟階段」，捕撈、種植為主要經濟產業活動，吐瓦魯基本上還沒有工業。家族是生產和生活的最基本單位。集體勞動，主要從事捕魚和種植椰子、香蕉、芋頭，所獲物品在家族內平分。吐瓦魯流通貨幣為澳元。儘管經濟規模小，但財政管理頗為謹慎，經常保持盈餘，並無累積龐大外債。首都所在的富納富提（Funafuti）本島對其他 8 島有交通船往返，其中最南邊紐拉基塔島（Niulakita）因人口過少，沒有固定交通船往返。船班每 3 個月調整一次。

吐瓦魯與英國、紐西蘭、澳洲關係較深。與斐濟關係密切，在斐濟設有高級專員署，在中華民國、紐西蘭、比利時與美國則設有大使館。目前中華民國於吐瓦魯設有大使館、澳洲則設有高級專員公署，其餘各國並未在吐國設館，僅以駐在鄰近國家之大使兼使吐瓦魯。吐瓦魯參加的國際組織有亞太經社會、太平洋島國論壇、太平洋共同體、萬國郵政聯盟、亞洲開發銀行及聯合國教科文組織。

2. 推動糧食安全與營養促進計畫

為協助吐國人民蔬果作物栽培技術並示範生產，使蔬果攝食觀念能廣為吐國人民所接受，進而輔導校園菜圃推動營養午餐計畫，並擴大家庭菜圃之蔬果生產，以降低進口比例、提高自足率，國合會乃與吐瓦魯自然資源及土地部合作推動 2011～2014 年「吐瓦魯園藝作物發展計畫」，推展家庭菜圃及校園菜園，提供種源援助給各社區自行繁殖種苗，生產蔬果，增進營養均衡觀念。增建堆肥廠乙座，建立堆肥標準作業流程（SOP）及編列堆肥製作手冊，並設立堆肥營運循環基金，移轉內政部廢棄物管理局。宣導家庭菜圃作物組合、建立輪作制度建立及使用堆肥（國合會，2014b）。

吐國政府認同我國於吐京本（Funafuti）島（以下簡稱 F 島）示範農場之合作執行結果，迄今農場面積亦已增加為原來 5 倍，然而因 F 島土地面積

（約 2.6 平方公里）限制，吐國政府無法在本（F）島提供多餘土地擴充農業栽培規模；又吐國其他 8 外島嶼分散、距離遙遠、運輸船班不定期等不利因素影響，使原農業推廣活動偏重於首都地區，吐國最大島 Vaitupu 外島（以下簡稱 V 島）居住人口約占全國之人民 20%，皆無法藉示範農地提供之蔬果而獲益；吐國國家發展策略書（TE KAKEEGA II STRATEGIC），「提高農產品產量」為吐國主要農業發展策略；WHO 亦明確指出蔬菜攝取不足為全球人口 10 大死亡因子之一，吐國 Vaitupu 外島（以下簡稱 V 島）人民「蔬果攝取量偏低」問題尤其嚴重，經評估後發現其原因如下：（1）V 島 Elisefou 農業中心為淺層砂土地質，故灌溉用水缺乏、集水困難，且中心園區道路尚未妥善規劃造成農業生產活動不便。（2）當地人民飲食習慣喜攝取結球萵苣，惟當地日均溫高生產不易，而適合之耐旱、耐鹽分園藝作物未推廣栽種。（3）V 島天然資源部官員和農民缺乏輔導，且無完善農業推廣訓練中心。（4）V 島學生膳食纖維攝取比例偏低，且膳食纖維對人體營養重要性相關知識未普及。為協助吐國人民提升蔬果攝取量，成前一期園藝計畫之推廣基礎，續推動 2015～2020 年「吐瓦魯園藝擴展計畫」（國合會，2015b）。

　　另為協助我友邦吐瓦魯國增產蔬果、外島栽培技術推廣，並促進營養與健康飲食觀念，以增進吐國全民健康，爰國合會續推動 2021～2024 年「吐瓦魯蔬果增產暨營養提升計畫」。計畫主要內容為：（1）指導 Vaitupu 島希望農場蔬果栽培技術，協助 Motufoua 中學自有農場蔬果栽培示範，穩定提供 Motufoua 中學團膳與島民食用之蔬果；（2）強化吐國氣候韌性農業栽培並加強外島農業推廣員之技術能力；（3）輔導本島友誼農場蔬果栽培示範，並於本島之 Funafala 小離島增設蔬果產區，增加吐京蔬果市集之蔬果種類與數量；（4）辦理蔬果營養宣導、烹飪與競賽活動，以增進蔬果食用興趣；並派遣短期營養專業人員調查受益學生實際攝取蔬果量、多元膳食分數、營養知識、態度與行為（國合會，2021b）。

（四）曾是太平洋島嶼最富有的國家──諾魯

　　諾魯共和國，簡稱諾魯（Nauru；舊稱：Pleasant Island），是位於南太平洋

密克羅尼西亞群島的島國。最接近的國家是吉里巴斯的巴納巴島，在諾魯以東約 300 公里。諾魯國土面積為 21.3 平方公里（Republic of Nauru, 2021），是世界上最小的島國，也是世界上第三小的國家，僅大於摩納哥及梵蒂岡。諾魯的人口約 11,000 人，位居世界倒數第三，僅多於吐瓦魯及梵蒂岡。

　　諾魯的原住民是密克羅尼西亞人和玻利尼西亞人，在 19 世紀末被德意志帝國吞併成殖民地（McDaniel and Gowdy, 2008）。第一次世界大戰後，諾魯成為國際聯盟託管地，由澳洲、紐西蘭和英國共同管治。第二次世界大戰諾魯被日本占領，作為入侵太平洋的跳板。戰後諾魯再被託管，直至 1968 年才獲得獨立，並於 1969 年加入太平洋共同體（South Pacific Community, SPC）。綜觀 20 世紀上半葉，諾魯是一個由執政者掌握主要經濟資本的國家。由於諾魯是一個由磷石組成的島嶼，沉積接近地面而能進行簡單的露天採礦。1907 年起太平洋磷酸鹽公司開始在島上採礦，1919 年組成英國磷酸鹽委員會；獨立後由國營的諾魯磷酸鹽公司繼續開採。直至 1980 年代沉積耗盡前，諾魯仍是磷酸鹽的主要出口國；因此，諾魯政府在 1960 年代末至 1970 年代初期間曾自誇其人均收入是所有主權國家之中最高（約 9,000 美元）。然而諾魯原住民並沒有充分運用這些財富，隨著磷酸鹽儲量的枯竭和採礦帶來的環境惡化，再加上管理全島財富基金的減值，諾魯政府求助於一些不尋常的方法來獲得收入。在 1990 年代，諾魯成為一個避稅天堂和洗錢中心。從 2001 至 2008 年及自 2012 年起，諾魯接受澳洲政府的援助，並建立一個拘留所處理非法進入澳洲的難民以作為回報。由於嚴重依賴澳洲，因此諾魯也被認為是澳洲的僕從國。在外交方面，諾魯是聯合國會員國，同時也是太平洋島國論壇、大英國協以及非洲、加勒比和太平洋國家集團的成員國。

　　諾魯是一個總統制的共和國，總統既是國家元首，亦是政府首腦，由國會選舉產生，總統候選人必須是國會議員。現任總統為雷昂納爾・安格明（Lionel Aingimea），於 2019 年 8 月起擔任諾魯總統，任期 3 年。內閣由 6 人組成，每一位內閣成員都兼任多部會的首長，由總統直接任命。立法機關為國會，採用一院制，諾魯全國共有 14 個行政區，選舉時全國分 8 選區，選出 19 名議員，一任 3 年。

　　諾魯與澳洲外交關係密切，並以澳元作為官方貨幣。除了正規的國防安

排外，在 2005 年 9 月更簽訂諒解備忘錄，澳洲向諾魯提供財政及技術支援，包括指派一名財政部長，為諾魯準備財政預算、以及作為諾魯衛生和教育事務之顧問，而諾魯政府以建立一個處理非法進入澳洲者的拘留所作為回報。

　　諾魯位在西太平洋赤道以南約 42 公里，為一個橢圓形的珊瑚島，海岸陡峭。沿岸有寬 150〜300 公尺、海拔 30 公尺的海岸帶，是全國唯一的農業區。中部為臺地，最高點為海拔 71 公尺（司令嶺）。全島 60% 被磷酸鹽所覆蓋，無河流，西南部僅有一個鹹水湖（布阿達湖）。

　　諾魯曾是太平洋上三大磷礦石的生產地（另外是在吉里巴斯和法屬玻里尼西亞），但島上所有礦產均已耗盡，使中部臺地留下貧瘠地形，例如高達 15 公尺的鋸齒狀石灰岩尖頂。近一個世紀的採礦不但破壞了約 80% 土地，亦使專屬經濟區受到影響，約 40% 海洋生物因泥沙和磷礦的逕流而死亡。

　　諾魯缺乏天然淡水資源，雖然屋頂的雨水箱能收集雨水，但居民大多依靠在諾魯公共事業中心的 3 個海水淡化廠。諾魯由於遍地皆磷，因此井水鹽分過高，不能飲用或灌溉。

　　諾魯的原生維管植物約 60 種，無特有種，原生植被受人工種植的椰子農作物、採礦和其他外來植物破壞，造成嚴重影響。諾魯有各種鳥類（包括罕見的諾魯葦鶯）、昆蟲和螃蟹，而哺乳動物都是外來物種，如坡里尼西亞鼠、貓、狗、豬、雞等動物均是從外地進口的。

　　諾魯接近赤道和海洋，因此全年濕熱，屬熱帶雨林氣候，在每年 11 月至 2 月期間均受到季風雨影響。受到聖嬰──南方振盪現象影響，年降雨量的變化甚大，甚至導致幾次重要的乾旱。由於是島國的關係，因此較易受到氣候變化和海平面上升影響，但變化卻難以預測。諾魯的白天氣溫介乎在攝氏 26 度（華氏 79 度）至 35 度（華氏 95 度）之間；晚上氣溫介乎攝氏 22 度（華氏 72 度）至 34 度（華氏 93 度）之間。

　　諾魯在第三世界中屬於較富裕的國家，國民所得曾高達 9,000 美元，國家經濟以磷酸鹽開採和國外房地產為主要支柱，在 80 年代初達到巔峰。磷酸鹽礦分布占全島面積的 70% 以上，是世界主要磷酸鹽生產和出口國之一，是國家主要的收入來源，磷礦乃繼承自億萬年所累積的海中有機物和鳥糞。採礦公司的礦場和工廠都是聘請外國人操作，大部分是吉里巴斯和中國人。磷礦

主要銷往澳洲、英國、日本、紐西蘭等地；以往磷酸鹽外銷所得曾占政府收入的半數，然而在長期密集開採之下，該項礦藏已面臨耗竭。除了礦業外，地上還有許多椰子、甘蔗、香蕉和蔬菜等農作物，一般農產品和魚類勉強可以自給自足，但是主要的糧食、淡水和日用品都要依賴進口，其中米和麵粉多由英國、澳洲和紐西蘭輸入，肉類由澳洲供應，日用品多來自臺灣、日本和香港。

諾魯居民並不需要繳稅，甚至免除進口關稅，國家全部醫療都是由政府負擔，住屋也是由政府修建和保養，如果政府在人民的土地上蓋房子，還需要向地主支付租金。

自 90 年代起，諾魯成為了一個避稅天堂，外國人能向政府購買諾魯護照。國際洗錢防制指出，諾魯是在他們黑名單中 15 個國家的一個。而且，只需要 25,000 美元便能在諾魯成立一家持牌銀行。在國際洗錢防制的壓力之下，以及隨著熱錢的流出，諾魯終於在 2003 年立了反避稅法。2005 年 10 月，由於立法後的成效顯著，國際洗錢防制把諾魯從黑名單中除名。

諾魯的族群包括諾魯人（58%）、其他太平洋島國人（26%）、歐洲人（8%）及華人（8%）。諾魯人是世界上最肥胖的族群，逾 90% 的居民身高體重指數高出世界平均，約 97% 男性和 93% 女性過重。諾魯人亦是世上患上 2 型糖尿病的比例最高的人群之一，約 40% 的人受影響，而美屬薩摩亞有 47%，托克勞有 44%。其他相關的重要疾病還有心臟病和腎臟病等。2009 年諾魯男性的平均壽命為 60.6 歲，女性為 68 歲。

澳式足球（Rugby）是諾魯最受歡迎的體育項目，有一個由 7 支隊伍組成的聯賽。諾魯共有兩個球場，所有澳式足球比賽僅 Linkbelt Oval 舉行。其他體育項目如排球、籃網球、舉重、網球和捕魚，均是受歡迎的體育運動。諾魯曾參與大英國協運動會和夏季奧林匹克運動會，並在舉重項目取得成績。

1968 年獨立後，諾魯以特別會員身分加入大英國協，並於 2000 年成為正式會員。此外，諾魯政府亦在 1991 年加入亞洲開發銀行，於 1999 年加入聯合國，以及於 2016 年加入國際貨幣基金組織和世界銀行。諾魯是太平洋島國論壇、南太平洋地區環境計畫、南太平洋委員會和南太平洋應用地球科學委員會的成員。美國的大氣軸射測量計畫在諾魯設有一臺氣候監察儀。

1980 年 5 月 4 日，諾魯與中華民國建交；但是，2002 年諾魯與中國簽署

協議，宣布在當年 7 月 21 日建立外交關係，兩天後中華民國宣布與諾魯斷交。2005 年 5 月 14 日，諾魯與中華民國恢復外交關係，同年 5 月 31 日與中國斷交。我國隨即於同年 10 月與諾魯簽署技術合作協定，並於 2006 年派遣技術團前往諾魯從事蔬菜與養雞計畫至今。

1. 協助諾魯種植蔬菜作物均衡營養以降低慢性病的發生率

經查諾魯國民肥胖（58.1%）、糖尿病（22.7%）及高血壓（17.2%）等慢性病人口比例高，與飲食中缺乏蔬菜攝取有關。分析諾魯小島因可耕地缺乏，且土地產權複雜，導致國產蔬菜栽培面積低。另小島環境封閉資源缺乏，使蔬菜栽培成本高，衍生島內蔬菜產量低且價格昂貴。為提升諾魯蔬菜供應量，協助諾魯人民飲食營養均衡及降低慢性病的風險，駐諾魯技術團自 2006 年起與諾魯工商部合作實施「諾魯園藝計畫」，協助協菜生產，達到減少進口依賴與增進蔬果自足等目標（國合會，2013b）。

以 2006～2014 年園藝計畫執行成果為基礎，續推動 2015～2019 年「諾魯蔬菜生產暨營養提升計畫」，進行（1）生產蔬菜；（2）改善團膳供應現況；（3）設計營養教材與課程；（4）辦理營養推廣活動；（5）提供蔬菜苗給予家庭菜圃並輔導等活動。盼透過多元化的介質耕與土耕等蔬菜生產模式，可改善可耕地不足的限制，並藉由一系列營養教育與學生團膳活動提升當地居民健康飲食觀念（國合會，2015b）。

為有效協助諾魯提高國家「膳食多元化」，國合會與諾魯工商部農業司、諾魯衛生部、諾魯教育部合作推動 2020～2023 年「諾魯膳食多元化推廣計畫」，本計畫規劃從「社區及公共衛生中心膳食營養活動」與「學校師生食農教育」兩端來推動諾魯膳食多元化之目標，喚起社區民眾及 NCDs 病患對於膳食多元的認知及觀念，並加強諾魯學校師生對農業生產、環境及飲食之教育，建立均衡飲食觀念，另提供多元化蔬菜及優質蛋白質來源，提升「膳食與營養狀態（Diet and nutritional status）」。計畫主要內容包含：（1）社區及公衛中心膳食營養活動；（2）提升學校師生蔬菜攝食認知活動；（3）建立監控基本概念；（4）建立蔬果、菇類及優質蛋白質來源。

2. 協助諾魯取得優質蛋白質來源推動蛋雞飼養計畫

　　諾魯人民飲食的蛋白質來源以魚肉及罐頭食品為主，國民餐桌飲食缺乏家禽類的肉類蛋白質。分析後發現島國因環境孤立與物資土地缺乏，不利飼料的取得與生產，進而阻礙島內家禽飼養技術的發展，使國內雞蛋價格昂貴。雞蛋是青少年成長的重要營養來源之一，可提升當地學童的蛋白質營養，本計畫將搭配蔬菜生產暨營養提升計畫」，提供學生團膳雞蛋，以改善諾魯學童飲食的營養，並提供當地人民獲取雞蛋來源。駐諾魯技術團 2006～2014 年間推動「諾魯畜牧計畫」（國合會，2013c）及 2015～2019 年「諾魯雞蛋生產計畫」（國合會，2015c），輔導推廣戶進行雞蛋生產，用以取代進口及降低雞蛋售價。

（五）觀光資源鼎盛——斐濟

　　斐濟共和國（Republic of Fiji），通稱斐濟，是位於南太平洋，萬那杜以東、東加以西、吐瓦魯以南的群島國家，由 330 個島嶼組成，一半為無人島，而維提島（Viti Levu）和瓦努阿島（Vanua Levu）兩個主要島嶼的人口占全國的 87%）。國家名稱是源自斐濟語「Viti」的東加語發音，四分之三的人口也居住在維提島。該島多山，最高峰托馬尼維峰（Tomaniivi），海拔 1,324 公尺，並有熱帶雨林。面積 18,274 平方公里（IMF, 2016），人口 898,760 人（CIA, 2018），GDP 人均所得 5,550 美元（IMF, 2016）。

　　斐濟屬於溫暖的熱帶海洋氣候，幾乎全年的溫度都在一個很小的範圍內。溫暖的季節出現在 11 月到翌年 4 月，涼爽的季節則是從 5 月至 10 月。即使在涼爽的季節，平均溫度仍然高達 22℃（72℉）。降雨是季節性的到來，溫暖的季節會有較多的雨量，尤其是在內陸地區。雖然一年平均會有一個熱帶氣旋來襲（10 年出現 10～12 次），但一般說來，風是溫和的。

　　斐濟經濟以農業、漁業、林業、製造業、礦產業、資訊與通訊產業、影視工業為主。農作物部分，包括栽培農作物、新鮮水果、蔬菜，如：芋頭、椰子、可可豆、木瓜、各類水果和蔬菜、卡瓦（Kava）和稻米。畜牧部分，包括牛肉，乳品，豬肉，家禽，綿羊，山羊和養蜂。漁業對斐濟經濟具有重大意

義，因為它不但是蛋白質的主要來源，也是就業和外匯收入重要項目。林業可供砍伐的林地面積總計約 956,860 公頃，占國內產值（GDP）的 1.3%。製造業多為基礎的工業。採礦和採石業平均占國民生產總值的 1.4%。斐濟運用資訊與通訊技術，吸引世界上知名的企業將其後臺作業（back office services）交給位在斐濟的公司運作。影視工業則包括電影、電視、視訊、音訊、電腦軟體、電子商務、電訊等的製作與輸出，著名電影「藍色珊瑚礁」即是在斐濟拍攝。楠迪（Nadi）國際機場座落於維提島西部的斐濟第三大城楠迪，成 最主要的遊客入境港口。瑙索里國際機場（Nausori International Airport）位於首都蘇瓦。

斐濟的憲法規定了三個語言為官方語言，分別是英語、斐濟語和印度斯坦語（Hindustani）。其中，印度斯坦語是居住在斐濟的印度族裔的主要語言，而斐濟語則是斐濟本民族的語言。據斐濟憲法規定，斐濟公民有權利使用其中任何一種語言同政府機構溝通，需要的話，政府應及時提供翻譯人員。英語是斐濟本民族和印度族裔最常用的語言。不同族群間溝通一般是用英語，政府機構、教育機構、金融和法律機構也一般以英語為主。信奉基督宗教的人占 52.9%，而信奉印度教和信奉伊斯蘭教的人各占 38.1% 和 7.8%。

斐濟外交務實，秉持「廣交友，不樹敵」（Friend to all, enemy to none）理念，除與澳、紐及南太各島國往來之外，亦維持與歐盟國家及美國等大國關係，2011 年加入「不結盟運動」，加強與中南美及亞非國家關係，目前斐濟與 170 餘國建交。自 1978 年，我國在斐濟首都蘇瓦（SUVA）派駐「中華民國駐斐濟商務代表團」，並簽署農業技術合作協定，派駐駐斐濟農業技術團前往 Sigatoga 河谷地從事「非季節性蔬菜生產計畫」，另於 1989 年與斐濟簽署糖業技術合作協定，派駐斐濟糖業技術團，從事糖業技術顧問服務，於 2009 年完成階段性任務後返國。

1. 配合斐濟觀光產業之發展，推動蔬果推廣計畫

斐濟 Sigatoka 河谷區適於各種蔬果栽培，但農民生產技術不足以生產高品質蔬果滿足斐濟觀光及外銷市場需求。故必須輔導小農改進生產技術與方式，以提升蔬菜產量與品質及同時加強行銷工作進行商業化蔬果栽培。為提

升蔬菜產量與品質及行銷技術，國合會與斐濟初級產業部農業司合作，執行2011～2014 年「斐濟熱帶蔬果栽培推廣計畫」（國合會，2013），本計畫進行引種選拔蔬果作物與品種，改進田間栽培管理技術，經由示範、推廣及產銷輔導，工作項目為（1）建設技術團示範農場成為多功能農場，以進行蔬菜試驗研究、教學、示範及種苗繁殖；（2）拓展木瓜外銷計畫，藉以輔導木瓜產銷班更新種植木瓜、輔導產銷班之經營管理技術及輔導木瓜產銷班與外銷商之契作生產；（3）減少進口及觀光飯店蔬果供應計畫，並協同配合人員輔導及成立蔬菜產銷班，推廣種植萵苣、甜椒、番茄、茄子、甘藍、甜玉米及西瓜等作物。同時輔導設立小型包裝集貨中心，以拓展行銷至觀光飯店及生鮮超市。（4）人力能力建構以提升斐濟農業推廣人員及農民之農耕及行銷技術。

　　配合斐濟政府之「2020 農業發展策略」，於 2015～2019 年推動「斐濟蔬果產銷輔導計畫」（國合會，2015c），在 Nadarivatu 淺山地區協助引種選拔適於斐濟冷涼淺地區栽培之蔬果作物與品種，及改進田間栽培管理技術，以提高產量及品質；經由示範、推廣及產銷輔導，增加農民收入。Sigatoka 蔬菜產區進行產期調節栽培及週年栽培耕作制度，以創造有競爭力行銷制度，使農業部門及社區生計能永續發展。國防部 Nasinu 軍方農場協助建立農牧綜合經營示範農場，我國協助其提升軍方農場管理能力及栽培技術，以協助生產。並成立訓練中心，訓練人員從事農業生產（含軍人、入伍生、退伍官士兵、眷屬及斐濟大學實習生），提高蔬果產量與品質，以穩定經濟發展。

2. 站穩轉運站優勢，創造經濟效益

　　斐濟政府為達到經濟多元化發展（Economic Diversification），盼我協助建立新品項果樹產業基礎，以利未來利用斐濟作為南太平洋地區轉運站之空運優勢，將斐濟新興果樹產品銷往臨近島國，創造更高經濟效益。與斐濟農業部及國防部合作，推動 2020～2024 年「斐濟番石榴與紅龍果產銷輔導計畫」，斐濟農業部依據過去我駐團引入之作物品項銷售表現，選擇番石榴與紅龍果作為本計畫主力推廣品項，並盼我駐團深入輔導農民加強栽培管理技術，搭配質量穩定之種苗生產及輔導成立農民產銷班，共同生產、集貨、分級、包裝及行銷，使產銷班可依市場需求管控產量與品質，為斐濟建立新興

果樹產業。本計畫亦於斐京近郊的 Nausori 地區增建現代化示範農場，以提升技術團於斐濟本島東岸蔬菜與果樹栽培輔導能量、呼應永續農業作為，並增加我援助斐濟及南太地區的能見度。

（六）太平洋島國資源最豐盛的國家——巴布亞紐幾內亞

巴布亞紐幾內亞獨立國（Independent State of Papua New Guinea），簡稱巴布亞紐幾內亞（Papua New Guinea，巴紐），位於太平洋西南部，約當赤道至南緯 14 度及東經 141 度至 160 度之間；領土包括新幾內亞島（世界第二大島）東半部及鄰近 600 餘個大小島嶼；西與印尼接壤，北東南三面分別與密克羅尼西亞、索羅門群島及澳洲等國隔海相望。1975 年 9 月 16 日獨立，同年 10 月 10 日加入聯合國。面積 462,840 平方公里（約為臺灣 12.86 倍），人口約 877.6 萬人（World Population Review, 2019），首都摩士比港（Port Moresby），

政府體制元首為英國女王伊莉莎白二世，總督為女王之代表，現任總督為 Bob Dadae，總理 James Marape（2019 年 5 月 30 日就任）。單一國會，國會議員計 111 席次，任期 5 年，其中除 89 席由單一選區產生之外，20 席為各省省長、1 席為自治區主席、另 1 席為首都市長。第 10 屆國會議員於 2017 年 8 月選出；議長為 Job Pomat（2017 年 8 月～）。總理由國會中最大黨（或聯合黨派）黨魁擔任，部長由總理建議並由總督形式上同意，總理及各部部長組成「國政委員會」（National Executive Council），國家大政方針及政策均由該會決定。

巴紐境內因山海阻隔，共有 832 族群及語言，部落色彩濃厚，全國 97% 土地為個別部落共有。為加速社會及經濟發展，巴紐近幾年大力推動道路、港口、機場等基礎建設，2013 年起施行初中及小學免學費政策，2015 年起全民醫療免費。

由於原物料出口順暢、近幾年且有液態天然氣開發案，巴紐經濟迄今連續 13 年成長，財政規模持續擴大。2014 年 4 月液態天然氣正式投產並出口後，當年經濟成長率達 8.4%。2020 年因新冠肺炎衝擊，全國總生產毛額成長

為 -3.0%。

　　巴布亞新幾內亞擁有豐富的自然資源，包括礦產和可再生資源，如森林、海洋（包括全球主要剩餘鮪魚資源的很大一部分），以及農業的某些部分，人民所得約為 2,084 美元（2015 年估計）。巴布亞紐幾內亞主要是以農業為主，據 2003 年資料顯示，農業占巴布亞新幾內亞經濟 34%。主要出口有礦產和農產咖啡、可可、椰乾、棕油、橡膠、木材及海產等。2018 年 11 月 12～18 日於摩斯比港舉辦第 26 屆亞太經濟合作會議領導人非正式會議。

1. 受多方援助的島國，維持良好外交關係

　　澳洲為巴紐最主要貿易夥伴及援助國，主要援助教育、衛生、警政、國防、基礎設施、社會及經濟等建設。其他主要援助國（方）包括紐西蘭、日本、美國、歐盟、世銀、亞銀。巴紐與 70 餘國維持外交關係，致力在太平洋島國區域扮演領導角色，積極爭取加入東南亞國協，並加強參與 APEC 活動（巴紐曾主辦 2018 年 APEC 會議），期盼成為 APEC 經濟體進入太平洋之門戶。目前我國在巴紐首都摩士比港設有駐巴布亞紐幾內亞商務代表處，另我國自 1993 年起在巴紐中部 Lae 農業區設立駐巴布亞紐幾內亞農技團，從事稻作之示範與推廣計畫，隨後於首都摩士比港設立蔬菜計畫。

2. 推動農業綜合經營嘉惠巴紐人民

　　巴布亞紐幾內亞（以下簡稱「巴紐」）國內農業的發展在國家政策白皮書中，列為優先發展領域，目的為推動糧食生產在地化進而增加自給率，以確保巴紐國內糧食安全。巴紐在現階段農業發展上，糧食作物生產為剛起步階段，經評估初步問題如下：（1）當地農民缺乏優良稻種以供栽種；（2）農園藝作物之生產並不穩定，無法規律的提供給當地市場所需；（3）農作物生產欠缺栽培管理技術；（4）土地產權不明，無法有效開發。爰國合會與巴紐農牧部合作推動 2011～2014 年「巴布亞紐幾內亞農業綜合發展計畫」（國合會，2013d），本計畫主要內容及具體工作項目：（1）加強稻作種原繁殖生產技術，生產原種及採種種子；（2）定 Erap 農場農園藝作物生產，栽種 5 項推薦之農園藝作物（木瓜、西瓜、玉米、南瓜、甘藷）；（3）輔導 C.I.S.（Corrective Institutional

Services）更生人玉米栽培技術；（4）協助農業學校土地開發規劃。

　　茲考量農業發展為巴紐政府 2050 年國家發展願景七大戰略目標之一，目標在於取代部分進口農產品，及協助農民發展半商業化農業生產模式，以因應需求日增之國內市場。現巴紐國內農民有 80% 為小農，惟巴紐面積廣大且交通不便，缺乏合適訓練機構提供訓練資源，協助農民改善栽培技術，爰國合會與巴紐農牧部合作推動 2015～2020 年「巴布亞紐幾內亞農民發展培訓計畫」，盼透過本計畫協助農民取得農業學習資源，進而提升巴紐農民的生產技術及收入。經評估後，巴紐欲提升農民生產技術及收入之主要挑戰在於國內缺乏有效的農業學習資源，分析其核心問題成因在於巴紐農業輔導訓練推廣體系鬆散，缺乏橫向聯結，政府欠缺推廣人員輔導農民，工作誘因及地域文化不同，推廣人員難以深入民間，故小農缺乏取得正確生產技術及概念的資源，而造成其產量不足及品質不穩。為協助巴紐強化農民培訓資源，本計畫主要內容包含：（1）強化農業教育訓練及推廣中心功能、（2）整合農民教育推廣和師資培訓資源、（3）改善現有種子繁殖技術，（4）建立計畫監督與評核機制（國合會，2015d）。

　　另巴紐政府考量該國主要糧食稻米年進口量逾 40 萬噸，提出大面積機械化增產稻米政策，期減緩 85% 進口需求的壓力。乃與農牧部巴紐國立農業試驗所合作，推動 2021～2024 年「巴布亞紐幾內亞稻種增產計畫」，為此，巴紐政府成立國營 Kumul 農業公司（Kumul Agricultural Ltd.）進行稻米生產計畫，第一階段規劃於中央省及 Morobe 省共設置 200 公頃稻種採種田，每年兩期作生產 2,000 公噸稻種，以供兩省各 1 萬公頃稻作生產所需。鑑於巴紐政府未建立稻種供應體系以生產足額優良稻種，巴紐國立農業試驗所及駐巴紐技術團共同提出本計畫，規劃於首都莫士比港（Port Moresby）及萊城（Lae）設立稻種繁殖中心，生產稻作原種供應 Kumul 農業公司稻作採種所需，並建立稻種原種繁殖、保存及品種鑑定能力，為後續 2 萬公頃稻作奠定發展基礎（國合會，2021c）。

四、結論與未來展望

（一）加強與美澳紐在本地區之合作

　　由於中國「一帶一路計畫」之積極發展下，已引起美國、日本、澳洲及紐西蘭等國之高度度關切，而由美國所擬訂所謂「印太戰略」，美國在幾年前藉由「太平洋論壇會後對話」的機會，與我國代表團舉行雙邊會談，美方代表團國務助理次卿明確表達「重返太平洋」之高度意願，目的在於抵制中國在本地區之擴張，美國除加強與島國間之合作關係避免遭中國滲透外，對於我國在太平洋島嶼地區所做的技術合作貢獻表示肯定，並指派 USAID 在太平洋地區辦公室（位於巴布亞紐幾內亞）主任，續與我國（尤其是國合會）保持密切聯繫並推動相關合作計畫，例如國合會籌劃於本（2021）年 10 月間與 USAID 合作辦理「Training on E-government and Cybersecurity」線上課程，參加之學員主要來自太平洋地區馬紹爾群島、帛琉、諾魯及吐瓦魯等 4 友邦國家，未來將會在類此架構下與 USAID 持續合作。另外，我與紐澳之間除 PIF 論壇期間之雙邊會議外，每年尚舉辦「臺紐澳三邊會談」，未來我與紐澳之間亦可藉此兩項機制持續探討在本地區合作的可能性。

（二）協助太平洋島嶼國家因應氣候變遷之韌性建立及環境之永續發展

　　太平洋島嶼國家由於受到氣候變遷之影響造成海平面上升，尤以吐瓦魯與吉里巴斯兩國為甚，依據聯合國之預測由於渠等兩國僅高於海平面 4 公尺，由於海平面上升，渠等兩國以每年約 20 公分之速度往下降，亦即渠等兩國將在不久的未來在這個地球消失。筆者均曾到過吐國及吉國，吐國每天下午海水漲潮時會淹到陸地上，高度已到腳踝位置，當地人民的住家都必須要墊高一層樓，從斐濟 SUVA 飛到吐國的太平洋航空（Air Pacific），必須清晨 5 點 30 分自 SUVA 起飛，飛行 2 個半小時於 8 點抵達吐國，然而同班飛機必須於 11 點 30 分前（淹水前）離開吐國，紐澳兩國基於人道援助的立場同意讓吐

國移民到紐澳，然而名額卻相當有限，基於上述，我國似可提供技術協助，以地理資訊系統（GIS）確認其脆弱點，建立監測機制及早期預警措施，以加強吐國因應海平面上升之韌性建立，協助吐國撰寫計畫向亞洲開發銀行等國際組織，尋求經費支助構建堤防以防止海水之入侵，另一方面辦理職訓班讓吐國年輕族群擁有一技之長，待未來移民到紐澳時得以相關技能在紐澳順利找到工作，俾能賴以為生。

此外，0ur Ocean Conference（OOC）原預定於 2020 年 11 月在帛琉舉辦，但由於受新冠肺炎之影響而延至本（2021）年舉辦，有關我駐帛琉技術團與日本笹川和平基金會合作所進行之生態觀光計畫，將於研討會中提出報告，並以海龜之族群數量作為海洋環境監測之重要指標，充分顯示了環境永續之重要性。

（三）援助型計畫仍是本地區合作的主軸

本地區國家大多幅員狹小、資源缺乏，聯合國將之歸類為小型島嶼國家（Small Islands States），另由於本地區受氣候變遷海平面上升之影響，又被歸類為脆弱國家（Fragile States），大部分的民生物資必須仰賴進口，經濟規模甚小，導致本地區國家對於外援的依存度甚高，政府預算有限，無法與援助國家進行正規的技術合作計畫，因此，我國在本地區僅能因地制宜推動所謂「援助型計畫」，亦即所有援助計畫依據當地之需求全由我方技術團草擬，待計畫獲董事會及外交部核准後即可據以執行，未來國合會在本地區所執行之援助計畫仍將以糧食安全與營養為主軸，間輔以環境計畫以降低氣候變遷對於本地區之影響。

參考文獻

國合會（2021a）。馬紹爾運用農業生產促進營養均衡計畫。取自 https://www.icdf.org.tw/ct.asp?xItem=61929&ctNode=29915&mp=1

國合會（2021b）。吐瓦魯蔬果增產暨營養提升計畫。取自 https://www.icdf.org.tw/ct.asp?xItem=61966&ctNode=29916&mp=1

國合會（2021c）。巴布亞紐幾內亞稻種增產計畫。取自 https://www.icdf.org.tw/ct.asp?xItem=61619&ctNode=29908&mp=1

國合會（2020）。帛琉婦女、青年暨中小企業轉融資計畫。取自 https://www.icdf.org.tw/ct.asp?xItem=58690&ctNode=29913&mp=1

國合會（2020）。帛琉園藝推廣計畫。取自 https://www.icdf.org.tw/ct.asp?xItem=54766&ctNode=29913&mp=1

國合會（2016）。帛琉園藝生產與營養提升計畫。取自 https://www.icdf.org.tw/ct.asp?xItem=35793&ctNode=29913&mp=1

國合會（2015a）。馬紹爾群島園藝計畫。取自 https://www.icdf.org.tw/ct.asp?xItem=29568&ctNode=29915&mp=1

國合會（2015b）。吐瓦魯園藝擴展計畫。取自 https://www.icdf.org.tw/ct.asp?xItem=28992&ctNode=29916&mp=1

國合會（2015c）。斐濟蔬果產銷輔導計畫。取自 https://www.icdf.org.tw/ct.asp?xItem=29093&ctNode=29918&mp=1

國合會（2015d）。巴布亞紐幾內亞農民發展培訓計畫。取自 https://www.icdf.org.tw/ct.asp?xItem=28990&ctNode=29908&mp=1.

國合會（2014a）。馬紹爾群島園藝計畫。取自 https://www.icdf.org.tw/ct.asp?xItem=2305&ctNode=29915&mp=1

國合會（2014b）。吐瓦魯園藝作物發展計畫。取自 https://www.icdf.org.tw/ct.asp?xItem=5295&ctNode=29916&mp=1

國合會（2013a）。馬紹爾群島畜牧計畫。取自 https://www.icdf.org.tw/ct.asp?xItem=2304&ctNode=29915&mp=1

國合會（2013b）諾魯園藝計畫。取自 https://www.icdf.org.tw/ct.asp?xItem=2311&ctNode=29919&mp=1

國合會（2013c）。斐濟熱帶蔬果栽培推廣計畫。取自 https://www.icdf.org.tw/ct.asp?xIte

m=5289&ctNode=29918&mp=1

國合會（2013d）。巴布亞紐幾內亞農業綜合發展計畫。取自 https://www.icdf.org.tw/ct.a
  sp?xItem=5262&ctNode=29908&mp=1

CIA--Central Intelligence Agency (2018). *CIA Factbook*. Retrieved from:
https://www.cia.gov/library/publications/resources/the-world-factbook/geos/rm.html

CSIRO-Commonwealth Scientific and Industrial Research Organization (2011). *Current and
  Future Climate of Tuvalu*. Retrieved from: https://www.pacificclimatechangescience.org/
  wp-content/uploads/2013/06/4_PCCSP_Tuvalu_8pp.pdf

McDaniel and Gowdy (2008) *Paradise for Sale A Parable of Nature*. Retrieved from: https://
  web.archive.org/web/20090321182538/http://www.ucpress.edu/books/pages/8453/8453.
  ch02.php.

Republic of Nauru (2021). *Nauru Country Profile*. Retrieved from: https://web.archive.org/
  web/20130727070348/http://www.un.int/nauru/countryprofile.html

第 *16* 章

中東、北非、中亞、
中東歐及巴爾幹半島

一、中東、北非、中亞、中東歐及巴爾幹半島概況

（一）中東（Middle East）

中東是一個地理區域，和西亞大致重疊，並包含部分北非地區，但不包含外高加索地區，也是非洲與歐亞大陸的亞洲區。這個詞是以歐洲為參考座標，意指歐洲以東，並介於遠東和近東之間的地區。具體是指地中海東部與南部區域，從地中海東部到波斯灣的大片地區。

「中東」是歐美人使用的一個地理術語。一般來說，包括巴林、埃及、伊朗、伊拉克、以色列、約旦、科威特、黎巴嫩、阿曼、卡達、沙烏地、敘利亞、阿聯和葉門；巴勒斯坦、馬格里布國家（阿爾及利亞、利比亞、摩洛哥、突尼西亞），以及蘇丹、茅利塔尼亞和索馬利亞，由於阿拉伯世界歷史文化原因，一般人們認為屬於中東國家；土耳其和賽普勒斯儘管地理上屬於中東地區的一部分，但是他們自身認為屬於歐洲；北邊的阿富汗有時也與中東聯繫密切。總面積約 1,426 萬平方公里，約占世界總面積的 9.5%，人口約 3.8 億人（IMF, 2018），主要為阿拉伯民族，另有庫德、柏柏爾、土庫曼、努比亞等民族。

本區地形錯綜複雜，個別差異大，有遼闊沙漠、帶狀高山、大面積的高原及草原，以及沖積平原，但氣候上卻一致呈現出乾燥大陸氣候。

本區域國家自古以來的經濟發展多數都是依賴傳統的農業和畜牧業，20世紀初，中東的許多國家發現了大量的石油儲備，從而給這一地區帶來了新的戰略與經濟上的重要性。沙烏地阿拉伯、伊朗、科威特、伊拉克和阿拉伯聯合大公國等石油儲量豐富的國家於 1945 年開始大量開採石油並銷往世界各地，為這一地區帶來了大量的財富。1960 年在巴格達成立的石油輸出國組織（OPEC）一直為中東國家所主導。石油的力量，一定程度上支持中東的世界影響力。

本區域的多數國家以信仰伊斯蘭教為主，所以中東地區可說是伊斯蘭世界，但也有一些人信奉基督教與猶太教。伊斯蘭教穆斯林和猶太人之間經常發生衝突的原因，除了一般認為的宗教信仰差異外，主要還是政治因素，雙方

內部都有激進分子不斷加劇對立，進而演變成全面衝突與流血事件，甚至演變成區域性的軍事戰爭。本區域是除佛教外的世界三大宗教的發源地，基督教（此指基督宗教，包括所有基督教派）及伊斯蘭教皆發源與此。亞伯拉罕諸教（即猶太教、基督教及伊斯蘭教）皆以耶路撒冷為聖地。伊斯蘭教先知穆罕默德的出生地麥加（Mecca）及辭世地麥地那（al-Madīnah）也在這地區中的阿拉伯半島。猶太人視巴勒斯坦為耶和華應許之地，而基督教亦起源於巴勒斯坦，後來才向希臘人和羅馬人傳教，穆斯林亦視古都斯（耶路撒冷）為第三聖地。

在冷戰時期，中東是兩個超級大國美國和蘇聯及其盟友的必爭之地。一方為美國及其主導的北約國家，另一方為蘇聯及其主導的華約國家，這兩方在這一地區彼此較量，爭相在政治上和意識形態上與各國家發展盟友關係。在整個 20 世紀和 21 世紀，該地區的遜尼派和什葉派的勢力之間爆發過諸多衝突，期間也有短暫的平和與寬容。

（二）北非

與撒哈拉以南非洲相對，北非即非洲大陸北部地區，習慣上為蘇丹熱帶草原以北廣大區域。聯合國定義的「北非」，是指撒哈拉沙漠以北地區，包括埃及、利比亞、阿爾及利亞、突尼西亞、摩洛哥；而廣義上被定義為「北非」地區的，除以上國家外，還包括雖在撒哈拉以南，但與北非諸國同以阿拉伯人為主體民族的蘇丹（不包括南蘇丹），以及有主權歸屬爭議的西撒哈拉地區。除地中海沿岸為地中海氣候外，基本為熱帶沙漠氣候。高原地形，較平坦，沙漠廣布。語言基本為阿拉伯語。並分為埃及阿拉伯語、阿爾及利亞阿拉伯語、蘇丹阿拉伯語、突尼西亞阿拉伯語等。另外還有柏柏爾語，其中摩洛哥將柏柏爾語列入官方語言中，另外也有部分北非國家也可通行法語。種族主要為阿拉伯人。其他為柏柏爾人、撒哈拉人、科普特人及貝都因人等少數民族。宗教多信仰伊斯蘭教。其他少數族裔則有信仰基督教、新教及原始信仰等。相較於撒哈拉以南非洲國家，北非在其經濟發展和生活水準都高於除南非外的非洲其他地區。石油和磷礦蘊藏豐富。

（三）中亞

中亞（Central Asia），即亞洲中部，在地理上是指西至裏海，東到中國新疆，南到阿富汗，北到俄羅斯的廣大區域。而根據長期占據這片區域大部分領土的蘇聯官方定義，中亞僅指其五個加盟共和國：哈薩克（Kazakhstan）、吉爾吉斯（Kyrgyzstan）、塔吉克（Tajikistan）、土庫曼（Turkmenistan）、烏茲別克（Uzbekistan）。蘇聯解體後，中亞成了亞洲中部現已獨立的五個前蘇聯加盟共和國——哈薩克（人口為 18,776,707）、吉爾吉斯（人口為 6,524,195）、塔吉克（人口為 9,537,645）、土庫曼（人口為 6,031,200），以及烏茲別克（人口為 33,469,203）的總稱。上述關於中亞的定義沒有一項得到全世界範圍的認可。然而，雖然中亞地區的邊界並不確定，但這一地區有著一些顯著特徵。例如，在歷史上，中亞地區的主要居民是遊牧民族，而這塊區域也是絲綢之路的重要組成部分。因為這個原因，這一區域成了東亞、西亞、南亞和歐洲各個民族、各種宗教，以及各種思想的交匯之地。伊斯蘭教是中亞五國、阿富汗、中國新疆以及巴什科爾托這樣的外圍地區中最主要的宗教。中亞的大部分穆斯林都屬於遜尼派，但在阿富汗和塔吉克斯坦也居住著相當一部分的什葉派穆斯林。

（四）中東歐

中東歐（Central and Eastern Europe）是一個術語，包括中歐、波羅的海、東歐和東南歐（巴爾幹地區）的國家，通常指來自歐洲東部集團和華沙公約組織的前共產主義國家。學術文獻經常使用縮寫 CEE 或 CEEC 作為這個術語（Europe's World, 2013）。經濟合作與發展組織（OECD）也使用術語「中東歐國家（CEEC）」來表示由其中一些國家組成的團體。

中東歐一詞包括二戰後與前蘇聯接壤的東部集團（華沙公約組織）國家；前南斯拉夫的獨立國家（不被視為東部集團的一部分）；以及三個波羅的海國家——愛沙尼亞、拉脫維亞、立陶宛（選擇不與其他 12 個前蘇聯加盟共和國一起加入獨聯體）。

為了避免意識形態和政治上的疑慮，同時為了彌補政治地理與自然地理的差距，中東歐是近年來興起的一種潮流，特別是冷戰後，大部分中東歐國家皆加入了歐盟及北約，成為西方自由世界的一部分，中東歐的社會政治及經濟發展日益受到西方自由陣營原有國家的關注。中東歐國家按其加入歐盟（EU）的進一步細分：2004 年 5 月 1 日加入歐盟的八個第一波加入國（愛沙尼亞、拉脫維亞、立陶宛、捷克、斯洛伐克、波蘭、匈牙利和斯洛維尼亞）、2007 年 1 月 1 日加入的兩個第二波加入國（羅馬尼亞和保加利亞）和 2013 年 7 月 1 日加入的第三波加入國（克羅埃西亞）。另北約組織會員國尚包括阿爾巴尼亞、蒙特尼哥羅、塞爾維亞、北馬其頓、波斯尼亞與赫塞哥維納及科索沃。據世界銀行 2008 年的分析，對於 2004 年和 2007 年加入歐盟的所有 10 個國家來說，邁向發達市場經濟體的過渡已經結束。

　　中東歐國家包括前社會主義國家，向西延伸到俄羅斯、白俄羅斯、烏克蘭、摩爾多瓦；芬蘭南部和波羅的海；希臘北部；奧地利、義大利和德國以東。

　　根據經濟合作與發展組織的說法，「中東歐國家（CEEC）」是經合組織的一個術語，指的是包括阿爾巴尼亞、保加利亞、克羅埃西亞、捷克、匈牙利、波蘭、羅馬尼亞、斯洛伐克在內的一組國家、斯洛維尼亞和三個波羅的海國家：愛沙尼亞、拉脫維亞和立陶宛（OECD, 2001）。

（五）巴爾幹半島

　　巴爾幹（The Balkans），也被稱為巴爾幹半島（Balkan Peninsula），是一個地緣政治和文化的名詞，用以描述歐洲的東南隅位於亞得里亞海和黑海之間的陸地，詳細的範圍依照定義不同有許多種說法。在古希臘時代，巴爾幹半島被稱為哈伊莫司半島（Vezenkov, 2017）。該地區的名稱來自於一條通過保加利亞中心到東塞爾維亞的巴爾幹山脈（Encyclopedia Britannica, 2017）。巴爾幹半島的最高點是位於保加利亞里拉山脈的穆薩拉山（Mount Musala），海拔2,925 米（9,596 英尺）。

　　巴爾幹地區向來存在諸多矛盾，其中既有宗教矛盾，也有領土爭端。由

於半島的地緣政治重要性，由此而來的列強干涉致使這一地區的矛盾頻繁被放大為戰爭，因此又有歐洲火藥庫之稱。不過近年巴爾幹半島（南斯拉夫內戰後至今）已實現停火與和平，只是偶然間在領土主權上有些糾紛，例如科索沃主權問題。第一次世界大戰的觸發點之塞拉耶佛事件亦是發生在巴爾幹半島上。目前，巴爾幹半島共有 11 個國家，包括阿爾巴尼亞、波斯尼亞與赫塞哥維納、保加利亞、克羅埃西亞、希臘、科索沃、北馬其頓、蒙特內哥羅、羅馬尼亞及塞爾維亞，共有面積是 47.6 萬平方公里，人口 1.3 億。

二、30 多年來在本地區之行蹤

（一）1999 年參與援助北馬其頓策略及計畫規劃

30 多年來筆者在本地區之行蹤，可溯自 1999 年 2 月開始，當時我與北馬其頓甫建交，國合會應外交部之邀請，由羅平章秘書長、李栢淙助理秘書長、史立軍副處長及龔琪惠副處長所組成之「援助北馬其頓策略及計畫界定工作團（Identification Mission）」，前往北馬其頓做實地規劃評估後，擬定私人部門發展計畫——中小企業貸款、派遣技術合作團及特別投資計畫等三項核心計畫。隨後於 2000 年 11 月第二次前往北馬其頓監督該 3 項計畫情形。

（二）2000 年出席由歐銀主辦中亞五國中小企業發展論壇

2000 年 3 月，歐銀總裁 Lamire 邀請筆者前往日本東京出席由歐銀主辦的「中亞五國中小企業發展論壇」，以備次（2001）年在臺灣臺北辦理相同研討會之參辦，並邀請中亞 5 國高階人員前來臺北出席該項研討會，歐銀願提供官員來臺之相關簽證協助，後來惜因中亞五國遭遇中國的壓力而宣告無極而終。

(三)2002年參與歐銀羅馬尼亞年會

2002 年 5 月，參與由中央銀行彭總裁准南與財政部所籌組的歐銀代表，前往烏茲別克出席歐銀年會，除以特別觀察員身分出席年會外，並與歐銀總裁舉行雙邊會談。歐銀年會一般而言，第一年在歐銀總部倫敦舉行，隔年由各會員國輪流舉辦，如 2003、2007、2011 及 2015 年等 4 年參與倫敦的年會，另參加歐銀會員國所主辦的年會，如 2006 年烏茲別克、2010 年烏克蘭，以及 2014 年波斯尼亞年會。

(四) 2005年出席吉爾吉斯偏鄉地區網路化國際研討會

2005 年 8 月，筆者應吉爾吉斯非政府組織資訊未來基金（Information Future Fund）之邀，前往吉國出席「吉爾吉斯偏鄉地區網路化（Rural Internetization in the Kyrgyz Republic）國際研討會，該項研討會係由歐銀所資助，受邀對象除中亞地區國家與 ICT 發展有關之政府、企業界及非政府組織代表外，並邀請國合會、歐銀、聯合國發展計畫（UNDP）、聯合國歐洲經濟委員會（UN Economic Commission for Europe, UNECE）等組織，及美國、匈牙利、愛沙尼亞等國分享與討論協助鄉村地區的網路發展經驗，有鑑於我國資通訊科技實力及國合會協助國際縮減數位落差之成功經驗，筆者應邀發表 20 分鐘專題演講，講題為「國合會創造偏遠地區數位機會之經驗（TaiwanICDF Experience in Creating the Digital Opportunities in Rural Areas」，會後並順道參訪 IFF 在吉國執行 Telecenter 之成效。

(五) 2005年參與突尼西亞資訊社會高峰會

2005 年 12 月，出席聯合國主導在突尼西亞首都突尼斯所舉辦的「資訊社會高峰會（World Summit on the Information Society，簡稱 WSIS），WSIS 係源自 1998 年聯合國所召開的國際電信聯盟〔以下稱「國際電聯」（International Telecommunication Union, ITU）〕會議上首次醞釀的。鑑於資訊及通訊科技在政治、經濟和文化領域日益重要，但「擁有」與「未能擁有」資訊者之間的落

差卻越來越大，該次會議遂採納一項決議，要求舉行資訊峰會。國際電聯（ITU）於 2001 年決定分兩個階段舉行資訊峰會，首階段於 2003 年 12 月 10 日至 12 日在瑞士日內瓦舉行，而第 2 階段於 2005 年在突尼西亞首都突尼斯市舉行。第 1 階段的重點是，就如何面對資訊社會挑戰之議題，特別是找出消弭數位落差之解決方案，建立一個共同的願景和行動計畫，第 2 階段的會議則是評估第 1 階段的執行成果並繼續相關的活動。

（六）2006 年出席利比亞第一屆臺、利混合委員會議

2006 年 5 月，筆者應外交部之邀請，參與由部長黃志芳所籌組的訪問團，前往利比亞出席第一屆臺、利混合委員會議。本項會議源自 2005 年陳水扁總統前往中南美洲訪問時需過境美國，由於美方限縮陳總統僅能過境夏威夷或安哥拉治，並不得參與任何形式的正式活動，陳總統遂尋求過境中東與歐洲再抵達中南美洲，經黃部長交涉後，僅利比亞同意讓陳總統專機在中東停留過境。在利國停留期間，陳總統一行拜會利國總統格達費，格達費總統對於我國於 1960 年所派遣駐利比亞醫療團表示印象深刻，雙方達成互設代表處及加強貿易投資與技術合作之共識。本屆混合委員會係由利國舉辦，並區分為經貿投資、發展合作及國防科技等 3 組進行討論，然而利國外交部並沒有安排妥當，導致本項會議無法召開，筆者原係分配在經貿投資組，由於會議無法進行，只好由利國外交部安排拜會中央銀行與國營石油公司等單位。在利國訪問期間，黃部長並為我國駐利國代表處主持正式揭牌儀式，象徵代表處正式開始運作。

（七）2007 年出席波蘭經濟論壇

2007 年 9 月，參加波蘭古都克拉科市南方 170 公里遠的小鎮克里尼察（Krynica）一年一度的「波蘭經濟論壇」（Economic Forum in Krynica）。這個以討論中東歐及前蘇聯國家政經發展及區域議題為主的論壇，是由波蘭企業界所贊助的「東方研究所」（Eastern Institute）主辦，目的在透過以自由論辯的形式，為歐盟與中東歐及前蘇聯國家的政經合作創造良好的氛圍。歷經 16 年

的發展，波蘭經濟論壇逐漸受到整個歐洲的重視，現在已儼然成為世界各國想要瞭解中東歐及獨立國協國家發展，以及討論如歐盟東擴等區域關鍵議題的權威論壇。

主辦單位「東方研究所」認為中東歐及前蘇聯國家正值經濟轉型期，而臺灣在中小企業群聚效應及資通訊產業發展的經驗深值借鏡，如果能參與論壇，將可與中東歐相關產業發展作一對照參考；此外，由於目前中東歐地區的臺商仍然為數甚少，東方研究所也希望能借此管道，將中東歐的區域產業發展資訊提供給臺商參考，引起臺商的投資興趣，所以決定邀請臺灣組團與會。

在第一天的開幕大會上，全場皆是中東歐各國政要、歐盟官員、歐洲跨國企業代表、及區域研究專家，其中特別引人矚目的一群亞洲面孔，是由國合會李栢淳助理秘書長率隊，偕同經濟部中小企業處賴杉桂處長、清華大學科管院史欽泰院長等知名學者專家與政府官員組成的臺灣團，成為本次論壇中除歐洲國家以外極少數獲邀與會的特例，也是亞洲第一個參與的國家。

或許是臺灣代表團團員特別醒目，許多現場採訪媒體都與我國代表團的成員拍照，引起鄰座波蘭前外長，也是本屆論壇報告總編輯 Rosati 博士的注意，他與國合會李栢淳助理秘書長致意時，對於臺灣團的遠道來訪參與表示竭誠歡迎；李栢淳助理秘書長還在論壇第二天接受波蘭國營電視臺 TVP 的專訪，由此可見波蘭的經貿企業界與媒體對於臺灣的發展經驗極感興趣。

在這次經濟論壇中，經濟部中小企業處賴杉桂處長及清大科管院的史欽泰院長分別擔任論壇「SME 中小企業發展研討會」及「ICT 資通訊研討會」等兩場次與談人，國合會的李栢淳助理秘書長也受邀擔任「SME 研討會」場次的引言人。

由於臺灣代表團在論壇中提供之發展經驗極為特別，因此不少聽眾在會後主動接觸我國代表團詢問臺灣經驗，從雙方的詢答過程中，可以感受到多數中東歐國家對臺灣的成功經驗雖有興趣但仍不免陌生，因此未來我國或可考慮廣邀臺灣企業界，共同參與該論壇，藉以展現臺灣經濟產業優勢，相信會更有助於提升中、東歐地區政經領袖對臺灣的認識。論壇籌辦委員會主席 Berdychowski 竭誠歡迎臺灣明年繼續組團參加。

（八）2009 年赴波蘭主持歐洲地區國合之友會

2009 年 9 月，除第二次出席波蘭克里尼察（Krynica）經濟論壇外，本次任務主要在波蘭首都華沙主持歐洲地區國合之友會，共計有來自拉脫維亞、匈牙利及波蘭國合之友會會長以及波蘭國合之友會會員 30 餘位參加，會中除報告國合會目前業務之運作情形外，並與各國國合之友會會長交換意見，建議國合之友會會長亦能定期舉辦各國國合之友會年會，國合會將提供辦理活動所需之經費支持，擬辦理之活動種類可考慮以研討會、座談會或論壇方式進行，並盼各國合之友會能與國合會本部保持密切聯繫。

（九）2015 年赴亞塞拜然出席亞洲開發銀行第 48 屆年會

2015 年 5 月，亞銀第 48 屆年會在亞塞拜然首都巴庫（Bacu）召開，為我國首次由財政部張勝和部長以理事身分參與（按過去均由央行彭總裁准南組團），率財政部、中央銀行、外交部國際組織、亞西司及非洲司、駐俄羅斯代表處、商業銀行公會全國聯合會、對外貿易發展協會聖彼得堡臺灣貿易中心及國合會組成代表團出席。

國合會配合我政府代表團行程參與年會例行活動，包括理事會開幕典禮及發言，李副秘書長本次另陪同張部長與亞銀中尾武彥（Takehiko Nakao）總裁進行會談。國合會人員除自行參加年會相關論壇及研討會外，本次任務期間安排禮貌性拜會韓國派駐亞銀執行董事及緬甸派駐亞銀副執行董事，並與亞銀合作融資部門（Office of Co-financing Operations）洽談未來合作可能性。

為因應全球利率環境持續低迷對亞銀財務收入不利影響，以及其他新興區域金融機構如亞投行的崛起，亞銀已加快其內部資本結構改革，待合併亞洲開發基金（Asian Development Fund, ADF）與普通資本來源（Ordinary Capital Resource, OCR）後，亞銀將可大幅提高現有資金的使用彈性及業務能量。

本次年會期間媒體最為關注之焦點在於亞銀與亞投行間的競合關係。亞銀中尾總裁多次表達亞太地區在 2020 年前之基礎建設需求龐大，高達 8 兆美元，單靠亞銀目前業務能量並不能滿足區域內所有需求，並以此來說明兩機

構在該領域可以是合作而非競爭關係。未來雙方互動關係及合作模式則值得我國持續觀察。

（十）2017 年赴沙烏地阿拉伯與巴林技術團進行監督規劃任務

為強化我與沙烏地阿拉伯、巴林二國之技術合作工作，國合會業已於 2017 年 1 月 13 日召開「研商如何提升我駐沙烏地阿拉伯與巴林技術顧問經費資源運用效益討論會議」，會議中肯定我國和沙、巴二國派遣技術顧問對於雙邊技術合作及協助駐處，與對方政府高層建立聯繫管道之實質效益，且值此我國與沙國之合作計畫將於 2017 年底屆期，以及與巴林刻正積極推動新案之際，宜適時檢視各顧問業務執行情形，並就現行顧問制計畫管理方式及資源配置進行通盤調整，以使有限資源發揮最大效益，爰規劃派員赴沙、巴二國進行計畫監督任務。

經拜會二國之合作部會，並赴各合作單位實地瞭解計畫執行現況，我國技術合作之工作成效皆深受信任及肯定，雙方並就未來合作方向進行初步討論，有助於聚焦合作國家之發展需求，接續深化雙方未來之合作關係。

鑑於沙、巴二國整體發展狀況及人民所得皆達一定水準，我國未來除持續導入對方經費及資源推動雙方合作外，應策略性思考技術合作之目的與預期效益，並續依駐在國發展政策目標及需求規劃階段性之合作主題，另我國技術顧問應掌握對方所需關鍵技術並主動發掘合作機會，本會亦將合理配置計畫人力及資源，以落實「踏實外交、互惠互利」之外交新思維。

（十一）2017 年參加歐洲復興開發銀行「約旦河西岸與加薩走廊捐助者會議」暨約旦合作業務監督任務

歐洲復興開發銀行（歐銀）為我國及本會長達 20 年之合作夥伴。為研議於約旦河西岸與加薩走廊地區合作之可能性，瞭解捐助者期待並凝聚共識以利規劃未來在此區域之業務方向，歐銀於 2017 年 9 月 12 日於耶路撒冷舉行捐助者會議，邀請包括我國及本會在內之捐助者與會進行討論。

本次會議歐銀提出對約旦河西岸與加薩走廊地區現階段規劃以多邊捐助基金為運作模式，爰本會資源較無參與空間，惟倘我外交部未來有繼續投入捐贈資源，本會可藉由分享過去歐銀合作經驗提供執行運作之建議。此多邊信託基金係委由歐銀管理，我國若投入資源可藉此平臺提升在該區域之活動以及我國之整體能見度，但自主性不高，是否有投入之必要性仍須由外交部就我國對區域之整體政策進行盱衡酌量。

另國合會於約旦執行有「約旦阿茲拉克市社區居民及敘利亞難民固體廢棄物管理改善計畫」，以及與歐銀透過「歐銀綠色能源特別基金」共同提供大安曼市貸款以進行「約旦大安曼市固體廢棄物計畫」，本次會議後轉赴約旦進行計畫之監督與檢視，瞭解執行之現況。此二計畫有效凸顯我國對難民收容、人道援助，以及環境等國際議題之貢獻，並與國際人道援助機構或區域開發銀行進行合作，發揮槓桿效果，擴大投入之功效。未來並可藉計畫進行之重要里程階段活動，繼續聯繫合作機構安排我駐館參與，期對外交發揮加分效果。

（十二）2019 年 6 月赴波蘭辦理 Warsaw Humanitarian Exposition 周邊會議

波蘭政府首次舉辦人道援助展覽會 Warsaw Humanitarian Expo（6 月 11 日至 13 日），並主動邀請我國參與。本任務係外交部委辦，由李副秘書長栢淳率團參與該展覽會，並於展覽會第二日與對抗飢餓組織（Action Against Hunger）辦理周邊會議乙場，以「科技應用加值人道援助行動論壇（Using Technology towards Better Humanitarian Aid Action）」為題，分享我國在人道援助領域與不同合作夥伴共同努力之成果。

Warsaw Humanitarian Expo 開幕首日相當盛大，由波蘭總統及外交部長致開幕詞；並邀請巴勒斯坦、約旦等外交部長及聯合國相關機構代表出席。後續以「Responsible Business for Humanitarian Emergencies」為題，透過座談形式探討私人部門在人道援助領域之參與，討論主題包括（1）人道援助行動之挑戰、（2）私人部門參與人道援助行動動機、（3）科技是否可提供避免或減輕人

道危機之機會，及（4）健康相關人道干預（intervention）等；展覽會第二至三日主題則係波蘭外交部針對該國廠商規劃之採購論壇，以讓私人部門瞭解如何參與人道援助組織之採購活動，另同時邀請各組織在展覽會 Humanitarian City 主題下舉辦周邊會議約 30 場。

此外，本會於任務期間亦分別拜會波蘭國際援助中心、波蘭外交部經濟合作司及華沙生命科學大學。

（十三）2019 年出席土耳其敘利亞重建的機會與展望國際研討會

2019 年 6 月，接受中東基金會（Middle East Foundation, MEF）之邀請，前往土耳其參加由該基金會及我駐土耳其代表處所共同主辦之「Restructuring Syria: Challenges and Opportunities（敘利亞重建的機會與挑戰）」，筆者參加第 3 場次 panel discussion，以「International Trends and Application in Information Technology Development Cooperation: Cases Studies of TaiwanICDF's ICT Projects」為題在會中報告，與會人員對於國合會以 GIS 科技防災及與哥倫比亞大學合作，提供給敘利亞難民有關行動照護（Mobile APP）表示高度的興趣，WEF 更期待雙方有進一步合作的機會。會後，在我駐土耳其鄭代表泰祥之陪同下，拜會土耳其援外機構（Turkish Cooperation and Coordination Agency, TiKA），由 TiKA 副秘書長負責接待，雙方對於援外理念與運作模式相談甚歡，盼能簽署合作備忘錄，以供未來雙方執行合作計畫之依據。

三、本地區主要合作計畫概要

由於本地區幅員廣大且全無邦交國，除中東的沙烏地阿拉伯、巴林及約旦尚有雙邊合作外，其餘大多透過歐洲復興開發銀行（European Bank for Reconstruction and Development，簡稱 EBRD）作為平臺，執行多邊合作機制，我國在本地區所執行的合作計畫茲舉其要者說明如下：

（一）以歐銀作為平臺在本地區之合作計畫

歐洲復興開發銀行是國合會在歐洲及周邊地區的主要合作夥伴。本會與歐銀曾以個案及特別基金兩種型式進行合作，自早期專注在微小中型企業（MSMEs）發展與貿易領域，逐步擴展至農企業、綠色能源以及綠色經濟。截至目前為止，本會與歐銀總共簽署 11 件計畫，簽約金額總計為 2 億 415 萬美元。現執行中的計畫共計 3 件，簽約金額總計為 1 億 6,500 萬美元，本會已撥款 1 億 2 千萬美元。透過與歐銀合作之特別基金，本會總計參與 36 件子計畫。合作部門包括對金融機構、貿易便利化計畫、市政基礎設施、農業綜合企業，以及能源效率和可再生能源的支持。受益國包括從中歐到中亞，以及地中海南部和東部。

在 2021 年的優先國家方面，符合條件的受益國為波蘭、斯洛伐克共和國、匈牙利、保加利亞、羅馬尼亞、愛沙尼亞、克羅埃西亞、斯洛維尼亞、塞浦路斯、拉脫維亞、立陶宛、希臘、阿爾巴尼亞、蒙特內哥羅、北馬其頓、波斯尼亞和赫塞哥維那、科索沃、塞爾維亞、哈薩克、烏茲別克、吉爾吉斯、亞美尼亞、亞塞拜然、約旦、土耳其、蒙古、埃及、摩洛哥和突尼西亞。

國合會與歐銀自 1996 年之合作計摘要說明如下：

1. 白俄羅斯中小企業轉融資貸款（1996～2012 年已完成）

本計畫係與歐洲復興開發銀行共同融資，透過白俄羅斯中央銀和五家金融機構提供貸款，旨在加速白俄羅斯中小企業部門的發展。該計畫通過參與銀行向承擔合格子計畫的受益人提供信貸。以提高白俄羅斯競爭力和私人部門的建立、改善和擴大，並有助於在該國培育開放的及以市場為導向的經濟。

2. 保加利亞 ProCredit 銀行項目（2004～2006 年已完成）

歐銀於 2001 年 12 月 19 日與 ProCredit 銀行簽訂了貸款合約，旨在為保加利亞中小企業提供貸款支持。

3. 歐銀特別投資基金（FIISF）（1998～2008 年已完成）

透過 FIISF，國合會與歐銀進行各種投資和貸款項目，旨在促進中歐和東

歐的私人部門發展，總計共 7 項子計畫，包括喬治亞 2 項、亞塞拜然 2 項、吉爾吉斯 2 項及羅馬尼亞 1 項。

4. 歐銀特別投資基金——小企業帳戶（FIISF-SBA）（2005～2016 年已完成）

國合會在 FIISF 下的小企業帳戶（SBA）承諾了 1,000 萬美元，共同融資歐銀資助的計畫，同時支持符合條件的中小企業（SME），共計執行 7 項子計畫，包括吉爾吉斯 1 項、喬治亞 1 項、亞塞拜然 1 項、烏克蘭 2 項及土耳其 2 項。

5. 歐銀特別投資基金——貿易便捷化計畫（FIISF-TFPA）（2006～2009 年已完成）

該計畫的執行旨在消除或降低歐銀受援國的保兌銀行所進行的交易之政治和商業支付風險。

6. 歐銀特別投資基金——小企業帳戶 II（FIISF-SBA II）（2008～2018 年已完成）

國合會在 FIISF 架構下成立了第二個 SBA，旨在提供中小微企業（MSME）取得貸款，從而緩解此類企業在歐銀受援國面臨的發展限制，共計在土耳其執行 2 項子計畫，於 2018 年結束時併入 FIISF-SBA III。

7. 歐銀特別投資基金——小企業帳戶 III（FIISF-SBA III）（2011～2031 年進行中）

本計畫目的是為減輕符合條件的國家的中小微企業面臨的金融和發展限制的業務提供資金。特別是，該帳戶用於共同資助歐銀向金融中介機構提供的貸款業務，以便向中小微企業提供進一步貸款。

從 2017 年開始，FIISF-SBA III 的目的被重申為包括在選定的綠色經濟融資機制（GEFF）項目下向金融中介機構提供融資，至今共執行 12 項子計畫。

8. 綠色能源特別基金（2011～2021 年進行中）

國合會提供 8,000 萬美元參與歐銀綠色能源特別基金（GESF）。用於共同融資歐洲復興開發銀行的貸款業務，以在市政基礎設施中推廣節能或再生能源技術。本計畫應用綠色能源技術減少二氧化碳的排放，符合 GESF 的資格包括但不限於發光二極管（LED）路燈、智能電錶、太陽能技術、公共運輸和電力系統技術等。

目前共執行 9 項子計畫，例如在羅馬尼亞有一個正在進行的子計畫，即首都巴庫（Bacǎu）城市能源效率計畫。該計畫支持市政府透過投資 LED 和智能控制系統實現街道照明現代化。該計畫貸款合約符合 GESF 部分於 2018 年 10 月完成簽署，總額為 510 萬歐元。

9. 歐銀特別投資基金——農企業帳戶（2015～2025 年進行中）

本會與歐洲復興開發銀行（歐銀）合作參與「歐銀特別基金——農企業帳戶計畫」。計畫期限為 10 年，期間資金可循環運用，與歐銀共同融資中小型農企業促進永續及長期之糧食發展，提升中東歐、中亞、地中海沿岸區域國家助農業部門生產力，並經由有效率之農企業運作，串連整體糧食產業上下游，以強化區域內之糧食供給能力。目前共執行 10 項子計畫。

10. 歐銀特別基金——永續農企業價值鏈計畫（2019～2026 年進行中）

在歐銀投資特別基金（Financial Intermediary and Private Enterprises Investment Special Fund, FIPEISF）架構下，在歐銀受援國以個案合作融資方式辦理農企業貸款子計畫。計畫期限預計為 7 年。歐銀在本會所提供之優先國家名單內推動轉融資計畫，並依其內部相關規定評估子計畫並經本會同意後撥貸。

本計畫協助歐銀區域內農企業取得營運周轉與購置設備所需資金，使用可減少溫室氣體產生或增加氣候韌性之綠色技術，並經由該企業發揮向前或向後連結效果，嘉惠位於不同農產價值鏈階段之農企業及農業從事者，進以兼容城市與鄉間之農業直接與間接經濟活動。

11. 歐銀氣候高影響力特別基金（2021～2031年進行中）

「氣候高影響力夥伴（HIPCA）」為框架式專案，係歐洲復興開發銀行（歐銀）聯合各方共同實踐氣候行動之平臺。HIPCA整合公私人部門、多邊及雙邊、有償及無償資金，從高視野凝聚各方資源，投入強化氣候韌性、氣候減緩與適應、減少氣候與環境風險與危害等綠色轉型子計畫，以加速及提升應對氣候變遷及環境惡化亟需之動能。

在HIPCA平臺運作下，國合會挹注融資資金，並與歐銀以個案合作融資方式貸予借款人；歐銀將視子計畫特性與需求，另搭配與計畫所在國之政策對話、使用捐贈資金辦理顧問諮詢及技術輔導等。

本計畫呼應聯合國氣候變遷綱要公約與巴黎協定精神，以及永續發展目標（SDG）第13項目標：採取緊急措施以因應氣候變遷及其影響；與第17目標：強化永續發展執行方法及活化永續發展全球夥伴關係。

（二）世界第一大石油輸出國——沙烏地阿拉伯

沙烏地阿拉伯王國（Kingdom of Saudi Arabia），簡稱沙烏地阿拉伯（Saudi Arabia）、沙烏地，或譯沙特阿拉伯、沙地阿拉伯，是一個位於西亞阿拉伯半島的阿拉伯人國家。沙烏地阿拉伯面積2,149,690平方公里，是在阿拉伯世界中地理面積第二大的國家，僅次於阿爾及利亞，人口34,233,000（IMF, 2016）。沙烏地阿拉伯北方與約旦和伊拉克接壤；東北與科威特接壤；東邊和卡達、巴林及阿拉伯聯合大公國交界；東南方和阿曼接壤；南方則與葉門交界。它是唯一一個同時擁有紅海和波斯灣海岸線的國家，大部分的土地由不宜居的沙漠及貧瘠的荒野組成。現時沙烏地阿拉伯由四個本來分明的區域——漢志、內志、部分東阿拉伯半島和部分南阿拉伯半島組成。

沙烏地阿拉伯王國是於1932年由伊本·沙烏地成立，他由1902年奪回沙烏地王朝歷史領地利雅德開始，相繼以征服統一了以上的四個區域，該國從此便一直以根據伊斯蘭主義原則、以君主專制的形式統治。瓦哈比派這一被定為國教的極端保守伊斯蘭教派別亦被稱為「沙烏地文化的首要特徵」，並隨著其政策在全世界範圍內傳播。沙烏地阿拉伯有時被稱為「兩聖寺之

地」，因為它的範圍包括了伊斯蘭教中兩個最神聖的聖地：麥加的禁寺及麥地那的先知寺。作為一個政治上極端保守，並採用政教合一體制的獨裁政權，沙烏地阿拉伯對女性權利的限制極多，隨著下一代國王即位後近年來不平等現象已經較為緩和，但仍採用酷刑和殘忍的死刑行刑方法。

1. 主導經濟發展的石油大國

　　沙烏地阿拉伯是世界上石油生產量及輸出量最高的國家，它同時控制了全球第二大的煙儲藏量。由於石化燃料產業支持經濟發展，沙烏地阿拉伯被列為高收入經濟體之一，人類發展指數亦極高，且是唯一在二十國集團中的阿拉伯國家。但是，它在海灣阿拉伯國家合作委員會成員中擁有最單一的經濟。沙烏地阿拉伯的國防開支在世界排行第四，在 2010 至 2014 年曾被斯德哥爾摩國際和平研究所列為世界第二大軍備進口者。它常被視為地域大國和中等強國。除了海灣阿拉伯國家合作委員會，它亦是伊斯蘭合作組織和石油輸出國家組織的成員。

　　沙烏地阿拉伯擁有阿拉伯半島 80% 的領土。該國與阿拉伯聯合大公國、阿曼和葉門接壤的大部分地區沒有明確的邊界，所以沙烏地的實際面積不詳。沙烏地阿拉伯政府估計的面積是 2,217,949 平方公里，而其他可信的估計都介於 213 萬 9 千 7 百平方公里至 224 萬平方公里之間。全國只有少於 1% 的土地是適合耕種的。

　　沙烏地大部分是高原，地勢由西向東成階梯狀傾斜，西部除了紅海沿岸有狹窄平原外為高原高山區，西南希賈茲山脈海拔 3,000 米以上，多火山錐；中部為納季德高原；東部有平原，東部沿海灣有珊瑚礁。沙漠約占全國面積的一半，北部內夫得沙漠，多涸谷、水井、綠洲，南部魯卜哈利沙漠多流動性沙丘。

　　沙烏地西部高原屬地中海氣候。其他廣大地區屬於熱帶沙漠氣候，氣溫日差較大，除了沿海地區濕度較高外，一般炎熱乾燥。北部年降水量 100～200 公釐，南部在 100 公釐以下。

　　沙烏地阿拉伯的經濟以石油為支柱，政府控制著國家主要的經濟活動。沙烏地阿拉伯是世界上繼加拿大之後第二大的已探明石油的儲備國（擁有全

球已勘探石油總量的 24%），是全球最大的石油出口國，也是石油輸出國組織的主要成員國。石油產業的收入大約占全國總收入的 75%、GDP 的 40%，以及出口收入的 90%。GDP 的大約 40% 來自於私有經濟。在 1999 年 OPEC 與其他石油輸出國調漲油價期間，沙烏地阿拉伯是主要的推動者，在這期間 OPEC 的成員成功地通過減少石油產量將石油價格推高到自 1991 年海灣戰爭以來的最高水平。

但自從 2014 年原油價格暴跌，沙烏地阿拉伯首次出現預算赤字，沙國決定讓一直以來的國營石油公司在 2018 年上市。2016 年 4 月，時任副王儲的穆罕默德・本・薩勒曼・本・阿卜杜勒－阿齊茲・阿勒沙烏地在沙烏地願景 2030 年計畫中提出開放教育、醫療等私有產業，鼓勵旅遊業發展與發展娛樂產業，這當中交通項目就包含 755 項措施，像是要求在聖地麥加及第二大聖地麥地那之間興建鐵路和機場。吸引外商投資目前沙烏地政府正不斷鼓勵私有經濟的發展。沙烏地阿拉伯減少國家經濟對石油出口的依賴，並預計在 2030 年將 10% 的主要電力來源轉移到可再生能源，從 2004 到 2014 年間，增加了 100 萬個工作機會，但大多為聘請國外人才或便宜勞工。水資源的短缺與迅速增長的人口有可能限制該國實現農產品自足的目標。

2011 年 2～3 月間，反政府民主運動席捲中東阿拉伯國家，沙國鄰國巴林（Bahrain）發生嚴重示威抗議事件，沙國與阿拉伯聯合大公國（United Arab Emirates）派遣安全部隊進入巴林，協助平息動亂。2015 年葉門（Yemen）境內胡希武裝組織（Houthi）壯大，阿拉伯海灣國家合作理事會（Gulf Cooperation Council, GCC）應葉門總統哈迪（Abdrabbuh Mansur Hadi）之請，由沙國領導阿拉伯聯軍進行干預葉門行動。

目前我國在沙國首都利雅德設有駐沙烏地阿拉伯代表處（駐沙烏地阿拉伯王國臺北經濟文化代表處）。至於有關技術合作方面，我國自 1972 年曾派遣駐沙烏地阿拉伯農業技術團，從事稻作育種、雜作、園藝作物、禽畜飼養及棕棗組織培養等；我國曾於 1979 年派駐沙烏地阿拉伯農業技術服務團，惟我國於 1990 年與沙國斷交後，該團即撤團返國；另我國曾於 1980 年派駐沙烏地漁業技術團，從事淡水魚如吳郭魚及鯉魚之養殖工作，於 1999 年併入駐沙烏地農技團，成為駐沙烏地拉伯技術團，從事棕棗組織培養、海水魚養殖及交通

等技術合作計畫至今。

2. 農漁業仍是臺沙兩國主要的合作項目

　　沙國自 2006 年起全面實施節省地下水資源政策，故起而推展栽培需水量較少的高經濟作物（棕棗）及海水水產養殖業（海水魚及海水蝦），以減少大量淡水的需求，惟沙國缺乏相關經驗及技術之人才，爰國合會推動 2011～2017 年「沙烏地阿拉伯農漁業技術合作計畫」，本計畫以派遣顧問之形式，協助沙國建立棕棗健康種苗安全庫存之需求量、生產無特定病源的金目鱸魚苗予沙國養殖場，並鼓勵養殖戶生產蝦類以外之養殖物。本計畫主要內容包含：（1）建立沙國稀有和珍貴棕棗品種之微體繁殖，供應優良健康種苗給當地農民種植；（2）研發花序培養技術和田間試種，縮短抗紅象鼻蟲品種選育；（3）種原基因庫保存包含親本園和試管內；（4）訓練沙籍研究員和技術人員組織培養專業技術；（5）生產無特定病源的金目鱸魚苗推廣給養殖戶；（6）點帶石斑魚產卵週期調查；（7）培育金頭鯛成為種魚；（8）轉移育苗技術給沙籍研究員（國合會，2014a）。

　　依據「中華民國政府與沙烏地阿拉伯王國政府間農業合作協定」，持續推動 2018～2021 年「沙烏地阿拉伯棕棗栽培與組織培養顧問派遣計畫」，派遣駐沙烏地阿拉伯技術團與沙烏地阿拉伯環境、水與農業部就農業可合作項目進行技術協助。技術團技術顧問主要工作內容包括：（1）調查沙國合作單位年度需求，制定年度工作計畫；（2）定期提供報告；（3）依計畫執行重點提供顧問服務。本計畫執行重點為棕棗組織培養及栽培技術發展（國合會，2018a）。另推動 2018～2021 年「沙烏地阿拉伯海水魚研究顧問派遣計畫」，技術團技術顧問主要工作內容包括：（1）調查沙國合作單位年度需求，制定年度工作計畫；（2）定期提供報告；（3）依計畫執行重點提供顧問服務。本計畫執行重點為金目鱸與長鰭黃鑞鯵飼養與繁殖技術發展。

（三）中東的天堂——巴林

　　巴林王國（Kingdom of Bahrain），通稱巴林（Bahrain），是一個位於西

亞、鄰近波斯灣西岸的島國，首都麥納瑪（Manama）。巴林島為巴林最大的島嶼，南北長 55 公里，東西則為 18 公里寬，總面積約 758 平方公里。沙烏地阿拉伯位於巴林西部，並可經由法赫德國王大橋（King Fahd Causeway）連接；伊朗則位在巴林北方 200 公里處；卡達半島位於巴林東南側。氣候屬熱帶沙漠氣候。2010 年，巴林總人口為 1,234,571 人，其中包括 666,172 名外籍人口。巴林早期隸屬波斯帝國，18 世紀後，脫離伊朗控制，於 1880 及 1892 年兩度與英國簽訂保護條約，成為英國的殖民地，受英國保護。1971 年 8 月 15 日巴林在聯合國監督下，舉行公民投票正式宣布獨立。1971 年，英國人撤出，英國在當地的 9 個殖民地大公國中，巴林和卡達獨立建國成為大公（埃米爾）國；餘下 7 個大公國成立了阿拉伯聯合大公國。巴林於 2002 年宣布改為王國。巴林於 1971 年獨立後曾頒布憲法，成立國會，實施君主立憲制度；1999 年，現任元首哈瑪德國王上任，推動政治經濟改革；2002 年，國號更改為巴林王國（Kingdom of Bahrain）。目前巴國領導階層以國王、王儲、總理為中心，各部會首長及重要職位多以王室成員擔任。

巴林為首個步入後石油經濟的波斯灣國家。但目前巴林經濟並非單純依賴石油；自 20 世紀後期，巴林已投入巨資發展金融和旅遊事業。該國首都麥納瑪，是國內外大型金融機構所在地。巴林具有較高的人類發展指數（世界排名第 44 位），亦被世界銀行認定為高收入經濟體。2001 年，巴林成為主要非北約盟友的成員，美國海軍的第 5 艦隊司令部就駐紮在麥納瑪，隨時監視著波斯灣以及印度洋的動靜。

沙漠占巴林總面積的 92%，巴林的自然災害主要有規律性乾旱與沙塵暴等。巴林面臨的環境問題，包括耕地荒漠化、海岸線倒退（珊瑚礁和植被等損害）等。造成此現象的原因主要有大型油輪、煉油廠、發電廠等危害，尤其在非法開荒的地方更為嚴重，如都柏利灣。此外，農業和家庭部門過度利用巴林的主要含水層——達曼含水層，導致其鹽化為半鹹水和鹽水水體。因此巴林開始了水化學研究，並確定含水層開始鹽鹼化的位置，並劃定其影響的區域。

受到波斯灣北方、伊朗境內的扎格羅斯山脈（Zagros Mountains）影響，巴林經常出現低層風。6 至 7 月時，伊拉克及沙烏地阿拉伯產生的沙塵暴（當地稱為夏馬爾風）由西北風吹揚至巴林，造成該國能見度降低。巴林夏季非常

炎熱。巴林周圍的海域很淺，在夏天會迅速升溫，亦會產生高濕度，尤其是在夜間。在正常狀況下，夏季的氣溫可能會上升至 50℃（122℉）。巴林的降雨並不規則且微小，降雨主要發生在冬季，歷史紀錄全年累計最大雨量僅 71.8 公釐。

巴林早期為海灣地區採集珍珠和貿易的中心，當地人民主要靠採集珍珠、捕魚、經商生活。1933 年發現石油之後，巴林成為海灣地區最早開採石油的國家，已探明的石油儲量為 1,712 萬噸，天然氣儲量為 924 億立方米。巴林還是海灣地區的金融中心。巴林是阿拉伯世界中經濟增長最快的國家。巴林也擁有中東地區最自由的經濟體系，巴林亦被評為世界上增長最快的經濟中心。巴林的銀行業和金融服務業，特別是伊斯蘭銀行業務，從該區域因對石油需求而產生的繁榮中受益，石油產品和加工品為巴林出口最多的產品，占出口收入的 60%、政府收入的 70%，以及國內生產總值的 11%。鋁是第二大出口產品，其次為金融和建築材料。

巴林擁有超過 800 萬旅客造訪，儘管大部分多來自阿拉伯國家，但世界各地旅客也持續增加中，在其他阿拉伯國都禁止喝酒，唯獨巴林沒有而成為阿拉伯國家之旅遊與度假天堂，每年於巴林國際賽道舉辦的一級方程式賽車巴林大獎賽也招致不少外國遊客。巴林融合了現代阿拉伯文化和五千年歷史的考古遺產，該國擁有許多古堡堡壘，其中列入聯合國教科文組織世界遺產的巴林堡是迪爾姆文明所在地，現今堡壘為葡萄牙統治時所建，此外 16 世紀完成、位於穆哈拉格的阿拉德古堡也相當著名。

巴林於 2020 年 10 月正式與以色列建交，故現除伊朗及卡達以外，巴林與多數國家維持邦交或友好狀態，近年來加強與東南亞、俄羅斯、中國及東歐集團之往來。目前我國在巴林設置有駐巴林代表處，我國自 1987 年起派遣駐巴林農業技術團，1999 年更名為駐巴林技術團，從事園藝蔬菜、景觀花卉及海水養殖之合作計畫。

1. 巴林園藝發展與糧食安全仍屬重要

巴林是中東地區波斯灣海灣小國，生活富裕，生活條件高，然因應溫室效應、全球暖化造成之氣候、環境影響，巴林政府開始重視糧食安全問題；此

外，巴林政府亦希望鼓勵當地人民發展花卉產業並提升相關栽培技術，爰我技術團與巴林市政暨都市計畫部農業部門合作，推動 2011～2014 年「巴林農園藝作物發展及糧食安全計畫」，本計畫以派遣顧問之形式，執行「糧食作物示範推廣與花卉發展」、「棗椰與蘭花組培苗繁殖」及「蘭花栽培示範推廣與室內觀葉植物生產」三項子計畫（國合會，2014b）。本計畫主要內容包含：（1）配合巴林農業政策，培育農園藝作物種苗，示範及推廣農園藝作物栽培模式，提升農民生產技能及達到增產效果；（2）配合巴國合作單位規劃，協助建立組織培養繁殖技術，以滿足其現階段國內需求；（3）協助巴國合作單位建立蘭花及觀葉植物栽培模式，並以示範栽培模式進行推廣及輔導有興趣之農民栽培，進而發展當地蘭花產業及美化環境。

另依據「臺巴農業技術合作協定」派遣駐巴林技術團續與巴林市政暨都市計畫部轄下農業部門合作，推動 2018～2021 年「巴林園藝作物發展顧問派遣計畫」，就農業可合作項目進行技術協助。技術團技術顧問主要工作內容包括：（1）調查巴林合作單位年度需求，制定年度工作計畫；（2）定期提供報告；（3）依計畫執行重點提供顧問服務。本計畫執行重點為：（1）棕棗組織培養與蘭花栽培；（2）蔬果栽培及育成中心輔導。

2. 景觀設計與市容綠美化值得肯定

巴林政府於「VISION 2030」國家經濟發展願景中，強調有關國土永續發展、環境保育與節能省碳等政策目標，攸關國家未來與民生經濟的發展。惟其市政暨都市計畫部缺乏執行相關工程設計專案之人才，爰技術團與巴林市政暨都市計畫部合作，推動 2011～2014 年「巴林都市景觀設計與綠美化合作計畫」，本計畫以派遣顧問之形式，協助巴方指定地區環境景觀改善與都市道路綠美化工作，加速道路景觀綠美化建設，提升計畫指定地區綠覆率與環境品質，契合綠化巴林之國家永續發展願景（國合會，2014c）。本計畫主要內容包含：（1）提供巴方指定地區之道路圓環及分隔島景觀設，（2）協助巴方委辦都市外部空間之綠美化設計與景觀設計審議，（3）協助巴方公務部門推展集居環境改善與提供景觀設計服務，（4）開展中、巴雙方在都市景觀設計領域與環境綠美化之技術合作交流。

巴林為達成綠色國土「Green The Country」的永續環境發展願景，惟其缺乏執行相關工程及設計專案管理人才，爰提出都市景觀設計與綠美化計畫的合作需求，我技術團乃與巴林市政暨都市計畫部合作，推動 2015～2017 年「巴林都市景觀及綠美化設計專案執行計畫」，本計畫以派遣顧問之形式，協助巴方推動都市道路景觀改善與環境綠美化建設，提升都市地區的綠覆率。

3. 水產養殖對海灣國家甚具發展之潛力

巴林每年到訪觀光客超過 800 萬人，觀光客對於海鮮的需求量甚大，因此在巴林推展箱網養殖是具有發展之潛力，因此，駐巴林技術團與巴林市政暨都市計畫部轄下農業部門就漁業可合作項目進行技術協助，爰推動 2018～2021 年「巴林水產養殖繁殖發展顧問派遣計畫」，技術團技術顧問主要工作內容包括：（1）協助養殖中心就現有養殖魚種逐年建立並擴大魚苗生產規模，同時新增當地具養殖潛力之魚種並進行試驗與繁殖、（2）協助養殖中心針對新進人員之培訓規劃與執行、（3）協助養殖中心運用當地可取得之飼料原料，建立小型水產飼料生產計畫（國合會，2018b）。

（四）中東主要的難民避難所——約旦

約旦哈希米王國（Hashemite Kingdom of Jordan）通稱約旦（Jordan），是位於西亞的中東的國家，北臨敘利亞，東臨伊拉克，東南臨沙烏地阿拉伯，西臨以色列和巴勒斯坦。約旦面積 89,342 平方公里，大部分地區是高原，海拔650～1,000 米。西部有約旦河谷，東部和東南部是沙漠，被亞巴琳（Abarim）山脈貫穿，最高峰達 1,854 公尺，全國可耕地僅占全國面積的 4%。在亞喀巴灣（Gulf of Aqaba），約旦有一小段海岸線。死海位於約旦的西部，是其與以色列的邊境的一部分，死海最低處低於海平面 408 公尺，為地球上最低窪的地方，紅海則位於極西南方。大部分地區屬亞熱帶沙漠氣候，西部山地屬地中海氣候；年降水量 100～700 公釐。

約旦全國缺水，同時缺乏石油之類的自然礦產品，因此關稅為政府重要的財源。安曼為其商業中心，阿卡巴港為唯一進出口港，主要商品仍賴進口，

對奢侈品、菸酒、電氣用品電及汽車課徵重稅，以收寓禁於徵之效。約旦每年進口金額約為出口金額的 3 倍。為照顧低收入民眾，約旦政府對米、麵、糖及汽（重）油等基本民生必需品採補貼政策。

1991 年的第一次海灣戰爭給約旦經濟帶來了極大困難。約旦被迫暫停償還債務。約旦國內的大批巴勒斯坦難民、其他海灣國家對約旦的資助、去他國工作的民工，都給約旦的經濟帶來了極大的混亂，造成全國經濟非常不穩定而複雜。

戰略上，約旦處於歐亞非大陸的交匯點，阿卜杜拉二世・本・胡笙（Abdullah II bin Al Hussein）國王試圖對國家經濟進行有限的改革，其中包括將一些國營企業私有化，改善投資環境，積極尋求外援，扭轉了約旦經濟長期負增長或零增長的局面。1999 年約旦加入世界貿易組織。2004～2008 年間經濟增長率超過 8%。債務、貧困和失業依然是約旦最大的經濟困難。

約旦人口約 1,082 萬人（2020 年），93% 是阿拉伯人，其他民族包括高加索人、希臘人和亞述人（含古阿拉米人後裔）等，首都安曼是約旦國內人口最多的城市，也是經濟、政治與文化的中心。約旦是以伊斯蘭教為主的國家。目前全國人口遜尼派占 97.2%，2.2% 為羅馬天主教，其他宗教僅占 0.8%。由於1948、1967 年兩次以阿戰爭，逃難至約旦之巴勒斯坦裔人口占約旦總人口比例相當高，日前多已獲約旦國籍，除少數擔任公職外，其餘多經營工商業及技術性之工作，另 2011 年敘利亞內戰爆發後敘國逾 130 萬難民湧入約境，據聯合國難民署統計，目前約旦境內容納近 70 萬敘國難民，並設有 Zaa'tari 與 Azraq 兩座敘利亞難民營。

約旦向來奉行著溫和的外交政策，基本上與西方國家有著密切的關係，尤其與英國和美國。海灣戰爭時，由於約旦繼續支持伊拉克，使它和西方的關係稍微弱化，但是至今為止，美國是提供給約旦援助最大的國家。1994 年，約旦和以色列達成了和平協議；在阿拉伯國家中，只有它和埃及對以色列分別締結了和平協議。伊拉克戰爭時，薩達姆・海珊（Saddam Hussein）政權崩潰以後，約旦積極扮演著關鍵的溝通角色，對伊拉克的穩定和安全貢獻甚多。目前我國在首都安曼設有駐約旦代表處。

1. 人道援助計畫仍是與約旦合作的主軸

　　敘利亞爆發內戰至今，已超過 130 萬人湧入約旦，由於大量敘利亞難民進入，讓約旦原本脆弱供水系統及汙水處理系統更不敷使用。本計畫透過美慈組織與約旦水務署（Water Authority of Jordan, WAJ）和國營的耶穆克自來水公司（Yarmouk Water Company, YWC）合作，於 2014～2015 年推動「北約旦水井修復計畫」，經評估及選定修復之 10 口約旦北部水井及供水系統，進而提升約國人民與難民之用水安全及基本生活水準。本計畫修復或升級於約旦北部之 Irbid、Mafraq 省境內未充分利用的水井與供水系統。國合會之資金將挹注於修復其中兩口水井之可用性和供水能力（國合會，2014d）。

　　由於難民湧入導致固體廢棄物隨之增加，使約旦重要水源地之一的阿茲拉克市廢棄物處理問題雪上加霜，嚴重影響當地居民及敘利亞難民的基本生活。國合會與對抗飢餓組織（Action Against Hunger, ACF）合作，推動 2016～2019 年「約旦阿茲拉克市社區居民及敘利亞難民固體廢棄物管理改善計畫」，本計畫旨在協助改善約旦阿茲拉克市社區居民及敘利亞難民固體廢棄物管理。本計畫全程內容如後：（1）界定各類廢棄物之屬性與其回收利用之價值鏈，（2）合作社支援市政府固體廢棄物及堆肥服務並創造就業機會，（3）針對廢棄物管理相關人員進行能力建構，（4）設立廢棄物分類與堆肥廠，（5）進行固體廢棄物管理及相關風險等知識之公眾宣導（國合會，2016）。

　　約旦 8 成以上之難民與約旦人民混居於社區中，有 5 成難民為學齡兒童，造成校園與社區有限的資源更加捉襟見肘，特別是用水方面。爰國合會與美慈組織（Mercy Corps）合作，推動 2018～2019 年「約旦校園及社區雨水集水系統計畫」，本計畫旨在透過供水與衛生（WASH）基礎設施升級而提高學校及社區中心節水能力，並透過對兒童、青少年及其家庭教育進而提升節水意識及使用節水措施（國合會，2018c）。本計畫全程內容如後：（1）於校園或社區中心興建 5 座雨水集水系統，並視需要安裝灰水處理系統和省水裝置；（2）修復 6 座公立學校損毀待修復之雨水集水系統；（3）舉辦 22 場節水宣導活動，以提升學生及其家庭節水意識。

2. 綠色能源——由廢棄物轉變成電能

　　約旦大安曼市受到高人口成長及難民潮移入的雙重影響，人口預期在2025 年將成長超過一倍，此情形也將衍生出該市垃圾處理之問題。目前約旦垃圾處理方式較不先進，垃圾多直接焚燒或傾倒，且傾倒場通常未經規劃，亦無滲出水及生質氣體之管理，造成諸多環境及衛生問題。為因應垃圾處理等市政基礎建設恐將面臨之困境，

　　國合會透過「歐銀綠色能源特別基金」與歐銀共同提供貸款，推動「約旦大安曼市固體廢棄物處理計畫」，協助約旦首都大安曼市政府（Greater Amman Municipality, GAM）在 Al Ghabawi 掩埋場興建垃圾掩埋沼氣（Landfill Gas, LFG）發電系統，本計畫將為約旦引入廢棄物管理及廢棄物轉換能源（waste-to-energy）新科技，作為該國其他掩埋場之示範。發電系統 生之電能將連接至國家電網，降低約旦對進口能源之倚賴，預期每年可減少 15 萬噸二氧化碳排放（國合會，2015）。

四、結論與未來展望

（一）持續加強與歐銀及本地區之合作關係

　　歐銀（EBRD）成立於 1991 年，總部設於倫敦，為歐洲區域性開發援助機構。歐銀設立目的在於協助中、東歐及前蘇聯國家私人部門發展及轉型為市場導向經濟。該行共協助中歐至中亞地區國家進行經濟改造、國營企業私有化及提升國家競爭力。我國雖非其會員國，然與歐銀有多項合作。

　　歐洲復興開發銀行是國合會在歐洲及周邊地區的主要合作夥伴。自 1996年以來，截至目前為止，本會與歐銀總共簽署 11 件計畫，簽約金額總計為 2億 415 萬美元。現執行中計畫共計 3 件，簽約金額總計為 1 億 6,500 萬美元，本會已撥款 1 億 2 千萬美元。透過與歐銀合作之特別基金，本會總計參與 36件子計畫。合作部門包括對金融機構、貿易便利化計畫、市政基礎設施、農業綜合企業，以及能源效率和可再生能源的支持。受益國包括從中歐到中亞以

及地中海南部和東部。未來與歐銀間之合作似可朝以下 2 點來加強：

1. 持續深化合作關係

本會優惠性貸款資金合作模式向來受到歐銀重視，目前與歐銀主要合作團隊涵蓋合作融資處、市政與基礎建設處、金融機構處、農企業部門與氣候變遷部門，合作關係良好。國合會應繼續支持投入綠色經濟融資與農企業範疇，以深化合作關係，並盼藉歐銀合作計畫續於歐銀會員國區域與全球提升我國參與之能見度。

2. 未來可關注歐銀議題

有鑑於歐銀目前對永續發展目標中有關都市議題亦相當留意，並與國合會分享有關綠色城市、城市資產運用等類型計畫，國合會可對各項議題表示持開放態度，歡迎歐銀與國合會持續分享資訊，以供進一步參與計畫融資的可能性。

（二）因地制宜擬訂可行的合作計畫

由於本地區幅員廣大，目前我國在本地區的合作計畫大多透過歐銀平臺進行多邊合作機制，然而仍與部分國家進行雙邊合作計畫，例如在沙烏地阿拉伯，目前所執行之棕棗組織培養計畫，包含珍貴棕棗品種之微體繁殖、花序培養縮短抗紅象鼻蟲品種選育及設立棕棗基因庫等，惟已行之有年，應考慮轉型新計畫，如評估柑橘黃龍病之防治技術，以莖頂組織培養繁殖技術，培育健康種苗等；在巴林，由於每年前往巴林的觀光的旅客超過 800 萬，大部分蔬果均仰賴進口，市場價格非常高，似可考慮增加在地生產，比照杜拜生產蔬果方式引進植物工廠（vertical farm）技術生產高價蔬果；另在海灣 6 國對於海產需求相當大，海水箱網養殖甚具發展之潛力，因此沙烏地阿伯可加強金目鱸魚、石斑魚及金頭鯛等魚種之繁養殖，在巴林，則可考慮矛鯛、歐洲鯛、石斑魚及鯔魚等 4 種魚種之繁養殖，以增加漁產品供應至其他海灣國家。至於在約旦部分，仍以鎖定提供敘利亞難民之人道援助工作為主。

參考文獻

國合會（2018a）。沙烏地阿拉伯棕棗栽培與組織培養顧問派遣計畫。取自 https://www.icdf.org.tw/ct.asp?xItem=47823&ctNode=29926&mp=1

國合會（2018b）。巴林水產養殖繁殖發展顧問派遣計畫。取自 https://www.icdf.org.tw/ct.asp?xItem=47809&ctNode=29921&mp=1

國合會（2018c）。約旦校園及社區雨水集水系統計畫。取自 https://www.icdf.org.tw/ct.asp?xItem=49620&ctNode=30562&mp=1

國合會（2016）。約旦阿茲拉克市社區居民及敘利亞難民固體廢棄物管理改善計畫。取自 https://www.icdf.org.tw/ct.asp?xItem=39175&ctNode=30562&mp=1

國合會（2015）。歐銀綠色能源特別基金——子計畫 2（約旦大安曼市固體廢棄物計畫）。取自 https://www.icdf.org.tw/ct.asp?xItem=31232&ctNode=30562&mp=1

國合會（2014a）。沙烏地阿拉伯農漁業技術合作計畫。取自 https://www.icdf.org.tw/ct.asp?xItem=5062&ctNode=29926&mp=1

國合會（2014b）。巴林農園藝作物發展及糧食安全計畫。取自 https://www.icdf.org.tw/ct.asp?xItem=2268&ctNode=29921&mp=1

國合會（2014c）。巴林都市景觀設計與綠美化合作計畫。取自 https://www.icdf.org.tw/ct.asp?xItem=2267&ctNode=29921&mp=1

國合會（2014d）。北約旦水井修復計畫。取自 https://www.icdf.org.tw/ct.asp?xItem=28319&ctNode=30562&mp=1

Alexander Vezenkov (2017). *"Entangled Geographies of the Balkans: The Boundaries of the Region and the Limits of the Discipline"*. Retrieved from: https://books.google.com.tw/books?id=R3cEDgAAQBAJ&pg=PA141&redir_esc=y#v=onepage&q&f=false

Encyclopedia Britannica (2017). *Balkans*. Retrieved from: https://www.britannica.com/place/Balkans.

Europe's World. Archive (2013). BUDAPEST-*Ghost of second-class status haunts central and eastern Europe*. Retrieved from: http://www.europesworld.org/NewEnglish/Home_old/Article/tabid/191/ArticleType/articleview/ArticleID/21480/language/en-US/Default.aspx

OECD (2001). *CENTRAL AND EASTERN EUROPEAN COUNTRIES (CEECS)*. Retrieved from: https://stats.oecd.org/glossary/detail.asp?ID=303

第 17 章

終點又回到起點

一、終點

　　筆者自 1987 年 10 月投入國際發展合作的工作以來，至今已有 34 年之歷史，本（2021）年 9 月底將屆齡退休，抵達了現階段的終點。回想過去所走過的路，剛進入當時的海外會當任技師開始，原本只想在海外會歷練 3 年就要轉換跑道，沒有想到卻從 3 年變成為 30 多年，至今我對於國際發展合作事務始終保持著高度的熱誠，並抱持著使命感（sense of mission）與成就感（sense of achievement）兩大信念，由於從大學到博士所學的是園藝、景觀設計及農業經濟等農學背景，而駐外技術團隊農業相關計畫比例仍高，因此，對於駐外團隊所需要的專業領域 能駕輕就熟，30 多年來我走過了 109 個國家，其中有一半以上係屬於邦交國或曾與我有邦交的國家，渠等國家大多屬於開發中國家，農業領域在此等開發中國家所占比例仍高，為順應該等國家經濟發展的需求，因此有關農業援助計畫至今仍不曾消退，然而世界在變、國家在變、人民也在變，我們更不能一成不變，自國合會 1996 年正式成立後，對外援助的項目以由農業擴增到公衛醫療、中小企業、教育、資通訊及環境等 6 項，有關對外援助工作自二次大戰後已蔚為為風潮，並自 1990 年後迅速蓬勃發展，國際援助轉為更具系統性，儼然成為全民運動，並針對一些援助的議題，所有國家、雙邊與多邊援助機構以及非政府組織，大家齊聚一堂共同合作來達成既定的目標，例如 2000 年聯合國所發布的世紀發展目標（MDGs）以及 2015 年所發布的永續發展目標（SDGs）。

　　我國所處的國際環境比較特殊，自 1971 年退出聯合國後，中共取代了我國在聯合國的地位，在中共所謂的「一個中國原則」及「中國唯一合法政府」的運作下，處處打壓我國在國際間的活動空間，並自稱臺灣係屬於中國領土的一部分，任何製造「兩個中國」或「一中一臺」在法理上均不允許。再加上中國自 2008 年開始崛起，經濟突發猛進，經濟成長率大多能達兩位數，近幾年亦能維持在 6～8% 之間，外匯存底更達 4 兆美元之多，其經濟規模世界排名第二，僅次於美國，國際間囿於中共之威脅利誘之下，大多數國家都不敢與我們主動接觸，盡力將臺灣邊緣化，許多國際組織（特別是聯合國專門機構）

及國際會議，我國均不能參加，造成我國在國際間的處境更加困難。然而，我們不能坐以待斃，必須有一些因應作為，克服層層難關，盡力鞏固我們的邦交國家，由於聯合國 1971 年 2758 號決議文並沒有解決臺灣的問題，我國擁有自己的土地、人民及政府，中共亦從未統治過臺灣，為了臺灣 2,300 萬人民之福祉，我們必須重返聯合國，在我國邦交國於適當場域發言支持外，對身為外交部智庫的國合會而言，更須身先士卒協助外交部達成我國重返聯合國的目標。

回想這一路走來實有值得回味的地方，茲摘要敘述過去的成就如下：

（一）海外、海合兩會合併後組織文化之重建

依據立法院於 1995 年 12 月 17 日所通過之「國際合作發展基金會設置條例，海外會與海合會分別裁撤後合併設立「財團法人國際合作發展基金會」，於是國合會於 1996 年正式。在該條例通過以前的幕僚作業，筆者曾在 1994 年所撰並獲頒行政院傑出研究獎〈我國國際合作展策略之研究〉乙篇論文中，建議由於海外及海合兩會未曾立法均屬黑機關，時常在立法院中遭致立法委員的質疑，因此，為徹底解決兩會之身分地位問題，有三個可供研議的方案：（1）比照日本財團法人海外事業機構（JICA），設置為財團法人；（2）比照美國援外總署（USAID），設置臺灣援外總署（TaiwanAID）；（3）在外交部轄下設置「國際合作司」，案經外交部數次邀集相關單位開會研商後，茲考慮臺灣在國際環境的特殊性，為保持彈性及其可行性，乃決定設立「財團法人國際合作發展基金會」；此外，在條例通過前，海外會謝執行秘書順景博士、時任外交部經貿司賴副司長建中以及筆者，兩次陪同葛立法委員雨琴前往史瓦濟蘭（現名為史瓦帝尼）及巴拿馬考察，途中曾數度向葛委員說明有關國合會設置條例乙案並尋求支持，返國後，在委員的運籌帷幄下，以及立法委員程建人（曾任外交部常務次長及部長）的支持下，該條例順利通過，另由當時的外交部長錢復與經濟部長蕭萬長協調後，由於國合會業務屬性涉及外交事務，因此國合會的主管機關仍歸屬外交部。海外會與海合會於 1997 年 7 月合併完成後，緊接著就是兩個不同機構文化合併後的融合問題，所幸在國合

會第一任秘書長羅平章先生的睿智領導下，兩會逐漸順利合而為一，至今筆者對於羅秘書長對國合會的貢獻仍深表感謝，尤其渠自世銀退休到國合會任職後，也帶來計畫週期（project cycle）運作的方法論，讓國合會同仁有一套共同運作的模式也能與國際接軌。筆者於 1998 年接任助理秘書長後，依據國合會設置條例與捐助章程，召開超過百次的大小會議，釐訂國合會的組織章程、辦事細則、投融資辦法、技術合作處理辦法、會計制度、內控制度、稽核辦法及其他各種規章、辦法及要點等 90 餘種之多，這是一項艱巨與煩躁的任務，然而在國合會同仁的積極配合下陸續完成，讓國合會能建立完善的系統與制度而順利運作下去，筆者自己也覺得非常驕傲。

（二）組織與制度的演進與轉型

我國自 1959 年首派駐越南農技團以來，至今已有 60 年之歷史，從各種文件、刊物、叢書、年報及相關報導的第二手資料，以及個人親身經歷的第一手資料顯示，在 60 年間確實也歷經各種不同程度的轉型，例如在機構層面而言，為順應各時間主客觀環境的需要，而歷經先鋒案計畫執行小組、中非技術合作委員會、海外技術合作委員會、海外經濟合作基金管理委員會，以及財團法人國際合作發展基金會等機構的演變，當時為維護我國在聯合國席位，爭取非洲新興獨立國家的支持而推動 1960 年先鋒案計畫及 1962 年設立中非技術合作委員會，專責對非洲之技術合作業務，後來我國技術合作由非洲擴展到中南美洲，而必須於 1972 年更名為海外技術合作委員會，專責我國對外技術援助工作，隨後於 1989 年設立海外經濟合作基金管理委員會，專責我國對外之經濟合作業務，待國合會正式成立後，成為我國執行國際發展與合作之專業機構，使國合會成為我國在外交運用上的一項重要的籌碼。就合作的區域而言，從非洲拓展至拉丁美洲與加勒比海、亞洲及太平洋島嶼、亞西、中亞及東歐地區。就合作項目而言，由傳統的農業生產與推廣，拓展至專案性的公衛醫療計畫，高等教育與職業訓練，資通訊科技與科技防災，因應氣候變遷與韌性建立之環境計畫以及微小中型企業展等。就技術團隊之名稱而言，由1960 年代的農耕隊到 1980 年代的農技團，乃至 2000 年後的技術團，農耕隊

的特性在協助合作國家傳統的作物栽種技術與推廣，其基本上在滿足量的需求，屬於糊口型農業，以達到扶貧之目的；農技團的輔導方式除了試驗、研究、生產、加工外，並須協助駐在國農民有關市場的規劃，亦即農民除了自行消費外，尚有多餘的農產品可以在市場上，讓農民可以賺取現金來添購一些設施與設備，以提高生活品質；技術團的執行模式，除了農業外尚包含其他五項優先領域，舉農業領域並與前面的農耕隊與農技團作個比較，技術團的輔導方式由傳統方式進一步擴展為農企業，並以農業價值鏈的方式進行輔導。

（三）掌握關鍵技術因地制宜與時俱進

　　我國對外技術協助計畫通常由合作國家提出，在國合會 6 大優先領域的範疇下，進行可行性界定後，一旦經評估可行，就會進入國合會計畫周期（project cycle）方法論的各個階段，除兼顧經濟面、財務面及社會面外，有關在政策面必須規劃周延才能達到事半功倍，例如我駐馬拉威農技團自 1965 年開始協助馬國種植稻米約 30 年，共計開墾 13 個墾區，總面積達 3,365 公頃，筆者於 1995 年抵達馬國評估考察時，赫然發現馬國的主食並不是稻米而是玉米，農民所種植的稻米必須送到市場販售換得現金後，再購買他們全家要吃的糧食——玉米，這個實例充分顯示 30 年前在政策上的錯誤決定，然而已投入無數的人力及物力且無法永續經營，後來經修正為玉米計畫後始能真正達到在地化之原則。另在技術層面必須能達到專業水準，才能得到駐在國政府官員與人民的信服，例如，國合會的合作國家大多沒有農民組織，即使有農民合作社，其功能亦不彰，農民無法受益，我技術團協助農民所成立的產銷班，匯集眾人力量，組織農民進行共同生產、共同採購與共同運銷，讓農民能夠真正受益；在建立稻種三級制方面，包括原原種、原種及採種等三級制度，建立稻作的完整育種架構，依據育種目標選育抗旱、抗病、抗蟲、高品質或高產量等品種，讓稻米品種的生產得以持續；在柑橘黃龍病的防治方面，在柑橘感染初期須採用病蟲害綜合防治技術（IPM），在感染的中後期，柑橘樹株大多只有砍除一途，而代之以健康的種苗，而健康種苗的生產則係透過柑橘實生苗莖頂組織培養技術；在宏都拉斯森林病蟲害（象皮蟲）的防治技術方面，採用

地理資訊系統（GIS）追蹤蟲害分布的範圍，並採取積極措施防止蟲害之持續擴散；在貝里斯城市韌性計畫方面，由於在墨西哥灣、中美洲及加勒比海地區，每年定期會遭受颶風侵襲，造成人民生命與財產的重大損失，因此運用GIS 及無人機找出易受自然災害侵襲的脆弱地點，建立早期預警措施，及建立城市韌性，以降低人民生命與財產的損失。在醫院管理部分，我駐巴拉圭技術團所進行的醫療資訊系統，採用國泰醫院開發的醫療資訊系統，從掛號、病歷、看診及領藥等程序建立完整體系，這可以由一個病人從實施本系統前全程需耗時 200 分鐘與實施本系統後僅需耗時 50 分鐘相比較，確實有甚大的差異；另在因應氣候變遷所建立智慧農業與精準農業方面，運用大數據分析精準算出各種投入（Input）與產出（output）之關鍵技術。由於合作國家的環境不斷在改變，各國要求也不斷在增加，所有關鍵技術之運用必須依據當地的情況進行適當的調整並且與時俱進，最重要的是，應就地取材以真正落實在地化原則。

（四）順應世界潮流趨勢，與國際充分接軌

1. 參與 OECD 相關論壇暨研討會

自 1990 年起國際援助蓬勃發展，已進入全民參與之情況，筆者自 1996年開始參與 OECD 的相關活動，其中參與的機構其一為 OECD 轄下的援助發展委員會（Development Assistance Committee, DAC），專責國際援助事務，另一為 DAC 的智庫單位發展中心（Development Center），為能與國際接軌，每年受邀出席由 DAC 主辦的資深官員對話會議（Senior Level Symposium）或由發展中心所主辦的論壇或研討會，藉由參與論壇的機會與 DAC 主席或Development Center 秘書長交換在援助發展領域的相關經驗，並透過筆者提供臺灣在官方發展援助（ODA）金額與 GNI 比例，俾利 DAC 彙編 DevelopmentAssistance 年報。

2000 年 9 月，聯合國頒布了千禧年宣言（Millennium Declaration），釐訂千禧年發展目標（Millennium Development Goals, MDGs），為執行 MDGs，聯合國於 2002 年 3 月在墨西哥北部工業城市蒙特雷（Monterrey）召開國際發展

經援會議，達成已開發國家協助其他國家發展的「蒙特雷共識（Monterrey Consensus）」，共識指出：已開發國家和開發中國家應該建立一種新的夥伴關係，全面落實《聯合國千年宣言》中提出的旨在實現消除貧困、改善社會狀況、提高生活水準和保護環境等各項永續發展目標。隨後，為落實蒙特雷共識，在 2005 年 2 月初筆者接受 OECD 之邀請，赴法國出席由 DAC 所主辦之「促進發展合作效率之夥伴關係」論壇及「國際援助體系」研討會，並以本次會議為基礎，於 2 月底部長級會議達成援助有效性（Aid Effectiveness）的巴黎宣言（Paris Declaration），並達成已開發國家和發展中國家承諾實現 2005 年「巴黎宣言」原則以實現更有效的援助時，它們不僅同意一套原則（Ownership -Alignment -Harmonization -Managing for Results -Mutual Accountability），而且還要在 2010 年之前達成一系列可衡量的目標。這是「巴黎宣言」的一個重要特徵，為捐助者和開發中國家提供相互控制的工具，本項援助的有效性，筆者也將之帶回國合會供同仁參用。

2. 參與聯合國「永續發展高階政治論壇（High Level Political Forum on Sustainable Development, HLPF）」

2015 年 9 月聯合國發布永續發展目標（Sustainable Development Goals, SDGs），為積極落實永續發展目標 SDGs，聯合國「永續發展高階政治論壇（High Level Political Forum on Sustainable Development, HLPF）」每年都會檢視全球永續目標執行情形，為 2030 永續發展議程追蹤及檢討機制的重要場域。

（1）2017 年會議成果及建議

2017 主題為「在變動的世界中消除貧窮與促進繁榮，會議期間重點檢視永續發展目標 1、2、3、5、9、14 與 17 等七個目標之 實情形，藉此總結並歸納各目標面 之主要挑戰。筆者於 2017 年 7 月 10～19 日首度率團前往紐約參與本次盛會，本次論壇共計完成 43 份國家自願性檢視報告（Voluntary National Report, VNR）、舉辦 147 場次的周邊 壇、3 場次的特別 壇，以及 10 場次的訓 課程及工作坊。本次 與 壇之觀察如下：

① 聯合國 SDGs 推動的架構涵蓋面向多元。

② 永續發展議題已成為國際發展合作共通語言。

③ 出現非以「國家」為主的 SDGs 檢視架構訴求。

④ 強化資 收集及統計能 為實踐 SDGs 當務之急。

另建議我國 SDGs 進程提報可能方式：

① 持續運用國合會向 OECD 報告管道，回報我國 ODA 相關 據資 。

② 透過友我且具有諮商地位的國際非政府組織或能 較高之研究機構管道，將我國自願報告以平 報告方式自主性公布。

③ 透過平 報告、倡議 動或影子報告等方式，由我國產、官、學、研或國內公民社會等單位，將我國推動進程或成果提報至 Sustainable Development Knowledge Platform 或 Partnership for SDGs。

④ 持續關注聯合國投入非「國家」為主之 SDGs 進 檢視平臺發展，並適時以合宜方式公布我國相關 據及資 。

（2）2018 年會議成果及建議

2018 年 7 月 9～18 日第 2 年率團參加永續發展高階政治論壇（HLPF），本（107）年主題為「轉型邁向永續及韌性社會」，會議期間重點檢視永續發展目標 6（供水與衛生設施）、7（可負擔與潔淨能源）、11（韌性城市與聚落）、12（永續消費與生產）、15（陸地生態系統）與 17（全球夥伴關係）等落實情形，藉此總結並歸納各目標面臨之主要挑戰。在任務期間，於 7 月 16 日出席由我駐紐約辦事處所舉行的閉門會議，以「轉型邁向永續與韌性社會——落實永續發展目標之典範案例（Transformation Towards Sustainable and Resilient Societies: The Best Practice for SDGs Implementation）」為題，由徐儷文大使主持，計有來自貝里斯、巴拉圭、馬紹爾、聖克里斯多福、吐瓦魯、尼加拉瓜、瓜地馬拉、宏都拉斯、史瓦帝尼、聖文森及帛琉等 11 個邦交國部長、聯合國常代與領事代表參加，筆者以「Partnership for resilient and Sustainable Cities and Communities」乙題提出報告，獲得與會人員的熱烈迴響；另與宏都拉斯及馬紹爾等舉行雙邊會談，綜合本次會議，提出下列建議：

① 持續精進參與 HLPF 方式。

② 善用國際參與機會，掌握友邦發展需求。

③ 正視友邦與友好國家之發展需求，累積本會之優勢與機會。

（3）2019 年會議成果及建議

2019 年 7 月 9～18 日第三年筆者率團參加聯合國永續發展高階政治論壇（HLPF），本（2019）年度主題為「確保包容及公平的賦權（Empowering people and ensuring inclusiveness and equality）」，檢視於教育（目標 4）、經濟成長（目標 8）、平等（目標 10）、氣候變遷（目標 13）、和平（目標 16）及夥伴關係（目標 17）等 6 項永續發展目標（SDGs）之推動情形。本次任務期間，筆者分別參加 2 場以教育為主軸之聯合國場外國際會議，並以執行國合會發展援助計畫與事後評核之經驗向來自全球各地的與會者分享；另拜會 2 友邦常駐聯合國代表團及 5 個國際機構與非政府組織，針對發展策略及未來合作方向進行洽談，並於任務結束前拜會我駐紐約臺北經濟文化辦事處，討論後續配合辦理事項。依據本次任務觀察發現與建議如下：

① 加強與永續發展目標 10 之連結：考量國合會的各項援助計畫均以最需要的國家及特殊團體為主，建議未來加強本會計畫內容扣連 SDG10。

② 強化與公民社會組織、重要團體與其他利害關係人之合作：公民社會組織（Civil Society Organizations, CSOs）及主要團體和其他利益相關者（Major Groups and Other Stakeholders, MGoS）與本會合作的彈性較大，未來將有機會於各項重要會議期間申請辦理周邊活動，增加本會貢獻之能見度。

③ 透過區域層級參與增加全球層級之曝光：本次論壇許多組織呼籲 SDG 檢視層級應擴大至區域及國家層級，透過 CSO 辦理之區域會議，俾我國有機會提報成果至全球層級的報告中。

④ 扣連重要議題於國際場域突顯本會計畫亮點：檢視國合會優勢強項扣連全球及區域新興之需求，建議可以「有助區域社會與經濟穩定」及「因應全球氣候變遷的區域型計畫」為亮點，辦理相關活動展現國合會援外成果。

（4）2020 年會議成果及建議

2020 年自 7 月 7 至 16 日在 ECOSOC 主導下舉行 HLPF 主題檢視，7 月 14～16 日舉行三天部長級會議。本年主題為「加速行動和轉型路徑：實現永續發展未來十年的行動和落實（Accelerated action and transformative pathways：realizing the decade of action and delivery for sustainable development）」。

2020 年由於受 COVID-19 疫情的影響，與會人員共同商討在永續發展目標上所持的立場。並思考國際社會該以何種方式來應對此疫情，使之回歸到實現永續發展目標的軌道上，將已經落後的進度能在後疫情時代急起直追，並在未來十年達成永續發展所釐訂的目標。

本年在 7 月 10 日至 16 日 HLPF 會議期間，計有 47 個國家對 2030 年議程的實施情況進行國家自願性檢視報告（VNR）。

有鑑於全球 COVID-19 疫情尚持續進行中，以及面對面實體會議和國際旅行的預期限制，經社理事會主席團對 2020 年高級別政治論壇的形式和議程進行了調整，使用虛擬（線上）會議方式進行自願國家審查（VNR）的報告，包括所有會外活動和特別活動。

2020 年聯合國永續發展高階政治論壇（HLPF），自 7 月 9～18 日舉行，由於受到 COVID-19 之影響，由國合會與美國哥倫比亞大學合作，辦理一場以「Emerging Stronger after COVID-19: Science, Techonology and innovation for Sustainable Development」為題之線上研討會（Webinar），並邀請我國衛福部疾管署，巴拉圭衛福部處長，Campaign for Popular Education（CAMPE），美國 USAID，亞洲與南太基礎與成人教育協會（ASPBAE），Sanitation Health and Foundation（SHF），Impact Investment Exchange（IIX），與本會共同討論有關後疫情透過科技與創新在教育、衛生及糧食系統之韌性建立。筆者以「Post-Pandemic Resilience through STI: Practices in Education, Health, and Food Systems」乙題發表演說，共有 120 餘位參與本次研討會，成果尚稱豐碩。

（5）2021 年會議成果及建議

2021 年自 7 月 6 至 15 日在 ECOSOC 主導下舉行 HLPF 主題檢視，7 月 13～15 日舉行三天部長級會議。本年主題為「從促進永續發展的經濟、社會

和環境層面在 COVID-19 疫情中永續和韌性建立：在永續發展十年行動和落實的背景下，為實現 2030 年議程建立一條包容性和有效的途徑（Sustainable and resilient recovery from the COVID-19 pandemic that promotes the economic, social and environmental dimensions of sustainable development: building an inclusive and effective path for the achievement of the 2030 Agenda in the context of the decade of action and delivery for sustainable development）」。

2021 年會議期間重點檢視永續發展目標 1（消除貧困）、2（零飢餓）、3（良好健康和福祉）、8（體面工作和經濟成長）、10（降低不平等）、12（負責任的消費和生產、13（氣候行動）、16（和平、正義和強有力的機構），以及 17（夥伴關係）。論壇另審議永續發展目標的整合、不可分割和相互關聯的性質。

部長和其他與會者深入探討面對 COVID-19 疫情及其影響的各個層面。他們討論了哪些政策和國際合作可以來控制疫情及其影響，並使世界重回正軌，以便後續十年永續發展採取行動和落實，俾 2030 年實現永續發展目標。

本次會議期間計有 42 個國家對 2030 年議程的實施情況進行國家自願性檢視報告（VNR）。論壇通過了部長宣言（Ministerial Declaration）作為本次會議的成果。經社理事會主席還將準備一份摘要以記錄與會人員討論的關鍵訊息。

本（2021）年聯合國永續發展高階政治論壇（HLPF）於 7 月 6～15 日舉行，此期間國合會共辦理兩場正式周邊會議，本年仍因受 COVID-19 之影響，第一場於 7 月 9 日由國合會與亞太商工總會（CACCI）合辦的「Adaptation of SMEs with Innovative and Pragmatic Strategies in the New Normal」視訊研討會，本次會議邀請亞銀、社會效益投資公司（IIX）及印度商工總會，與國合會共同討論協助亞太地區中小企業發展之策略與作法，瞭解中小企業議後復甦的機會與方向。第二場於 7 月 14 日與紐約臺北經濟文化辦事處合辦的「Engine for a Sustainable Future：How SUSTAINABLE Financing Can Transform Latin American Development Post COVID-19 and Beyond」視訊研討會，本次會議邀請中美洲經濟整合銀行（CABEI）、美國國際開發金融公司（DFC）、聯合國開發計畫署（UNDP）及瓜地馬拉政府等代表，與國合會一起探討以永續金融

促進拉美加地區發展轉型的策略與作法。

3. 參與世界衛生大會（WHA）

（1）2018 年第 71 屆世界衛生大會

國合會近年積極與國內公私立醫療院所及夥伴國政府合作，結合我國公共衛生與醫療發展經驗，協助提升夥伴國醫療照護水準。為讓國際社會見證我國結合公私部門資源與夥伴國的努力，提升我國在全球健康合作之能見度，與外交部及衛福部於 2018 年第 71 屆世界衛生大會（WHA）期間，5 月 23 日在瑞士日內瓦洲際酒店辦理「建立夥伴關係強化健康照護體系——以國合會經驗為例」分享會，由筆者主持，衛生福利部陳時中部長擔任致詞貴賓，共有來自 12 國友邦及友好國家之代表、國際非政府組織（INGO）代表、外交部及衛福部代表等計約 50 名貴賓蒞臨與會，現場互動踴躍場面熱烈。本次WHA 活動團同時藉此機會與國際非政府組織及合作國代表進行業務會談，以及參加當地其他國際（非）政府組織辦理之研討會，共計與聖文森衛生部長、對抗飢餓組織（Action Contre la Faim, ACF）、美慈組織（Mercy Corps）及國際關懷協會（CARE International）進行業務會談，另參加 4 場其他研討會，議題包括全民健康覆蓋、非傳染性疾病等。

（2）2019 年第 72 屆世界衛生大會

國合會與 2019 年 5 月 18 日至 5 月 25 日第二年參與 WHA 相關活動，本次國合會協助聖文森聯合聖克里斯多福及尼維斯，以及貝里斯等 3 國，於 2019 年第 72 屆世界衛生大會（WHA）期間辦理 WHA 場內周邊會議（WHA side-event），共同向其他與會國家代表分享與我國共同推動非傳染性疾病防治相關計畫之經驗及成果，本場會議計有 WHO 會員國 78 名代表出席，我三友邦透過此場域展現與我國合作公衛醫療計畫實質成果，有效拓展我國援外能見度，另會後聖文森衛生部長 Dr. Luke Browne 在其個人臉書，以及貝里斯衛生部在其官方臉書均公布此周邊會議資訊。

另國合會與國際非政府組織世界展望會（World Vision; WV）共同於 5 月 21 日在日內瓦洲際酒店（InterContinental Hotel）以「Realizing Primary Health

Care through Enhanced Community Health Worker Support」為主題辦理乙場論壇，並邀請國內外專家學者擔任會議引言人與講者，共同針對社區健康工作者議題進行交流討論，筆者以「Supporting Community Health Workers to Address Non-Communicable Disease（NCD）」為題提出報告，最後由史瓦帝尼衛生部次長擔任論壇總結評論人，本場論壇共有來自國內外非政府組織、醫界及學術團體計約 80 人與會，現場互動踴躍，場面熱烈。

本次任務團隊另配合外交部及衛福部安排參與 3 場雙邊會議，同時藉此機會與世界兒童權利組織（Terre des hommes; dh）及對抗飢餓組織（Action Against Hunger; ACF）進行業務交流，另為瞭解目前國際公衛醫療援助趨勢，參加 9 場研討會，議題包含全民健康覆蓋、初級健康照護強化、非傳染性疾病防治及醫療資訊系統應用等。

另鑒於我國參與 WHA 及公衛醫療相關議題，為每年 WHA 舉辦前後國際社群及國內輿情高度關切之焦點，爰此行藉由國合會公關文宣的參與投入，期強化媒體能見度，進而提升國合會在公衛醫療國際發展領域之影響力。此行文宣公關工作，完成社群平臺主題報導、論壇直播、自製影片文宣、媒體聯絡接待、協助中、英文事後新聞稿發布、人物專訪，以及其他活動參與畫面蒐集。相關文稿撰述、採訪拍攝之素材，除部分已於出差期間即時發布運用，其餘素材將規劃於國合會各項文宣出版製作發行、社群平臺或媒體公關陸續運用。

（3）2020 年 73 屆世界衛生大會第一次會議

國合會於第 73 屆世界衛生大會（WHA）第一次會議期間，與瑞士國際非政府組織 Terre des hommes （Tdh）舉辦「接觸追蹤科技於 COVID-19 防疫之應用」線上研討會，旨在向國際社會分享新冠肺炎（COVID-19）蔓延的當下，我國運用資通訊科技有效控制疫情發展的成功經驗，並與來自美國、巴拉圭、馬拉威、印度及臺灣等國的講者進行經驗交流，以助世界各國控制疫情。

本次線上研討會由 Tdh 健康計畫主管 Mr. Riccardo Lampariello 擔任主持開場，並由我國衛生福利部陳時中部長致開幕詞，分享臺灣經過 2003 年 SARS 疫情習得之經驗，於此次新冠肺炎疫情超前部署，並應用科技整合大數

據同時兼顧隱私權的方式對抗 COVID-19。續由該部資訊處龐一鳴處長分享臺灣運用科技連結全民健保資料庫、旅遊史及口罩預購系統等防疫成功經驗。其後再由美國社會企業 Dimagi Inc. 資深夥伴關係處長 Ms. Mohini Bhavsar 分享科技工具 CommCare 應用在對抗伊波拉及 COVID-19 之經驗，國合會「巴拉圭醫療資訊管理效能提升計畫（第二期）」吳原安計畫經理分享在計畫開發的醫療資訊系統架構下增加「病患關懷追蹤」功能協助巴國防疫的經驗，以及國際路加組織（Luke International）吳宗樹技術顧問分享馬拉威數位健康部門是如何利用科技對抗 COVID-19。後由 Trilegal 律師事務所合夥人 Mr. Rahul Matthan 分享印度接觸追蹤科技工具 Aarogya Setu 的隱私權保護特色以及經驗習得。各主講人分享後，由國合會項恬毅秘書長進行總結與評論，呼籲國際夥伴追求科技應用的便利性同時，也應注意駐地文化脈絡、社經發展及資訊安全等議題，從中求取平衡，以有效對抗 COVID-19 疫情。

（4）2020 年第 73 屆世界衛生大會第二次會議

為持續拓展國合會能見度並與國際社會接軌，並配合第 73 屆世界衛生大會（WHA）復議期程及呼應 2020 年為「護理與助產士年」（Year of the Nurse and the Midwife 2020），國合會與臺灣護理學會及國際非政府組織國際關懷協會（CARE）合辦「The Impact of Nursing Empowerment on Health Care System（護理賦權對健康照護體系之影響）」線上研討會，以彰顯護理及助產人員賦權的重要性，同時分享臺灣透過協助夥伴國家推動護理及助產人員賦權，強化健康照護體系的經驗與成果。

本次線上研討會由國際護理協會（International Council of Nurses, ICN）黃璉華理事擔任主持人，並由國合會項恬毅秘書長開場致詞，渠呼籲國際夥伴應對護理及助產人員投注更多的支持與資源，協助渠等增強專業能力。特別是在新冠肺炎疫情仍嚴峻之際，護理及助產人員仍在第一線執行工作，更加彰顯他們在抗疫工作上之重要性。接續 ICN 之 Pamela Cipriano 第一副理事長進行專題講座，分享賦權護理人員對達成全民健康覆蓋（Universal health coverage, UHC）之重要性及對健康照護體系帶來之正面效益。再由臺灣護理學會陳靜敏理事長分享賦權護理人員之途徑，以及 ICN 及臺灣護理學會相關

實際案例，包括建立共識與專業形象、遊說政府部門及參與政策制定過程等。另筆者以「Nursing empowerment and strengthening health system-experiences of the TaiwanICDF development projects」乙題提出報告，也分享國合會如何藉由公衛計畫之執行，以建構護理人員能力，並提升夥伴國健康照護品質，另筆者也特別指出在建構護理人員能力同時，著重「在地化」並根據在地狀況量身訂製計畫，才能達到永續發展的效果。後續 CARE International 領導緊急事件下之性與生殖健康與權利小組的 Anushka Kalyanpur 及 CARE 南蘇丹健康與營養計畫 Kawa Tong 經理則分享從事人道援助工作第一線護理人員的工作內容，亦說明在新冠肺炎疫情影響下，護理人員在前線提供照護服務的同時，渠等在整體的健康照護體系下所能獲得的專業資源卻是最少且面臨多項風險與挑戰。國際好鄰居協會（Good Neighbors International）全球健康團隊 Jin Hyang Park 副理則分享目前護理賦權因人力及訓練資源等不足所遭遇的困難，及後續對初級醫療照護造成的負面影響，並提出達成護理賦權的介入方式。最後印尼大學護理學院護理碩士學程 Hanny Handiyani 主任則分享其單位進行護理變革領導力訓練之經驗，並指出領導力訓練課程對提升護理管理階層人員之專業知識與職能有莫大助益，建議醫療機構及相關單位均應提供相關訓練課程。各主講人分享後，瓜地馬拉衛生部 Francisco Jose Coma Martin 次長則以受援者之角度與期許致閉幕詞，渠除表示本次研討會集結來自不同性質組織的主講人寶貴意見外，亦表示護理人員確保社區民眾可獲得健康照護，瓜國政府承諾將賦權護理人員，讓渠等參與相關政策制定與決策過程。

（5）2021 年第 74 屆世界衛生大會

由於本年續受新冠肺炎之影響，國合會於 2021 年 5 月 25 日以「新冠肺炎疫情下公共衛生體系之強化：維持醫療服務運作」為題，辦理乙場線上研討會。本次研討會由好鄰居協會日內瓦辦公室代表暨人道總協調人 Marcellino Ha Eun Seong 擔任主持人，並由國合會項秘書長致開幕詞，渠呼籲國際夥伴應重視如何在疫情期間維持醫療服務運作及提供衛生和照護工作者充分之支持。我國疾病管制署羅一鈞副署長擔任專題講座，分享臺灣從新冠肺炎疫情尚未爆發前／爆發後的政府單位應對及相關部署的情形；韓國慶熙大學 Hoon

Sang Lee 教授分享韓國在疫情間相關防疫的機制，與探討當前全球醫護人員在開發中國家所面臨之挑戰；筆者分享國合會如何透過公衛醫療合作計畫在疫情期間協助夥伴國進行防疫，以確保前線醫護人員能安全地提供醫療照護服務；美國社會企業 Dimagi 之 Neal Lesh 策略長分享在疫情下，該公司如何透過現代科技及相關應用軟體的「投資」，協助美國及開發中國家提升接觸追蹤、感控、疫苗運送供應等效能。

　　基於上述，持續有意義參與 OECD、聯合國永續發展高階政治論壇（HLPF）、WHA 及 UNFCCC 等，掌握國際潮流趨勢，並與國際充分接軌實有其必要，以避免閉門造車。

（五）持續加強與國際組織與非政府組織合作

　　國合會重視與國際社會接軌，努力拓展與發展夥伴的對話空間。藉由多年來建立的雙邊與多邊對話管道與機制，凝聚與發展機構以及夥伴國家對於合作計畫之共識，並貢獻本會資源參與國際機構之人才培育、技術合作、投資融資等合作計畫，積極發展與國際發展機構合作的關係，發揮財務上的槓桿效益，讓合作雙方達到以最小成本創造最大效益之目的。國合會主要合作發展機構夥伴包括：亞洲開發銀行、中美洲經濟整合銀行、美洲開發銀行、美洲國家組織、歐洲復興開發銀行等。此外，在「全球接軌，在地行動」的理念下，國合會也謀求與國際性或地區性非政府組織、學術研究機構等－例如糧食濟貧組織、美慈組織等－進行雙邊合作之交流機會。有效借助非政府組織直接與合作國人民或地方性機構接觸的在地化特質以及彈性角色，跨越了傳統國際發展援助的模式，深入計畫區域，共同合作進行各類別發展計畫之評估、執行與監督，將計畫成效直接、有效地加惠給受益對象。

1. 與區域性發展銀行合作

　　與區域性發展銀行，如亞洲開發銀行（Asian Development Bank, ADB）、美洲開發銀行（Inter-American Development Bank, IDB）、中美洲經濟整合銀行（Central American Bank for Economic Integration, CABEI）、歐洲復興開發銀行

（European Bank for Reconstruction and Development, EBRD）等四個區域銀行之合作模式，其中亞銀與中美洲經濟整合銀行以會員國的身分，由我國財政部長兼理事代表組團出席年會，在銀行總部並由財政部派駐董事出席每三個月召開乙次的董事會，以決定在會員國執行的各項合作計畫；另歐銀與美洲開發銀行部分，則係以特別觀察員的身分出席年會，出席歐銀的我國代表是由駐英代表處大使擔任團長，IDB 則是由主辦國或兼轄國大使擔任團長；此外，國合會目前有多項計畫與與渠等四家區域性銀行合作中。

其他尚有阿拉伯非洲經濟開發銀行（Arab Bank for Economic Development in Africa, BADEA），該行係依據第 6 次阿拉伯國家元首高峰會議決議於 1973 年 11 月 28 日成立，該行於 1975 年 3 月正式營運，其由 18 個阿拉伯國家成員共有之金融機構。該行成立係為加　阿拉伯和非洲地區之經濟、金融與技術合作，以及在平等和友好基礎上將阿拉伯與非洲團結具體實現。

非洲開發銀行（African Development Bank, AfDB）成立於 1964 年，由來自於非洲、美洲、歐洲以及亞洲的國家所組成，總部設於象牙海岸首都阿必尚，其使命乃是透過貸款、資本投資、以及技術協助的方式來協助非洲地區國家在經濟、社會等方面的發展，主要業務包括：（1）促進區域會員國社經發展，並提供貸款；（2）對發展計畫之籌備及執行提供技術協助；（3）促進政府及民間投資；（4）區域性會員國發展計畫及政策協調。此外，非洲開發銀行亦協助推動區域整合之相關計畫，其內部包含有下列 3 個機構：（1）非洲開發銀行；（2）非洲開發基金會；（3）奈及利亞信託基金會。

南部非洲開發銀行（Development Bank of Southern Africa, DBSA）於 1983 年成立，為南非政府成立之區域性援助機構，計畫區域包括南非及南部非洲 13 個國家，其宗旨為協助南部非洲地區經濟與社會面之整合與永續性成長、降低貧窮與提高人民之平等待遇，業務內容主要為經濟面與社會面之基礎建設。

歐洲投資銀行（European Investment Bank, EIB），該行為隸屬歐洲聯盟的融資機構，旨在促進歐盟會員國之間的整合、平衡發展以及經濟與社會的凝聚。歐洲投資銀行成立於 1957 年的羅馬條約，其成員即是歐盟的會員國。雖然 EIB 隸屬於歐盟之下，但其本身具有獨立的法律人格以及財務自主性，主

要工作在於配合歐盟的政策，針對特定的資金計畫提供長期融資予會員國，藉此達到會員國之間更大程度的經濟整合與社會凝聚。

（1）國際農業基金、試驗及研究機構

① **國際稻米研究所**（International Rice Research Institute, IRRI）設立於 1960 年，總部位於菲律賓，為亞洲歷史悠久且規模完善之國際農業研究機構；其成立目標為藉由稻作試驗及品種改良以減少貧窮與飢餓，並透過國際合作推展農業研究，提供相關訊息成為稻米知識之入口平臺，同時協助與提供相關之遺傳材料供稻作人員試驗研究用等。2016 年，筆者代表國合會與行政院農業委員及 IRRI 簽署三邊合作備忘錄，進行因應氣候變遷稻作抗旱研究計畫、種源交換、國際合作與人員功能提升之訓練計畫等。

② **國際熱帶農業研究中心**（International Center for Tropical Agriculture, CIAT）設立於 1967 年，總部位於哥倫比亞，初期研究主軸設定於提高作物產量以協助小農改善生活。目前關注議題以糧食安全為主，持續開發作物栽培技術、農業生產規範、介入模式與政策，期逐步減緩糧食安全所帶來之衝擊；同時輔導小農從生存轉向獲利模式，以朝永續農業為目標；並在國家、區域、社區層級強化氣候變遷與極端氣候之應變能力。國合會於 2017 年與 CIAT 及 IRRI 在 CIAT 總部合作辦理稻作研習班，2018 年與 CIAT 合作在 CIAT 總部辦理菜豆研習班，目前研議在菲律賓與 CIAT 合作推動計畫。

③ **國際農業發展基金**（International Fund for Agricultural Development, IFAD）為聯合國一專門機構，係依據 1974 年世界糧食會議之成果於 1977 年成立，其目標為使開發中國家的貧困農村男女能增加收入並改善糧食安全。目前國合會與 IFAD 合作計畫，主要為 2020～2023 年「宏都拉斯強化農民組織產銷能力計畫」，與紅國農牧部 PROLENCA 計畫（2013～2022 年）合作，協助農民組織取得 PROLENCA 資金補助，而 PROLENCA 計畫係由 IFAD 和 Global Environmental Facility 共同資助宏都拉斯西南發展之計畫。

④ **中美洲農牧保健組織**（OIRSA）成立於 1953 年，係一區域型政府間國

際組織，旨在協助 9 個會員國家（含貝里斯、多明尼加、瓜地馬拉、宏都拉斯、尼加拉瓜、巴拿馬、薩爾瓦多、墨西哥、哥斯大黎加）提升作物與農產品安全生產能力，藉以保護與強化該地區農林漁業之發展，在中美洲區域防疫上扮演重要角色。國合會於 2012～2017 年推動「加強中美洲農牧保健組織（OIRSA）轄區柑橘黃龍病（HLB）防治及落實病蟲害綜合管理（IPM）計畫」，目前與 OIRSA 下一階段進行的合作計畫，將在瓜地馬拉、尼加拉瓜及貝里斯等三國進行「香蕉黃葉病計畫」。

（2）與國際非政府組織之合作

① **世界展望會**（World Vision）是一個基督教救助、發展和倡導服務的機構，致力與兒童、家庭以及社區一同克服貧窮與不公義；受到基督價值的啟發，世界展望會與世界最需要受幫助的人們一起努力；無論宗教、種族、膚色或性別，世界展望會服務所有的人。目前，國合會與世展會合作的計畫有：2014～2015 年「菲律賓海燕颱風災後復甦方案──健康中心重建計畫」，2015～2017 年「尼泊爾衛生站重建計畫」，2018～2019 年「印尼中蘇拉威西生計支援計畫」，以及 2018～2020 年「菲律賓兒童營養整合行動計畫」等 4 項。

② **美慈組織**（Mercy Corps）成立於 1979 年，致力於對抗災難、戰亂、貧窮以及失能，藉以協助陷於貧困的人們發展自身能力。主要工作包含急難紓困、經濟永續發展以及強化公民社會，在工作領域上整合農業、衛生、住屋及基礎設施、經濟發展、教育、環境以及在地管理，強調當地人民必須參與到發展工作之中，才能讓發展成效可長可久。近 10 年來國合會與美慈合作的計畫有：2010 年海地「以工代賑」緊急援助計畫，2010～2011 年「巴基斯坦洪災小農初期復原計畫」，2011 年「海地霍亂援助計畫」，2011 年「利比亞糧食安全計畫」，2011～2012 年「南蘇丹難民農業支援計畫」，2011～2012 年「肯亞東北省瓦吉爾地區旱災援助計畫第一期」，2011～2012 年「肯亞東北省瓦吉爾地區旱災援助計畫第二期」，2013～2014 年「南蘇丹阿比耶地

區難民糧食安全支援計畫」，2014～2015 年「北約旦水井修復計畫」，2018～2019 年「約旦校園及社區雨水集水系統計畫」，2019 年「印尼中蘇拉威西 WASH（供水與衛生）支援計畫」及 2020 年「印尼中蘇拉威西 WASH（供水與衛生）恢復計畫」等共 11 項。

③ **世界兒童權利組織**（Terre des hommes Foundation, Tdh）於 1960 年成立，總部設於瑞士洛桑。該組織致力於孩童援助工作，執行健康照護、保護及緊急援助等不同類型計畫。國合會與 Tdh 合作之計畫為 2020～2021 年「印度新冠肺炎數位健康創新回應計畫（一期及二期）」兩項。

④ **波蘭國際援助中心**（Polish Center for International Aid, PCPM）於 2006 年在波蘭成立，係波蘭當地規模最大之非政府組織。該組織秉持在遵循人道主義原則下，包括人道（Humanity）、公正（Impartiality）、中立（Neutrality）及獨立（Independence），於其他國家進行人道援助、發展協助及醫療緊急救援等工作。國合會與 PCPM 合作的計畫有 2020～2021 年「黎巴嫩境內弱勢族群新冠肺炎及經濟危機回應計畫」一項。

⑤ **美國哥倫比亞大學永續發展中心**（Center for Sustainable Development, CSD）致力以科技及創新方案推動永續發展目標，合作對象包括聯合國與其相關機構、雙邊援助機構、非政府組織及私部門，例如 UNFPA、USAID 及比爾蓋茲基金會等。該機構投入計畫領域聚焦於健康、教育、性別平等及氣候變遷，擅長將科技應用於計畫執行，並發揮其研究之強項，監測並評核計畫帶來之影響。國合會與 CSD 合作的計畫有：2019～2020 年「土耳其境內難民行動健康（mHealth）照護計畫」及 2020～2021 年「土耳其境內難民行動健康（mHealth）照護計畫（第二期）」等兩項。

⑥ **對抗飢餓組織**（ACF）創建於 1979 年，是一個非政府組織的國際團結（NGO）-Action contre la Faim——與世界上的飢餓作鬥爭。衝突、氣候擾動、貧困、供水和醫療保健方面的不平等都是營養不良的原因。我 ACF 的使命是通過預防、發現和治療營養不良來消除飢餓來拯救

生命，特別是在與衝突和自然災害有關的緊急情況期間和之後。國合會與 ACF 合作的計畫有 2016～2019 年「約旦阿茲拉克市社區居民及敘利亞難民固體廢棄物管理改善計畫」一項。

⑦ **國際關懷協會**（CARE）創建於 1945 年，致力於消除貧困的全球運動中的全球領導者，以對人的尊嚴不可動搖的承諾而聞名於世，在全球範圍內開展工作，以拯救生命、戰勝貧困並實現社會正義，尋求一個充滿希望、包容和社會正義的世界，在那裡消除貧困，所有人都過上有尊嚴和安全的生活。國合會與 CARE 合作的計畫有 2015～2016 年「尼泊爾廓爾克縣（Gorkha）糧食安全及生計支援計畫」，2016～2017 年「尼泊爾廓爾克縣糧食安全及生計強化計畫」及 2017～2019 年「宏都拉斯乾燥走廊社區災難韌性提升計畫」等三項。

⑧ **糧食濟貧組織**（Food for the Poor, FFTP）成立於 1982 年，為一基督教國際援助機構，致力於協助加勒比海及中美洲地區的人民對抗貧窮。該組織堅持在行政支出上不超過總捐獻資金的 4%，藉以確保 96%的捐獻資金能夠直接運用在貧窮的人民身上。糧食濟貧組織強調教育以及自助必須作為慈善工作的核心原則，如此才能協助貧困的人民脫離貧窮循環，因此糧食濟貧組織致力於協助受援者提升生計、發展小型企業並提供農業技術協助予小農。國合會與 FFTP 合作之計畫有：2008～2014 年「尼加拉瓜園藝作物計畫」，2010 年「海地震災食米援助計畫」，2010 年「海地縮短數位落差計畫」，2011～2013 年「宏都拉斯水產養殖計畫」及 2019～2021 年「宏都拉斯擴大酪梨栽培計畫」等 5 項。另與 FFTP 研議結合「瓜地馬拉運用醫療科技提升孕產婦與新生兒保健功能計畫」於瓜國推動孕產婦及新生兒相關合作事，在 2021 年 6 月初與 FFTP 及其於瓜國之合作夥伴明愛會召開線上討論會議後，FFTP 另安排本會於 6 月 25 日與該組織之另一合作夥伴馬爾他騎士團進行會談。綜合前述 2 次會議討論結果，國合會與 FFTP 業達成於本 2021 年先共同與明愛會合作，另於 2022 年「運用醫療科技提升孕產婦與新生兒保健功能計畫」（第二期）啟動後與馬爾他騎士團合作之共識。國合會將依據前揭共識提送合作意願規劃說明信函

予 FFTP，後續並將儘快與明愛會共同草擬計畫草案。

綜合以上所述，持續加強與國際組織及國際非政府組織合作時有其必要性，透過槓桿原理與區域性開發銀行合作進行共同融資計畫，以凸顯我國在亞太、拉丁美洲及歐洲地區之能見度，並透過國際非政府組織參與人道援助計畫，讓國際場域可以看到臺灣的存在。

（六）持續加強人才培育

年輕世代的人才培育一向是筆者所重視，也是國合會永續發展的重要憑藉，這裡所謂人才培育不僅是國內人才，亦包含友邦及友好國家的國外人才培育。有關國內的人才培育方面，1960 年代在中非會時期有「赴非農耕示範隊員儲備班」，海外會時代有「儲訓計畫」，由借調單位公開對外招考農業相關科系之大專畢業生，一方面補充借調於於海外會派外後所遺留之工作，一方面在借調單位進行專業訓練，待借調人員借調期滿返回原借調單位後，改由儲訓人員派外。1996 年，國合會於正式成立後，推動「海外服務工作團計畫」（海外志工），截至 2021 年 5 月底止，累計派遣 793 人次志工，派駐在亞太、非洲、拉丁美洲及加勒比海等從事教學、公衛醫療、資通訊、農業服務及鄉村發展等。外交部自 2001 年起委託國合會推動外交替代役計畫，第 1 屆至第 19 屆（2019 年）共計派遣 1,508 名役男至海外各駐外技術團服勤，截至目前為止已超過 150 個替代役男已成為我駐外技術團正式團員，是我派駐海外技術人員的主要人才庫。2006 年，國合會與國內臺灣大學、中興大學、嘉義大學及屏東科技大學等 4 所大學農學院所合作推動「國際合作發展基金會種籽獎學金計畫」至 2011 年計畫結束止，計有 22 個種子人員參與本項計畫，其中有 5 位種子人員已成為駐團團長或國合會之組長 。2019 年，「大專青年海外技術協助服務計畫」係為因應我國役政制度改變，及向下紮根考量，首批 10 名海外實習生赴海外服務 6 個月（2019 年 8 月至 2020 年 1 月），7 個服務國家包含史瓦帝尼、巴拉圭、聖文森、聖露西亞、貝里斯、帛琉、斐濟；4 大實習類別包含農園藝、畜牧、水產養殖、企管行銷，本計畫至 2021 年已與國立臺灣大學、國 政治大學、國立陽明交通大學、國 嘉義大學、國 屏東科技大

學、國立東華大學、靜宜大學、文藻外語大學等 8 所國內大學簽署合作備忘錄。另國合會於 2021 年起為創造在學學子海外志願服務契機，以我國教育部鼓勵大專院校開發產學合作關係作為規劃基礎，在國合會既有之「大專青年海外技術協助服務計畫」架構下，規劃辦理「海外服務工作團－大專青年實習志工專案」，本（2021）年預定派遣 2 名實習志工前往尼加拉瓜，為期 6 個月。

有關國外人才培育方面，我國自 1962 年由當時中非技術合作委員會開始舉辦「非洲農業技術人員講習班」，每期受訓期間約半年，來華參訓者均以非洲地區國家為主，分別以英語及法語教學，截至 1974 年 7 月止，共舉辦 15 期，接受講習的非洲學生共計 718 人。自 1967 年起辦理「專業訓練班」，專業研習班之訓期較短，以 2 週至 4 週為限，截至 1997 年 6 月共舉辦 208 個訓練班，共訓練 1,304 人次，來華參訓之友邦技術人員分別來自非洲、中南美洲、中東、歐洲及亞太地區等 77 個國家（海外會，1997）。國合會正式成立後，自 1997 年 7 月起由國合會合併海外會與海合會經辦之研習班為「國際人力資源培訓研習班計畫（專業研習班）」，以臺灣之優勢強項與社會經濟發展經驗，及聯合國永續發展目標（SDGs），協助夥伴國家人力資源發展，每年約辦理 16 項研習班，另自 2014 年起太平洋島國及在 2018 年起在拉美加地區辦理職業訓練班，每年培訓發展中國家政府中、高階官員及非政府組織近 600 人，截至 2020 年底，總計辦理 400 個班，學員超過 8,000 人，由於渠等都是現職官員，對維繫與邦交國及友好國家之關係有甚大的助益。另筆者自 1998 年推動之高等人力碩博士與學士獎學金計畫，截至目前為止，計有 2,400 人受益，渠等畢業返國後，部分回到政府部門工作，部分在國際組織，有些則在私部門服務，尤其在公部門方面，有些畢業生經過一段時間之歷練後升任為國會議員、部長、總司長或司處長等領導職，對維繫兩國間的外交關係具正面之意義。

二、起點

　　時間飛逝，猛然發現自己已經走到了前一個階段的終點，然而個人對於國際援助發展工作已視為終身之職志，並維持極高的熱誠，過去 30 多年來時常在國外奔波，每一次的任務中時常超過 2～3 個國家，也時時有一句順口溜「這一站的結束就是下一站的開始」，筆者現在就是秉持這個心情，前一個階段結束了就準備下一個階段的開始，對於國際援助道路也會繼續延續下去。另一方面，由於個人在這個領域所累積的長期經驗，國立中興大學聘請筆者擔任客座教授，國立屏東科技大學則聘請筆者擔任名譽教授，以及崑山科技大學聘請筆者擔任講座教授，該等職位學術地位崇高，個人期待透過這個平臺，將個人多年以來所累積的援外經驗能與年輕後輩分享，讓他們了解臺灣在國際援助領域的任務與目的，更期待年輕一輩也能共同參與援外工作，使援外工作得以生生不息。展望國際發展合作的未來，就應朝哪個走向，謹建議如后。

（一）後 2030（Post～2030）國際發展的新走向

　　聯合國永續發展目標（SDGs）將於 2030 年到期，距離現在而言僅剩餘不到十年，由於自 2019 年底至今全球面臨新冠肺炎（COVID-19）的肆虐，造成全球貧窮人口又退步到 20 年前（2000 年）的水準約 20 億人，並延伸為全球糧食不安全（food insecurity），家庭暴力與性暴力增加，失業率上升，5～17歲學齡兒童與青少年失學率提高，經濟成長率下降及環境持續惡化等問題，待後疫情時代到來勢須急起直追，妥善規劃總體重點發展項目，以挽救此種負面發展之情形，俾落實 SDGs 所賦予人類之神聖使命。然而，預測未來後2030 時代之來臨，由過去的 20 年人類所擬定的 MDGs 與 SGCs，針對人類在貧窮、飢餓、衛生、教育、兩性平等、安全飲用水、能源、經濟發展、氣候變遷、生物多樣性、環境保護及全球夥伴關係等發展議題上達成高度共識，人類朝著共同目標邁進。由各種軌跡研判，筆者預測人類亦可能再擬訂第三階段的發展目標，例如「聯合國進步與繁榮發展目標（United Nations Progressive and Prosperities Goals, UNPPG），筆者以為第一階段 MDGs 較著重於量的層面，如貧窮與飢餓人口到 2015 年前應減半，截至 2005 年不分男女均有接受基礎教育的權利等；第二階段較重視質的層面且一個都不能少（leave no one behind）；因此第三階段將更進階而達到進步與繁榮之目標。

（二）在沒有邦交國下，國際發展合作（國合會）當如何自處

國合會的運作係配合外交與鞏固邦交而存在，在國際的場域與各國人士碰面時，有些人士常會問起一個問題，究竟臺灣是一個國家或地區，筆者給的答案是臺灣是一個國家，目前臺灣有 15 個邦交國，並擁有自己的土地、人民和主權，且中共沒有一天統治過臺灣，國際友人大多能表示同情。然而，由於中共謀我日亟，在假設我國不再有任何一個邦交國時，國合會未來當如何自處，因此如何擴展與無邦交國家的合作關係，或加強與國際雙邊與多邊援助機構及非政府組織等之合作，讓國合會可以持續存在，的確是引人深思及刻不容緩的問題，則有關組織的運作與制度的轉型應持續進行，才能夠順應各種情勢的變化。

（三）將現行部分技術合作計畫轉型長期性的投資計畫

我國自 1959 年首派農技團赴越南至今，農業類型計畫一直是我國重要之援外項目，隨著各國經濟發展，合作項目亦擴展至公衛醫療、職訓、資通訊、農企業、環境及中小企業等類型計畫。雖然合作項目日漸多元化，然而就執行的模式而言與 1960～1990 年代之農耕隊與農技團仍舊大同小異、變化不大，由於技術協助係屬無償援助，倘歷經多年仍舊一成不變，將使合作國家逐漸無感，甚或認為理所當然。近年來，國際間逐漸將發展援助計畫轉型為永續性及商業化發展，例如跳脫過去採用無償援助援助模式轉型為與當地機構（組織）或私人企業合作模式，首先選擇當地適合投資之項目，擬訂長期性的投資計畫（Business plan），進行投資成本效益分析，以決定投資最低規模及年限，建立讓駐在國感覺非我不可的產業，創造當地具有關鍵性（如 10～20

萬人）的就業機會，所需之投資經費必須加以調整因應，如外交部國際合作與關懷預算項下應如何調整，抑或向國內銀行（央行、輸銀、中信銀等）融資，允宜妥善盤算，並採取股權投資方式，待計畫經營穩定後我方再考慮是否退出（phase out），而轉由當地組織（機構）、私人企業或臺商接手，進而創造成功的公私民夥伴關係（Public-Private-People Partnership，4P），在此種架構下，一方面可真正落實所謂在地化之原則，另一方面可扶持當地之產業發展，創造就業機會及促進夥伴國家之經濟發展。就以各地區發展程度而言，如中美洲地區之瓜地馬拉、貝里斯、宏都拉斯及尼加拉瓜，印太地區的印尼、泰國、菲律賓、越南、緬甸、馬來西亞與印度，以及非洲的史瓦帝尼等可考慮作為先驅計畫之重點國家，以後視執行成效再考慮予以擴大。

（四）鼓勵私部門及私人企業參與國際發展事務，落實聯合國永續發展目標之執行

聯合國永續發展目標（SDGs）涵蓋 17 個目標，169 個細項細目標及 230 項指標，與 2000～2015 的 MDGs 比較，範圍更大，受益對象除開發中國家外，尚包含已開發國家，過去 MDGs 之執行每年僅需要來自已開發國家的 1400 億美元的政府發援助（ODA）經費就足以應付，然而 SDGs 之執行每年則需耗資 4 兆美元，ODA 的角色僅佔 3.6%，因此，必須鼓勵私部門及私人企業參與國際發展事務，俾落實聯合國永續發展目標之執行，有關私部門部分，包括非營利組織（Non-Profit Organization, NPO）、非政府組織（Non-Governmental Organization, NGO）及公民社會團體（Civil Society Organization, CSO）等，如比爾蓋茲·美琳達基金會（Bill & Melinda Gates Foundation）、世界展望會（World Vision）、國際紅十字會（Red Cross International）等;而在私人企業部分，由於在商言商，私人企業必須在利潤導向下始有意願參與，爰在可行性的考量下，鼓勵我商參與多邊開發銀行（如亞銀、歐銀等）之援助計畫，包括「顧問服務類」、「顧問及工程複合類」、「工程類」及「大型財務類」等之採購，採購領域包括：能源、水資源及都是基礎建設暨服務、交通、資通訊技術、衛生、公部門管理等，然而多邊援助機構的採購案大多採國際

標，且多須審核資本額及歷年參與採購經驗與履約能力，我國廠商大多無法與中共及其他外國公司競爭，且開發銀行一旦公告招標，通常多已來不及準備參與投標，除非先參與開發銀行顧問標，並設定適合我我廠商承作的條件才有可能得標，此外，亦可協助我邦交國或合作國家撰寫計畫再向開發銀行申請經費補助。另可與雙邊合作機構合作，例如海外投資公司（OIDC）與海外工程公司（OECC）可與外交部及國合會加強合作，有關邦交國的道路、機場、醫院及行政大樓等工程，均可委託 OIDC 及 OECC 承建。

（五）創新創意的人才培育工作

有關國內外年輕族群之培育，實為國合會能賴以永續發展的重要資產，所謂「十年樹木，百年樹人」，人才培育一刻均不能間斷。在國內部分，有鑑於人才培育（talent management）係屬人力資源發展（human resource development）的一個重要環節，由於現在年輕族群的思想較之過去世代已有所不同，必須在創新創意的思維下吸引年輕一代來參與面談及甄選，一但獲選進入機構的第一天開始，必須為渠等做簡報，使渠等能充分了解機構的屬性與任務，並對於渠等的生涯做完整規劃，未來並能為所規劃的人才創造機會及進行長期培訓，讓新進的同仁有意願在本機構作長期發展的打算。

在國外部分，除現行的專業研習班，職業訓練班及高等人力獎學金計畫外，更應與時俱進，配合潮流趨勢之發展，開創一些時下最具熱門議題的班次，讓每一個訓練班別能更具彈性與吸引力，在高等人力獎學金方面應考慮與企業界合作，除在學期間可赴企業實習外，畢業返回母國後可赴相關企業任職，必要時國合會亦可為企業界量身訂做，培養企業所需之專業人才，此外，有關非學位學程以及遠距教學等班次均可納入考量。

（六）逐年增列 ODA 經費，使國合會基金規模擴大

近 12 年來，臺灣每年的 ODA 經費介於 2.54～4.11 億美元之間，GNI 則介於 0.047～0.13% 之間，距離聯合國所訂 0.7% 相差甚遠，由於國際間無論雙邊或多邊合作計畫規模日益增大，目前國合會之基金規模已無法因應當前之

情勢發展，例如國合會倘欲參與中美洲經濟整合銀行（CABEI）在中美會員國之基礎建設計畫，其總計畫金額動輒好幾億美金，實非國合會基金所能承擔，其他諸如能源及環境計畫等亦有相似之情形，謹建議政府（外交部）應逐年增列援外預算（每年列 20～30 億臺幣），尤其是擴增國合會基金規模由 5 億美金至 20 億美金，方足以因應現階段國際援助計畫之需要。

人與土地 34

在世界看見臺灣的力量：超越三十載國際援助路 李栢浡親證回憶錄

作　　　者—李栢浡
圖表提供—李栢浡
特約校稿—林秋芬
責任編輯—廖宜家
主　　　編—謝翠鈺
企　　　劃—陳思穎
資深企劃經理—何靜婷
美術編輯—菩薩蠻數位文化有限公司
封面設計—陳文德
董 事 長—趙政岷
出 版 者—時報文化出版企業股份有限公司
　　　　　一〇八〇一九台北市和平西路三段二四〇號七樓
　　　　　發行專線　(〇二)二三〇六六八四二
　　　　　讀者服務專線　〇八〇〇二三一七〇五
　　　　　　　　　　　　(〇二)二三〇四七一〇三
　　　　　讀者服務傳真　(〇二)二三〇四六八五八
　　　　　郵撥　一九三四四七二四時報文化出版公司
　　　　　信箱　一〇八九九　台北華江橋郵局第九九信箱
時報悅讀網—http://www.readingtimes.com.tw
法律顧問—理律法律事務所 陳長文律師、 李念祖律師
印刷—勁達印刷有限公司
初版一刷—二〇二一年九月十七日
定價—新台幣四八〇元
缺頁或破損的書，請寄回更換

時報文化出版公司成立於一九七五年，
並於一九九九年股票上櫃公開發行，於二〇〇八年脫離中時集團非屬旺中，
以「尊重智慧與創意的文化事業」為信念。

在世界看見臺灣的力量：超越三十載國際援助路 李栢浡親
證回憶錄/李栢浡作. -- 初版. -- 臺北市：時報文化出版企業
股份有限公司, 2021.09
　面；　公分. -- (人與土地；34)
ISBN 978-957-13-9276-9(平裝)

1.李栢浡 2.援外 3.回憶錄 4.臺灣

783.3886　　　　　　　　　　　　　　110012162

ISBN 978-957-13-9276-9
Printed in Taiwan